ro
ro
ro

Stephan M. Rother

ÖFFNE DEINE SEELE

Thriller

Rowohlt Taschenbuch Verlag

Originalausgabe
Veröffentlicht im Rowohlt Taschenbuch Verlag,
Reinbek bei Hamburg, März 2013
Copyright © 2013 by Rowohlt Verlag GmbH,
Reinbek bei Hamburg
Seite 72/260: Der Text stammt aus dem Song
«Killing an Arab» von «The Cure»
Umschlaggestaltung Büro Überland, München
Satz Quadraat PostScript, PageOne,
bei Dörlemann Satz, Lemförde
Druck und Bindung CPI – Clausen & Bosse, Leck
Printed in Germany
ISBN 978 3 499 25986 9

Mittwoch, 26. Juni

Ich liege in der Dunkelheit.

Die Worte sind verstummt, und nichts als ein gespenstisches Murmeln ist geblieben, das sich irgendwo weit entfernt an unsichtbaren Wänden bricht.

Sie sind unerreichbar für mich.

Die Gurte schnüren in meine Haut und lassen mir gerade eben ausreichend Raum für hektische Atemzüge, flach und gepresst.

Für die Schmerzen, die mit jeder winzigen Bewegung durch meinen Körper jagen.

Im Rhythmus der Panik rauscht der Puls in meinen Ohren, doch ich lausche, lausche ...

Lausche, ob das Geräusch zurückkommt, das Klirren von Metall auf Metall, das Wellen aus Eis durch meinen Körper sendet.

Doch nichts ist zu hören.

Ich bin allein. Allein mit der Dunkelheit und zu vielen Gedanken und Erinnerungen.

Allein mit dem Wissen, dass alles vollkommen anders hätte kommen können, wenn ich nur hier ... oder hier ... oder hier anders gehandelt hätte.

Längst habe ich begriffen, dass dieses quälende Warten ein Teil des Spiels ist, ein Teil des Kampfes zwischen ihm und mir, dessen Ausgang niemals bezweifelt werden konnte.

Nein, der Ausgang, das Urteil hat vom ersten Augenblick an festgestanden.

Ich selbst bin es gewesen, die es gesprochen hat.

Und die grausamste Folter ist das Wissen, dass es eben noch nicht zu spät ist. Dass ich eine Wahl habe, noch immer.

Doch ich kann nicht.

Ich weiß, dass sie darauf warten, Millionen von Menschen. Dass sie mein Schweigen nicht begreifen können, ja, dass sie ihm in ihren Herzen womöglich sogar recht geben.

Millionen.

Sie sehen mich: Gefesselt, ausgeliefert, blind.

Sie wollen mich sterben sehen.

Dunkelheit.

Schmerz.

Angst.

Er wird zurückkommen, und ich kann nur beten ...

Beten, dass es ein rascher Tod ist, den er für mich bereithält.

Vorspiel – Sonntag, 23. Juni

Sie sah nur seinen Umriss. Schwärze, aus dem Zwielicht unter den Bäumen geschnitten.

Er stand beinahe reglos. Den Rücken gegen den Baumstamm gelehnt, führte er eine Zigarette an die unsichtbaren Lippen. Als er den Qualm einsog, entstand für Sekunden die Ahnung eines Lichtschimmers auf seinem Gesicht.

Harte Züge.

Männlich.

Jene besondere Art von Brutalität, die sie *brauchte*.

Er wusste, dass sie ihn beobachtete. Wusste, dass sie es wusste. Es war ein Spiel. Lucia hatte ihn schon ein oder zwei Mal hier gesehen, am Rande des Dahliengartens bei Anbruch der Dunkelheit, und es gab nur einen Grund, warum die Männer zu dieser Uhrzeit herkamen.

Ein Spiel. Die Jagd: Jäger und Beute.

Sie löste sich aus den Schatten des Gebüschs, die ihre Gestalt nur unvollkommen verborgen hatten. Gerade ausreichend, um ihm klar zu machen, dass er es war, dessen Augen sie auf ihren Körper lenken wollte.

Ein Blick über die Schulter – nicht zu deutlich, nur nicht zu deutlich! Er rührte sich nicht. Doch es gehörte zum Spiel, dass er sich nicht rührte, jetzt noch nicht. Erst wenn sie ein Stück voraus war, würde er sich vom Baumstamm lösen und ihr wie zufällig folgen.

Der Boden des Waldwegs unter ihren achteinhalb Zentimeter hohen Absätzen war uneben, doch Lucia bewegte sich geschickt wie die Beute der Nacht, die sie war. Wie lange hatte es gedauert, bis sie diesen sicheren Gang beherrscht hatte, den genau berechneten Schwung ihrer Hüften unter einer Ahnung von Kleid.

Sie spürte die Blicke aus der Dunkelheit, jetzt nicht mehr nur die seinen, und sie genoss sie, lauschte auf das Rascheln zwischen den Zweigen, das kleine wilde Tiere verriet oder stumme Beobachter.

Lucia würde sich nicht im Dunkeln halten. Nein, dazu genoss sie die Aufmerksamkeit zu sehr. Der Pfad ging steil abwärts, auf die offenen Rabatten zu, wo bei Tageslicht die braven Hamburger Bürger mit ihren Familien flanierten.

In der Nacht veränderte sich der Dahliengarten.

In der Nacht war er Lucias Bühne.

Dünne Schleierwolken zogen am Junimond vorüber. Ein nahezu perfekter, verhalten schimmernder Kreis.

Sie spürte das vertraute aufregende Prickeln, als sie sich durch eine Lücke im Gebüsch auf den Schotterweg schob, sich einen Moment lang am Muster der Beete orientierte und sich dann nach rechts wandte, zum Bassin.

Jetzt erst sah sie noch einmal über ihre Schulter, und im selben Moment hörte sie das Knirschen seiner Schritte auf dem Schotter. Eine kantige Silhouette. Nein, kein Leder, wie sie in der Dunkelheit geglaubt hatte. Ein Hafenarbeiter? Ein Matrose? Sie hatte schon Seemänner gehabt, doch letztendlich waren sie alle gleich, und nichts konnte sie mehr zurückhalten, wenn das Spiel an diesen Punkt gelangt war. Ihre Erregung war zu groß in diesem Moment, wenn Lucia unter dem Mond ihre Bühne im Dahliengarten betrat.

Das Bassin. Der Mond spiegelte sich glitzernd auf dem Wasser. Keine Brise, die der Juninacht Kühlung brachte.

Und es würde noch wesentlich heißer werden.

Das Bassin war von einer schmiedeeisernen Brüstung umgeben. Lucia beugte sich vor, ihre Finger umschlossen das kühle Metall, als sie sich in Position brachte.

Die Schritte kamen näher, blieben stehen, direkt hinter ihr. Sie sah sich nicht um. Eine Ahnung seines Geruchs. Dunkel, erdig und doch ...

Ihre Nasenflügel zogen sich zusammen.

Und *doch* ...

Lucias Augen wurden zu schmalen Schlitzen.

Weiter oben war Bewegung in der Luft. Der Mond leuchtete heller, als der dünne Schleier der Wolken sekundenlang beiseitegetrieben wurde.

Lucia keuchte auf, stolperte zurück und der Fremde – der Hafenarbeiter, der Matrose – mit ihr.

«He!» Ein tiefer Laut aus seiner Kehle, doch er hielt das Gleichgewicht und sah über ihre Schulter.

Sah, was sie gesehen hatte, immer noch sah, auch jetzt, als sich der dünne, durchlässige Schleier von neuem über den Mond legte.

Zu dünn, um das Bild zu vertreiben.

Ihre Kehle war wie zugeschnürt. Zentimeterweise drehte sie sich um. Ihre Lippen zitterten, als sie zu ihm aufsah – er war größer, als sie es war, selbst mit ihren Pumps. Sie fand es aufregend, wenn sie groß waren, doch in diesem Moment war das unwichtig.

«Wir ...», flüsterte sie. «Wir müssen ...»

Er sah sie nicht an. Seine Augen hatten sich am Wasser des Bassins festgesogen und verdrehten sich wie in Zeitlupe nach oben, bevor er ohnmächtig umkippte.

Teil eins

**Feeling unknown
and you're all alone.
Flesh and bone
by the telephone.**

DEPECHE MODE – *Personal Jesus*

eins – Montag, 24. Juni

Es ist ein seltsames Gefühl, zuzusehen, wie das eigene Leben ganz langsam in Stücke bricht.

Allerdings wird es noch wesentlich widerlicher, wenn man weiß, dass noch andere Leute dabei zusehen.

Eine ganze Menge anderer Leute.

Wenn ich mich an diesen Sommer erinnere, ist es ständig heiß. Seit April hatte es kaum geregnet, doch gleichzeitig hing eine drückende Schwüle in der Luft.

Auf dem Revier gehören wir regelmäßig zu den Ersten, die mitkriegen, wenn eine Hitzewelle anrollt.

Die Leute verändern sich. Das schöne Wetter steigt ihnen zu Kopf. Ich habe Statistiken gesehen, aus denen sich das bei den Verkehrsdelikten ganz klar ablesen lässt.

Aber Verstöße gegen die Straßenverkehrsordnung gehören nicht zu den Taten, die wir auf dem Revier auf den Tisch bekommen. Damit das PK Königstraße in Aktion tritt, muss schon einiges mehr passieren.

Hätten wir damals, Mitte Juni, ahnen können, dass es längst im Gange war?

Im Rückblick glaube ich mich an eine seltsame Stimmung zu erinnern, eine Anspannung, als ob irgendwo weit hinter dem Horizont ein Gewitter aufzieht.

Kein Wetterleuchten. Kein fernes Donnergrollen.

Doch man spürt, dass etwas geschehen wird.

Bald, sehr bald schon.

* * *

Mitternacht.

Eine tiefe Ruhe ergriff von Kriminalhauptkommissar Jörg Albrecht Besitz.

Sechs Monate konnten eine lange Zeit sein.

Nein, sechs Monate *waren* eine lange Zeit.

Doch seit sieben Sekunden war Montag, der vierundzwanzigste Juni, und Jörg Albrecht war wieder offiziell mit der Leitung des Polizeikommissariats Königstraße betraut.

Er stützte die Ellenbogen auf den Schreibtisch und betrachtete den Sommeranzug, der für den Morgen über einem Bügel hing.

Er war kein Mensch, der sich auf die Arbeit freute.

Freude wäre einem Eingeständnis gleichgekommen, dass in seinem Leben ansonsten nichts mehr existierte, dem er mit einem Gefühl der ... nun, der Freude, entgegensehen konnte.

Dabei existierten diese Dinge sehr wohl.

Am nächsten Wochenende würden Clara und Swantje bei ihm sein, und er freute sich sehr darauf, diese Tage mit seinen Töchtern verbringen zu dürfen. Ihm fehlte lediglich noch eine Idee, was er achtundvierzig Stunden lang mit den Mädchen anstellen sollte, ohne sie zwischendurch vor dem Fernseher zu parken, wie das zweifellos tagtäglich in Ohlstedt geschah.

Oder waren sie mit acht und *fast vierzehn* Jahren aus dem Alter heraus, in dem sie sich irgendwo parken ließen?

Sie haben ihr eigenes Leben, dachte er.

Die Melancholie kam gänzlich unerwünscht in diesem Moment.

Natürlich hatten sie ihr eigenes Leben, seit Jahren schon, mit Joanna und ihrem Zahnklempner. Mit Dr. Hannes Jork, der alles hatte, was Jörg Albrecht nicht hatte – oder nicht *mehr* hatte. Das Reetdachhaus in Ohlstedt. «Und eine Familie», murmelte Albrecht. «Meine Familie.»

Er griff nach einem Kugelschreiber und drehte ihn einen

Moment zwischen den Fingern, legte ihn dann an Ort und Stelle zurück.

Er war sich sicher, dass die Mädchen die Zeit mit ihm mittlerweile als eine Art Urlaub betrachteten. Als ganz willkommene Abwechslung, mit all den ungewöhnlichen Extras, die es im Urlaub eben gab und die man sonst nicht bekam. Die kleinen Einschränkungen nahm man dafür in Kauf. Die Freunde waren nicht da. Der Fernseher auch nicht.

Dieses kleine blinkende Etwas dagegen hatte Clara ja neuerdings immer dabei. Dieses Ding, das ein Computer war, eine Musicbox und ein Fotoapparat und irgendwie wohl auch ein Telefon.

Doch das änderte nichts daran, dass die Zeit mit ihrem Vater für die beiden eine Ausnahme darstellte und gerade kein Bestandteil ihres Lebens war, wie es normalerweise aussah.

Was sein eigenes Leben anbetraf: Es war nicht so, dass er die Stunden bis zum vierundzwanzigsten Juni gezählt hatte. Albrecht hatte immer gewusst, dass der Radiowecker, den die Mädchen ihm aus unerfindlichen Gründen zum vorletzten Weihnachtsfest geschenkt hatten, noch einmal einen sinnvollen Zweck erfüllen würde. Die Countdown-Funktion, eingestellt auf den 24. 6., 0 Uhr 00, hatte ihm eine Menge Rechnerei erspart.

Und damit eine Menge Zeit. Schließlich hatte der Hauptkommissar keinerlei Probleme gehabt, seine plötzlich so überreichlich vorhandene Freizeit sinnvoll auszufüllen. Tagtäglich hatte er ausgiebige Spaziergänge unternommen, und wenn diese ihn regelmäßig zur Königstraße geführt hatten, war das im Grunde nur natürlich. Immerhin war das eine schöne Ecke.

Selbstverständlich hatte er aufgepasst, dass keiner seiner Mitarbeiter ihn zu Gesicht bekam, wenn er das schummerige kleine Café mit Blick auf das Reviergebäude betrat.

Die Kollegen sollten keinen falschen Eindruck bekommen.

Oh, und er hatte sich endlich Zeit nehmen können für die Dinge, die ihm wirklich wichtig waren.

Sein alter Freund Heiner Schultz hatte zwar nach einer Weile durchblicken lassen, dass sich auf seinem Terminkalender beim besten Willen keine weiteren zusätzlichen Schachabende mehr unterbringen ließen, wobei der Hauptkommissar erstaunt gewesen war, dass ein Herr von dreiundneunzig Jahren noch einen Terminkalender führte. Stattdessen aber hatte Albrecht endlich wieder einmal seine Schwester besucht, im Pfarrhaus in Waldlingen. Bei dieser Gelegenheit war dann auch die Erinnerung zurückgekehrt, warum er sich ein halbes Leben nicht mehr bei Leta hatte blicken lassen. Die Frau war einfach unerträglich.

Im Großen und Ganzen also ...

Diese sechs Monate waren die Hölle gewesen.

Und das Schlimmste war möglicherweise, dass ihm bis heute nicht recht klar war, welchem Umstand er sie verdankte.

Die Anweisung war von Isolde Lorentz, der Polizeipräsidentin, persönlich gekommen. Albrechts letzte Ermittlung war kompliziert gewesen. Obendrein hatte er auf Lorentz' Veranlassung hin vollkommen anders operieren müssen, als er einen Fall für gewöhnlich anging, und daraufhin hatte er Fehler begangen.

Fehler, die er selbst sich niemals verzeihen würde, und mit Sicherheit mehr als genug für ein Disziplinarverfahren.

Auf ein solches Verfahren aber hatte die Polizeipräsidentin verzichtet.

Krankgeschrieben. Die Wochen im Sanatorium hatte er noch klaglos hingenommen. Doch die vier Monate seitdem?

Ende März hatte er bei der Polizeipräsidentin vorgesprochen und war so offen gewesen, wie er das glaubte, verantworten zu können. Ob sie ihn nicht mittlerweile für ausreichend gestraft hielte?

Doch Lorentz' Reaktion war kryptisch geblieben. Er solle sich diese Zeit unter allen Umständen nehmen. Nachdenken. Sich klarwerden, was er wirklich wolle.

Hatte er das getan? Er hatte sich Mühe gegeben.

Doch das Ergebnis blieb immer dasselbe.

Er wollte Polizist sein. Sein persönlicher Weg zur Wahrheit, zu den Dingen, die sich hinter den Dingen verbargen. Das war vor jenen Ermittlungen so gewesen, und das war auch heute noch so.

Ja, er wusste, was er wollte, und war bereit, den Beweis anzutreten.

Er war wieder Polizist. Noch sieben Stunden und dreiundvierzig Minuten bis zum Beginn seiner regulären Tagesschicht. Doch jetzt schon, seit siebzehn Minuten schon, in *diesem Moment* schon ...

Sein Handy klingelte.

Jörg Albrecht spürte keine Überraschung.

«Hannah?»

Über die Dienstpläne hatte er sich bereits zu Beginn des Monats informiert. Schließlich musste er selbst in der aktuellen Woche berücksichtigt werden.

Schweigen im Telefon, dann: «Hau... Hauptkommissar?»

Mit einem Blinzeln vertrieb Albrecht das Déjà-vu. Genau so hatte es beim letzten Mal begonnen.

Doch was sollte Hannah Friedrichs auch sagen, wenn er um diese Uhrzeit sofort am Telefon war?

«Wir haben einen Fall», stellte er fest.

«Es ...» Wieder diese minimale Pause. «Es ist Viertel nach zwölf», erklärte sie. «Also eigentlich schon Montag, streng genommen, und damit ...»

Und damit hatte sie vollständig richtig kombiniert. Kriminalkommissarin Hannah Friedrichs gehörte seit einem Jahrzehnt zu Albrechts Mitarbeitern und kannte die Regeln so gut wie jeder andere: Wenn sich ein neuer Fall ergab, musste der amtierende Leiter der Dienststelle informiert werden.

Und das war seit siebzehn Minuten Jörg Albrecht.

Ebenso musste ihr klar sein, was als Nächstes von ihr erwartet wurde.

«Wo?», fragte er.

«Im Dahliengarten», sagte sie. «Im Volkspark.»

Im Hintergrund hörte er Motorengeräusch. Sie selbst war schon unterwegs.

«Luruper Chaussee», murmelte er. Mit drei Schritten war er bei der Anzugjacke. «Geben Sie mir fünfzehn Minuten. Ich nehme den Wagen.»

«In ... in Ordnung. Bis gleich.»

Albrecht brummte bestätigend und legte auf. Dann betrachtete er zwei Sekunden lang das Handy.

«Bis gleich», sagte er.

Sechs Monate. Doch Hannah Friedrichs hatte nichts vergessen. Der Tatort – und kein Wort über den Fall. Jörg Albrecht würde sich dem Tatort nähern, wie er sich seit vierundzwanzig Jahren jedem Tatort genähert hatte.

Er war wieder im Spiel.

Als er, schon auf dem Weg zur Tür, prüfend in den Spiegel blickte, stellte er fest, dass seine Mundwinkel nach oben wiesen.

* * *

«Er hat aufgelegt?»

«Hörst du mich noch mit ihm reden?», knurrte ich und drückte Nils Lehmann das Diensthandy in die Hand.

Kriminalhauptmeister Lehmann schluckte. Aus dem Augenwinkel sah ich, wie sein Adamsapfel sich bewegte. Wahrscheinlich hatte er denselben Gedanken wie ich: Jörg Albrecht war wieder da.

Der Urlaub war vorbei.

Nicht dass der Dienst in den letzten Monaten besonders erholsam gewesen war. Ganz im Gegenteil. Wir hatten im Oktober zwei Kollegen verloren. Mehr als Kollegen, dachte ich. Freunde. Doch mit der ständigen Unterbesetzung auf dem Revier und den zusätzlichen Schichten, die jeder Einzelne von uns aufgedrückt bekam, waren es im täglichen Dienst vor allem die Kollegen, die uns fehlten.

Nun war Albrecht wieder da.

Seltsam: Warum nur spürte ich keine Erleichterung?

Konnte mit der frisch aufgefundenen Leiche zusammenhängen, zu der wir unterwegs waren.

«Hast du noch mal versucht, Kempowski zu erreichen?», fragte ich und setzte den Blinker, auf die Bahrenfelder Chaussee Richtung Volkspark.

«Ja, schon.» Ein bedächtiges Nicken, das eher zu einem weisen Alten gepasst hätte als zum jüngsten Beamten der gesamten Dienststelle. «Aber er geht nicht ran.»

Ich fluchte wortlos.

Für diese Uhrzeit und für eine Nacht von Sonntag auf Montag war auf den Straßen die Hölle los. Und selbstverständlich war der Dienstwagen nicht klimatisiert. Wir hatten sämtliche Fenster geöffnet, doch da draußen waren es immer noch zwanzig Grad oder mehr.

Für einen Moment spielte ich mit dem Gedanken, Lehmann die widerrechtliche Anweisung zu geben, das Blaulicht aufs Dach zu setzen. Doch das hätten die Kollegen vor Ort dann mitbekommen. Und zumindest so viel stand fest: Das Opfer war mausetot. Von Gefahr im Verzug konnte keine Rede sein.

«Also noch einmal.» Ich stieß den Atem aus, als vier Fahrzeuge vor uns die Ampel auf Grün schaltete. «Was genau hat er gesagt?»

«Ein Toter.» Nils Lehmann hob die Augenbrauen, als wir im selben Moment über die Kreuzung huschten, in dem das Licht auf Rot sprang. «Im Dahliengarten. Eine Frau hat ihn gefunden. Kein natürlicher Todesfall, damit also ein Fall für uns. Die Polizei.»

«Und warum ein Fall für *uns*?», hakte ich ein und stellte dieselbe Frage, die ich in den letzten zwanzig Minuten schon zwei Mal gestellt hatte. «Für das PK Königstraße? Wenn sich da jemand alkoholisiert den Schädel eingeschlagen hat, ist das ein Vorgang für ihre zuständige Dienststelle!»

«Genau das wollte Kempowski nicht sagen. Er meinte, es sei ganz klar eine Sache für uns. Eine richtig, richtig große Sache sogar. Aber man könne ja nie sagen ...»

«Wer mithört», brummte ich. «Schon klar.»

Natürlich war das eine Landplage, und mit Sicherheit kannten wir das nicht allein in Hamburg. Wahrscheinlich gibt es in jeder Stadt diesen Menschenschlag, der von Blaulicht und Martinshorn unwiderstehlich angezogen wird. Gaffer. Und die freundlichen Damen und Herren von den Medien sowieso. Könnte ja irgendwas Interessantes los sein.

Man wusste nie, wer auf den Polizeifrequenzen gerade die Lauscher aufstellte. Und dass unsere Dienstanschlüsse nicht hundertprozentig sicher waren, hatten wir im letzten Jahr auch mitbekommen.

Kempowski hatte jedenfalls zielsicher die dämlichste Variante gewählt, die zur Auswahl stand. Die Leichengaffer, die bei so einer kryptischen Botschaft nicht auf der Stelle Kurs auf den Volkspark nahmen, mussten erst noch geboren werden.

Ich war wütend.

Doch hatte diese Wut nicht noch einen ganz anderen Grund? War da nicht ein zweites Gefühl, das ich mit dieser Wut zu überdecken versuchte?

Unruhe. Ein unbehagliches Kribbeln im Nacken.

Seit Wochen hatte ich es gespürt wie eine unfassbare statische Energie: Etwas Großes, Unförmiges kam ganz langsam näher. Die Unwetterfront hinter dem Horizont.

Ich hatte keinen Schimmer, was uns am Tatort erwartete, aber das war sie. Und mit dem Einbiegen auf die Bahrenfelder Chaussee hatte ich Kurs gesetzt.

Dem Unwetter entgegen.

* * *

Zwei unserer Peterwagen warteten vor Ort, bei einem war das Blaulicht noch eingeschaltet. Sekundenlang war ich verwirrt gewesen, dass am Eingang nichts zu sehen war, doch dann war mir die Stadionstraße eingefallen, über die man sich quasi von hinten an die O_2-Arena ranpirschen konnte – oder eben an den Dahliengarten.

Ein uniformierter Kollege hob grüßend die Hand, als wir ausstiegen. Sein Gesicht sagte mir nichts im Moment.

«Kempowski und Berger sind schon im Garten», informierte er uns und nickte über die Schulter.

Ich murmelte ein Danke und fragte mich, wie der Mann mich auf Anhieb identifiziert hatte. Schließlich waren wir in Zivilkleidung aus einem Zivilfahrzeug gestiegen.

Andererseits war ich mit Nils Lehmann unterwegs, dessen Hähnchenkammfrisur bei der Hamburger Polizei einzigartig war.

Natürlich waren Gaffer da, doch sie waren nicht mehr als schattenhafte Gestalten, ein Stück die Straße runter. Vermutlich hatte es schon einen Zusammenstoß mit unseren Kollegen gegeben.

Wir schlugen die entgegengesetzte Richtung ein, weg von der Straße.

Dichtes Laub, dazwischen ein gepflasterter Weg in die Botanik, der sich nach ein paar Metern gabelte. Schräg rechts ging es in die Parkanlage.

Ich versuchte mich zu erinnern, wann ich das letzte Mal hier gewesen war. Letztes Jahr? Vorletztes? Jedenfalls zusammen mit Dennis – und natürlich tagsüber. Nachts war die Anlage geschlossen, genau wie im Winterhalbjahr. Mir fiel jetzt ein, wie ich staunend vor einer Schautafel stehen geblieben war: All diese zigtausend Pflanzen wurden jeden Herbst ausgegraben, um sie im Frühjahr neu zu setzen.

Unglaublich. Doch vor allem …

Es war eine merkwürdige Stimmung.

Ich bin mir bis heute nicht ganz sicher, woran das liegt, aber Tatorte haben eine ganz eigene Atmosphäre. Mit Sicherheit spielt es eine Rolle, dass wir in aller Regel schon wissen, dass es sich um einen Tatort handelt, wenn wir eintreffen. Wir werden in den seltensten Fällen direkt alarmiert, sodass meist schon Streifenbeamte vor Ort sind, das Gelände gesichert haben und Personalien von Zeugen aufnehmen.

Da fährt man locker durch Straßen, die man schon tausend Mal gefahren ist, und doch ist alles anders. Man weiß, dass am Ende der Körper eines toten Menschen wartet.

Und das ist nichts, an das man sich irgendwann gewöhnt.

Ich zumindest hoffe, dass ich mich niemals daran gewöhnen werde. Sollte es tatsächlich einmal so weit kommen … Ich biss die Zähne zusammen, als ich an etwas denken musste, das Hinnerk Hansen einmal gesagt hatte, der älteste unserer Kollegen auf dem Revier:

Es gibt nur wenige Polizisten, die dazu geschaffen sind, diesen Job ihr ganzes Leben lang zu machen. Das wirklich Üble ist, dass die anderen es trotzdem versuchen.

Ob ich den richtigen Moment erkennen würde, wenn es bei mir so weit war, die Segel zu streichen?

«Hannah?»

Nils Lehmann war mir zehn Meter voraus und stand schon am Eingang der großen Freifläche.

Die Atmosphäre *war* unglaublich. Die drückende Wärme des

Sommertages, die noch kaum nachgelassen hatte. Einzelne Inseln aus Licht zwischen den Beeten und Rabatten – die Kollegen mussten jemanden überredet haben, die Laternen wieder einzuschalten. Doch direkt hinter der Anlage begann der wildere Teil des Volksparks, eine hügelige, zum Teil geradezu zerklüftete Fläche bis zur Autobahn. Der größte Teil des Volksparks ist eigentlich kein Park, sondern ein regelrechter Wald mitten in der Stadt, und jetzt lag er in einer solchen Dunkelheit, dass es mir den Atem verschlug. Eine Dunkelheit, die so tief war, dass ich das Gefühl hatte, sie mit Händen greifen zu können.

Und über allem der Duft – wobei es nicht der Duft der zigtausend Dahlien war. Dahlien duften nicht. Es war etwas anderes, vielleicht doch mehr ein Gefühl als ein Duft im eigentlichen Sinne. Intensiv und dunkel.

«Wow», murmelte Lehmann.

Ich nickte stumm. Eindrucksvoll, mit oder ohne Leiche.

Ich kniff die Augen zusammen, als sich quer gegenüber etwas bewegte. Kempowski, schon von weitem zu erkennen an der Art, wie er ging. Donald Duck, dachte ich, in nachtblauer Hamburger Polizeiuniform statt Matrosenanzug.

«Frau Kommissarin?»

Im Lichtkegel einer Laterne überzeugte er sich, dass wir es waren. Keine Gaffer.

«Gut, dass Sie da sind», murmelte er und zupfte nervös an seinem Hemdkragen. Auf seiner Stirn glänzten Schweißperlen. «Kein schöner Anblick, glauben Sie mir. Ja, ich weiß schon. Das sind sie eigentlich nie.»

Hatte ich das Gesicht verzogen? Ich tauschte einen Blick mit Lehmann.

«Und wo ist er jetzt?» Unser Jüngster reckte den Hals. «Es ist doch ein Er? Die Leiche?»

«Wie? Was?» Kempowski schüttelte den Kopf. «Klar. Doch, natürlich. Er ist … Sie …»

«Vielleicht führen Sie uns einfach hin?», schlug ich vor.

Und vielleicht würden Sie uns jetzt außerdem verraten, warum Sie das PK alarmiert haben, dachte ich.

Doch ich sah, in welchem Zustand der Mann war. Kempowski hatte seine Schwächen, doch weder diese Schweißausbrüche noch dieses Gestammel waren normal bei ihm. Was hatte er gesehen? Was verbarg sich in den Schatten hinter den Beeten, das ihn dermaßen aus der Bahn geworfen hatte?

Gegen meinen Willen musste ich an den letzten Herbst denken, als wir vor den Leichen unserer eigenen Kollegen gestanden hatten. Doch aus irgendeinem Grund wusste ich, dass es diesmal nicht in diese Richtung ging.

Es war anders, noch dunkler vielleicht.

Finsternis unter den Bäumen, am Hang, der zum Volkspark hin steil anstieg. Unsere Schritte auf dem Schotterweg.

Keiner von uns sagte ein Wort, bis Kempowski langsamer wurde.

«Dort drüben», murmelte er. «Am Bassin. Wir sind nicht reingeklettert, aber das Wasser soll nicht tief sein. Nicht tief genug, um zu ertrinken, aber wie es aussieht ...»

Zwei undeutliche Gestalten warteten an einem niedrigen Metallgeländer, hinter dem sich das Wasserbecken befinden musste. Die eine von ihnen war Berger, Kempowskis Kollege, die andere konnte ich nicht genau erkennen. Die Zeugin?

«Da vorne», murmelte Kempowski, und im nächsten Moment leuchtete seine Taschenlampe auf. Dahlien, wie überall hier, dann eine Reflexion auf der Wasserfläche.

Ich kniff die Augen zusammen.

Nils Lehmann an meiner Seite japste.

Das Wasser wirkte trübe. Seerosenblätter bedeckten den größten Teil der Oberfläche, dazwischen einzelne mächtige, blass rosafarbene Blüten, die sich für die Nacht geschlossen hatten. Fast im Zentrum des oval ummauerten Bassins aber sah ich ein Gesicht. Das wachsbleiche Gesicht eines Mannes, dessen Körper reglos auf der Wasserfläche zu treiben schien. Dunkles Haar klebte auf seiner Stirn wie nasser Seetang. Die blutunterlaufenen Augen starrten stumpf und blicklos gen Himmel, der Mund war aufgerissen, als würde er noch im Tod um Atem ringen.

Oder einen verzweifelten, zitternden Hilfeschrei hervorstoßen.

Dieses Gesicht ...

Auf einen Schlag konnte ich Kempowski nur zu gut verstehen.

* * *

Der Haupteingang des Dahliengartens an der Luruper Chaussee.

Von den Einsatzfahrzeugen oder dem Wagen, mit dem Hannah Friedrichs gekommen sein musste, war keine Spur zu sehen.

Albrecht brummte zufrieden und stellte sein Fahrzeug unter den Bäumen ab.

Zwei Jugendliche schlurften vorbei, murmelten in einer dem Hauptkommissar unbekannten Sprache miteinander, die Arme bis zu den Ellenbogen in den Taschen ihrer drei Nummern zu großen Jeans versenkt. Noch schulpflichtig? Dann hätten sie um diese Uhrzeit ins Bett gehört.

Er wartete ab, bis die beiden außer Sichtweite waren, schloss dann kurz die Augen.

Seit bald dreißig Jahren war er Polizist, den größten Teil davon als Leiter des PK Königstraße. Dies war der Moment, in dem er sich diese Tatsache vergegenwärtigen musste, diesmal vermutlich mehr denn je.

Der Beginn einer Ermittlung.

Er musste sich bewusst werden, dass er in ein Spiel einstieg, einen Wettkampf. In wenigen Minuten würde er mit einem Bild konfrontiert werden: einem Leichnam an seinem Auffindungsort. Spurensicherung und Gerichtsmedizin würden hinzukommen, ihre Untersuchungen vornehmen und ihm anschließend Bericht erstatten, was Feinheiten dieses Bildes anbetraf, doch das war erst der zweite oder dritte Schritt.

Ganz am Anfang stand das Bild, und es gab einen entscheidenden Punkt, der am Ende über Erfolg oder Misserfolg der gesamten Ermittlung entscheiden würde. Keine Minute, nein, keine einzige Sekunde durfte Albrecht vergessen, dass es sich nicht um ein zufälliges Bild handelte.

Denn das genaue Gegenteil war der Fall: Das Bild, das ihn erwartete, würde mit der Sorgfalt einer Opernbühne arrangiert sein, von einem Requisiteur des Todes.

Dem Täter.

Und in diesem Augenblick würde der Wettstreit beginnen.

Würde Albrecht sich damit begnügen müssen, die Bühnendekoration zu bewundern – oder würde es ihm gelingen, die Maskierung herunterzureißen, um einen Blick auf das zu werfen, was sich dahinter verbarg?

Die Wahrheit.

Das war das Grundprinzip einer jeden Ermittlung.

Und je mehr Jörg Albrecht im Vorfeld wusste – oder zu wissen glaubte –, über den genauen Tatort, das Opfer, über etwaige Verdächtige gar und ihre Motive ... desto schwieriger wurde es, sich ein objektives Bild des Geschehens zu verschaffen, ein Bild, das von der Inszenierung des Täters abwich.

Er öffnete die Augen.

Der Zugang zum Dahliengarten. Ein Schild verkündete die Öffnungszeiten. Es gab eine Pforte, einen niedrigen Zaun, der aber kein wirkliches Hindernis darstellte, falls das Tor denn überhaupt verschlossen war. Albrecht ging mit langsamen Schritten auf den Durchlass zu: niemals verschlossen gewesen – oder im Zuge des Polizeieinsatzes geöffnet.

Der Hauptkommissar zögerte. Ein schnurgerader Weg führte in den eigentlichen Garten, eingefasst von hohen Hecken.

Zwei Zugänge also, zwei Möglichkeiten, das Gelände zu betreten. Dieser hier und der Eingang an der Stadionstraße, wo vermutlich auch Friedrichs parkte. Wirklich nur diese beiden? Gab es eine Umzäunung, die den Garten von der Fläche des Volksparks trennte?

Der Volkspark nahe der Luruper Chaussee. Albrecht war sich sicher, dass er im Polizeibericht mehrfach über diese Gegend gelesen hatte. Treffpunkt für lichtscheues Volk.

Drogensüchtige? Nein. Perverse?

Stopp!

«*Intentio vera nostra ...*», murmelte Albrecht. «*Intentio vera nostra est manifestare ea, quae sunt, sicut sunt.* – Unser Ziel ist es, die Tatsachen so zu erfassen, wie sie sich in Wahrheit verhalten.»

Kein Hörensagen. Kein Polizeibericht. Kein Vorwissen.

Er zog die Pforte hinter sich zu. Seine Schritte knirschten über den Kies.

Euler und sein Team würden die Zugänge noch genauer absuchen. Albrecht ging davon aus, dass Hannah Friedrichs verständig genug gewesen war, Euler anzufordern.

Hatten sie diesen Weg genommen, der Täter und sein Opfer? Wenn ja: Wie schnell mochten sie sich bewegt haben? Schneller als der Hauptkommissar? War das Opfer um sein Leben gerannt?

Unwahrscheinlich. Wenn die Tat erst gegen Mitternacht entdeckt worden war, war der Garten mit ziemlicher Sicherheit bereits geschlossen gewesen, als sie verübt wurde. Menschen in einer Notsituation spürten zwar einen atavistischen Impuls, sich nach einem Versteck umzusehen, doch in einer vermeintlich zivilisierten Welt glaubten die allermeisten, dass die Gegenwart anderer Menschen ihre Überlebenschancen erhöhte.

Jörg Albrecht hatte genug Aufnahmen aus Überwachungskameras an belebten U-Bahnhöfen gesehen, um zu wissen, dass das ein Irrtum war.

Der Mensch war ein nur äußerst oberflächlich domestiziertes

Tier. In einer echten oder auch nur vermeintlichen Gefahrensituation platzte er sehr schnell ab, der dünne Lack der Zivilisation.

«Sie waren gemeinsam hier», murmelte er. «Oder sie haben sich hier getroffen – durch Zufall, oder weil sie verabredet waren.» Er zögerte. «Oder der Täter ist dem Opfer gefolgt. Nicht in wilder Jagd, sondern heimlich, unbemerkt. Von Schatten zu Schatten.»

Einmal vorausgesetzt, fügte er gedanklich hinzu, dass es sich beim Fundort der Leiche um den Ort handelte, an dem die Tat begangen worden war.

Doch selbst wenn der Täter ihn nur aufgesucht haben sollte, um die Leiche abzulegen: Ein Tatort blieb er so oder so.

Der Weg öffnete sich zu den ersten Anpflanzungen, verzweigte sich. Rechter Hand sah er Lichter, die sich bewegten: seine Beamten, durch Bäume verdeckt und noch ein gehöriges Stück entfernt.

Albrecht blieb stehen.

Plötzlich waren Erinnerungen in seinem Kopf. Erinnerungen an Joanna und die Kinder, an die Eisbude an der Stadionstraße.

Mit einem lautlosen Knurren vertrieb er die Gedanken.

Er war als Ermittler hier. Nicht als der Familienvater, der er einmal gewesen war. Zwei getrennte Welten.

Gab es noch mehr, das er herausfinden konnte, bevor er sich mit dem Bild des Tatorts konfrontierte? Warum war es gerade hier geschehen? Warum war von allen möglichen Orten gerade dieser Ort zum Tatort geworden?

Der Hauptkommissar schüttelte den Kopf.

Nein. Solange er nichts gesehen hatte, war das Spekulation.

Langsam ging er weiter, hielt sich in den Schatten. Die Versuchung, für einen Moment zu beobachten, wie Friedrichs den Fall anging, war zu groß.

Albrecht bemühte sich, keine Unterschiede zwischen seinen Mitarbeitern zu machen. Was die Kommissarin von den anderen unterschied – abgesehen davon, dass sie neben Irmtraud Wegner, der Sekretärin, die einzige Frau auf der Dienststelle war –, war eine bestimmte Mischung aus Sorgfalt und, ja, Phantasie bei der Ermittlung. Die Bereitschaft, sich tatsächlich auf Albrechts Gedanken einzulassen.

Das Leben hatte sie ihm außerdem gerettet.

Jörg Albrecht kniff die Augen zusammen.

Schwüle lag über der Lichtung mit den Dahlienrabatten. Nicht der kleinste Windhauch regte sich.

Doch im Gebüsch, das die Anpflanzung zum Volkspark hin begrenzte, bewegte sich etwas. Der Hauptkommissar hielt den Atem an, setzte vorsichtig einen Fuß vor den anderen.

Spanner. Perverse. Er hatte den Polizeibericht, den zu vergessen er sich entschlossen hatte, sehr genau vor Augen.

Das war die harmlose Möglichkeit.

Albrechts Hand tastete über seine Hüfte, aber seine Dienstwaffe war seit sechs Monaten im Waffenschrank auf dem Revier eingeschlossen. So oder so hätte er sie in diesem Moment nicht dabeigehabt.

Zwischen den Bäumen entdeckte er die Silhouette einer Gestalt. Sie wandte ihm den Rücken zu. Leises Rascheln, als sie sich kaum merklich bewegte.

Wenn er versuchte, Friedrichs zu rufen … Nein, der Unbekannte würde es mitbekommen.

Albrecht holte Luft. Seine Hand fuhr nach vorn und packte die Schulter des Fremden.

«Kriminalpolizei! Was tun Sie hier?»

«He!»

Ein dumpfer Stoß vor seine Brust. Albrecht schnappte nach Luft, eine Sekunde lang herrschte Schwärze vor seinen Augen.

Jemand griff nach seinem Arm, stützte ihn.

«Chef?»

Der Hauptkommissar blinzelte. «Lehmann?»

«Chef … Tut mir … Können Sie stehen?»

Mit einem Knurren machte sich Albrecht los und fixierte den Kriminalhauptmeister aus schmalen Augenschlitzen.

«Hab ich Ihnen weh getan?», fragte Lehmann vorsichtig, während er sich halb zur Seite drehte und seinen Hosenschlitz schloss.

«Laufen Sie nachts immer erst hundert Meter durch den Wald, wenn Sie Ihr Wasser abschlagen wollen?», knurrte Albrecht.

«Was?» Lehmann schüttelte den Kopf. «Nein, normalerweise ...»

«Ist Friedrichs bei der Leiche?»

«Ja.» Ein erleichtertes Nicken. «Als ich verschwunden bin, sind Euler und seine Männer auch gerade eingetroffen. Wir sind ja selbst eben erst gekommen, Hannah und ich, und von Kempowski hatten wir kaum Informationen. Nur dass es einen Toten gegeben hat. Dass eine Frau ihn gefunden hat, und ...»

«Gut.» Der Hauptkommissar hob die Hand. «Kommen Sie mit! Sie ist noch da?»

«Hannah Friedrichs? Klar.»

«Die Frau.»

Der jüngere Beamte kaute auf seiner Unterlippe. Seinen Gesichtsausdruck wusste Albrecht nicht zu deuten.

«Irgendwie schon», murmelte Lehmann.

* * *

Ich hatte Jörg Albrecht im letzten halben Jahr nur zwei oder drei Mal gesehen. Natürlich hatte er zwischendurch auf dem Revier vorbeigeschaut, allerdings sehr viel seltener, als wir eigentlich erwartet hatten.

Keine Ahnung, wie er das durchgehalten hatte.

«Hannah.» Er drückte mir kurz die Hand. Die andere hielt er sich vor den Bauch, als ob er Magenschmerzen hätte, aber sonst sah er eigentlich aus wie immer: Mittelgroß, das Haar vielleicht eine Spur grauer, als ich mich zu erinnern glaubte, und der Anzug war wie üblich nicht von der Stange.

Das Wasserbecken hatte er nur mit einem knappen Blick gestreift.

Er sah zwischen mir und unserem Zeugen hin und her. Die Andeutung eines Stirnrunzelns.

«Herr Schorlemmer war es, der die Leiche gefunden hat», erklärte ich. «Wir haben uns gerade schon unterhalten. Nach seiner Aussage war das Opfer wohl zum ersten Mal hier.»

Albrechts Stirnrunzeln vertiefte sich, als er seine Augen auf den jungen Mann richtete. Allerdings war die Veränderung so minimal, dass ich Zweifel hatte, ob sie überhaupt wahrzunehmen war, wenn man ihn nicht seit Jahren kannte.

Mit einem Satz: Er hatte sich wesentlich besser unter Kontrolle, als das bei Lehmann und mir der Fall gewesen war.

Lukas Schorlemmer war nicht besonders groß, keine eins achtzig jedenfalls, dabei aber auffallend schmal. Seine Schultern wirkten blass und zerbrechlich unter den Spaghettiträgern, die zu einem hoch geschlitzten Kleid aus nachtblauer Seide gehörten. Die kupferrot schimmernde Perücke hatte er mit einem Seufzen abgesetzt, nachdem ich circa zehn Sekunden lang fassungslos auf seinen Personalausweis gestarrt hatte.

Es war dieselbe Person wie auf dem amtlichen Dokument – und doch eine vollkommen andere.

Lucia, hatte Kempowski mir mit gehobenen Augenbrauen zugemurmelt.

Anders als unser Opfer war Schorlemmer anscheinend kein Unbekannter in diesem speziellen Teil des Volksparks.

Ich wusste, dass diese besondere Kundschaft schlechte Karten hatte bei unseren Streifenbeamten – und nicht nur bei ihnen.

Lehmann war ein Esel. Hatte wie eine erschrockene Jungfrau das Weite gesucht, anstatt wie ein Mann ein paar Schritte weiter irgendwo zwischen die Bäume zu pieseln.

Gespannt beobachtete ich, wie Albrecht reagieren würde.

Der Hauptkommissar betrachtete Schorlemmer auf eine Weise, wie nur Jörg Albrecht das hinbekam. In meinen ersten Monaten auf dem PK war ich davon überzeugt gewesen, dass er diesen Blick vor dem Spiegel geübt haben musste, dieses aufmerksame, wortlose Mustern, das Zeugen, die bis zu diesem Moment eisern geschwiegen hatten, innerhalb von Minuten dazu brachte, den Mund aufzumachen.

Doch das war ein Irrtum gewesen. Weder das Schweigen noch der Blick waren irgendwie trainiert oder aufgesetzt. Da war nichts Bedrohliches in diesem Schweigen, kein: Wenn du jetzt nicht redest, *dann* …

Eher ein: Du musst gar nicht reden. Wenn ich dich lange genug ansehe, weiß ich auch so Bescheid.

Albrecht betrachtete den jungen Mann vielleicht zwanzig Sekunden lang. Ich glaubte zu spüren, wie er Informationen in sich aufnahm, sie übergangslos verarbeitete. Und ich wusste, dass er auf eine nicht nachvollziehbare Weise mehr sah als jeder andere Ermittler, den ich kannte.

Die Dinge hinter den Dingen. Die Wahrheit, der dieser Mann sein gesamtes Leben auf der Spur war.

Auf eine Weise war es spannend, mit Jörg Albrecht zu arbeiten. Man konnte nie genau sagen, was als Nächstes passieren würde.

«Gut.» Er nickte knapp. «Danke.»

Dann drehte er sich auf dem Absatz um und verschwand mit langsamen Schritten in Richtung Bassin.

Schorlemmer hob irritiert eine seiner gezupften Augenbrauen.

«Ihre Aussage und Ihre Personalien haben wir ja.» Ich lächelte ihm aufmunternd zu. «Und danke, dass Sie auf uns gewartet haben. Das war nicht selbstverständlich.»

Eine halbe Sekunde sah er Albrecht nach, dann zuckte er die Schultern.

«Was denken Sie? Wenn Ihre Kollegen – die auf Streife – sich auch immer so anständig aufführen würden, würden in so einem Moment vielleicht viel mehr Leute warten?»

Ich biss mir auf die Unterlippe. *Anständig.*

Vielleicht denken wir viel zu selten darüber nach, was das wirklich heißt: anständig.

Denn genau das war es, was auch Lukas Schorlemmer, was auch Lucia war: auf eine ganz eigene, ganz andere Weise anständig.

«Danke», sagte ich noch einmal. Dann folgte ich dem Hauptkommissar und holte ihn kurz vor dem Becken ein.

«Vermutlich hat er nichts mit der Tat zu tun», stellte Albrecht mit leiser Stimme fest.

«Er hat auf uns gewartet», murmelte ich. «Als Einziger. Bei diesem Wetter muss der Volkspark voll gewesen sein mit dem einschlägigen Publikum. Aber als Kempowskis Kollegen sich umgeschaut haben, haben sie nichts gefunden als ein paar gebrauchte Kondome.»

«Was für sich allein noch nichts bedeuten muss.» Albrecht hob um eine Winzigkeit die Stimme. «Warum hat er tatsächlich gewartet? Das ist die Frage. Wäre das nicht eine ideale Möglichkeit, uns seine Unschuld zu demonstrieren, wenn er in den Fall verwickelt wäre? Schaut, hier bin ich. Ich habe nichts zu verbergen.»

Ich blinzelte. «Schon ...», sagte ich vorsichtig. «Aber auch ziemlich um die Ecke gedacht.»

Albrecht nickte ruckartig. «Vor allem hätte er sich wesentlich mehr Mühe gegeben, wenn das seine Absicht gewesen wäre. Er hätte uns sämtliche Fragen gestellt, die wir von einem Unbeteiligten erwarten würden: Muss ich noch mal auf die Wache kommen? Muss ich vor Gericht aussagen? Kommt irgendwas hiervon an die Presse? Das hat er nicht getan. Er hat auch Sie nicht gefragt, nehme ich an?»

«Nein.» Ich schüttelte den Kopf. «Mit anderen Worten: Er ist unverdächtig, weil er sich verdächtig verhält?»

«Exakt. Es sei denn, er hat all das einkalkuliert und verhält sich bewusst verdächtig, um unverdächtig zu erscheinen.»

Nein, es war nicht immer ganz einfach, Jörg Albrechts Gedankengängen bis ins letzte Detail zu folgen.

«Dann trauen Sie ihm eine Menge zu», murmelte ich.

«Exakt», wiederholte er. «Doch das ist wie gesagt unwahrscheinlich.»

Einen halben Schritt vor dem niedrigen Geländer blieb er stehen. Einer unserer Helfer war dabei, ein feines Pulver auf das Metall aufzutragen. Lucia hatte mir die Stellen gezeigt, an denen sie selbst die Brüstung ungefähr berührt hatte. Ihre Fingerabdrücke hatte sie uns bereitwillig gegeben.

«An günstigen Stellen können die Kollegen einfach mit Tesafilm arbeiten.» Martin Euler schlug einen Bogen um eine der Scheinwerferbatterien und kam auf uns zu. «In diesem Fall nur sehr bedingt möglich. Hauptkommissar.» Er schüttelte Albrecht die Hand und verzog den Mund zu einem schiefen Grinsen. «Na dann, willkommen zu Hause.»

«Danke.» Nicht ein Funke Belustigung war in Albrechts Stimme.

Euler zuckte andeutungsweise die Schultern und pustete eine seiner dünnen, aschblonden Haarsträhnen aus der Stirn. «Es wird ohnehin nicht ganz einfach werden», erklärte er. «Kaum geeignete Oberflächen hier, an denen wir Proben nehmen könnten. Höchstens die Seerosenblätter.»

«Aber von Fremdverschulden gehen Sie aus?»

Der Hauptkommissar hatte sich abgewandt und betrachtete das Bassin, über dem nun die Scheinwerfer des Einsatzteams zum Leben erwachten und die Szenerie mit einer plötzlichen Brutalität ausleuchteten, dass ich Mühe hatte, nicht automatisch einen Schritt zurückzustolpern.

Die wenigsten Toten liegen im hellen Tageslicht auf dem Präsentierteller, wenn wir ihnen zum ersten Mal gegenüberstehen. Ich habe schon oft darüber nachgedacht, ob das vielleicht mit einem tief verwurzelten Tabu zusammenhängt, das die Täter noch nicht vollständig verlassen hat. Selbst wenn ein Täter sich keine große Mühe gibt, seine Tat zu vertuschen, stellen wir doch immer wieder fest, dass der Körper des Opfers in einem geschützten Winkel zurückgelassen, vielleicht sogar eine Decke über den Leichnam geworfen wird.

Solange die Opfer im Schatten liegen, ist ihr Zustand auf eine schwer zu beschreibende Weise *unbestimmt*.

In dem Moment aber, in dem Martin Euler und seine Männer den Knopf drücken, fühlt es sich an, als hätten wir sie ein zweites Mal getötet.

Der Gerichtsmediziner hatte Albrechts Frage nicht beantwortet. Er ließ den Hauptkommissar selbst seine Schlüsse ziehen.

Im grellen Licht der Leuchtbatterie hatte das Bild sich vollkommen verändert. Es war nicht länger ein Gesicht, das an der Oberfläche zu treiben schien. Das Wasser war nicht gerade glasklar. Trotzdem waren die Umrisse des Körpers zwischen den Seerosen deutlich auszumachen.

Der Tote war vollständig bekleidet, trug Jeans, T-Shirt und Oberhemd.

Schwere Stricke waren um seinen Körper geschnürt, die Arme seitlich an den Leib gebunden, die Beine von der Hüfte bis zu den Waden aneinandergefesselt.

«Wenn Sie genau hinschauen, sehen Sie, dass einige der Pflanzen abgeknickt sind», sagte Euler leise, und seine Stimme klang jetzt heiser. «Das kann passiert sein, als der Körper im Becken platziert wurde oder aber als er versucht hat, sich trotz der Fesselung über Wasser ...»

«Er ist ertrunken?»

Der Gerichtsmediziner schüttelte den Kopf. «Dazu sage ich

nichts, bevor wir die Leiche nicht geborgen haben. Wir werden jetzt noch einige Aufnahmen machen, dann können wir ihn mitnehmen. Falls Sie nicht noch ...»

«Machen Sie das», sagte Albrecht und betrachtete den leblosen Körper. «Haben wir schon Hinweise auf seine Identität? Vermisstenmeldungen?»

Ich blinzelte.

Martin Euler starrte ihn an. «Was ... Lesen Sie keine ... Haben Sie keinen Fernseher?»

Albrecht kniff die Augen zusammen und betrachtete noch einmal den Leichnam. Dann uns.

«Mein Fernseher steht in Ohlstedt», bemerkte er ruhig. «Falls er noch existiert.»

Ich schluckte. Wie lange war es her, dass seine Joanna ihn gegen den Zahnarzt ausgetauscht hatte?

Das würde eine lange Geschichte werden.

* * *

«Falk Sieverstedt», murmelte Jörg Albrecht.

Stahl sich ein verdächtiger Ton in seine Stimme? Wenn das so war, schien Friedrichs ihn nicht zu bemerken.

Zu konzentriert war sie auf ihre Erläuterungen, während sie den Dienstwagen raus nach Blankenese steuerte, zur Stadtvilla der Familie Sieverstedt.

Die Angehörigen mussten informiert werden.

Das Licht der Scheinwerfer spiegelte sich auf dem Metall am Straßenrand parkender Fahrzeuge. Ausschnitte dunklen Asphalts wurden für Augenblicke aus der Nacht geschnitten.

«Ich bin jetzt auch keine Expertin für diese Society-Geschichten ...», erklärte die Kommissarin beinahe entschuldigend.

Albrecht quittierte die Aussage mit einem stummen Nicken.

Die Aussage, vor allem aber die gehobene Stimme am Ende.

Expertin oder nicht, oder ... Mit Daumen und Zeigefinger strich er sich über die Nasenwurzel. Nein, gerade wenn sie keine Expertin war, wollte er hören, was Hannah Friedrichs über die Sieverstedts zu erzählen wusste.

«Na ja.» Die Kommissarin holte Luft. «Natürlich kriegt man trotzdem was mit. Seine Frauengeschichten zum Beispiel. Ich hätte mich nicht gewundert, wenn wir ihn irgendwann mal als Opfer vor die Nase bekommen hätten, aber ... Verstehen Sie, ausgerechnet hier?»

«Stopp!» Albrecht hob die Hand.

Friedrichs stoppte, passenderweise an einer Ampel.

«Frauengeschichten?», fragte er.

«Sie wissen schon.» Die Kommissarin machte eine Handbewegung, die er nicht recht zu deuten wusste. «Irgendwelche jungen Dinger. Filmsternchen, Töchter aus besseren Familien. Familien wie die Sieverstedts eben. Nicht, dass es noch viele gibt von dem Kaliber.»

In der Tat, dachte Albrecht. Von *diesem* Kaliber mit Sicherheit nicht.

Die Ampel schaltete auf Grün.

Friedrichs hatte den Blinker bereits links gesetzt. Runter nach Blankenese. Die Sieverstedt'sche Villa in der Reiche-Leute-Gegend am Falkenstein kannte jeder Hamburger.

Mancher von uns möglicherweise besser als die anderen, dachte Jörg Albrecht.

«Alle paar Monate eine andere», murmelte die Kommissarin. «Wohl auch mal zwei oder drei gleichzeitig. Nebenbei dann die Segelei, die Regatten. Die Sachen eben, mit denen man in die bunten Blätter kommt oder in die Klatschsendungen. Klar, dass er sich da nicht nur Freunde gemacht hat, allein schon wegen der Frauen.»

Sie veränderte ihren Griff um das Lenkrad, als sie in das parkartige, verwinkelte Gewirr des Villenviertels einbog.

Friedrichs schüttelte den Kopf. «Aber was weiß man schon, was bei solchen Leuten normal ist? Mit Eltern, die Geld wie Heu haben? Keine Ahnung, ob er mit der Firma überhaupt was zu tun hatte. Dass Sie die nicht kennen, wollen Sie mir jetzt aber nicht erzählen?»

Jörg Albrecht schwieg, doch Friedrichs war offenbar zu aufgewühlt, um das zu bemerken.

«Aber nein», murmelte sie. «Irgendwie kann ich mir nicht vorstellen, dass er die Sorte Sohn war, die sich jemand wie Konsul Sieverstedt gewünscht hätte. Als Erben für so ein Unternehmen in der dritten, vierten Generation. Aber vielleicht haben sie sich ja auch gedacht, er soll sich einfach die Hörner abstoßen? Waren womöglich noch stolz auf die Frauen und die Bilder in den Magazinen. Aber im Dahliengarten? Im Volkspark? Können Sie sich das Gesicht des Konsuls vorstellen ...»

Albrecht schloss die Augen.

Jetzt links, dachte er, hörte aber schon den Blinker klicken.

Zwei Minuten bis zur Villa.

Er hätte den Weg blind gefunden, noch immer.

Er öffnete die Augen.

Eine hohe Bruchsteinmauer, dahinter die parkartige Anlage um die Villa. Als Friedrichs um eine scharfe Kehre bog, wurde für einen Moment der Blick über die Elbe frei. Die Lichter von Schiffen, lautlosen Giganten in der Dunkelheit, zogen schweigend dahin.

Vor dem doppelflügeligen schmiedeeisernen Gitter der Zufahrt hielt die Kommissarin an.

Halb zwei Uhr nachts, doch im zweiten Stock, unter dem hohen Walmdach, brannte Licht.

Die Bibliothek.

Friedrichs ließ das Fenster herunter und beugte sich zur Gegensprechanlage, doch Albrecht hob die Hand.

«Ja?» Eine Frauenstimme ertönte aus dem Lautsprecher, elektronisch verstärkt.

Der Hauptkommissar räusperte sich. «Bitte unterrichten Sie Elisabeth Sieverstedt, dass Jörg Albrecht mit ihr sprechen möchte.» Er schloss die Augen. «In einer dienstlichen Angelegenheit.»

* * *

Die Sieverstedt-Villa ist eines der Bauwerke, die zum Bild der Freien und Hansestadt Hamburg gehören wie das Chilehaus oder die Speicherstadt.

Anders als bei den Sehenswürdigkeiten, die spätestens für dritte Grundschulklassen zum Pflichtprogramm gehören, rechnet man allerdings nicht damit, dass man das Sieverstedt-Domizil mal von innen zu sehen bekommt.

Schließlich ist das Gebäude seit der Zeit des allerersten Konsuls in Familienbesitz. Es ist mehr als ein Haus, eher eine schlossartige Anlage, die auf dem höchsten Punkt des Falkensteins die Anwesen der anderen Reichen und Schönen am Blankeneser Elbufer überragt.

Ich war mir nicht sicher, wie ich mir das Ganze von innen vorgestellt hatte. Bis zu dem Moment, in dem Kempowskis Taschenlampe Falk Sieverstedts totenstarres Gesicht erfasst hatte, hatte ich nie darüber nachgedacht.

Ein zwei Stockwerke hohes Foyer, Treppen aus dunklem Tropenholz. An den Wänden düster gerahmte Gemälde, die sich mit lebensgroßen Porzellanbüsten abwechselten. Handelte es sich um Vorfahren der Sieverstedts, oder kam die Ähnlichkeit mit Falk nur durch die leichenhafte Blässe zustande?

Allein diese Ausstattung musste ein Vermögen wert sein, doch ich hatte kaum einen Blick dafür.

Jörg Albrecht hatte ein paar halblaute Worte mit einem Hausmädchen gewechselt. Jetzt stieg er vor mir die Treppe hoch. Langsam, nachdenklich, die Hand auf dem polierten Geländer.

Ich kannte ihn und wusste, auf welche Zeichen ich zu achten hatte. Wie er sich bewegte, wenn er sich einem Ort näherte, der für eine Ermittlung wichtig werden konnte. Wie er versuchte, Witterung aufzunehmen, ein Gefühl für diesen unbekannten Ort zu entwickeln.

Das hier war anders.

Er war nicht zum ersten Mal hier.

Ich hatte es im selben Moment begriffen, in dem er mir an der Gegensprechanlage das Wort abgeschnitten hatte.

Kripo oder nicht: Bis zu diesem Moment in der Zufahrt hatte ich Zweifel gehabt, ob man uns mitten in der Nacht überhaupt reinlassen würde. Mit Sicherheit wären wir gezwungen gewesen, durchblicken zu lassen, dass wir dem Konsul und seiner Frau eine *wichtige persönliche Mitteilung* machen mussten.

Diese Formulierung war in der Regel deutlich genug, dass sich die Türen öffneten.

Aber Albrecht hatte einfach nur seinen Namen sagen müssen.

Auf dem Revier war es ein offenes Geheimnis, dass er und seine Joanna in besseren Kreisen unterwegs gewesen waren. Aber das konnten doch unmöglich *diese* Kreise gewesen sein, die Sieverstedt-Kreise!

Und doch kannte er die Familie.

Dass er mich auf der Fahrt hierher mehr oder weniger ausgehorcht hatte, was ich selbst über die Sippe wusste, war noch die geringste Überraschung. An solche Manöver musste man sich gewöhnen, wenn man mit Jörg Albrecht arbeitete. Wenn *er* schon keinen Blick von außen auf das Geschehen werfen konnte, musste ich eben herhalten.

Damit hatte ich kein Problem.

Aber ich hätte meine Seele verwettet, dass er Falk tatsächlich nicht erkannt hatte, seine im Tode erstarrten Züge an der Oberfläche des Bassins.

Unerklärlich. Hier passte eines nicht zum andern.

Die Treppe mündete in eine Galerie, die das Foyer überblickte. Am Ende öffnete sich eine Tür aus dunklem Holz.

Der Umriss einer sehr großen, sehr schlanken Frau in einem knöchellangen, gerade geschnittenen Kleid erschien.

Ihre Hand lag auf dem Türrahmen, löste sich, als sie uns ein, zwei Schritte entgegenkam.

Ich kniff die Augen zusammen. Für eine Sekunde hatte ich mir eingebildet, sie wäre barfuß. Der Fußboden bestand aus demselben dunklen Holz, das das gesamte Innere des Hauses beherrschte.

Doch sie trug mokassinartige helle Schuhe, und als Albrecht auf sie zuging, wurde mir klar, dass mein kompletter erster Eindruck eine Täuschung gewesen sein musste: Sie war nicht größer als er oder ich.

«Elisabeth», sagte er leise und blieb stehen.

Ihre Augen zogen sich zusammen, gingen dann an ihm vorbei. Für eine halbe Sekunde begegneten sich unsere Blicke.

Natürlich kannte ich Elisabeth Sieverstedt. Aus der Presse, von Fotos: Wohltätigkeitsveranstaltungen, Filmpremieren, das Pferderennen, die Regatta des Yachtclubs. Seltsamerweise hatte ich gerade kein Bild vor Augen, auf dem sie ohne Hut zu sehen war. Hier im Haus trug sie die dunkelblonden, von ersten grauen Strähnen durchzogenen Haare zu einem Knoten hochgesteckt. Die Frisur ließ sie noch schmaler aussehen, als sie ohnehin schon war.

«Ihr seid wegen Falk hier.» Es war kaum mehr als ein Flüstern.

Der Hauptkommissar schien ganz leicht zusammenzuzucken.

«Leider ja», sagte er mit leiser Stimme.

Konsulin Sieverstedt bewegte sich nicht, zwei, drei Sekunden lang. Dann ging sie mit unsicheren Schritten in Richtung Brüstung.

Automatisch spannte ich mich an. Der Boden des Foyers lag zwei Stockwerke tiefer.

Doch sie tastete nach dem Geländer und ließ sich gegen das Holz sinken.

«Elisabeth ...» Albrecht ging auf sie zu, blieb aber stehen, bevor er sie erreichte. «Können wir in die Bibliothek gehen?»

Sie sah an ihm vorbei, schüttelte kurz den Kopf.

Albrecht blickte über die Schulter zu mir.

«Meine Mitarbeiterin», sagte er plötzlich. «Hannah Friedrichs.»

Elisabeth Sieverstedt nickte nur.

Schweigen.

Keiner der beiden machte Anstalten, ein Wort zu sagen.

Ich hatte Jörg Albrecht bei Hunderten von Zeugenbefragungen beobachten können und war Dutzende Male dabei gewesen, wenn er eine Todesnachricht überbrachte.

Dass er nicht wusste, was er sagen sollte, hatte ich noch nie erlebt.

Ich fuhr mir über die Lippen. «Frau Sieverstedt, könnten wir uns vielleicht setzen?», versuchte ich es selbst und nickte zu der offenen Tür. «In Ihrer Bibliothek vielleicht?»

Ein Ruck ging durch den schmalen Körper.

«Natürlich.» Langsam ging sie auf die Tür zu und berührte wieder leicht den Türrahmen.

Erden, dachte ich. Menschen, denen wir eine Nachricht überbringen, die sie bis in ihre Grundfesten erschüttert, neigen dazu, sich irgendwo festzuhalten.

Einige dieser Leute hatten sich sogar schon an Albrecht oder mir festgeklammert.

Doch Elisabeth Sieverstedt war kein solcher Mensch.

Allerdings wäre ihr das auch schwergefallen auf diese Entfernung. Jörg Albrecht wartete ab, bis sie die Bibliothek betreten hatte, bevor er ihr mit ein paar Schritten Abstand folgte.

«Bitte», murmelte sie und deutete auf mehrere Sessel um einen Tisch mit altertümlicher Schnitzerei.

Mein Sitzplatz war überraschend bequem, als ich mich niederließ. Albrecht wählte den Nebensessel.

Die Konsulin blieb stehen.

Ein Kaminfeuer beleuchtete die rechte Hälfte ihres Gesichts. Die einzige Andeutung von Farbe, die dort zu sehen war.

«Er ist ...» Sie hob die rechte Hand und schloss sie fest um die linke.

Körperkontakt, dachte ich. Also doch. Aber sie hielt sich an sich selbst fest.

Ich öffnete meine Handtasche, kramte meinen Notizblock raus und warf Albrecht unauffällig einen Blick zu. Er reagierte nicht darauf. Seine Augen waren auf die Frau gerichtet. Der Widerschein der Flammen lag auf seinem Gesicht. Ich konnte nicht sagen, welche Schatten echt waren.

«Er ist nicht mehr am Leben?», flüsterte Elisabeth Sieverstedt.

Der Hauptkommissar holte Luft und nickte stumm.

Die Konsulin schloss die Augen. «Wo?», fragte sie.

Ich schrieb das Wort mit. *Wo?* Nicht: *Wie?*

Und warum hatte sie auf der Stelle nach Falk gefragt? Wie hatte sie ahnen können, dass wir seinetwegen hier waren?

Doch dann musste ich daran denken, was ich selbst zu Albrecht gesagt hatte. Nicht das kleinste bisschen hätte es mich gewundert, wenn wir irgendwann mal vor Falk Sieverstedts Leiche gestanden hätten.

War es tatsächlich so simpel?

Gingen Albrecht dieselben Gedanken durch den Kopf? Seine Miene blieb undurchschaubar.

«In einem ... Teich», sagte er. «In der Stadt.»

Kein Wort vom Dahliengarten. Ich bezweifelte, dass das für Elisabeth Sieverstedt in diesem Moment einen Unterschied gemacht hätte. Sie kannte die Polizeiberichte nicht.

Doch es würde einen Unterschied machen.

Morgen oder übermorgen, wenn die Zeitungen und das Fernsehen auf die Sache anspringen würden, würde es einen ganz gewaltigen Unterschied machen.

«Hat ...» Ich sah, wie sie Luft holte. «Hat er sich ...»

Diesmal hob ich die Augenbrauen.

Doch Albrecht ließ ihr keine Gelegenheit, den Gedanken zu Ende zu führen.

«Wir gehen davon aus, dass ein Fremdverschulden vorliegt», erklärte er.

Die Konsulin nahm die Worte hin. Unmöglich zu sagen, was sie dachte. «Ihr werdet mir jetzt Fragen stellen wollen», sagte sie tonlos.

Der Hauptkommissar nickte. «Wenn du glaubst, dass du ...»

«Bitte», sagte sie rasch. «Je eher wir anfangen ...» Sie schüttelte den Kopf. «... desto besser.»

«Elisabeth, wir können auch morgen ...»

«Bitte!» Eine Spur schärfer.

Albrecht schlug die Beine übereinander und hatte plötzlich wieder sehr viel mehr Ähnlichkeit mit dem Leiter unseres PK, den ich seit zehn Jahren kannte.

«Es wäre gut, wenn wir auch mit deinem Mann sprechen könnten», sagte er.

«Ich werde ihn verständigen, sobald unser Gespräch zu Ende ist», versprach sie. «Er ist noch in Flensburg, auf der Gala wegen der Regattaeröffnung. Das dauert immer so lange.»

Kam die letzte Bemerkung einen Augenblick zu schnell? Ich machte eine Notiz, strich sie aber im nächsten Moment wieder durch.

Diese Frau verbarg etwas. Das war unübersehbar. Doch ich bekam nicht zu fassen, was es war.

Hat er sich das Leben genommen? Das war es doch gewesen, was sie hatte sagen wollen, als Albrecht ihr ins Wort gefallen war.

Stellte ich mir die falschen Fragen?

Sollte ich besser fragen, was sie *beide* verbargen?

«Mir ging es nicht gut heute Morgen», erklärte Elisabeth Sieverstedt. «Deshalb bin ich hiergeblieben.»

Albrecht nickte. «Einer von euch wird den Jungen identifizieren müssen. Wir sind uns zwar sicher, dass er es ist, aber ...»

«Du wärst nicht gekommen, wenn du dir nicht sicher wärst», murmelte sie und ließ sich plötzlich doch auf das samtbezogene Sofa sinken, an der Längsseite des Tisches. «Stell jetzt bitte deine Fragen.»

«In Ordnung.» Er sah sie an. Täuschte ich mich, oder war es das erste Mal, dass er sie tatsächlich direkt ansah? «Elisabeth, kannst du mir sagen, wann und wo du Falk zum letzten Mal gesehen hast?»

«Gestern Abend», antwortete sie und betrachtete ihre Hände, die sich noch immer umklammerten. «Oder vorgestern inzwischen. Am Sonnabend. Hier in diesem Raum. Er wollte noch weggehen, glaube ich, aber das wird euch Madeleine sagen können. Unsere Angestellte.»

«War das nicht ungewöhnlich?» Ich sah von meinem Notizblock auf. «Dass er abends noch unterwegs war, wenn heute die Regatta ...»

«Nein.» Sie schüttelte den Kopf. «In Flensburg gehören wir zu den Ausrichtern, und er nimmt niemals teil, wenn wir ...» Sie brach ab. «Er *hat* niemals teilgenommen.»

«Ich verstehe.» Albrecht wandte den Blick ab und schaute einen Moment ins Kaminfeuer, bevor er Luft holte. «Elisabeth, du weißt, dass wir dir diese Frage stellen müssen: Fällt dir ein Mensch ein, der Falk möglicherweise Böses wollte? Hatte der Junge Feinde?»

Sie öffnete den Mund.

Die Spitze meines Kugelschreibers schwebte einen halben Zentimeter über dem Notizblock.

Doch sie schwieg, hob nur den Blick von ihrem Schoß und löste die Hände voneinander.

Elisabeth Sieverstedt reckte das Kinn vor.

«Er war ein Sieverstedt, Jörg. Beantwortet das deine Frage?»

* * *

Albrecht erinnerte sich an die beiden weitläufigen Zimmer unter dem Dach der Villa.

Helle Räume, in denen eine beinahe mediterrane Atmosphäre herrschte. An Sommernachmittagen hatte diese Zimmer ein Licht erfüllt, das Elisabeth mit der Toskana oder wahlweise mit den Künstlerkolonien an der Nordspitze Dänemarks verglichen hatte.

Hier war ihr Atelier gewesen, in dem sie etwas von der Stimmung jener Tage eingefangen hatte, in Aquarell und Tempera.

Nichts davon war geblieben.

Vor den breiten Panoramascheiben hing die Nacht.

Und auch die Zimmer selbst waren kaum wiederzuerkennen.

Elisabeth Sieverstedt hatte keine Einwände erhoben, als Albrecht gefragt hatte, ob sie sich Falks Wohnung einmal ansehen dürften.

Hannah Friedrichs schritt jetzt die Räumlichkeiten ab und machte Fotos, bevor sie etwas anfasste. Konzentriert und professionell.

Mit den Augen eines Fremden, dachte Jörg Albrecht.

Augen, die ihm selbst nicht zur Verfügung standen.

Langsam ließ er den Blick durch das vordere der beiden Zimmer wandern. Helle Möbel, an den Wänden hochwertige Kunstdrucke. Auf der Fensterbank eine Batterie von Zimmerpflanzen, um die sich vermutlich eher das Hauspersonal gekümmert hatte.

Wo in diesen Räumen verbarg sich Falk Sieverstedt? Wo war das, was den jungen Mann ausgemacht hatte?

Nebenan vielleicht? Der Hauptkommissar trat in die Tür und ließ den Blick durch das angrenzende Schlafzimmer schweifen: ein ausladendes Bett, ein massiver Kleiderschrank. Dunkle, bo-

denlange Vorhänge. Ein Versuch, die Welt dort draußen auszuschließen?

War das Falk Sieverstedt?

Oder ging der Gedanke zu weit?

Friedrichs war jetzt dabei, den Laptop des Toten und dessen
Zubehör zu inventarisieren, damit sie Elisabeth eine Quittung
ausstellen konnten.

Mittlerweile gehörte es zum üblichen Prozedere in einem solchen Fall, den Computer des Opfers auf die Dienststelle mitzu-
nehmen.

Wann genau ist das passiert?, fragte sich der Hauptkommissar.

Es hatte eine Zeit gegeben, in der er aus den Werken im Bü-
cherregal, der Garderobe im Kleiderschrank, ja, aus der Farbe
der Tapeten Schlüsse auf den Charakter des Bewohners hatte anstellen können.

Natürlich existierte diese Dimension des Lebens nach wie vor,
und doch hatte sich etwas grundlegend und nachhaltig verändert.

Die jüngere Generation lebte eigentlich gar nicht mehr in der
Wirklichkeit – oder nur noch zum geringen Teil.

Zusammenhänge einer Ermittlung und Motive der Beteiligten
ließen sich nicht länger allein durch hergebrachtes deduktives
Denken klären, in enger Zusammenarbeit mit der Spurensicherung und Gerichtsmedizin.

Verheerungen im Innern der menschlichen Seele, dunkle
Triebkräfte, die ein Leben gewaltsam beendet hatten, waren heute
in einer abstrakten Anordnung von Bits und Bytes gespeichert.

Albrecht massierte seine Nasenwurzel.

Das ist keine Entschuldigung!

Was siehst du? Gerade wenn du dich an diesen Raum erinnerst, müsste dir der Unterschied, müsste dir das, was Falk Sieverstedt war, nur umso deutlicher vor Augen treten.

Doch er konnte nichts sehen.

Alles, was er sah, war die Erinnerung.

zwei

Es war Montag, der vierundzwanzigste Juni. Acht Uhr siebenundzwanzig.

Jörg Albrecht hatte vor dem Whiteboard an der Stirnseite des Besprechungsraums Position bezogen und beobachtete, wie seine Mitarbeiter einer nach dem anderen ihre Plätze einnahmen.

Sie ahnten noch nichts, Hannah Friedrichs und der junge Lehmann ausgenommen, die er auf Stillschweigen verpflichtet hatte.

Ebenso sämtliche anderen Beteiligten, die im Dahliengarten vor Ort gewesen waren.

Unmittelbar nach dem Besuch in Blankenese, um halb drei Uhr früh, hatte der Hauptkommissar die Polizeipräsidentin aus dem Bett geholt, um die Nachrichtensperre absegnen zu lassen.

Als er ihr den Namen des Opfers mitgeteilt hatte, hatte sie auf der Stelle ihr Einverständnis gegeben.

Doch, dachte er, wenn es ihr passte, konnte Isolde Lorentz überraschend flexibel sein.

Ihr musste auf der Stelle klar gewesen sein, dass jede Minute, in der die Geschichte von Falk Sieverstedts Tod noch nicht durch die Presse ging, kostbar war. Die Geschichte von den *Umständen* dieses Todes.

Soeben schoben sich die beiden letzten Beamten in den Raum: Klaus Matthiesen, der sich noch die Reste eines Franzbrötchens in den Mund stopfte, und Marco Winterfeldt, der langhaarige Computerfachmann der Abteilung, mit dem unvermeidlichen Laptop unter dem Arm.

Würde er nicht ab und an die Position wechseln, könnte man glauben, das Ding wäre festgewachsen, dachte Albrecht, während er beobachtete, wie der junge Mann den Apparat auf dem

Tisch abstellte und übergangslos aufklappte, um hinter dem Bildschirm zu verschwinden.

Albrecht warf einen letzten Blick auf seine Mannschaft und bemühte sich, nicht zu lange bei den beiden leeren Stühlen zu verharren, die seine Mitarbeiter pietätvoll an den Rand gerückt hatten.

Acht Beamte, alles, was er zur Verfügung hatte. Zwei davon nicht einmal offiziell Angehörige der Abteilung. Aus seinem erzwungenen Genesungsurlaub heraus hatte er schon versucht, Isolde Lorentz zu bewegen, die während der dramatischen Vorgänge im vergangenen Herbst gelichteten Reihen wieder aufzufüllen. Vergeblich.

Zu wenige. Sie waren zu wenige, und auch die Kollegen würden das auf der Stelle erkennen, sobald er den Namen des Opfers an das Whiteboard schrieb.

Zu wenige, um einen Fall von der Größenordnung anzugehen, die der gewaltsame Tod eines Sieverstedt erwarten ließ.

Auf der Stelle würden sie es erkennen.

Und wussten doch nicht die Hälfte von dem, was Jörg Albrecht wusste.

* * *

«Hannah?» Geflüstert. «Salmiaks, Deern?»

Mit unterdrücktem Rascheln wurde mir eine offene Tüte entgegengestreckt.

Ich nickte zerstreut und griff zu, nahm aber nur eine einzige der winzigen Pastillen.

Es gab sehr unterschiedliche phantasievolle Geschichten, woher Hinnerk Hansen diese Dinger bezog, die einem in Sekundenschnelle ein Loch in den Gaumen fraßen. Irgendwo in meinem Innern war ich fest davon überzeugt, dass sein wochenlanger Krankenhausaufenthalt im letzten Jahr auf die eine oder andere Weise mit seinen Salmiaks in Verbindung stehen musste.

Ich schob mir das aromatische Plättchen zwischen die Lippen – und auf der Stelle zog sich in meiner Mundhöhle alles zusammen, als hätte ich auf eine Zitrone gebissen.

Genau das, was ich brauchte.

Auf einen Schlag war ich wach, wirklich und wahrhaftig wach, und beobachtete, wie Albrecht sich vor dem Whiteboard an seinem Folienschreiber zu schaffen machte.

Ich hatte kaum geschlafen in dieser Nacht.

Das kam zwar häufiger vor, wenn man für die Nachtschicht auf der Dienststelle eingeteilt war – trotzdem war es diesmal anders gewesen.

Unsere Nachtschichten können ganz unterschiedlich ablaufen: mal nervenaufreibend öde, mal hat man kaum die Zeit, für einen Moment aufs Klo zu verschwinden.

Heute Nacht, nachdem ich Falks Rechner in der Asservatenkammer verstaut und meinen Bericht über die Geschehnisse im Dahliengarten und den Besuch in Blankenese getippt hatte, war eigentlich nichts mehr zu tun gewesen. Nils Lehmann hatte schon vor unserem Einsatz im Volkspark ein Schläfchen machen können, sodass ich die Gelegenheit bekommen hatte, mich bis zum Beginn der Tagesschicht in der reviereigenen Teeküche aufs Ohr zu legen.

Das war ein Fehler gewesen.

Ja, ich hatte geschlafen, immer mal wieder für fünf oder zehn Minuten.

Ich war müde gewesen, hundemüde, sodass meine Lider wie von selbst zugefallen waren, wieder und wieder, und jedes Mal hatte sich dasselbe Bild vor meine Augen geschoben: ein verschwommener ovaler Umriss, kaum als Gesicht zu erkennen, der auf einen Schlag in grelles Licht getaucht wird, wenn Martin Euler auf den Knopf drückt.

Falk Sieverstedts blicklose Augen sind aufgerissen, das Weiß rund um die Iris durchzogen von einem blutigen Geflecht aus

Adern, die geplatzt sind im verzweifelten Kampf gegen das schwarze Wasser des Bassins, das mitleidlos seine Lungen gefüllt hat.

Sein geöffneter Mund ist eine Höhle, ein Abgrund. Instinktiv will ich zurückweichen, doch in meinem Traum bin ich dazu nicht in der Lage.

Er hat um Luft gerungen. Er hat geschrien, um sein Leben geschrien.

Doch in meinem Traum glaube ich auch etwas anderes zu wissen: Falk Sieverstedt hatte noch etwas zu sagen.

Ein Geheimnis.

Ein Geheimnis, das er mit in den Tod genommen hat und das wichtig ist, für mich, für uns alle.

Wenn ich nur ganz genau hinhöre, kann ich vielleicht doch noch ein Echo dieser Worte erhaschen, das Echo eines Echos.

Alles in mir wehrt sich dagegen, doch ich beuge mich über den Toten, bringe mein Ohr ganz nah an seine Lippen. Näher. Und näher. Und näher.

Ein markerschütterndes Kreischen.

Mit einem Japsen sog ich die Luft ein, als ich spürte, wie etwas den Weg in meine Kehle fand: die Salmiakpastille.

Das Gefühl war unbeschreiblich.

Durch einen Tränenschleier sah ich, wie Albrecht das Whiteboard zurechtrückte, bevor er im Zentrum der freien Fläche etwas notierte.

Falk Sieverstedt

In diesem Moment konnte ich die einzelnen Buchstaben des Namens nicht entziffern, doch ich hörte das unterdrückte Keuchen der Kollegen. Klaus Matthiesen und Max Faber direkt neben ihm. Von Alois Seydlbacher, unserer Verstärkung aus Bayern, ein unterdrücktes «Jessas, sakra!». Selbst Marco Winterfeldt hatte aufgehört zu tippen – ungefähr zwei Sekunden lang. Dann setzte das unterdrückte Klackern wieder ein, in doppelter Frequenz.

«*Der* Falk Sieverstedt?», flüsterte Max Faber.

Meine Kehle brannte bis runter in den Magen, aber inzwischen konnte ich wieder gut genug sehen, um zu erkennen, dass er blass geworden war, blass bis zu seiner spiegelblanken Glatze.

Ich biss die Zähne zusammen. Faber hatte vorhin noch einen Spruch gemacht, ob wir zu Ehren der Rückkehr unseres Chefs nicht einen kleinen Umtrunk geben sollten, wie wir das bei Hansen gemacht hatten, als er aus dem Krankenhaus zurückkam.

Jetzt war keine Rede mehr davon.

Jörg Albrecht gab keine Antwort. Sein Blick war deutlich genug.

«Hannah.» Er nickte mir zu, und ich reichte Kopien meines Berichts herum.

Der Hauptkommissar sah auf die Uhr. Ein, zwei Minuten gab er den Kollegen Zeit, meine Notizen zu überfliegen, bevor er selbst mit ruhiger Stimme zusammenfasste.

«Kommissarin Friedrichs und Hauptmeister Lehmann sind heute Nacht um null Uhr vier von einer unserer Streifen informiert worden, dass sich in einem Bassin im Dahliengarten die Leiche eines Mannes befindet», erklärte er. «Ich selbst bin nach wenigen Minuten hinzugestoßen. Zur endgültigen Identifizierung treffe ich mich in neunzig Minuten mit den Eltern in der Gerichtsmedizin, doch auch so können wir im Grunde keinen Zweifel haben.» Ein Nicken in meine Richtung.

«Auf der dritten Seite», sagte ich. «Euler hat uns schon mal vorab was gefaxt.»

Allgemeines Vorblättern. Köpfe senkten sich über den Bericht.

Der um ein Mehrfaches vergrößerte Manschettenknopf kam auf den Kopien nicht besonders gut raus. Doch die Aufnahme war deutlich genug, um das verschnörkelte und mit einer Krone versehene S zu erkennen, dessen Gegenstück sich in einer schmiedeeisernen Version auch am Tor des Anwesens in Blankenese fand und eigentlich überall, wo die Sieverstedts ihre Finger im Spiel hatten.

«Also ist er es tatsächlich», murmelte Matthiesen.

«Oder jemand hat seinem Doppelgänger sein Hemd übergezogen», gab Nils Lehmann zu bedenken.

Der Blick, den ihm Albrecht zuwarf, brachte ihn umgehend zum Schweigen.

«Ein junger Mann aus einer der einflussreichsten Familien der Stadt.» Der Hauptkommissar musterte uns, einen nach dem anderen. «Und kein Unbekannter in Hamburg, ganz gleich, ob man die wirtschaftlichen Verflechtungen im Außenhandel mit Interesse verfolgt.»

Die letzte Bemerkung galt wohl mir.

Selbst wenn man keinen Schimmer hatte, wer rund um die Alster hinter den Kulissen die Strippen zog: Falk Sieverstedt kannte man.

«Aufgefunden unter Bedingungen, die uns einen Presseauftrieb garantieren, den wir uns besser noch nicht vorstellen mögen», setzte Albrecht hinzu. «Doch für uns darf das keine Rolle spielen. Ein junger Mann ist tot. Ein junger Mann von dreiundzwanzig Jahren. Warum ist er gestorben? Das herauszufinden, die *Wahrheit* herauszufinden, das ist unsere Aufgabe.»

Er musterte uns.

Wer wollte widersprechen?

«Was wissen wir bisher über die Umstände seines Todes?», fragte Albrecht. «Er hat zu einer uns noch unbekannten Uhrzeit vorgestern Abend sein Elternhaus verlassen. Danach ist er offenbar nicht mehr zurückgekehrt, wie uns Elisabeth Sieverstedt und das zu diesem Zeitpunkt anwesende Personal übereinstimmend versichert haben.»

Eine Wortmeldung. Nils Lehmann.

Der Hauptkommissar nickte ihm zu. «Bitte.»

«Aber Sie haben nicht alle gefragt, die da arbeiten, oder?»

«Bedauerlicherweise waren sie um ein Uhr dreißig nachts nicht vollzählig greifbar», brummte Albrecht. «Wenn sich herausstellt, dass einer von ihnen verschwunden ist, haben wir einen Verdächtigen.»

Sein Blick löste sich von Lehmann.

«Was wissen wir sonst? Falk Sieverstedt fuhr einen Audi – ein aufgemotztes Gefährt, mit dem er offenbar auch am Samstag unterwegs war. Die Beschreibung ist heute Nacht bereits an sämtliche in Frage kommenden Stellen gegeben worden. Bisher ohne Erfolg. Mit dem Auto sind im Übrigen auch seine persönlichen Papiere verschwunden sowie sein Handy. Den Mobilfunkanbieter haben wir bereits kontaktiert. Was die Verbindungsdaten hergeben, werden wir sehen.»

Er warf einen Blick in die Runde, doch keiner von uns hatte einen Kommentar.

«Weiter: die Todesursache. Sie haben es gehört, Martin Euler ist noch nicht durch mit seinen Untersuchungen. Den Todeszeitpunkt dürfen wir nach einer ersten Schätzung zwischen zwanzig und dreiundzwanzig Uhr ansetzen. Dass das Opfer im Wasser gelegen hat, macht die Einschätzung nicht leichter. Da der Tote gefesselt war, am Tatort aber keinerlei Spuren eines Kampfes gefunden wurden, müssen wir davon ausgehen, dass die Fesselung anderswo vorgenommen wurde.» Er zögerte. «Es sei denn, das Opfer hätte sie freiwillig über sich ergehen lassen. Möglicherweise gar ...» Er sah uns an. «Möglicherweise gar *allzu* freiwillig.»

Ich schluckte. Mir war klar, dass alle im Raum auf der Stelle dasselbe Bild vor Augen hatten wie ich selbst: einer unserer eigenen Kollegen – Opfer eines perversen erotischen Spiels in einem zwielichtigen Club in der Nähe der Reeperbahn. Uns alle würde diese Erinnerung verfolgen, noch lange, lange Zeit.

Doch Jörg Albrecht schüttelte den Kopf.

«Allerdings gibt es ein unübersehbares Argument, das gegen

eine solche Theorie spricht: Der Tote war vollständig bekleidet, in ganz gewöhnlicher Alltagsgarderobe. Keinerlei Hinweis, dass ein sexuelles Element eine Rolle gespielt haben könnte. Doch immerhin wäre noch eine zweite Möglichkeit denkbar, die mit einer freiwilligen Fesselung einherginge», erklärte er. «Eine Tötung auf Verlangen ohne jeden sexuellen Hintergrund.»

Ich öffnete den Mund. Doch ich kam nicht zu Wort.

«Die Mutter des Opfers hat in dieser Hinsicht eine Andeutung gemacht, der ich nachgehen werde, sobald ich die Eltern sehe. Aber auch hier gibt es einen Umstand, der entschieden dagegen spricht.»

Er sah mich an.

Ich wahrte mein Pokerface, so gut ich konnte. Hatte ich es tatsächlich für eine halbe Sekunde für möglich gehalten, Jörg Albrecht könnte aus Rücksicht auf die schwerreiche Sippe eine Spur unterdrücken wollen?

«Das wäre ziemlich umständlich gewesen, oder?», fragte ich zögernd. «Ich meine, Falk Sieverstedt war Segler. Wenn er vorgehabt hätte, sich zu ertränken, hätte er einfach nur mit dem Boot rausfahren und ins Wasser springen müssen.»

«Exakt.» Albrecht nickte. «Zwar können wir einen Sexualunfall oder eine Tötung auf Verlangen zum gegenwärtigen Zeitpunkt nicht vollständig ausschließen, doch mit ziemlicher Sicherheit ermitteln wir in den kommenden Tagen in einem Mordfall.»

Schweigen. Kein Widerspruch.

Albrecht setzte den Edding oben links an der Tafel an.

Wer?, schrieb er.

Warum?, direkt darunter.

«Die entscheidenden Fragen in einer jeden Mordermittlung. Sie hängen unmittelbar miteinander zusammen, und wir können uns ihnen aus unterschiedlichen Richtungen nähern. So wissen wir etwa, dass die wenigsten Mordopfer *zufällig* zu Opfern werden. In den allermeisten Fällen besteht eine Verbindung zwischen Täter und Opfer, und diese Verbindung müssen wir erkennen. Ja, Hauptmeister Lehmann?»

Ein Blinzeln. «Woher wussten Sie, dass ich etwas sagen wollte?»

«Ich wusste es eben. Bitte.»

«Also.» Ein Hüsteln. «Ich hab mir gedacht, dass vielleicht der Tatort eine Rolle spielen könnte, also der Dahliengarten. Wir wissen ja, dass sich da seltsame Typen rumtreiben, auch wenn sie nicht alle aussehen wie, na ja, wie Typen. Es könnte ja zum Beispiel einer von denen gewesen sein ...»

Nils Lehmann saß drei Plätze rechts von mir, Hinnerk Hansen und Max Faber waren zwischen uns. Nur das verhinderte, dass er in diesem Moment einen herzhaften Tritt vors Schienbein kriegte.

«Ach?», ätzte ich. «Weil diese Leute auf einem anderen Dampfer unterwegs sind als du, sind sie gleich verdächtig?»

Lehmann hob die Schultern. «Verdächtig ist erst mal jeder, oder? Oder es war halt eine von den Frauen.»

«Da gibt's auch Frauen?», fragte Max Faber erstaunt. Für meinen Geschmack klang er fast schon zu interessiert.

Nils Lehmann schüttelte den Kopf. «Nein, da natürlich nicht. Glaub ich jedenfalls. Aber wir wissen ja, wie schnell die bei Falk gewechselt haben. Wenn sich jetzt eine von denen hätte rächen wollen, weil er sie hat sitzenlassen, wär das doch eine Idee gewesen, ihn ausgerechnet zwischen diesen Typen im Dahliengarten ...»

«Stopp!» Albrecht hob die Hand. «Ich will keineswegs ausschließen, dass eine der Verflossenen unseres Opfers ähnlich phantasievoll denken könnte wie Sie, doch noch haben wir keinerlei belastbare Hinweise, die eine Verbindung Falk Sieverstedts zum Dahliengarten beweisen oder ausschließen würden.»

«Schorlemmer hat ausgesagt, er hätte ihn dort noch nie gesehen», warf ich ein.

«Richtig.» Albrecht nickte. «Doch das ist nicht mehr als eine einzige Aussage.»

«Kempowski und Berger könnten sich die Typen da mal zur Brust nehmen», schlug Lehmann vor. «Heute Abend, wenn's wieder losgeht.»

Albrecht musterte ihn nachdenklich. Ich musste mir auf die Zunge beißen, um mich nicht schon wieder einzumischen. Ich konnte mir jedenfalls sehr gut vorstellen, was die Männer im Dahliengarten zu Protokoll geben würden, wenn sich Kempowski und sein Kollege vor ihnen aufbauten: nämlich überhaupt nichts.

«Einverstanden», sagte Albrecht. «Aber Sie werden das selbst übernehmen.»

«Wie?» Lehmann riss die Augen auf. *«Was?»*

«Diesen Teil der Ermittlungen. Sieverstedts Gesicht ist aus der Boulevardpresse bekannt. Wenn er dort war, wird man ihn erkannt haben. Sie werden sich im Volkspark umhören – nach Einbruch der Dunkelheit. Bei der Gelegenheit werden Sie auch gleich herausfinden, ob den Herren und ... den Herren *Damen* gestern etwas Verdächtiges aufgefallen ist. Noch verdächtiger, wohlgemerkt, als das, was sowieso jeden Abend abläuft.»

Lehmann schluckte. Er sagte kein Wort mehr.

Albrecht zögerte. «Seydlbacher, Sie begleiten den Hauptmeister.»

Eher eine moralische Unterstützung, dachte ich. Alois Seydlbacher verstand zwar jedes Wort, das man mit ihm sprach, aber wenn er selbst den Mund aufmachte, wurde es schon schwieriger. Wenn er eine Vernehmung führte, setzten Max Faber oder ich uns vorsichtshalber daneben. Als Dolmetscher, für den Ernstfall.

«Sehen Sie zu, dass Sie sich ein wenig angemessen kleiden», riet Albrecht den beiden zum Abschluss. «Die uniformierten Kollegen würden da nicht weiterkommen. Je unauffälliger Sie sich bewegen, desto besser.»

Er wandte sich um und betrachtete erneut seine Tafel.

Der Name des Ermordeten – und zwei große, unbeantwortete Fragen.

«Was diese Tat zu etwas Besonderem macht», erklärte er, «von der Person des Opfers einmal abgesehen, ist auf den ersten Blick tatsächlich die Auffindungssituation. Genau diese Situation aber ist von unserem Täter ganz offensichtlich inszeniert worden. Er wollte also, dass wir das Opfer in dieser Situation finden. Möglicherweise wollte er damit etwas demonstrieren – möglicherweise aber auch das genaue Gegenteil.»

«Eine falsche Fährte», murmelte ich. «Um zu verhindern, dass wir in die richtige Richtung ermitteln.»

Albrecht nickte knapp. «Zumindest lässt sich das nicht ausschließen, solange wir nicht mehr über die Hintergründe wissen. Über den Menschen Falk Sieverstedt und wie seine Umgebung ihn wahrgenommen hat. Ich werde gleich mit den Eltern sprechen. Sie selbst, Hannah, haben mir gestern von seinen Frauengeschichten erzählt. Es dürfte Ihnen nicht schwerfallen, die Identität einiger dieser Damen festzustellen. Womöglich sogar seine aktuelle Liaison. Schauen Sie, wen Sie erreichen können. Warum hat er seine Beziehungen so rasch wieder beendet? Ging das überhaupt von ihm aus? Hören Sie sich an, was die Damen über ihn zu sagen haben ...»

Ich biss mir auf die Unterlippe. «Vermutlich nicht viel Gutes.»

«Wenn doch etwas dabei ist, hören Sie doppelt hin. Matthiesen?»

Klaus Matthiesen blickte auf.

«In Sachen Wirtschaftskriminalität macht Ihnen niemand etwas vor. – Als Ermittler natürlich.»

Matthiesen quittierte das Lob mit einem dünnen Lächeln.

«Schauen Sie sich an, was Sie über Sieverstedt Import / Export finden. Die aktuellen Geschäfte vor allem. Halten Sie sich erst einmal an frei zugängliches Material. Winterfeldt wird Ihnen da sicherlich helfen können. Auf Sie wartet dann auch noch der Rechner des Opfers.»

Die letzte Bemerkung galt natürlich ebenfalls dem Computermann. Albrecht warf ihm einen prüfenden Blick zu, doch Winterfeldt nickte nur bestätigend, tippte ansonsten aber munter weiter.

Albrecht brummte etwas Unverständliches. Vermutlich wollte er in diesem Fall gar nicht verstanden werden.

Sein Blick kehrte zu Klaus Matthiesen zurück.

«Finden Sie vor allem heraus, mit welchen Aufgaben Falk Sieverstedt im Unternehmen betraut war. Wenn das überhaupt der Fall war. Ich werde den Konsul ebenfalls darauf ansprechen, aber noch wissen wir nicht, ob die Familie oder das Unternehmen beim Tod des Opfers eine Rolle spielt. Wenn das so ist, will ich nicht allein auf die Aussage des Vaters angewiesen sein. Gut.» Er sah in die Runde. «Alle anderen halten sich bereit für neue Spuren. Die bekommen wir mit Sicherheit.» Düster. «Spätestens, sobald die Presse Wind kriegt.»

Allgemeines Nicken.

Abgesehen von Marco Winterfeldt.

Finster musterte Albrecht den Computermann. «Hauptmeister Winterfeldt?»

«Sekunde.» Der langhaarige junge Mann streckte sich und ließ die Fingerknöchel knacken. «Haben Sie nicht vorhin was erzählt von wegen Selbstmordabsichten? Ich glaube, ich hab hier was, das Sie sich mal ansehen sollten.»

* * *

Das Bild zeigte einen dunklen Raum. Im Hintergrund waren bodenlange, tiefrote Samtvorhänge zu erahnen, doch sie lagen im Schatten.

Ein einzelner, scharf begrenzter Spot war auf einen mit einem dunklen Tuch bedeckten Tisch gerichtet, der leer war bis auf einen einzelnen Gegenstand, ein Notizbuch, wie Albrecht vermutete. Und auf einen Mann, der hinter diesem Tisch saß, doch mehr auf seine Hände mit den auffallend langgliedrigen Fingern als auf sein Gesicht, das im Halbdunkel blieb, nur schemenhaft erkennbar.

«Ich begrüße euch, meine Freunde.» Ein wohlklingender Bariton, jedes Wort präzise formuliert, als würde eine Wahrheit verkündet, die auf schwer zu beschreibende Weise bedeutsamer war, tiefgründiger als *Ich begrüße euch, meine Freunde.*

«Ich freue mich, dass ihr wieder bei mir seid auf unserer Reise durch die Nacht.»

Die rechte Hand wurde eine Idee gehoben, zur knappsten, aber dafür umso eindrucksvolleren Andeutung einer Geste, die *alles* bedeuten konnte: eine Begrüßung, ein Versprechen kommender Geschehnisse.

«Stopp!»

Jörg Albrechts Geste war bestimmter, doch Winterfeldt hatte die Pausentaste bereits betätigt.

«Was ist das für ein Hokuspokus?»

Der Hauptkommissar bereute bereits, dass er sich hatte hinreißen lassen. Das Whiteboard, zentrales Instrument seiner Teamführung, war beiseitegerückt worden, um der Runde freien Blick auf die Großleinwand zu bieten, die Winterfeldt auf eine für Albrechts Laienverstand nicht nachvollziehbare Weise mit seinem Laptop gekoppelt hatte.

«Das ist *Second Chance*», erklärte der Computermann. «Die Nachtshow auf Kanal Sieben. Also ein Ausschnitt aus der Show, den jemand im Internet bei YouTube eingestellt hat. Da können Leute anrufen, die Probleme haben, und Marius hilft ihnen dann. Das ist der Mann hinter dem Tisch.» Ein Nicken zur Leinwand, auf der die gesichtslose Gestalt mitten in der Bewegung eingefroren war, selbst als Standbild auf schwer benennbare Weise eindrucksvoll.

«Ah ja.» Der Hauptkommissar kniff die Augen zusammen. Winterfeldt war kein Dummkopf, und Albrecht war klar, dass der Hauptmeister hier Informationen zu Falk Sieverstedt ausgegraben haben musste, einen Beitrag zum bewegten Liebesleben des Ermordeten vielleicht. Aber eines stand für Albrecht fest: Der Kerl auf der Leinwand gefiel ihm nicht.

«Einen Nachnamen hat er nicht?», brummte er.

«Ich ...»

Er drehte sich um. Nicht Winterfeldt hatte gesprochen, sondern Hannah Friedrichs.

«Ich glaube, er braucht keinen», murmelte sie.

«Sie kennen den Kerl? Ich meine: die Sendung?»

«Er ist irgendwie was Besonderes, Chef», unterbrach Winterfeldt. «Nicht nur, weil er eine Menge Fans hat. Also ... mehr als Fans. Er wird, wie sagt man, verehrt?»

Albrechts Blick wanderte zum Monitor, dann zurück zu Winterfeldt.

Verehrt? Was Besonderes?

«Weitermachen!», brummte er.

Marius' rechte Hand, die für die Dauer des Intermezzos zehn Zentimeter über der Tischplatte geschwebt hatte, legte sich wieder auf der linken ab.

«Ich stelle gerade fest, dass wir bereits einen Anrufer haben», erklärte er. «Der Glückliche meldet sich aus ... Hamburg. So viel will ich verraten. Der Glückliche – *Felix*.» Ein wohldosierter Hauch von Belustigung. «So werde ich dich nennen, mein Freund: Felix.»

Jörg Albrecht erlaubte sich Zweifel, ob das Gros der Fernsehzuschauer das Wortspiel nachvollziehen konnte. *Felix*, das lateinische Adjektiv. Felix, der Glückliche.

Entscheidend war, dass der Mann hinter dem Tisch wieder etwas *Bedeutsames* gesagt hatte.

«Guten Abend, Felix.» Die Worte klangen warm und einladend. Marius' Haltung veränderte sich um eine Winzigkeit, als wollte er sich für einen Plausch bequem in seinem Stuhl zurücklehnen. Doch so stark war die Veränderung nicht. Auch diese Geste war berechnet: Sie sollte den Eindruck vermitteln, dass er ganz genau zuhörte, sich auf den Anrufer einstellte.

«Wie geht es dir, Felix?»

«Ich bin durch?» Eine unsichere Stimme, angespannt, leicht blechern außerdem, über die Telefonverbindung. «Ich bin wirklich durch?»

Aus dem Augenwinkel sah Albrecht, wie Hannah Friedrichs sich ruckartig vorbeugte. Auch Faber, glaubte er zu erkennen, riss überrascht die Augen auf, und Seydlbacher ging abrupt dazu über, anstelle der rechten die linke Schnurrbartspitze zu zwirbeln, was ebenfalls als Ausdruck der Verblüffung zu werten war.

Sie erkannten die Stimme wieder!

Falk Sieverstedt.

Albrecht lauschte den Worten nach, suchte nach Ähnlichkeiten, nach einem Echo von Elisabeths Intonation oder der des Konsuls.

Doch das war nicht möglich. Keiner der beiden hätte jemals in diesem Ton gesprochen.

«Ich ...» Die Stimme kippte. «Ich kann's einfach nicht fassen.»

«Oh doch, mein Freund. Wir sprechen miteinander. Ich bin ganz ...» Diesmal wurden beide Hände gehoben, doch wieder nur Zentimeter über das dunkle Tuch, das die Tischplatte bedeckte, bevor sie sich wieder übereinanderlegten. «... für dich da. Aber denk daran, dass da noch andere Freunde sind, die Hilfe brauchen und die auf mich warten. Sag mir, Felix: Was kann ich für dich tun?»

Für wen hielt sich der Kerl? Jesus? Albrecht schüttelte finster den Kopf. Eher Bhagwan.

Verehrt. Etwas Besonderes.

Allmählich begann er zu begreifen.

Unauffällig musterte er seine Mitarbeiter, die von der Szene auf der Leinwand völlig fasziniert schienen. Lehmann hatte lauschend die Augen geschlossen, Friedrichs sah aufmerksam hin, doch auch bei ihr war unübersehbar, dass Marius' Darbietung ihre Wirkung nicht verfehlte.

Wenigstens bei Hinnerk Hansen und bei Matthiesen glaubte er eine gewisse hanseatische Zurückhaltung zu erkennen.

«Marius!» Falk Sieverstedt flüsterte den Namen beinahe. «Marius, ich weiß nicht mehr weiter.»

Die Hände mit den langgliedrigen Fingern hatten bedächtig das Notizbuch gegriffen und es aufgeblättert. Jetzt falteten sie sich abwartend ineinander. Eine Geste der Nachdenklichkeit, aber gleichzeitig die Geste eines Menschen, der anzeigt, dass er die Situation im Griff hat. Auf eine ganz selbstverständliche Weise besitzt er alles Wissen, um demjenigen, der seinen Rat sucht, den richtigen Weg aufzuzeigen.

«Es ist *dein* Leben, mein Freund. Was immer dich belastet: Die Antwort kann einzig aus dir kommen. Aus dir allein.»

Albrecht hob die Augenbrauen.

«Bemerkenswert», murmelte er.

Und umso manipulativer.

«Ich weiß, dass du das zu allen sagst, Marius.» Ein Schniefen. Das Rascheln eines Papiertaschentuchs. «Aber du kannst dir nicht vorstellen, wie es hier bei mir ist. Sie kennen mich nicht. Keiner von ihnen weiß, wie ich wirklich bin. Keiner von ihnen interessiert sich ...»

«Von ihnen?» Ganz ruhig.

«Von meiner Familie.» Leiser. «Von meinen Eltern.»

«Hast du denn einmal versucht, es ihnen zu sagen? Ihnen zu erzählen, wie du wirklich bist?»

Schweigen, dann: «Ja.» Ein schwerer Atemzug. «Nein. Ich habe versucht, bei meiner Mutter ... Aber ich weiß nicht, ob sie mir ... Ob sie mir überhaupt zugehört hat. Wirklich richtig zugehört.»

«Hmm.» Kein zweifelndes *Hmm*, dachte Albrecht. Kein *Hmm*, das die Aussage des jungen Mannes irgendwie in Zweifel ziehen und den Anrufer gegen Marius aufbringen könnte. Lediglich die Bestätigung, dass der Mann hinter dem Studiotisch sehr genau zuhörte.

Ich bin für dich da, mein Freund.

«Und was hat deine Mutter gesagt?»

Ein Schnauben. «Durchhalten.» Felix – Falk Sieverstedt – räusperte sich. «Ich muss durchhalten. Sie muss es auch. Jeden Tag.»

«Und weißt du, was sie damit gemeint hat?»

«Geht es um sie?», fragte Felix mit plötzlich gehobener Stimme. Ungehalten, deutlich ungehalten. «Oder um mich?»

Albrecht hatte den Mann hinter dem Schreibtisch sehr genau im Auge.

Keine Veränderung. Nicht das winzigste Zucken, nicht die kleinste Reaktion auf den plötzlichen Stimmungsumschwung.

Im Gegenteil: Das Ausbleiben einer Reaktion war geradezu demonstrativ. Regloses Schweigen. Nichts geschah. Doch gerade dieses Schweigen schien die einsame, stille Gestalt hinter dem Tisch noch einmal präsenter zu machen. Die Finger, die einander umschlossen, als ob in diesen Händen die Antworten auf alle Fragen der Welt ohne Mühe Platz hätten.

Schweigen.

Schließlich hörte man ein vernehmliches Schniefen aus der Telefonleitung.

«Bitte entschuldige.» Plötzlich wieder weinerlich. «Bitte, bitte entschuldige, Marius. Ich wollte dich nicht ...»

Albrecht biss sich auf die Lippen.

Im selben Moment, in dem gestern Abend zum ersten Mal der Name Falk Sieverstedt gefallen war, hatte er sich geschworen, dass er alles Vorwissen ausblenden, sich unter keinen Umständen zu einem Gefühl verleiten lassen würde, wo keines hingehörte.

Er durfte dem Opfer einer Straftat sein Mitgefühl entgegenbringen. Das gehörte quasi zu seinen Pflichten als Kriminalist und konnte im Idealfall sogar einen zusätzlichen Ansporn für ihn bedeuten, die Tat aufzuklären.

Aber auf keinen Fall würde er sich irgendwelche unangemessenen Sympathien erlauben, die den Blick des Ermittlers trüben könnten. Irgendwelche Sympathien, nur weil die Eltern des Jungen ihm bekannt waren.

Albrecht stellte fest, dass er weit entfernt davon war, dieser Gefahr zu erliegen.

Felix, dachte er. Der Verweis auf die alten Römer war kein dummer Gedanke.

Aber der Mann hinter dem Studiotisch hätte den Jungen *Nero* oder *Caligula* nennen sollen. Ein verwöhntes Söhnchen aus besseren Kreisen, das nur sich selbst und seine eigenen Probleme im Kopf hatte.

«Ich bin dir nicht böse.» Marius' Stimme war noch immer freundlich und mitfühlend. Der rügende Ton klang gerade so stark durch, dass Albrecht vor sich zu sehen glaubte, wie Falk Sieverstedt am Telefon zusammenzuckte.

«Aber ich kann dir nur dann helfen, wenn du offen zu mir bist», erklärte Marius. Die Finger lösten sich voneinander, die Handflächen wurden nach oben gestreckt: Schau, so wie ich. Ich habe nichts zu verbergen.

«Du darfst nichts zurückhalten, mein Freund. Du musst dich mir öffnen. Öffne deine Seele!»

Schweres Atmen am Telefon. «Ich ... Ich werd's versuchen, aber ... Ich kann nicht mehr, Marius. Ich bin kurz davor, mir den Strick zu nehmen, und ...»

Jörg Albrechts Augenbrauen schnellten in die Höhe. Den *Strick?*

Im selben Moment Geraschel.

«Verdammt.» Unterdrückt, aus der Leitung. «Mein Vater ... Marius, darf ich dich wieder anrufen? Darf ich ...?»

Ein vernehmliches Knacken.

Marius rührte sich nicht.

Jörg Albrecht brauchte zwei Sekunden, bis ihm klarwurde, dass die Aufnahme zu Ende war und er ein Standbild betrachtete.

* * *

Marco Winterfeldt bemühte sich, unserem Chef zu erklären, wie er auf die Aufnahme mit dem Titel «*Falk Sieverstedt bei Marius. – Fake?*» gestoßen war. Offenbar war es dazu zunächst einmal notwendig, Albrecht die Funktionsweise von Videoportalen wie YouTube auseinanderzusetzen.

Ich hörte nur mit halbem Ohr hin, wie ich am Ende schon die Aufnahme nur mit halbem Auge verfolgt hatte.

Marius, verdammt!

Es war etwa zwei Monate her.

Nach dem, was im letzten Herbst passiert war, hatten Dennis und ich eine Vereinbarung getroffen: keine Überstunden mehr, solange es sich nicht absolut vermeiden ließ. Mehr Zeit miteinander verbringen, und wenn es nur ein Abend vor dem Fernseher war.

Im Grunde hatten wir das ganz gut durchgehalten, in den ersten Wochen zumindest. Doch die Personalsituation auf dem Revier nahm eben keine Rücksicht auf meine angeknackste Ehe, und Faber und Matthiesen, die Einzigen, mit denen ich mich in der Schichtleitung abwechseln konnte, hatten sogar Kinder zu Hause.

Also wurde es doch wieder später, immer häufiger.

Dennis hielt wesentlich besser durch. Aber mein Ehemann konnte schließlich auch von zu Hause aus arbeiten, wenn nicht gerade ein Kundengespräch für die Makleragentur anstand. Wenn ich mich Stunden verspätete, hatte er in unserem Haus in Seevetal sogar mehr Ruhe als im Büro.

Doch das konnte mein schlechtes Gewissen auch nicht beruhigen.

Und von dem hatte ich jede Menge an diesem Aprilabend, ungefähr zwei Monate vor Falk Sieverstedts Tod, als ich es tatsächlich mal ein, zwei Stunden früher nach Hause geschafft hatte.

Ich kann mich ganz genau erinnern: wie ich die Haustür öffnete, sie mit dem Hintern wieder zuschob. Wenn Dennis mit seinen Akten am Küchentisch saß wie üblich, musste er mich im selben Moment bemerkt haben, in dem ich in die Auffahrt einbog.

Mit einem Seufzen ließ ich den Mantel von den Schultern gleiten, murmelte ein «Hallo, Schatz» in Richtung Küche und ...

Die Küche war leer.

Stirnrunzelnd drehte ich mich um. Ich hörte ...

«Das habe ich überhaupt nicht gesagt!»

Dennis. Und er klang ... Nein, wütend war zu viel. Doch offenbar war er der Meinung, dass ihn jemand nicht richtig verstanden hatte.

Die Stimme kam aus dem Wohnzimmer. Aber mit wem sprach er? In der Auffahrt hatte nur sein Toyota gestanden. Telefonierte er?

«Richtig.»

Ich hob die Augenbrauen.

Eine zweite Stimme, eine Männerstimme. Kannte ich sie irgendwoher? Nein, ich konnte sie nicht einordnen. Eine recht tiefe Stimme, freundlich, aber doch sehr bestimmt.

«Richtig, mein Freund Parsifal. Du hast gesagt, dass du dir besser nicht vorstellen willst, was sie in Wahrheit tut, wenn sie so spät nach Hause kommt. Wenn diese Vorstellung aber so beängstigend ist, dass du sie unter allen Umständen vermeiden willst, muss es eine ziemlich konkrete Vorstellung sein.»

«Du weißt genau, was es für eine Vorstellung ist.»

Das war wieder Dennis, und wie er sich anhörte, hatte er sich den Jack Daniel's aus dem Barschrank geholt.

«Dann sprich sie aus, mein Freund! Es wird nicht besser werden, solange du sie verleugnest.»

«Ach?» Mein Ehemann klang jetzt ätzend. «Und wenn ich mir live und in Farbe vorstelle, wie sie es wieder tun, geht's mir gleich viel besser? Wenn ich mir vorstelle, wie meine Frau in irgendeinem Stundenhotel diesen Lackaffen vögelt, obwohl sie mir versprochen hat ...»

Ich schlug die Hand vor den Mund und zwang das Keuchen mit Gewalt zurück in die Kehle.

Dennis wusste von meinem Sündenfall. Wusste, was passiert war zwischen mir und Joachim Merz. Joachim Merz, dem Staranwalt, der, nein, keinen schwachen Moment ausgenutzt hatte.

Ich hatte es gewollt. Und ich hatte jede Minute genossen.

Schließlich war ich zu diesem Zeitpunkt, letzten Herbst, fest davon überzeugt gewesen, dass auch Dennis nebenbei was laufen hatte.

Kindisch – aber eben doch die Wahrheit.

Doch wie mein Ehemann soeben vollkommen richtig formuliert hatte, hatte ich ihm versprochen, dass die Sache mit Merz eine einmalige Sache bleiben würde. Oder eine zwei- oder dreimalige Sache, wenn ich alles zusammenzählte, aber auf jeden Fall war sie aus und vorbei.

Zumindest was Merz und mich betraf.

Doch für Dennis?

In diesem Moment wusste ich, wem die andere Stimme gehörte.

Und dass dieser Jemand nicht in unserem Wohnzimmer saß, sondern irgendwo in einem Fernsehstudio von Kanal Sieben.

Marius.

«Wie willst du erwarten, dass es wieder besser wird, wenn du dich nicht einmal der objektiven Wahrheit öffnen kannst, mein Freund?»

Diese mitfühlende, warme Stimme. Natürlich kannte ich *Second Chance*. Dennis und ich waren mehr als einmal beim Durchzappen dort hängen geblieben.

«Objektive Wahrheit?» Dennis hob die Stimme. «Ich habe nicht die Spur einer Ahnung, wo sie in diesem Moment ...»

«Die objektive Wahrheit in deinem Kopf, mein Freund. Das ist der einzige Ort, auf den es ankommt. Wie willst du ihr je wieder vertrauen, wenn du nicht einmal die Vorstellung zulassen kannst, die sich dir so sehr aufdrängt? Dir vorzustellen, wie sie auf dem Rücksitz seines Sportwagens wie zwei Tiere ...»

Ich stolperte zurück und wich im letzten Moment der Glasvitrine mit Dennis' Anglerpokalen aus.

Mit Mühe und Not schaffte ich es nach draußen, so leise wie möglich.

Ich brauchte zwanzig Minuten und ein halbes Dutzend Runden um den Block, bis sich mein Atem und mein Herzschlag so weit beruhigt hatten, dass ich zum zweiten Mal an diesem Abend auf die Einfahrt biegen, die Autotür geräuschvoll ins Schloss pfeffern konnte und so vernehmlich wie möglich die Haustür öffnete.

«Hallo, Süße!» Dennis saß am Küchentisch. Mit einem müden Lächeln blickte er von den Akten auf. «Na? Wieder ein harter Tag?»

«Hannah?»

Ich blinzelte.

Jörg Albrecht sah mich fragend an.

Hinnerk Hansen, Max Faber, alle sahen mich an.

«Ja?», fragte ich unsicher.

«Ich hatte Sie gerade gebeten, diesen Marius auf Ihre Liste zu setzen, wenn Sie mit den Personen Kontakt aufnehmen, die in Falk Sieverstedts Leben eine Rolle gespielt haben.» Albrecht massierte seine Nasenwurzel mit Daumen und Zeigefinger. «Vielleicht hat er ja noch ein zweites Mal bei dem Menschen angerufen.» Er schüttelte den Kopf. «Doch so oder so: Zumindest haben wir jetzt den Beweis, dass sich Falk Sieverstedt tatsächlich mit Selbstmordgedanken getragen hat. Ob das eine Hilfe ist, werden wir sehen.»

Er blickte auf die Uhr.

«Um fünfzehn Uhr kommen wir hier wieder zusammen. Geben Sie mir Nachricht, falls sich vorher etwas tut. Besonders ...» Er verzog das Gesicht. «Wenn dieses Etwas die Journaille betrifft.»

* * *

Eine halbe Stunde später saß ich am Steuer.

Wenn sich Albrechts Arbeitsaufträge in Zukunft immer dermaßen simpel erledigen ließen, würde ich jedenfalls keinen Grund haben, mich zu beschweren:

Falk Sieverstedts aktuelle Affäre zu recherchieren hatte keine zwei Minuten gedauert, und ich hatte zu diesem Zweck keine zehn Meter weit laufen müssen.

Nur bis zu Irmtraud Wegner, um ihr die aktuelle Ausgabe der *Gala* abzuschwatzen.

Mein Instinkt hatte mich nicht getäuscht. Auf Seite vierzehn war ich fündig geworden.

Eine Doppelseite mit Fotos vom Presseball: die Reichen und Schönen unter sich und Falk Sieverstedt, natürlich, mittendrin. An seiner Seite eine aparte, ziemlich junge Brünette. Lediglich ihre sandfarbene Robe erinnerte ein bisschen an eine Mischung aus Marie Antoinette und einem Sahnebonbon.

Yvette Wahltjen.

Irgendwo hatte es bei dem Namen geklingelt, aber nicht deutlich genug, dass ich mir den Text unter dem Foto hätte sparen können. Dann allerdings war es sofort wieder da: natürlich, die Zweitplatzierte in der letzten Staffel der *Megastars*. Laut Artikel war sie für die Fans trotzdem die Königin der Herzen. Die ungekrönte Königin des Presseballs sowieso, an Falk Sieverstedts Seite.

Mit Marco Winterfeldts Hilfe hatte es wieder keine zwei Minuten gedauert, um an ihre Telefonnummer zu kommen beziehungsweise an die ihrer Eltern. Die Ballkönigin war noch nicht volljährig und wohnte noch bei den Eltern.

Nun, ich würde mir ein Bild von ihr machen. Die Familie lebte in Rahlstedt, also eindeutig in einer der besseren Gegenden der Stadt, und die Mutter hatte auf der Stelle einem Gespräch zugestimmt – unter der Voraussetzung, dass sie selbst dabei sein durfte.

Ich war froh darüber. Ich hatte lediglich andeuten müssen, dass ich einige Fragen zu Falk Sieverstedt hätte. Dass er nicht mehr am Leben war, hatte ich nicht erwähnen müssen.

Mit etwas Glück, dachte ich, brachte ich ausreichend Hintergrundinformationen mit, um Albrecht zufriedenzustellen, und der Kelch eines Gesprächs mit Marius würde an mir vorübergehen.

Es war albern, aber ich spürte einen unbezwingbaren Widerwillen, einen Plausch mit dem Mann zu halten, dem mein Ehemann anonymerweise seine Seele geöffnet hatte.

Dennis ...

Ich kam an einer roten Ampel zum Stehen und schloss für einen Moment die Augen.

Der Abend, an dem ich das Telefonat zwischen den beiden belauscht hatte, war zwei Monate her.

Hatte sich seitdem etwas zwischen uns verändert?

Das war nicht so einfach zu sagen. Dennis war kein Mensch, der sich leicht in die Karten schauen ließ. Manchmal hätte ich ihn dafür verfluchen können. Immer dann, wenn ich ganz genau spürte, dass ihm irgendwas auf der Seele lag, ich aber einfach keinen Zugang zu ihm fand.

War das tatsächlich die Sache mit Merz gewesen? Nur sie allein?

Standing on a beach with a gun in my hand
Staring at the sea, staring at the sand
Mein Klingelton.

Ich hob die Augenbrauen, als ich Dennis' Nummer auf dem Display sah.

«Ja?» Ich akzeptierte den Anruf im selben Moment, in dem die Ampel auf Grün schaltete.

«Hallo, Süße!»

Trotz allem: Ich stellte fest, dass sich auf der Stelle ein Lächeln auf meine Lippen legte.

Er klang gut gelaunt, zumindest durchs Handy. Auf jeden Fall ausgeschlafener, als ich mich heute Morgen fühlte.

«Na, und wie ist er drauf an seinem ersten Tag?», wollte er wissen. «Euer Herr und Meister?»

Knistern von Frühstückspapier. Mein Ehemann machte offenbar gerade Pause in dem kleinen Maklerbüro, in dem er versuchte, exklusive Wohnobjekte an den Mann zu bringen, die wir selbst uns niemals hätten leisten können.

Wir hatten uns schon mit dem Häuschen in Seevetal übernommen. Wieder eines der Dinge, die noch keiner von uns ausgesprochen hatte und die wir doch beide ganz genau wussten. Aber das war das Letzte, an das ich in diesem Moment denken wollte.

«Wie er drauf ist?», murmelte ich. «Seltsam. Also eigentlich kaum eine Veränderung.»

«Na, dann wisst ihr doch, wie ihr ihn anfassen müsst.» Ich hörte Dennis' Grinsen durchs Telefon. «Lasst ihn einfach sein Ding machen. Das ist ihm doch am liebsten, wie ich dich ...» Pause. «Bist du unterwegs?»

Konnte man so sagen: direkt auf der Reeperbahn im Moment, Fahrtrichtung Ost, gen Rahlstedt.

«Neuer Fall», sagte ich möglichst nebenbei. Dass ich über unsere Ermittlungen nichts erzählte, war ein ungeschriebenes Gesetz zwischen uns.

Wenn man Jörg Albrecht zum Vorgesetzten hatte, wurde man automatisch vorsichtig.

Mit Sicherheit gibt es Jobs, bei denen man gezwungen ist, sich Arbeit mit nach Hause zu nehmen.

Doch als Bulle überlebt man nicht, wenn man das tut.

Oder aber man wird wie Jörg Albrecht und stellt irgendwann fest, dass es keine große Rolle mehr spielt, ob man lebt oder nicht, weil es außerhalb der Arbeit kein echtes Leben mehr gibt.

«Hannah?»

«Tut mir leid», murmelte ich. «Hier ist gerade …»

Geradeaus, quer durch die Innenstadt.

«Kein Problem», kam es aus dem Telefon. «Was denkst du, bist du bis mittags durch? Zusammen Mittagessen? Der Italiener in Eimsbüttel?»

Das war in einer völlig anderen Richtung, doch auf einmal wurde mir klar, dass ich dieses Mittagessen brauchte.

Die Sieverstedt-Ermittlungen hatten noch gar nicht richtig begonnen, doch ich war mir sicher, dass sich niemand auf dem PK irgendwelchen Illusionen hingab: Das würde ein großer Fall werden. Ein Fall mit vielen, vielen Überstunden.

Atme durch, dachte ich. Solange noch Zeit dazu ist.

Eine Stunde mit Dennis, wenn ich das Gespräch mit Yvette hinter mir hatte.

Ein Leuchtturm. Dennis Friedrichs, mein persönlicher Fels in der Brandung, bei dem ich mich blind darauf verlassen konnte, dass er da war, wenn ich ihn brauchte.

Oh Dennis, dachte ich. Wenn du nur einmal einsehen würdest, dass so ein Fels kein Stück weniger eindrucksvoll aussieht, wenn man die eine oder andere von den Macken zu sehen bekommt, die ihm die Brandung im Laufe der Zeit verpasst hat.

Wenn du dich nur öffnen könntest.

Mir.

«Sehr gerne», flüsterte ich. «Ich kann nicht sagen, wie lange es dauert, aber ich rufe dich an, sobald ich durch bin, okay?»

«Klar, Süße! Ich freu mich auf dich!»

«Ich mich auch», sagte ich. «Auf dich.»

* * *

Der Hauptkommissar warf einen Blick in den Rückspiegel und richtete den Knoten seiner Krawatte, bevor er aus dem Fahrzeug stieg. Der Verkehr auf der Alsenstraße war gnädig gewesen. Er war etwas zu früh, hatte den Wagen auf einem der Plätze unmittelbar vor dem Rechtsmedizinischen Institut abgestellt und trat jetzt an die Straße.

Der Wetterbericht hatte für die Nachmittagsstunden die Dreißig-Grad-Marke in Aussicht gestellt. Unter den Alleebäumen waren Spaziergänger unterwegs, in sommerlicher Kleidung, Krankenhausbesucher vielleicht. Zwei junge Mädchen auf Fahrrädern.

Junge Mädchen, dachte Albrecht. Der Gedanke, der Begriff, den sein Kopf formuliert hatte. Junge Mädchen. Zwei Jahre älter als Clara? Maximal drei.

Wenn meine Mädchen bei mir sind, dachte er, dann sollte ich anfangen, andere Gedanken zu formulieren.

Wie oft hatte er in den letzten Monaten eher beiläufig in Claras Richtung geschaut, wenn sie auf ihrem vermaledeiten Smartphone herumtippte. Natürlich, das war die Art, in der Teenager heute den Kontakt hielten. Freundinnen.

Doch wusste er, ob es nicht längst einen Freund gab?

Jörg Albrecht biss die Zähne zusammen.

Kurz nach seiner Rückkehr aus dem Sanatorium hatte er geglaubt, diesen hoffnungsvollen jungen Mann identifiziert zu haben – einen gewissen *Daniele*, der sich dann allerdings als Teilnehmer einer Castingshow erwiesen hatte.

Seitdem hatte er nicht mehr gefragt, sondern darauf vertraut, dass Clara von selbst darauf zu sprechen kommen würde, wenn ein Junge zum Thema wurde.

Aber vielleicht wartete sie ja nur auf seine Frage?

Was wusste er schon über junge Mädchen?

Was wusste er, wenn er ehrlich war, über seine eigenen Töchter?

Eines Tages werde ich aufwachen, und sie werden wildfremde Menschen sein.

Er schüttelte sich.

Im August, wenige Tage nach seinem eigenen Geburtstag, würde Clara vierzehn werden.

Volle fünfzehn Jahre musste es demnach her sein, dass er den jungen Mann, dessen Körper jetzt zwanzig Meter entfernt in einem Kühlfach wartete, zum letzten Mal gesehen hatte. Falk Sieverstedt – und seine Eltern.

Albrecht drehte sich um.

Die dunkle Limousine näherte sich aus Richtung Lokstedter Steindamm. Hier, vor dem Institut, hätte man sie auf den ersten Blick für einen Leichenwagen halten können, wären da nicht die diskreten Wimpel an der Kühlerhaube gewesen. Die Vormittagssonne fing sich in den Farben Deutschlands und eines Staates in Südostasien, dessen Name in den letzten Jahren vor allem im Zusammenhang mit Menschenrechtsverletzungen in den Nachrichten auftauchte.

Der Chauffeur hielt unmittelbar vor dem Institut, öffnete die beiden Türen im Fond des Fahrzeugs und war den Sieverstedts beim Aussteigen behilflich.

Puck, die Stubenfliege.

Jörg Albrecht erinnerte sich gut an den Nachmittag zu Hause in Ohlstedt. Clara, sechs oder sieben Jahre alt, hatte vor dem

75

Fernseher gesessen und eine Zeichentrickserie geschaut, die Abenteuer der Biene Maja. Albrecht war wie angewurzelt stehen geblieben, als das Wesen auf dem Bildschirm erschienen war wie ein Besucher aus einem früheren Leben: Puck, wie aus dem Dialog zu entnehmen war, die Stubenfliege. Von den Zeichnern der Serie mit sonnenbrillenartigen Facettenaugen dargestellt.

Puck hatte ausgesehen wie Friedrich Sieverstedt. Konsul Sieverstedt sah aus wie Puck, ein in die Jahre gekommener Puck, mittlerweile mit Falten, die sich scharf bis zu den Mundwinkeln gegraben hatten, und einem Gewirr dunkelroter geplatzter Äderchen auf den Wangen. Die Ähnlichkeit mit der Zeichentrickfigur fiel heute etwas weniger ins Auge, weil an diesem Morgen nicht allein der Konsul, sondern auch Elisabeth eine dunkel getönte Sonnenbrille trug. Der Unterschied war, dass der Hauptkommissar Konsul Friedrich Sieverstedt fast nie ohne diese Brille erlebt hatte.

«Elisabeth», murmelte Albrecht, ganz wie am Abend zuvor, und griff nach der Hand der Konsulin. Eiskalt. Der Druck war kaum zu spüren.

«Friedrich.» Dieser Druck war fester – und keinen Lidschlag länger als notwendig.

Eine Sache, in der wir uns einig sind, dachte der Hauptkommissar.

«Jörg», sagte der Konsul.

«Mein Beileid», sagte Albrecht.

Friedrich Sieverstedt nickte, ging aber nicht auf die Bemerkung ein. «Bringen wir es hinter uns.»

«Bitte.» Albrecht deutete den gepflasterten Gehweg hinab, der zum Siebziger-Jahre-Bau des Instituts führte. Zum zigsten Mal fragte er sich, wie ein Gebäude, das fast nur aus Fenstern bestand, dermaßen abweisend wirken konnte.

Vielleicht nur passend, dachte er, wenn es mehr tote als lebendige Besucher gesehen hat.

Zwei Betonstufen führten hinauf. Die Glastür öffnete sich von selbst, als Albrecht sich näherte. Oder nicht vollständig von selbst.

«Hauptkommissar.» Martin Euler erschien in der Tür, mit Ringen unter den Augen.

«Die Eheleute Sieverstedt», stellte Albrecht vor, ohne umgekehrt den Namen des Gerichtsmediziners zu nennen.

Die wenigsten Angehörigen legten unter den gegebenen Umständen Wert auf eine nähere Bekanntschaft mit Eulers Berufszweig.

Ein gemurmeltes «Mein Beileid», doch die Sieverstedts traten schon durch die Tür.

Albrecht hielt sich im Hintergrund. Die Identifizierung war ein bürokratischer Akt, seine Anwesenheit war streng genommen nicht notwendig. Doch er ließ sich diesen Termin ungern entgehen bei einem Fall, für den er die Verantwortung trug.

Den Termin, bei dem auch Angehörige, die bei der Befragung noch so eisern schwiegen, fast immer etwas von sich preisgaben.

Friedrich Sieverstedt hatte seiner Frau den Vortritt gelassen, schob sich aber nun an ihr vorbei. Ein kurzer Blick durch das Foyer nahm alles Wesentliche auf. Elisabeth war langsamer, blieb zwei Schritte hinter der Tür stehen. Witternd. Wie ein Reh, aufgeschreckt von Schüssen in der Winterluft, unsicher, aus welcher Richtung Gefahr droht. Ein häufiges Bild bei den Angehörigen: Hier, in der doppelt und dreifach gesicherten klinischen Umgebung, die zu Arbeitszeiten von einem größeren Aufgebot an Polizeikräften bevölkert wurde als eine mittelgroße Dienststelle, erwachte das Bewusstsein der eigenen Verletzlichkeit.

Martin Euler war neben Albrecht stehen geblieben, der dem Gerichtsmediziner ein unauffälliges Zeichen gab.

«Wenn Sie bitte mitkommen würden?», wandte Euler sich mit gedämpfter Stimme an das Ehepaar.

Mitarbeiter des Instituts waren auf den Fluren unterwegs, ausnahmslos in Zivilkleidung. Die Kittel blieben in den Autopsiesälen. Die Gerichtsmedizin nahm ihre Hygienevorschriften ernster als jedes Krankenhaus, das der Hauptkommissar jemals von innen gesehen hatte.

Linoleumbelag auf den Fußböden. Ein uniformierter Beamter, der kurz stehen blieb, um sie durchzulassen, an seiner Seite ein Untersuchungshäftling, mit Handfessel gesichert. Die Leichenschau war nur ein Teil der rechtsmedizinischen Aufgaben, mit denen man sich im Gebäude auseinandersetzte.

Vor einer unscheinbaren Tür wurde Martin Euler langsamer, holte einen Schlüssel aus der Tasche, öffnete.

Der Begegnungsraum. Albrecht war sich nicht sicher, wie die Institutsmitarbeiter das Zimmer bezeichneten. Er war jedes Mal froh, dass man die Angehörigen nicht in den Obduktionssaal führte, wo die Arbeit der Mediziner in der formaldehydgeschwängerten Luft hing, selbst wenn sie ihre Tätigkeit für den Augenblick eingestellt hatten.

Ein Schreibtisch, ein Aktenregal, Stühle, an den Wänden Poster zur Gewaltprävention. Kaum ein Unterschied zu einer Polizeidienststelle. Wäre da nicht die mit einer Kunststoffdecke verhüllte Rollbahre gewesen. Durch das Fenster ging der Blick auf eine Baumgruppe. Im Geäst trillerte ein Rotkehlchen.

Denkbar unpassend. Doch man konnte die Institutsmitarbeiter kaum dazu verdonnern, die Vögel aus Pietätsgründen zu schießen.

Der Konsul trat ohne Zögern an die Bahre.

Elisabeth blieb einen halben Schritt hinter ihrem Mann.

«Wir konnten ihm die Augen nicht schließen», sagte Euler leise. «Aber sonst sieht er nicht schlimm aus.»

Vorsichtig schlug er die Decke beiseite und legte den entblößten Oberkörper des Leichnams frei.

Der Mann hatte recht, dachte Albrecht. Falk Sieverstedt sah nicht schlimm aus, abgesehen von den dunkel verfärbten Malen der Fesselung um Arme, Brust und Bauch und dem stumpfen Blick aus den rötlich blau verfärbten Augäpfeln, der sich blind an der Decke verlor. Der Mund war jetzt geschlossen, anders als in der Auffindungssituation. Euler und seine Mitarbeiter hatten den Kiefer demnach noch aufbinden können, bevor die Leichenstarre einsetzte.

Das Wasser des Bassins, erinnerte sich Albrecht, das den Prozess verlangsamt hatte.

Nein, der Junge sah nicht schlimm aus. Opfer von Gewaltverbrechen waren fast immer in einem wesentlich übleren Zustand.

Tot war er trotzdem.

Einen Moment lang huschte Albrechts Blick zwischen Vater und Sohn hin und her. Gab es eine Ähnlichkeit zwischen den beiden, die ihm schon gestern Abend hätte ins Auge fallen müssen? Zwischen Falk und seiner Mutter?

Bedeutungslos. Als er den Jungen zum letzten Mal gesehen hatte, war Falk Sieverstedt acht Jahre alt gewesen. Und aus welchem Grunde hätte er annehmen sollen, dass von eins Komma fünf Millionen Menschen im Großraum Hamburg ausgerechnet Falk Sieverstedt ...

Zwei Sekunden lang betrachtete Friedrich Sieverstedt das Gesicht seines Sohnes. Zumindest ging Albrecht davon aus, dass er es betrachtete. Absolute Sicherheit gab es nicht hinter der dunklen Sonnenbrille.

«Das ist Falk», sagte der Konsul knapp, sah zu Euler und hob fragend die Hand.

«Ja?» Der Mediziner.

«Wir müssen etwas unterschreiben, nehme ich an?»

«Na... Natürlich.» Euler beugte sich über den Schreibtisch.

Albrecht nickte unmerklich. Bisher in etwa das, was er erwartet hatte.

«Sekunde.» Euler hob einen Aktenstapel an. Dann einen zweiten. «Verflixt! Bin gleich wieder da.»

Und raus war er.

Friedrich Sieverstedt hob die Augenbrauen bis über den Rand seiner getönten Gläser, gab aber keinerlei Kommentar.

Albrecht verfluchte den Gerichtsmediziner. Er hatte noch kein Bild von der Reaktion des Konsuls, und nach dieser Komödie würde er auch keines mehr bekommen.

Währenddessen war Elisabeth Sieverstedt an die Bahre getreten, auch ihre Augen unsichtbar hinter der Brille, doch ihre Haltung sprach für sich: ihre Füße, die sich weigerten, noch einen Schritt zu tun, der Oberkörper, der sich der Leiche ihres Sohnes entgegenbeugte. Die ausgestreckte Hand, die Fingerspitzen, die Zentimeter vor der Wange des Toten innehielten.

Sie ließ den Arm sinken und richtete sich in einer seltsam kraftlosen Bewegung auf.

«Er sieht aus wie mein Sohn», flüsterte sie. «Doch ich kann ihn nicht anfassen. Wenn ich ihn anfasse, und er ist kalt und … und er fühlt sich nicht an wie Falk, werde ich nie akzeptieren, dass er …»

«Das da ist nur irgendein toter Körper.» Der Konsul wandte ihr den Rücken zu. Die nachtdunklen Gläser studierten eines der Plakate. «Es *war* Falks Körper. Jetzt ist es nur noch irgendein …» Eine abwinkende Geste, so knapp wie möglich.

«Du hörst dich wütend an», bemerkte Jörg Albrecht.

«Weil Verschwendung mich immer wütend macht!» Friedrich Sieverstedt drehte sich nicht zu ihm um. «Verschwendung ohne Sinn und Verstand.»

Der Hauptkommissar trat ans Kopfende des Tisches. Jetzt konnte er den Mann im Profil sehen, die angespannte Kiefermuskulatur, über die sich eine fahle, fleckige Haut spannte, die sich an anderer Stelle, am Hals, zu gräulichen Wülsten beulte wie ein schäbiger, zu weit gewordener Mantel. Fünfzehn Jahre? Der Konsul war um mehr als diese eineinhalb Jahrzehnte gealtert.

Jörg Albrecht kannte Friedrich Sieverstedts Wut. Er war Zeuge dieser Wut geworden, doch es war eine völlig andere Art von Wut gewesen. Ein Gefühl, das groß und einschüchternd gewesen war.

Eindrucksvoll, in den besten Momenten.

Eine Gewalt, die die Welt aus den Angeln heben wollte.

Was er hier sah, war kaum mehr als ein zynisch kläffender, kleiner Schatten.

Er ist krank, dachte Albrecht. Schwer krank.

Es war nicht mehr als ein Gedanke. Doch im selben Moment wusste Albrecht, dass er sich nicht täuschte.

Der Konsul war krank. Er würde nicht mehr lange leben.

«Du glaubst, mir hätte das Leben nicht gefallen, das der Junge geführt hat.» Die Worte waren ein Genuschel. Noch immer drehte der Konsul sich nicht um. «Und damit hast du vollkommen recht.»

«Ich gehe davon aus, dass du ihn das hast spüren lassen», bemerkte Albrecht ruhig.

Ein Schnauben. «Denkst du? Frag Elisabeth. Er hatte immer ausreichend Mittel zur Verfügung für diese Art von Leben. Das Boot, der Sportwagen ... alles geschenkt.»

Albrecht nickte. «Geschenkt», sagte er. «Ein Almosen also.»

Ein Laut, bei dem er sich nicht vorstellen *wollte*, dass er ein Lachen sein sollte. «Wenn du das sagst, Jörg Albrecht. Das war alles, was ich für ihn tun konnte: ihm deutlich machen, dass er auf unsere Kosten lebt. Dass er lebt wie ein Verlierer, der Geschenke akzeptieren muss von jemandem, den er hasst.»

Eine knochige Hand legte sich auf die Rückenlehne des Bürostuhls.

«Ich habe gewartet.» Die Stimme war nur noch ein Flüstern. «Gewartet, dass sein Hass sich endlich auf denjenigen richtet, der ihn tatsächlich verdient hat: auf sich selbst. Das wäre der Moment gewesen, in dem er sich hätte entscheiden können. Sich entscheiden, stark zu sein, weil nur die Starken überleben. Doch ich kann nicht glauben, dass er das getan hätte. Er war schwach. Er war ein Verlierer.»

Ein schrilles Geräusch, das Elisabeth Sieverstedt zusammenzucken ließ.

Der Konsul griff in die Innentasche seines Sakkos.

«Rangun.» Gemurmelt. Ein Tastendruck. «Ja?»

Er öffnete die Tür zum Flur, schloss sie hinter sich.

Ohne ein Wort der Entschuldigung.

Die Konsulin starrte auf die Tür. Die nachtschwarzen Insektenaugen.

Mit einem Mal schien jede Spannkraft ihren Körper zu verlassen. Schwer stützte sie sich auf die Bahre, die die Leiche ihres Sohnes trug.

«Wie kann er nur ...» Weniger als ein Flüstern.

«Elisabeth.» Albrecht brauchte zwei Schritte, um die Distanz zu überbrücken und berührte ihre Schulter.

Sie zuckte zurück, als hätte er sie geschlagen.

Albrecht starrte sie an.

Und im selben Moment begriff er.

«Mein Gott.» Seine Stimme war ohne Betonung. Er sah sie an, sah sie mit neuen Augen. «Sag, dass das nicht wahr ist! Er tut es wieder?»

Keine Reaktion.

«Sag, dass das nicht wahr ist!» In diesem Moment war ihm gleichgültig, dass die Tür sich jeden Moment öffnen und der Konsul oder Martin Euler zurückkommen konnten. «Nimm diese Brille ab!»

Sie rührte sich nicht, sekundenlang, bis ihre Hand ganz langsam zu der überdimensionierten Brille wanderte und sie millimeterweise aus ihrer Position löste.

Die Haut über dem rechten Jochbein war aufgeplatzt, das Auge zugeschwollen. Die Augenhöhle leuchtete in dunkelvioletter Farbe.

Zwischenspiel I

PK KÖNIGSTRASSE
AKTE SIEVERSTEDT

Konvolut *Second Chance*,
Gesprächsprotokoll Silke L. («Constanze»)
Tag des Anrufs: 27. 11. 2011
Anruferin verstorben: 15. 12. 2011

(22:47 Uhr: Beginn des Gesprächs)
Constanze (C.): Marius?
Marius (M.): Ich höre dich, meine Freundin.
(Pause, undeutliches Schluchzen)
C.: Verdammt, ich hab Mist gebaut! Ich hab wieder angefangen.
M.: Und was hast du diesmal für eine Entschuldigung?
C.: Das ist keine Scheiß-Entschuldigung! Du weißt, dass ich mir
   Mühe gegeben habe. Es hat der Kleinen richtig gut gefallen die
   letzten beiden Male, und sie hat gesagt, dass sie sich jetzt
   schon darauf freut, wenn sie wieder bei ihrer Mama sein kann.
   Das hat sie nicht nur mir gesagt! Sie hat es gesagt, als ...
M.: Wir werden keine Namen nennen.
C.: Er. Als er daneben stand. Mit seiner neuen Schlampe.
M.: Seiner Ehefrau.
C.: Du sollst sie nicht so nennen!
M.: Liebe Constanze, es wird niemals besser werden, wenn du es
   nicht endlich akzeptierst. Wie lange sind die beiden verheiratet? (Leises Blättern.) Mehr als zwei Jahre. Du musst die Tat-
   sachen akzeptieren. Sprich mir nach: Sie ist seine Frau, und
   ich bin nicht länger Teil seines Lebens.

C.: Nein!

M.: Dann hat es keinen Sinn, wenn wir dieses Gespräch fortsetzen. Sprich mir nach: Sie ist seine Frau, und ich bin nicht länger Teil seines Lebens.

C.: Marius, das kannst du nicht von mir verlangen!

M.: Ich kann dir nur helfen, wenn du dir selbst hilfst. Sprich mir nach: Sie ist seine Frau, und ich bin nicht länger Teil seines Lebens.

(Pause, das Schluchzen wird lauter.)

C.: Marius, du bist alles, was ich noch habe, aber das *kann* ich nicht.

M.: Dann werde ich das Gespräch jetzt beenden. Bitte ruf nicht wieder an.

C.: Nein! (Geschrien) Sie ... ist seine ... Frau und nicht länger Teil meines Lebens.

M.: Das war leider nicht vollständig korrekt. Sie ist seine Frau, und ich bin nicht länger Teil seines Lebens.

C. (flüsternd): Sie ist seine Frau, und ich bin nicht länger Teil seines Lebens.

M.: Sehr gut. Dein Exmann und *seine Frau* haben also mitbekommen, dass das Mädchen sich darauf freut, wieder zu dir zu kommen.

C.: Ja! Sie hat es laut und deutlich gesagt, am Zaun, als sie sie abgeholt haben. Sie *müssen* es gehört haben.

M.: Und?

C.: Was denkst du? Sie haben nichts dazu gesagt. Kein Wort! Aber ... aber heute kommt ein Brief vom Amt, in dem steht, dass meine häusliche Situation im Moment in einem Zustand ist, den man der Kleinen nicht mehr zumuten kann! Marius, ich habe die ganze Wohnung geputzt, drei Tage lang! Ich habe ihr das alte Mobile ins Zimmer gehängt, und ihren Teddy und ihr ...

M.: Und du selbst?

C.: Es ging mir so gut! Wir waren zusammen im Tierpark, und wir haben Eis gegessen, und am Abend habe ich bei ihr am Bett gesessen, genau wie früher, und ihr vorgesungen, bis sie eingeschlafen ist. Und heute kommt dieser verfickte Brief ...

M.: Constanze, du weißt, dass wir hier nicht so sprechen.

C.: Bitte ... bitte, entschuldige. Es ist nur ... Ich bin so *wütend*, und ich könnte *heulen*, und dann war da plötzlich dieser Brief. Ich hab's nicht ausgehalten, Marius. Ich konnte einfach nicht mehr. Ich hab mir zwei Flaschen Asbach geholt und ...

M.: Du weißt, was das bedeutet? Wir beide hatten eine Vereinbarung.

C.: Marius! *Sie ist seine Frau, und ich bin nicht mehr Teil seines Lebens!* Bitte, lass es mich noch einmal versuchen! Ein einziges Mal!

(Zwei Sekunden Schweigen)

M.: Das werde ich. Sobald du aufgehört hast, darfst du wieder bei mir anrufen. Du weißt, dass ich spüre, wenn du trinkst. (M. dämpft seine Stimme.) Ich höre es nicht nur. Ich *spüre* es.

C.: Aber ich brauche dich jetzt! Ich komm da nicht raus ohne dich!

M.: Ruf wieder an, wenn du zwei Wochen durchgehalten hast.

C.: Marius!

M.: Ciao.

C.: Marius!

(22:59 Uhr: Das Gespräch wird durch Marius beendet)

drei

Mir war klar, dass das irgendwann passieren musste.»
Bettina Wahltjen seufzte übertrieben.

Ich nickte stumm.

Zu dritt saßen wir um einen kleinen Küchentisch: Mutter, Tochter, Kriminalistin.

Es war Yvette Wahltjens Mutter, die die meiste Zeit redete. Einen Vater Wahltjen gab es offenbar nicht – oder nicht mehr.

Die Wohnung der kleinen Familie war nicht ungemütlich, dabei allerdings nicht halb so gutbürgerlich, wie ich erwartet hatte.

Eine Reihenhaussiedlung aus den Achtzigern, handtuchbreite Vorgärten, aber einige Bewohner gaben sich offenbar Mühe, einen persönlichen Akzent zu setzen.

Im Fall der Wahltjens bestand dieser Akzent aus phantasievoll getöpferten Geschöpfen, die die kleine Gartenlandschaft bevölkerten.

Mutter Wahltjen sah sich als Künstlerin.

Eine Situation, der ich in meinen Dienstjahren auf dem PK schon mehrfach begegnet war: Wenn die künstlerisch ambitionierte Mutter feststellt, dass die eigene Karriere irgendwo jenseits der Kunsthandwerkermesse in Lütjensee gnadenlos versickert, wird der Ehrgeiz umgehend an die nächste Generation weitergegeben.

Und die hat wenig Chancen, sich dagegen zu wehren.

«Ich weiß, dass meine Tochter jung ist.» Bettina Wahltjen sah mir fest in die Augen. «Und mir war klar, dass wir uns nicht ansatzweise vorstellen konnten, was es bedeuten würde, wenn Yvette bei den *Megastars* tatsächlich eine Chance bekommt. Es ist ja nicht die Musik allein und die Auftritte ...»

«Mama ...»

«... sondern das ganze Leben, das sich von heute auf morgen verändert, wenn man im Blickpunkt der Öffentlichkeit steht. Neue Menschen, eine aufregende neue Welt, und alle versprechen sie das Blaue vom Himmel. Falk habe ich natürlich kennengelernt, und er war wirklich unglaublich, fast wie ein Kavalier der alten Schule. Ich konnte mir gar nicht vorstellen, dass dieser junge Mann derselbe sein sollte, der ...»

«Mama ...»

«Sekunde, Liebling. – Ich mache mir ja keine Illusionen.» Ein Blick zu mir. «Ich habe mein ganzes Leben lang mit Künstlern zu tun gehabt.» Ein Nicken zu einer Pinnwand neben dem Kühlschrank, an der Fotos einer jüngeren Bettina Wahltjen befestigt waren: Mutter Wahltjen und Lilo Wanders, Mutter Wahltjen und Freddy Quinn, Mutter Wahltjen und Uwe Seeler. Warum auch immer der ein Künstler sein sollte. «Mit Leuten, über die die Presse schreibt, was ihr gerade in den Kopf kommt», korrigierte sie und präzisierte noch einmal: «Was Auflage bringt. Und vergessen Sie nicht, wie jung Falk noch ist. Man macht sich keine großen Gedanken, was man tut oder redet, wenn man so jung ist. Yvette ist da anders, nachdenklicher, aber bei Yvette habe ich ...»

«Mama!»

Bettina Wahltjen verstummte.

Das junge Mädchen sah mich an.

Yvette war eine Schönheit. Haselnussbraune Augen, die Haare waren eine Spur heller und fielen ihr bis auf die Schultern. Als Teenager hätte ich für solche Haare getötet, und für den Teint des Mädchens erst recht.

Doch gleichzeitig war ich mir sicher, dass er nicht immer so aussah.

Falks Freundin war blass. Die Augen glänzten, ja, aber die Schatten um die Lider waren unübersehbar. Und auf eine schwer zu beschreibende Weise waren sie anders als die Schatten, die dort zu sehen sind, wenn man ein oder zwei Nächte auf Partys durchgemacht hat.

«Wa... Warum sind Sie hier?», fragte Yvette. «Was ist mit Falk passiert?»

Ich schluckte.

Nicht: *Was hat er angestellt?*

Hätte das nicht der erste Gedanke sein müssen? Schließlich war es nicht ausschließlich um Siege bei der Regatta oder Frauengeschichten gegangen, wenn die Presse über den Sohn der Sieverstedts berichtet hatte. Das Marihuana in seinem Wagen – knapp oberhalb der erlaubten Höchstgrenze – hatte am Ende zwar einem Freund gehört, und bei einer Schlägerei auf St. Pauli vor zwei oder drei Jahren hatte das Gericht auf Notwehr erkannt, doch wer die bunten Blätter aufmerksam verfolgte, konnte schon den Eindruck bekommen, dass da ein böser Bube aus gutem Hause unterwegs war.

Ich zögerte, wohl wissend, dass das die schlechteste Strategie überhaupt war.

Entweder rausreden oder auf der Stelle alles zugeben.

Albrecht hatte mir keine Anweisungen mitgegeben, doch wenn ich das Mädchen ansah, kam lügen nicht in Frage. Und rausreden wäre mir in diesem Moment vorgekommen wie eine glatte Lüge.

Ich sah das Mädchen an.

Ganz langsam hob Yvette die Hand und presste sie vor den Mund.

Ich war fast dankbar, dass mir die Antwort erspart blieb.

* * *

«Elisabeth.»

Es war kaum mehr als ein raues Ausatmen.

Die Konsulin musste das Wort von seinen Lippen lesen.

Die aufgeplatzte Haut über ihrem Wangenknochen, das zugeschwollene Auge, ein obszönes Mal auf ihrem totenblassen Gesicht.

Jörg Albrecht schloss die Lider und war selbst gezwungen, sich für einen Moment abzustützen.

Als er sie wieder aufschlug, verdeckte die gewaltige dunkle Brille von neuem die obere Hälfte von Elisabeth Sieverstedts Gesicht.

Und Albrecht stellte fest, dass seine Hand auf der Hüfte des Toten lag.

Er zog sie zurück, als hätte er sich verbrannt.

«Mein Gott, Elisabeth», flüsterte er. «Seit wann ...»

«Seit wann was?» Ihre Stimme klang wie das Geräusch, das entsteht, wenn man Eiswürfel in ein Glas kippt. «Ich bin gefallen, Jörg. Du weißt doch sicher noch, wie furchtbar ungeschickt ich manchmal bin.»

Er biss die Zähne zusammen.

Sie war grausam. Vorsätzlich grausam. Sie wusste, dass sie ihm das Messer in den Bauch rammte – und es noch einmal langsam umdrehte.

Doch hatte sie nicht jedes Recht dazu, grausam zu sein?

Sie standen einander gegenüber, Falks Leichnam zwischen ihnen.

Noch etwas zwischen uns, dachte Albrecht.

Plötzlich erklang ein greller, schriller Laut.

Diesmal war es *sein* Handy, in der Brusttasche seiner Anzugjacke.

Ein Geräusch, das Tote hätte aufwecken können.

Hastig griff Albrecht nach dem Telefon und sah, dass die Nummer des Reviers angezeigt wurde.

Er wollte nicht hinaus auf den Flur gehen, sich neben Friedrich Sieverstedt stellen. Nicht in diesem Moment. Nicht um alles in der Welt.

Er trat ans Fenster.

«Ja?», murmelte er.

«Hauptkommissar?» Es war Faber. «Tut mir leid, dass ich störe, aber ...»

Wenn Sie's schon tun, dachte Albrecht, erzählen Sie mir wenigstens, warum.

«Die Presse weiß Bescheid», sagte der Hauptkommissar laut. Oder eher gedämpft.

Er spürte die Blicke der Konsulin in seinem Rücken.

Seit wann, hatte er gefragt. Und: Er tut es wieder?

Aus welchem Grund sollte er annehmen, dass es jemals aufgehört hatte? Hatte er irgendetwas unternommen, damit es aufhörte?

Aber was hätte ich tun sollen?

Jörg Albrecht schüttelte sich.

Er wusste noch nicht, wie, aber auf irgendeine Weise würde er lernen, damit zu leben, dass ihm ein Feigling aus dem Badezimmerspiegel entgegensah.

Aber kein Dummkopf.

Er war der Leiter des Kommissariats Königstraße, seit bald einem Vierteljahrhundert – und seit circa elf Stunden wieder.

Er hätte damals Schritte unternehmen können, selbst wenn es inoffizielle und somit gefährliche Schritte gewesen wären. Und wenn er Heiner Schultz eingeschaltet hätte! Jörg Albrecht war niemals mit einem so privaten Wunsch an den ehemaligen Ersten Bürgermeister der Hansestadt herangetreten, doch er wusste, welche Kontakte und Möglichkeiten Schultz hatte.

Ja, womöglich hätte dieser Wunsch ihre Freundschaft beendet.

Doch Schultz hätte sich nicht verweigert.

Aber Jörg Albrecht hatte es nicht getan. Weil er zu feige gewesen war oder zu gedankenlos oder beides oder ...

«Hauptkommissar?»

«Faber», murmelte er.

Und er machte es noch schlimmer, indem er über seinen Selbstgeißelungen seinen Fall vernachlässigte!

Alles, was er noch tun konnte für Elisabeth Sieverstedt, war, den Täter zu stellen, der ihr ihren Sohn weggenommen hatte. Falk. Den Grund, aus dem sie diese Hölle fünfzehn Jahre lang durchgestanden hatte.

«Bitte wiederholen Sie noch einmal, was Sie gesagt haben», sprach er ins Telefon.

«Alles?»

«Alles. Die Presse weiß Bescheid und ...?»

Ein Räuspern. «Wenn's nur das wäre, Hauptkommissar. Sie wissen ja, letzte Woche sind die Schulferien losgegangen, und anscheinend gibt's kaum richtige Storys im Moment. Die stürzen sich auf die Sache wie ...»

Albrecht holte Luft.

«Wie wir das erwartet haben», sagte er. «Doch zumindest sind wir diesmal vorbereitet. Und wir werden bei dieser Ermittlung die Hilfe der Öffentlichkeit brauchen. Allein schon, um den Wagen sicherzustellen.»

Er schüttelte den Kopf. Er konnte nicht offen mit Faber sprechen. Nicht einmal konzentriert konnte er sprechen.

Nicht, wenn sich Elisabeth Sieverstedt im selben Raum aufhielt.

«Ich habe jetzt noch einen Termin mit Euler», erklärte er. «Winterfeldt soll im Auge behalten, was die Journaille berichtet. Wir sehen uns um fünfzehn Uhr.»

In seinem Rücken hörte er das Geräusch der Bürotür, die sich öffnete.

Euler oder der Konsul, aber das war gleichgültig im Moment.

Das Gespräch mit den Sieverstedts fortsetzen?

Unmerklich schüttelte Albrecht den Kopf.

Nein, auch das nicht. Nicht in diesem Moment. Nicht in diesem Raum.

War es Feigheit, auch diesmal wieder?

Nein, dachte Jörg Albrecht.

Es war etwas anderes. Sein jahrelanges Versagen konnte er nicht ungeschehen machen, doch wenn er dieser Ermittlung gerecht werden wollte und damit Elisabeth und ihrem toten Sohn, blieb ihm keine Wahl.

Abstand. Einige Schritte zurücktreten und das Bild von außen, mit den Augen eines Fremden, betrachten. Mit aller Distanz, zu der er fähig sein würde, sobald es ihm gelungen war, Struktur in das Chaos in seinem Kopf zu bringen, in das sich die Ermittlung verwandelte, kaum dass sie begonnen hatte.

* * *

«Meine Mutter hat ihn nicht wirklich gekannt.»

Das Mädchen sah zu Boden.

Wir waren rauf in Yvettes Zimmer gegangen. Nur wir beide.

Ich musste Bettina Wahltjen fast schon wieder bewundern, mit wie viel Anstand sie sich aus der Affäre gezogen hatte. Mutter Wahltjen selbst hatte den Vorschlag gemacht, dass ich mich mit ihrer Tochter zurückziehen sollte.

«Anders als du», sagte ich. «Du warst seine Freundin. Du kanntest ihn.»

Ich schämte mich. Es fühlte sich an, als ob ich dem Mädchen eine Falle stellte.

«Gar nicht besonders gut», murmelte Yvette und sah zögernd auf. «Aber ich hätte mir vorstellen können, dass das wirklich was wird mit uns.»

«Dann wart ihr noch nicht fest zusammen?»

Sie schüttelte den Kopf. «Wir waren ein paar Mal zusammen aus. Einer von den Produzenten der *Megastars* hatte ihn mir vorgestellt. Hat sich wahrscheinlich gedacht, das gibt gute Bilder in der Presse. Zusätzliche Werbung.»

Was ja offensichtlich auch geklappt hat, dachte ich. Doch ich nickte nur und fragte dann nach:

«Wann hast du ihn denn das letzte Mal gesehen?»

«Donnerstag.» Ohne nachzudenken. «Wir waren mit seinem Boot draußen.»

Ich nickte. Meinen Notizblock hatte ich ausgepackt, doch eine innere Stimme sagte mir, dass Yvette zu der Sorte Zeugen gehörte, die nervös wurden, wenn ich ihre Worte mitschrieb.

Und bisher hatte ich keine Probleme, alles im Kopf zu behalten.

«Und seitdem?», fragte ich. «Habt ihr telefoniert?»

Sie schüttelte den Kopf. «Ein paar SMS. Die letzte am Samstagvormittag. Danach hat er nicht mehr geantwortet.»

Ich biss die Zähne zusammen. Damit blieb sein Gespräch mit seiner Mutter am Samstagabend das letzte sichere Lebenszeichen.

«Und diese SMS waren ...», begann ich.

«Er hat gefragt, ob wir Sonntag was zusammen machen wollten. Aber ich konnte nicht. Ich habe ...» Sie brach ab. «Ich hätte heute eine Klausur gehabt», sagte sie leise. «In Latein. Ich musste üben.»

Ich räusperte mich und versuchte den Kloß zu vertreiben, der plötzlich in meiner Kehle festsaß.

Mit begrenztem Erfolg. Erst in diesem Moment wurde mir klar, wie ungewöhnlich es war, dass eine angehende Abiturientin am Montagvormittag nicht in der Schule war.

«Du hast dir Sorgen um ihn gemacht», sagte ich schließlich. «Deshalb bist du heute zu Hause geblieben.»

Sie nickte. Ein Zeichen, dass ich verstanden hatte. Doch sie schien den Gedanken nicht vertiefen zu wollen.

«Jedenfalls war er ganz anders, als sie dachten», sagte sie stattdessen.

«Sie?»

Yvette hob die Schultern. «Die Leute. Meine Mutter.»

«Seine Eltern?»

Das Mädchen blinzelte und schien einen Moment zu zögern. «Ja», sagte sie leise. «Die wohl auch. Sie haben ihn nicht besonders gut verstanden, denke ich.»

«Wie war denn der echte Falk?»

Yvette sah an mir vorbei.

Auch in ihrem Zimmer gab es eine Pinnwand, an der ein oder zwei Artikel über ihre Erfolge bei der Castingshow hingen, doch dazwischen ganz andere Sachen. Eine Konzertkarte von Bruce Springsteen. Hätte ich ihr nicht zugetraut.

«Er war ganz begeistert davon, dass ich Musik mache», murmelte sie. «Dabei hatte ich das Gefühl, dass ihn das, was ich bei den *Megastars* gesungen hatte, gar nicht so sehr interessierte. Es war wohl mehr ...» Sie hob die Schultern. «Dass ich irgendwie Künstlerin bin. Solche Leute hat er bewundert, Künstler. Also auch Maler oder Regisseure. Fotografen.» Die Andeutung eines Lächelns. «Ich musste immer aufpassen, dass er nicht noch anfängt, meine Mutter über ihre Töpferei auszufragen.»

«Hat er denn selbst auch was gemacht?», fragte ich. «Künstlerisch?»

Das Mädchen nickte. «Er hat fotografiert. Aber er hat mir nie was von seinen Fotos gezeigt», fügte sie rasch hinzu. «Er meinte, sie wären nicht gut genug. Nichts, was er machte, wäre gut genug.» Sie wischte sich mit dem Handrücken über die Nase. «Meinte er.»

«Meistens kann man das selbst am allerwenigsten beurteilen», murmelte ich.

«Stimmt.» Sie schenkte mir ein scheues Lächeln. «Genau das habe ich ihm auch gesagt. Zumindest hab ich es versucht. Er hat mir eben ...» Ein hilfloses Achselzucken. «Er hat mir leidgetan.»

Ich schluckte. Vor mir saß ein siebzehnjähriges Mädchen aus

der Vorortsiedlung und erzählte mir, dass Falk Sieverstedt ihm leidgetan hatte.

Und ich glaubte ihm jedes Wort.

«Hattest du …», begann ich. Ich musste an ihre Worte denken: *Was ist mit Falk passiert?* «Hattest du das Gefühl, dass er ernsthaft niedergeschlagen war deswegen?», formulierte ich.

Diesmal war sie vorsichtiger. Sie überlegte sich ihre Antwort sehr genau.

Plötzlich konnte ich sie mir sehr gut vorstellen mit einer Karriere als Sängerin. Vielleicht nicht gerade als *Megastar*, aber wenn sie sich erst einmal gegen ihre Mutter durchgebissen und Falks Tod verarbeitet hatte: Dieses Mädchen würde sich von den Pressemenschen jedenfalls nicht das Wort im Mund herumdrehen lassen.

«Er hat nie darüber gesprochen, dass er sich was antun wollte, wenn Sie das meinen», sagte Yvette. «Aber gleichzeitig hatte ich immer das Gefühl, dass er Rücksicht auf mich nimmt, weil ich so jung bin. Dass er Angst hatte, mich zu verlieren.» Sie schüttelte den Kopf. «Aber die hätte er nicht haben müssen. Ich habe ihn ja verstanden. Doch er konnte eben nicht …»

Fragend sah ich sie an.

«Richtig darüber reden», erklärte sie. «Jedenfalls mit mir. Ich weiß nicht genau, aber ich glaube …» *Sehr* vorsichtig: «Ich glaube, er hat den anderen – seinen Freundinnen davor – zu viel davon erzählt. Deshalb war es immer so schnell wieder vorbei.»

Ich nickte. Das ergab Sinn.

Es passte überhaupt nicht zu dem Falk Sieverstedt der Klatschpresse – aber es klang ganz und gar nach dem jungen Mann, dessen Stimme wir vor zwei Stunden in der YouTube-Aufnahme gehört hatten.

Ich holte Luft und stellte die letzte Frage. «Wusstest du, dass er bei *Second Chance* angerufen hat? Bei Marius?»

«Marius?» Sie sah mich an, noch trauriger als zuvor. «Nein.

Warum hätte er das tun sollen? Er hätte doch mit mir reden können.»

* * *

«Es gibt Leute, die kriegen eine Gänsehaut hier bei uns», murmelte Euler mit Blick auf die Tür, durch die die Sieverstedts soeben verschwunden waren. Er rieb sich die Arme. «Ich glaube, das waren gerade die Ersten, die die Gänsehaut mitbringen.»

Jörg Albrecht brummte etwas Wortloses.

Er selbst hatte keine Gänsehaut gespürt in Gegenwart des Konsuls.

Lediglich einen fast schmerzhaften Druck in den Kiefergelenken.

War es möglich, eineinhalb Jahrzehnte lang unbewusst die Zähne zusammenzubeißen?

Der Gerichtsmediziner ließ das von beiden Sieverstedts unterschriebene Formblatt in einer Ablage verschwinden.

«Damit ist es also offiziell», stellte er fest.

Albrecht nickte. «Was können Sie mir inzwischen sagen, Martin? Tatort, Gewaltanwendung? Was wissen Sie ...»

«Moment ...» Herumgesuche auf dem chaotischen Schreibtisch.

Jörg Albrecht war es ein Rätsel, wie ein Mensch, in dessen Kopf eine derart penible Ordnung herrschte, an seinem Arbeitsplatz ein solches Tohuwabohu veranstalten konnte.

«Also.» Euler brachte einen Klarsichtordner zum Vorschein. «Ich muss gleich vorausschicken, dass die Auffindungssituation auf den ersten Blick diffus ist.»

Wenn sie das nicht jedes Mal wäre, dachte Albrecht, hätte er weder diesen Mann noch seinen gesamten Berufszweig nötig.

«So.» Der Gerichtsmediziner blätterte die Akte auf. «Ich habe keine Hinweise auf unmittelbare körperliche Gewalt finden können.»

Albrecht hob eine Augenbraue.

«Und *mittelbare* körperliche Gewalt darf ich mir *wie* vorstellen?»

Die Finger des Gerichtsmediziners trommelten auf dem Aktenblatt.

Albrecht sah ihn abwartend an. Hatte der Mann ernsthaft erwartet, dass dem Hauptkommissar eine so offensichtliche Formulierung entging?

«Warum nur komme ich mir bei Ihnen immer vor wie ein Verdächtiger?», murmelte Euler.

Der Hauptkommissar schwieg. Auskünfte über persönliche Befindlichkeiten seiner Mitarbeiter zu erteilen, kam ihm nicht zu. Warum sollte er eine Ausnahme machen, nur weil der Betreffende selbst die Frage stellte?

Der Gerichtsmediziner stieß einen tiefen Seufzer aus.

«Es gibt Hinweise», sagte er schließlich. «Aber sie sind nicht eindeutig.» Er blätterte vor und reichte die Akte an Albrecht weiter. «Hier.»

Das Blatt war ein Farbausdruck auf hochauflösendem Papier: Das Handgelenk des Toten, stark vergrößert. Das rechte, wenn Albrecht die Aufnahme richtig deutete. Totenblass, zwei Leberflecke auf dem Handrücken, daneben eine kleine Unreinheit. Vielleicht hatte sich Falk Sieverstedt dort mal gekratzt – vor Wochen.

«Ja?», fragte Albrecht.

«Hier.» Mit einem Kugelschreiber deutete Euler auf eine Stelle unmittelbar unterhalb der Handwurzelknochen, wo das Gelenk am schmalsten war.

Der Hauptkommissar zog das Blatt zu sich heran. Ein Schatten? Er war sich nicht sicher.

«Ich würde nicht so weit gehen, von einem Hämatom zu sprechen», erklärte der Gerichtsmediziner. «Oder auch nur von einer Druckstelle. Dafür ist es nicht deutlich genug. Doch wenn ich Schlussfolgerungen ziehen dürfte ...»

«Bitte. Ziehen Sie.»

«Jemand hat den Arm des Opfers in Position gebracht», sagte Euler. «Ich scheue mich, von *sanfter Gewalt* zu sprechen. Ich weiß zu gut, wie kompliziert sich solche Begriffe in den Ermittlungen darstellen. Jedenfalls hat keine aktive Gegenwehr stattgefunden. Dann wären die Spuren eindeutiger.»

«Das Opfer war betäubt?»

Euler schüttelte den Kopf und hob die Schultern. «Offenbar nichts, das für uns nachweisbar wäre.»

Albrecht hob die Augenbrauen. «Sind Sie derselbe Martin Euler, mit dem ich seit sieben Jahren arbeite?»

Der Gerichtsmediziner verdrehte die Augen und ließ sich gegen die Lehne seines Bürostuhls sinken. «Ich bin Forensiker», brummte der blonde Mann. «Kein Zauberer. Die Nachweisbarkeit einer jeden Substanz hängt von zwei Bedingungen ab: der Dosierung und dem Zeitpunkt der Verabreichung. Die Zeit, die seitdem verstrichen ist und in der der Körper das Präparat abbauen konnte. Selbstredend gibt es für all das statistische Werte, aber die sind variabel – wie jede Statistik. Die individuelle Konstitution zum Zeitpunkt der Einnahme und eine mögliche körperliche Tätigkeit während der Wirkungszeit spielen natürlich auch eine Rolle. Und zuallererst müssten wir einmal wissen, von welcher Substanz wir überhaupt reden.»

«Falk Sieverstedt war gefesselt», sagte Albrecht. «Das dürfte seine Möglichkeiten eingeschränkt haben, körperlich tätig zu werden.»

Euler verzog den Mund. «Das ist richtig. Die Male unter den Fesseln sind sehr viel stärker ausgeprägt als die rudimentären Spuren an den Handgelenken. Doch Tatsache ist damit auch, dass er *versucht* hat, sich zu bewegen. Er hat gegen die Fesseln gekämpft, um sein Leben gekämpft, nachdem er einmal im Wasser lag.»

Albrecht öffnete den Mund, doch Euler hatte den Einwurf vorhergesehen.

«Was als solches kein Ausschlusskriterium gegen eine Tötung auf Verlangen darstellt», bestätigte der Gerichtsmediziner seinen Gedanken. «In diesem Moment übernehmen die körperlichen Reflexe, ganz gleich, ob das Opfer sein Ableben ursprünglich selbst mit herbeiführen wollte oder nicht. Doch so oder so: Seine Körperfunktionen sind auf Hochtouren gelaufen. Gleichzeitig hat die Einwirkung des kalten Wassers die Funktionen gedrosselt und den Abbau eines möglichen Sedativums verlangsamt. Wie lange war er bereits gefesselt, als sein Körper in das Becken befördert wurde? Wenn ich Sie richtig verstanden habe, haben wir ein Zeitfenster von mehr als vierundzwanzig Stunden, seitdem der junge Mann zum letzten Mal lebend gesehen wurde?»

«Richtig», murmelte Albrecht. «Wenn Friedrichs nichts Neues mitbringt.»

Der Gerichtsmediziner hob die Schultern. «Was wissen wir, was in dieser Zeit passiert ist? Seine letzte Mahlzeit war das Abendessen am Samstag, würde ich sagen, doch alles andere …»

Eulers Blick war deutlich: Alles andere ist *Ihre* Aufgabe.

Albrecht nickte mit einem Brummen.

«Können Sie mir verraten, ob er gelegen hat, als er gefesselt wurde?», fragte er. «Oder in welcher Position hat er sich befunden?»

Euler pfiff leise durch die Zähne. «Kein übler Gedanke. Eine Fesselung im Stehen wäre kaum ohne seine Mithilfe oder zumindest Duldung denkbar. Doch ich fürchte, auch hier hat das Wasser die Hinweise undeutlich gemacht. Wie Sie sich erinnern, war der einzige Bereich, der aus dem Wasser herausgeschaut hat, das Gesicht. Obwohl sich natürlich auch das Gesicht zwischenzeitlich unter Wasser befunden hat – sonst wäre er nicht ertrunken. Im Kopfbereich sind die Zeichen jedenfalls ungewöhnlich klar. Gut, selbst an der Mundschleimhaut sind sie noch eher diskret, doch die geplatzten Kapillargefäße in der Lederhaut der Augen, die Einblutungen drum herum: Merkmale einer Suffokation. Ein Erstickungstod – oder hier eben Ertrinken – wie aus dem Lehrbuch.»

Albrecht versuchte sich den Anblick ins Gedächtnis zurückzurufen.

«Auf der linken Seite waren die Zeichen deutlicher ausgeprägt, oder?»

Euler nickte. «Hier kann das Bild sehr unterschiedlich aussehen. Wenn beide Augen betroffen sind, sprechen wir von einem Brillenhämatom.»

«Und einseitig? Monokel?»

Euler hob die Augenbrauen. «Das war jetzt einfach geraten, oder?»

«Zumindest steht also das Ertrinken als Todesursache fest», konstatierte Albrecht anstelle einer Antwort. «Was sagen die Kollegen? Wie ist er in diesen Teich gekommen?»

«Er wurde getragen.» Euler nahm die Akte wieder entgegen. «Die Zufahrt zum Garten selbst ist mit einem Kraftfahrzeug nicht möglich. Höchstens mit dem Motorrad, und da hätten wir auf unübersehbare Spuren stoßen müssen.»

«Wenn er getragen wurde, müsste es zumindest Fußspuren geben.»

Der Gerichtsmediziner nickte. «Die haben wir. Mehr als genug. Doch mit ziemlicher Sicherheit sind die für uns relevanten Spuren bereits mehrfach überdeckt worden. Unter anderem haben wir die Pfennigabsätze der Zeu… des Zeugen. Schlohmeier.»

«Schorlemmer», korrigierte Albrecht kühl.

Euler hob die Schultern. «Gestern Abend muss eine Menge los gewesen sein im Dahliengarten. Die Fußabdrücke des mutmaßlichen Täters müssten sich tiefer eingedrückt haben als der Rest, wenn er den Körper des Opfers getragen hat. Doch ein lebender Körper – sei er auch paralysiert – trägt sich anders als ein Leichnam. Gerade diese nach menschlichem Ermessen zuverlässigsten Spuren sind in Wahrheit oft diejenigen ...»

Albrecht hob die Hand. «Wir wissen also, dass wir nichts wissen», sagte er.

«Na ja.» Wieder ein Schulterzucken. «Jedenfalls nicht besonders viel zum gegenwärtigen Zeitpunkt. Aber auf eine Reihe von Auswertungen warte ich ja noch.»

«Gut.» Der Hauptkommissar sah auf die Uhr. «Geben Sie mir Nachricht, sobald Sie etwas erfahren.»

* * *

«Dennis?»

«Hallo ... Hannah.»

Diesmal war er mitten in der Arbeit. Die winzige Pause vor meinem Namen war ein deutliches Indiz. Ich hörte Stimmen im Hintergrund. Hatte er einen Kunden im Büro?

Doch im nächsten Moment verstummten die Geräusche. Er musste die Tür geschlossen haben. Wahrscheinlich war es Iris Gunthermann, seine Partnerin in der Agentur, die einen Besucher hatte.

Den ersten für den Nachmittag.

Kurz vor halb zwei. Ziemlich spät für ein Mittagessen. Aber ich wollte Dennis auf keinen Fall enttäuschen.

Keinen von uns beiden.

«Also, wenn du noch Zeit hast», sagte ich. «Ich bin jetzt auf dem Weg nach Eimsbüttel. Der Italiener», half ich ihm auf die Sprünge.

«Klar. Ja, natürlich.» Rascheln von Papier.

«In zehn Minuten?», fragte ich. «Ich bin jetzt auf der Stresemannstraße.»

«Oooo-kay.» Klapp. Ein Aktenordner.

«Ich freu mich auf dich», sagte ich.

«Bis gleich», sagte er.

Ich legte auf.

Gleichzeitig kam ich mir schäbig vor.

Ich wusste, dass Dennis den Hals voller Arbeit hatte, gerade seitdem er versuchte, jeden Tag pünktlich Feierabend zu machen. Uns zuliebe, wie wir ja alle beide bei jeder sich bietenden Gelegenheit betonten.

Doch ich wusste, dass das an ihm fraß. Auch der unausgesprochene Gedanke, dass wir richtig Ärger kriegen könnten mit dem Häuschen. Was ich verdiente, floss unsichtbar in die laufenden Kosten. Mit Dennis' Geld versuchten wir die Hypothek abzuzahlen.

Ein Tropfen auf den heißen Stein.

Und natürlich war mir klar, dass sein Job nicht immer ein Vergnügen war. Die Kunden in ihren Luxuskarossen, die sich hofieren ließen wie der Scheich von Dubai. In den letzten Wochen, in dieser mörderischen Hitze, waren sie wohl noch etwas ungemütlicher geworden.

Wenn du das so genau weißt, dachte ich, warum sagst du es ihm dann nicht häufiger? Sehr viel häufiger als ... wie oft? Ich konnte mich nicht erinnern.

Stattdessen kam ungefragt eine andere Erinnerung: Es täte ihm ja ganz fürchterlich leid, hatte er mir im Herbst an den Kopf geworfen, dass bei seiner Arbeit keine Menschenleben auf dem Spiel standen.

Ich wusste noch gut, wie wütend ich auf ihn gewesen war – und wie wütend ich im Grunde heute noch deswegen war.

Was dieser Spruch im Grunde alles bedeutete: dass ich mir wie was Besseres vorkäme, weil ich Straftätern nachstellte, Delikte gegen Leib und Leben aufklärte. Dass ich in ganz anderen Kreisen unterwegs war. Dass dieselben Leute, für die er nur ein besserer Lakai war, gezwungen waren, mich ernst zu nehmen, sobald ich meinen Dienstausweis zückte.

Mit einem Wort: Bei allem Stöhnen, allem Stress – führte ich nicht ein wilderes und aufregenderes Leben, bei dem ein Makler aus Eimsbüttel einfach nicht mithalten konnte?

Sondern eher ... ein Joachim Merz?

Die Luft lag wie ein hitzeflirrendes Kraftfeld über dem Asphalt.

Wir mussten reden, dringend reden.

Warum sind wir unfähig, dachte ich, über die Dinge, die uns so wichtig sind, mit demjenigen zu sprechen, den sie einzig und allein betreffen?

Nicht ich allein war unfähig dazu. Dennis doch genauso – und Falk Sieverstedt anscheinend auch.

Warum wählen Menschen sich die Finger wund, um einen Marius an den Hörer zu kriegen, anstatt abends einfach mal einen Moment abzupassen, mit einer Flasche Wein, und zu sagen: Liebling, da ist was, über das wir reden müssen?

Was erwarten wir? Was für einem Versprechen gehen wir auf den Leim? Wollen wir die Menschen, die wir lieben, schonen – oder uns selbst?

Oder ist es tückischer: Glauben wir, dass uns ein Wildfremder, der einzig und allein *unsere* Sichtweise der Geschichte erfährt, nicht mit den zigtausend Kleinigkeiten und Widersprüchen konfrontiert, die wir von demjenigen zu hören bekämen, den die Sache wirklich angeht?

Suchen wir tatsächlich nach einer Lösung? Oder suchen wir eine Entschuldigung, damit wir guten Gewissens weitermachen können wie bisher?

Vor Maffredos Trattoria, unserem Stammlokal, einen Steinwurf von Hagenbecks Tierpark entfernt, brachte ich den Wagen zum Stehen.

Dennis saß bereits an unserem Tisch vor dem Fenster, den Blick konzentriert in die Karte vertieft.

Er sah müde aus, gestresst, ohne dass ich sagen konnte, aus welchem Grund – doch das spielte auch keine Rolle.

Sobald ich das Lokal betrat, würde er sich verwandeln, würde zu meinem Leuchtturm in der Brandung werden, wenn die Gischt der Ermittlungen über meinem Kopf zusammenschlug.

Die tückische Strömung, weit unter der Oberfläche, die unermüdlich an seinen Fundamenten nagte, würde er nicht zur Kenntnis nehmen.

Wir mussten reden.

Aber nicht heute.

* * *

«Hier im Web haben sie nur die Kurzfassung eingestellt», erklärte Winterfeldt, während er sich durch die Internetseite von Kanal Neun klickte. «Doch ich denke, Sie bekommen auch so einen Eindruck ...»

Es war fünfzehn Uhr. Albrecht hatte seine Ermittlerrunde von neuem im Besprechungsraum versammelt.

Hannah Friedrichs hatte einen kurzen Bericht über ihren Besuch bei Falk Sieverstedts letzter Freundin abgeliefert, der Hauptkommissar selbst hatte Martin Eulers bisherige Erkenntnisse referiert.

Wenn man in diesem Fall überhaupt von Erkenntnissen sprechen konnte.

Wir wissen, dass wir nichts wissen.

Der Unterschied war, dass nun auch die Presse Bescheid wusste.

Ungnädig blickte Albrecht auf die Leinwand.

Seit Jahren lieferten sich die privaten Fernsehanstalten ein Kopf-an-Kopf-Rennen um die Gunst des Publikums, und immer wieder aufs Neue gelang es ihnen, sich im Appell an die niedrigsten menschlichen Instinkte zu unterbieten. Nachvollziehbar, dass sie diese Bemühungen auf das Medium Internet ausgedehnt hatten.

«Das Feature nennt sich immer noch *Stahmkes Skandale*», murmelte Winterfeldt und nickte zu dem Schriftzug, mit dem die Sektion der Webseite überschrieben war. «Wobei die echte Margit Stahmke inzwischen ja tot ist. Sina Dewies war ihre Assistentin und hat ihr in den letzten Jahren zugearbeitet. Jetzt, wo sie selbst die Leitung der Redaktion übernommen hat, hat sie ein paar Neuerungen eingeführt. Aus besonderem Anlass lädt sie Studiogäste ein und ...»

«Fangen Sie schon an!», knurrte Albrecht.

«Gut, gut.» Winterfeldt klickte mit der Maus auf ein Symbol.

Eine junge Frau hinter einem Moderationstisch. Blond. Sehr blond. Alles drum herum war ausgesprochen knallig, im Hintergrund das Wappen der Freien und Hansestadt Hamburg mit der dreitürmigen Torfassade, um die in diesem Fall ein ...

Albrecht kniff die Augen zusammen.

Ein gezeichneter Vogel lugte um die Fassade, schwarz und weiß gescheckt. Eine neugierige Elster?

Ausgeschlossen, dachte Albrecht. Es musste ein Geier sein.

Ein Aasgeier.

«Ich bin Sina Dewies.» Die junge Frau blickte in die Kamera, mit dem nur denkbar kürzesten und unverbindlichsten Lächeln. «Erfahren Sie nun in unserem Sonderfeature alle wichtigen Neuigkeiten zum tragischen Tod einer der schillerndsten Persönlichkeiten der Hamburger Gesellschaft.»

Die Kamera fuhr zurück. Neben Dewies wurde ein Schwarz-Weiß-Foto Falk Sieverstedts eingeblendet.

Für eine halbe Sekunde gestattete sich Albrecht ein Aufatmen. Der Junge sah sympathisch aus auf dem Foto: breites Lächeln, offener Blick in die Kamera, die Smokingfliege gelöst.

Der Hauptkommissar wusste, nach welchen Kriterien die Boulevardmedien solche Fotos auswählten. Ein übernächtigter und unrasierter Prominenter transportierte eine ganz andere Botschaft als eine neutrale oder gar sympathische Aufnahme.

Manipulation der Fernsehgemeinde, dachte er. Grundkurs, erste Lehrstunde.

Die Wahl eines freundlichen Fotos konnte demnach nur bedeuten, dass die Treibjagd in diesem Fall noch nicht begonnen hatte. Was ein großes Horrido zu einem späteren Zeitpunkt aber keineswegs ausschloss.

Sie tasten sich vor, dachte Albrecht. Nicht anders als wir.

Wenn es Quoten verspricht, werden sie umschalten, von einem Moment auf den nächsten.

Die Kamera bewegte sich, entfernte sich noch weiter vom Moderationstisch und erfasste rechts von Dewies und dem virtuell eingeblendeten Porträt zwei Männer.

Seriöse Herren jenseits der fünfzig, grau meliert, einmal mit Seitenscheitel, einmal mit Schnauzbart.

«Herr Meynard und Herr Kordan.» Sina Dewies nickte den beiden zu. «Sie beide verfolgen schon seit einiger Zeit die Vorgänge im Volkspark, wo heute Nacht Falk Sieverstedts Leiche gefunden wurde. Wie sind Sie dazu gekommen?»

«Seit Jahren werden unsere Familien mit diesen Perversen konfrontiert.» Das war der Schnauzbart – Kordan vermutlich –, die Stirn hypertonisch gerötet. «Können Sie sich das vorstellen? Direkt vor der eigenen Haustür?»

«Auf offener Straße?», hakte die Moderatorin nach.

«Im Volkspark», knurrte Kordan. «Im Dahliengarten. Man mag die Kinder nicht mehr vor die Tür lassen.»

«Nachts um halb eins?», bemerkte eine leise Stimme in Albrechts Rücken. Hannah Friedrichs' Stimme.

«Seit letztem Jahr gehen wir Streife», übernahm auf der Leinwand der Seitenscheitel – Meynard demnach. «Notieren Nummernschilder und sprechen auch mal jemanden an, der dort nichts zu suchen hat. Seitdem ist es etwas ruhiger geworden.»

Sina Dewies nickte verständnisvoll. «Und gestern Abend haben Sie etwas beobachtet.»

Albrecht fuhr herum. «Haben wir die beiden auf der Zeugenliste?»

Der junge Lehmann hatte die Liste offenbar vor sich liegen und blickte auf das Papier. Stumm schüttelte er den Kopf.

Albrecht fluchte unterdrückt.

Das Bild auf der Leinwand wechselte. Anstelle von Falk Sieverstedt wurde nun im Hintergrund ein verschwommenes Foto eingeblendet, eine Handyaufnahme vermutlich. Vor einem nachtschwarzen Hintergrund ein etwas hellerer Umriss, der so ziemlich alles sein konnte: ein Großcontainer, ein Transformatorenkasten …

«Dieser Wagen ist um zweiundzwanzig Uhr elf aus Richtung der O$_2$-Arena in unseren Beobachtungsbereich gefahren und hat am Dahliengarten gehalten», erklärte Meynard. «Als er den Bereich um zweiundzwanzig Uhr siebenunddreißig über die Stadionstraße wieder verlassen hat, hat jemand von unserem Team diese Aufnahme gemacht.»

«Sie haben ein *Team*?», murmelte Friedrichs ungläubig.

«Stopp!»

Albrecht schob seinen Stuhl zurück.

«Faber!»

Der glatzköpfige Beamte blickte auf.

«Besorgen Sie uns diese Aufnahme! Das Original, wie es aus dem Mobiltelefon kommt oder womit auch immer es aufgenommen wurde. Die Technik soll schauen, was sie machen kann. Vielleicht können wir zumindest den Fahrzeugtyp ermitteln.»

«Es gibt aber noch keinen Hinweis, dass der Wagen etwas mit dem Mord zu tun hat», warf Friedrichs ein.

Albrecht nickte. «Dennoch könnte der Fahrer ein Zeuge sein. Lassen Sie sich auch alle anderen Fotos geben, die gestern Abend mit diesem Gerät gemacht wurden. Schauen Sie, ob dort weitere

Fahrzeuge dokumentiert sind. Eine gefesselte Person kann man auch im Kleinwagen transporticrcn. Lehmann, Seydlbacher: Behalten Sie den Wagen im Kopf, wenn Sie sich heute Abend im Park umhören. Ist er schon mehrfach dort gesehen worden? Kennt jemand den Fahrer?»

Nils Lehmann hüstelte. «Könnte diese freiwillige Streife das nicht viel besser ...»

«Diese selbst ernannte Bürgerwehr ist mir keinen Hauch sympathischer als die Perversen im Park. Faber, sehen Sie zu, ob die Pressemenschen die Kontaktdaten der beiden Herren rausrücken. Sonst schalten wir Kempowski ein, der wird die Menschen kennen.»

Albrecht betrachtete das Standbild auf der Leinwand.

«Kommt noch etwas, das für uns wichtig ist?»

Winterfeldt hob die Schultern. «Sie bringen einen Einspieler über Falks Leben – also die Segel- und die Frauengeschichten. Zum Schluss machen sie eine Schalte nach Blankenese, aber da sieht man auch nur das verschlossene Tor vor der Sieverstedt-Villa. Von der Familie gibt es nur einen Zweizeiler, dass man ihre Privatsphäre respektieren soll.»

«Gilt nicht für uns», brummte Albrecht. «Matthiesen?»

Der grauhaarige Beamte hob einen voluminösen Blätterstapel. «Ich bin noch nicht durch, aber es sieht nicht so aus, als ob Falk irgendwas mit der Firma zu tun hatte.»

Der Hauptkommissar nickte, Daumen und Zeigefinger an der Nasenwurzel.

Es gab wenig, das er Friedrich Sieverstedt nicht zutraute, doch die Verachtung, mit der er über den Jungen gesprochen hatte, war auf jeden Fall echt gewesen. Schwer vorstellbar, dass er auch nur den Versuch unternommen haben sollte, ihn mit einer Aufgabe in seinem Familienunternehmen zu betrauen.

Keine Spur. Nirgends.

Ausgenommen ...

Albrecht blickte auf, suchte Friedrichs.

«Was hat Ihnen das Mädchen erzählt? Falks persönliches künstlerisches Faible?»

Die Kommissarin kniff die Augen zusammen, doch im nächsten Moment sah er, dass sie seinen Gedanken erfasste.

«Er hat fotografiert», murmelte sie.

«Haben Sie in seiner Wohnung eine Fotoausrüstung gesehen?»

Friedrichs schüttelte ohne Zögern den Kopf. «Sie waren ja selbst dabei: Wir haben nicht eben jede einzelne Sockenschublade durchwühlt, aber wie Yvette sich angehört hat, hat er schon ziemlich professionell fotografiert. Also kaum eine einfache Pocketkamera oder so was. Wir hätten was finden müssen.»

«Er muss die Ausrüstung dabeigehabt haben», murmelte Albrecht. «Am Samstagabend, als er das Haus verließ. Der Wagen …»

«Ich hab ständig ein Auge drauf.» Hinnerk Hansen war wie üblich der Entspannteste in der Runde. Ein Klackern, als er eine seiner Salmiakpastillen von einer Wange in die andere schob. «Bisher nicht aufgetaucht. Sein Handy versuchen wir weiterhin zu orten, aber offenbar ist es noch immer ausgestellt.»

«Kaum zu erwarten, dass der Täter uns den Gefallen tut, es wieder zu aktivieren», brummte Albrecht. «Aber irgendwo muss der Wagen sein. Und mit dem Wagen die Fotoausrüstung.»

«Der Rechner.» Hannah Friedrichs drehte sich zu Winterfeldt um. «Mit Sicherheit hat Falk die Bilder irgendwo gespeichert.»

Ein vage unappetitliches Geräusch ertönte, als sich der Computermensch eine Haarsträhne aus der Stirn pustete.

«Den hab ich mir erst ganz kurz vornehmen können. An einen Fotoordner kann ich mich grad nicht erinnern, aber die könnten genauso gut irgendwo in der Cloud liegen.»

«Wo?» Jörg Albrecht hatte Wochen gebraucht, bis ihm klargeworden war, dass der junge Mann nicht deswegen so sprach, wie er sprach, weil er seinen Vorgesetzten um den Verstand bringen wollte, sondern weil er ... weil er eben Winterfeldt war und auf einem eigenen, vorzugsweise virtuellen Planeten lebte.

«Im Internet», half Friedrichs. «An einer Stelle, wo nur er allein rankommt.»

«Wenn er das von seinem Rechner aus gemacht hat, krieg ich das wahrscheinlich früher oder später raus», sagte Winterfeldt zögernd. «Aber das kann ein bisschen dauern.»

«Schalten Sie das aus!» Albrecht wies auf den Laptop.

Das Standbild auf der Leinwand – Dewies, die Aufnahme des Kastenwagens und die beiden distinguierten Herren – erlosch.

Mit einem Ruck zog Albrecht das Whiteboard wieder an den Platz, der ihm gebührte: an die Stirnseite des Raumes.

Wer?

Warum?

«Der Rechner hat von nun an absolute Priorität», wandte er sich an Winterfeldt. «Alles andere stellen Sie zurück. Suchen Sie die Fotos, prüfen Sie die sozialen Netzwerke. Was die bunten Blätter über den Jungen geschrieben haben, ist eine Sache. Was er diesem Marius erzählt hat, eine völlig andere. Ich will wissen, was für ein Mensch er wirklich war. Hannah?»

Fragend sah die Kommissarin ihn an.

«Wie weit sind Sie mit diesem Marius?»

Friedrichs fuhr sich über die Lippen.

«Kein Problem.» Albrecht ließ sie nicht zu Wort kommen. Er kannte seine Mitarbeiter, und er hatte nicht verlernt, in ihnen zu lesen. «Sie waren bei der Freundin, und es war richtig, dass Sie sich das als Erstes vorgenommen haben. Doch ich will wissen, was dieser Fernsehmensch weiß. In unserem Ausschnitt hat Sieverstedt einen zweiten Anruf angekündigt. Ist dieser Anruf erfolgt? Wenn ja: Worüber haben die beiden gesprochen? Sind Namen gefallen?»

«Ich ... ich setz mich gleich dran», versprach die Kommissarin. «Sobald ich eine andere Nummer hab als diejenige, die in der Sendung eingeblendet wird.»

«Gut.» Der Hauptkommissar nickte, im Begriff, sich umzuwenden. Doch dann, einer Eingebung folgend: «Nein», sagte er langsam. «Nein.» Und mit einem Mal war er sich vollständig sicher.

«Das Telefon, Hannah, ist das ureigenste Medium dieses Mannes. Eine Waffe, an der er sich jeden Abend zur besten Sendezeit übt. Wir wissen nichts über diesen Marius ...» Albrecht sah, wie Lehmann den Mund öffnete, brachte den jüngeren Beamten aber mit einer Geste zum Schweigen. «Wir wissen nichts, auf das ich mich verlassen möchte», präzisierte er. «Sein Lebenslauf auf den Internetseiten von Kanal Sieben gehört jedenfalls nicht zu den Dingen, auf die ich mich verlassen möchte.» Beim letzten Satz bezog er Winterfeldt, dessen Finger bereits über der Tastatur schwebten, mit ein.

«Vor allem wissen wir nicht, ob er in dieser Angelegenheit eigene Ziele verfolgt», sagte er und hob die Stimme. «Aber in einem Punkt habe ich nicht die Spur eines Zweifels: Dieser Mann ist ein Meister der Manipulation. Und er wird nicht zögern, sein gesamtes Arsenal auf uns abzufeuern, wenn wir ihm die Gelegenheit dazu bieten. Kanal Sieben sendet aus der Speicherstadt. Fahren Sie hin, Friedrichs! Sprechen Sie mit dem Mann, aber sprechen Sie Auge in Auge mit ihm. Machen Sie ihm klar, dass es sich im Moment um keine Zeugenbefragung handelt, kein Verhör – aber dass es sehr, sehr schnell eines werden kann, wenn er nicht mitspielt. Inklusive Vorladung aufs Revier.»

Friedrichs nickte knapp. «In Ordnung.»

Begeistert sah sie nicht aus, dachte Albrecht.

Doch ein Vorgesetzter, dem seine Mitarbeiter aus Begeisterung über seine dienstlichen Anordnungen um den Hals fielen, machte vermutlich etwas Entscheidendes falsch.

«Noch etwas?», erkundigte er sich mit einem Blick in die Runde.

Faber hob vorsichtig die Hand. «Das Büro der Polizeipräsidentin hat sich gemeldet. Ob wir beabsichtigen, eine Pressekonferenz zu geben.»

Albrecht brummte zufrieden. Lorentz hatte offenbar dazugelernt. Seine letzte Pressekonferenz hatte sie ihm aufgedrückt – und der Tag hatte damit geendet, dass eine seiner Mitarbeiterinnen tot aufgefunden wurde.

Zwischen beiden Ereignissen bestand zwar kein eigentlicher Zusammenhang. Aber wenn sich die Präsidentin diesmal zurückhielt, war das nur gut.

«Eine Pressekonferenz werden wir in dem Moment geben, in dem wir etwas mitzuteilen haben», sagte er kühl. «Bis dahin schicken Sie noch einmal die Fahndung nach Sieverstedts Audi raus. Und nach dem Kastenwagen aus dem Park, sobald wir ein vernünftiges Foto haben.»

Er sah auf die Uhr. Für den späten Nachmittag hatte er einen Besuch bei den Sieverstedts angekündigt.

«Morgen früh um neun in diesem Raum», sagte er.

* * *

Ich legte den Hörer auf und fluchte.

Konnte man *erleichtert* fluchen?

Ich schüttelte den Kopf.

Wer Jörg Albrecht zum Vorgesetzten hatte, lernte einigermaßen schnell, nach den Spielräumen Ausschau zu halten, die seine Anordnungen zuließen.

In diesem Fall hatte er mir die klare Anweisung gegeben, das Gespräch mit Marius Auge in Auge zu führen. Doch mit keinem Wort hatte er mir verboten, vorher beim Sender anzurufen, ob der Moderator überhaupt im Haus war.

Und es war gut, dass ich das getan hatte.

Wie sich die Dame von Kanal Sieben angehört hatte, war er anscheinend nie im Haus. Eins der Dinge, über die ich nicht groß nachgegrübelt hatte, aber natürlich war mir klar, dass im einundzwanzigsten Jahrhundert nicht mehr jede einzelne Sendung live aus dem Funkhaus kam.

Anscheinend sendete auch Marius aus der guten Stube.

Wobei wir dann wohl in Sachen Inneneinrichtung einen denkbar unterschiedlichen Geschmack hatten, wenn ich mich an die Show erinnerte: der Tisch, der Vorhang – sonst nicht viel.

Aber vielleicht sah der Rest der Wohnung ja ganz anders aus.

Die freundliche Telefondame hatte mir die Adresse gegeben: Ehestorfer Heuweg. Ich hatte eine undeutliche Erinnerung an eine Straße, die irgendwo in Hausbruch stadtauswärts abzweigte.

Ich sah auf die Uhr.

Montagnachmittag kurz nach halb sechs. Um zehn würde Marius auf Sendung gehen. Vorbereiten musste er sich mit Sicherheit auch noch. Wenn er zu Hause produzierte, war das die ideale Gelegenheit, ihn unangemeldet abzupassen.

Mit der Tür ins Haus, dachte ich. Ganz wie Albrecht sich das gewünscht hatte.

Und inzwischen war ich fast froh, dass ich das Gespräch nicht am Telefon führen musste.

Das hätte einfach zu große Ähnlichkeit mit dem Gespräch gehabt, das ich niemals hätte hören dürfen. Dem Gespräch, das ich vergeblich aus meinem Hirn zu löschen versuchte.

Dennis.

Joachim Merz.

Denk nicht daran!

Vor allem schlag es dir aus dem Kopf, wenn du mit ihm sprichst!

Je eher ich die Aufgabe hinter mich brachte, desto besser. Ich griff nach meiner Handtasche und verließ mein Büro.

Irmtraud Wegner nahm gerade mit Leidensmiene einen neuen Anruf entgegen. Ganz wie erwartet: Seitdem sich die Sender mit reißerischen Meldungen über Falk Sieverstedts Tod überboten, standen die Telefone nicht mehr still.

Ich folgte dem lang gezogenen Korridor der Dienststelle, von dem die Türen zu den einzelnen Büros abzweigten.

Bei Marco Winterfeldt blieb ich kurz stehen und klopfte.

«*Aloha?*»

Winterfeldts Version von *Herein*!, dachte ich. Von *Guten Tag* genauso und von *Auf Wiedersehen* sowieso. Im Grunde konnte das Wort für alles stehen.

«Hi», sagte ich. «Ich bekomme gleich noch eine Kopie der *Second-Chance*-Ausgaben rein, wegen der Marius-Gespräche. Ich hab's an dich in Kopie schicken lassen. Falls du Zeit hast ...»

Er sah ganz eindeutig aus, als ob er Zeit hätte. Auf seinem Monitor bewegte sich zwar irgendwas, doch Winterfeldt war offenbar weit mehr mit seinem USB-Hamster beschäftigt – einer Kreatur aus Kunstfell, die mitsamt einem kleinen Hamsterrad an einen der freien Steckplätze des Rechners angeschlossen wurde.

Ich kniff die Augen zusammen. Hatte er gerade Anstalten gemacht, das Vieh zu *füttern*?

«Och ...» Er ließ seine scheinbar knochenlose Hand hin und her schlenkern – Universalgeste. «Ich hab ja die Nachtschicht heute. An sich hab ich hier 'ne Suchroutine laufen, wegen Falks Bilderordnern, aber das schafft der Rechner ganz gut allein. Und bei Facebook ist er zwar angemeldet, aber da hat er sich seit Monaten nicht mehr blicken lassen. Nicht seine Welt, wenn du mich fragst.» Er hob die Schultern. «Also, wenn du willst, schau ich gern mal rein in die Aufnahmen – jedenfalls bis die aktuelle Ausgabe heute Abend losgeht. Die müsste ich schon sehen, oder? Dienstliche Pflicht und so.»

Eine recht gewagte Auslegung unserer Dienstvorschriften, doch in diesem Fall: Hatte er nicht irgendwie recht?

«Okay», sagte ich, zögerte dann aber. «Wenn wir die Aufzeichnungen sowieso kriegen, könnte ich mir den Besuch bei Marius ja fast schon sparen.»

Nachdenklich neigte der Computermann den Kopf hin und her. Bei dem Knacken, das dabei entstand, wurden mir die Knie weich.

«Ich würde trotzdem hinfahren», sagte er schließlich. «Einmal hat der Chef es angeordnet, und dann haben wir ja keine Ahnung, ob Marius nicht noch irgendwelche ... wie heißt das ... Hintergrundgespräche führt mit den Leuten. Meine Schwester meint, die sind sowieso alle gecastet. Wer lässt sich sonst so zusammenfalten?»

«Falk Sieverstedt war jedenfalls nicht gecastet», sagte ich.

Und Dennis auch nicht, dachte ich.

Doch mit seiner anderen Bemerkung hatte Winterfeldt natürlich recht.

Mit Sicherheit dachte Marius sich bei jedem seiner Anrufer ganz genau seinen Teil, ohne das zwangsläufig jedes Mal laut zu äußern.

Und man konnte über den Mann sagen, was man wollte: Seine Menschenkenntnis stand außer Frage. Auf eine gewisse Weise war er so was wie ein Kronzeuge.

«Ich fahre hin», sagte ich. «Morgen können wir uns dann zusammensetzen und abgleichen, was wir für einen Eindruck hatten.»

«Aloha.»

«Du auch», sagte ich und schloss die Tür. Im selben Moment stellte ich fest, dass diejenige gleich nebenan halb offen stand.

Seydlbachers Zimmer.

Ich steckte den Kopf rein. «Alois? Ich mach mich dann auf den ...»

Irritiert kniff ich die Augen zusammen.

Alois Seydlbacher saß am Schreibtisch. Die Arbeitsfläche war vollständig leer geräumt, doch das schien er überhaupt nicht zu bemerken.

Er starrte – starrte *worauf?* – und zwirbelte sich unruhig den Bart.

«Alois?», fragte ich vorsichtig.

Er zuckte zusammen. «Hannah!»

«Alois? Ist alles in Ordnung?»

Schweigen. Dann: «Jessas!» Schweres Seufzen. «Host du no an Moment? Kunn i di wos frong?»

«Klar.» Ich riss mich zusammen. Umschalten auf Fremdsprache.

Es war unübersehbar, dass der Mann Hilfe brauchte. Was auch immer er auf dem Herzen hatte: Das war einer der Momente, in denen er einem auch nach vier Jahren in Hamburg immer noch vorkam wie ein in einem fernen Land ausgesetztes Findelkind mit Backenbart.

Er zupfte an seinen Hemdsärmeln, sah mich aber nicht an.

«Wos moanst', Hannah? Wieso grad i? Wieso schickt der Chef grad mi auf de Mission bei de Zipfelklatscher?»

Ich starrte ihn an. «Was?»

«Woaßt scho. D'Hundatfünfasiebzga.»

Paragraph hundertfünfundsiebzig des Strafgesetzbuchs, dachte ich, der Homosexualität unter Strafe stellte.

Und vor bald zwanzig Jahren ersatzlos gestrichen worden war.

«Ned, dass i Probleme hätt mit dene Leit.» Nachdrückliches Schweigen. Drei Sekunden lang. «Aber was denkst, wieso na hod der grad mi gfrogt?»

«Na ja …» Sei vorsichtig, dachte ich. Seydlbacher war ein netter Kerl, wenn man mal verstand, was er redete, doch anscheinend waren schon Albrechts Anweisungen anders bei ihm angekommen als beabsichtigt. «Na ja, du weißt doch», sagte ich. «Wenn Nils sich richtig auf was einlässt, ist der manchmal so schnell nicht wieder zu bremsen. Der Chef wird sich einfach gedacht haben, dass es besser ist, wenn er einen älteren und erfahrenen Beamten an der Seite hat.»

«Ach so.» Intensives Nachdenken. «Und wos soi i na oziang?»

«Was du anziehen sollst?», riet ich.

«Was für a Gwand?» Ein verdeutlichendes Zupfen an seinem Lodenjanker.

Ich schluckte. Eine berechtigte Frage. Sicher, im Volkspark würde es dunkel sein, wenn die beiden ihre verdeckte Ermittlung aufnahmen. Aber selbst unter dem bunten Völkchen dort würde Seydlbacher in seiner Alltagsgarderobe auffallen wie ein Zirkuspferd.

«Was zieht Nils Lehmann denn an?», fragte ich. «Hast du den mal gefragt?»

«Naaaa.» Ein nachdrückliches Nein. Blick zu Boden. «Da bin i z'gschamig.»

Da war er *was*? Egal.

«Schau einfach, ob du irgendwas richtig Modernes hast», schlug ich vor. «Oder einfach was Schwarzes, das ist nie falsch. Oder Leder zum Beispiel.» Oder eine Uniform, dachte ich, doch es war besser, Seydlbacher gar nicht erst auf Ideen zu bringen. Ich hob die Schultern. «Such dir was aus. Da gibt's ganz unterschiedliche Typen.»

«Hmm.» Er ließ sich die Sache durch den Kopf gehen. «Doch, des dad geh. Dangschö, Hannah! Merci!»

Aufmunternd lächelte ich ihm zu. «Das schafft ihr beiden schon», sagte ich so überzeugend wie möglich.

Zumindest würde es dunkel sein. Richtig, richtig dunkel.

Ich sah auf die Uhr.

Wenn die Straßen stadtauswärts nicht wieder einmal dicht waren, sollte ich lange vor Sendebeginn am Rande von Hausbruch eintreffen.

Zeit genug für einen kleinen Plausch, bevor der Herr der *Second*

Chance sich hübsch machen musste für seine Reise durch die Nacht.

Perfekt.

* * *

Die Villa glich einer belagerten Festung.

Jörg Albrecht hatte den Dienstwagen hundertfünfzig Meter vor der Einfahrt des Sieverstedt-Anwesens abgestellt.

Näher dran war alles verstopft mit Fernsehteams und ihren Übertragungswagen. Ganz zu schweigen von dem speziellen Menschenschlag, der sich zuverlässig einstellte, wenn die Schlagzeilen *Drama!* oder *Tragödie!* nur in ausreichend großen Lettern über die Fernsehschirme flimmerten.

Unmittelbar vor der Einfahrt zu dem umfriedeten Gelände standen zwei Peterwagen, die Faber auf Albrechts Geheiß hierherbeordert hatte. Aus der Ferne konnte der Hauptkommissar beobachten, wie die Mannschaft sich nach Kräften bemühte, das absolute Chaos zu verhindern.

Er schlug die Autotür zu, zögerte aber einen Moment, bevor er die Finger zurückzog und seine Anzugjacke offen ließ.

Ganz salopp, dachte er. So unauffällig wie möglich. Natürlich hätte er den Wagen schnurstracks in die Zufahrt lenken können. Sein Name hätte ausgereicht, nicht anders als heute Nacht. Und wenn nicht sein Name, dann sein Dienstausweis.

Doch er durfte die Gelegenheit nicht verstreichen lassen.

Falk Sieverstedt war tot. Eine der ältesten Familien der Hansestadt hatte ihren Sohn verloren.

Wie die Eltern des Jungen reagiert hatten, hatte er gesehen. Zumindest das, was der Konsul ihm zu zeigen beliebte.

Auch die Wahrheit, die man den Menschen in der Hansestadt präsentierte, hatte er auf der Leinwand verfolgen können. Doch was dachten die Menschen selbst?

Von seiner Position aus konnte Albrecht die Menge aus Gaffern, Journalisten und technischem Gerät einigermaßen überblicken.

Seine Augen zogen sich zusammen, als er ein Gesicht entdeckte, das er heute schon einmal gesehen hatte.

Ein Pulk von Neugierigen drängte sich um Sina Dewies, die mit dem Rücken zum übermannshohen Metallzaun stand, der sich rund um die Villa zog. Mobiltelefone wurden hoch über die Köpfe gereckt.

Die Moderatorin war offenbar ebenso interessant wie der tragische Anlass selbst, dem der ganze Auflauf zu verdanken war.

Wobei auch der Hauptkommissar Sina Dewies keineswegs unterschätzte.

Die Tatsache, dass sie bisher ein unbeschriebenes Blatt war – anders als ihre Vorgängerin Margit Stahmke, die ihm und seinen Ermittlungen ein Vierteljahrhundert lang nachgestellt hatte –, hätte ihn in einer falschen Sicherheit wiegen können.

Doch diesen Fehler beging er nicht.

Stahmke hatte sich in den Jahrzehnten vor ihrem Tod ein Standing erworben, das sie in der Journaille nach und nach zur Legende hatte werden lassen.

Dewies dagegen musste sich einen solchen Ruf erst noch erarbeiten.

Und die Umstände von Falk Sieverstedts Tod boten sämtliche Zutaten, nach denen der Boulevardjournalismus gierte: eine Persönlichkeit der Gesellschaft, die die Zuschauer kannten – und eine ausreichende Portion Ekel und Voyeurismus.

«Die Geschichte der Familie Sieverstedt.» Dewies strich sich eine Haarsträhne aus der Stirn. Ein tiefer Blick Richtung Kamera.

Keine Frage, dachte Albrecht. In ästhetischer Hinsicht war gegenüber Stahmke eine Verbesserung eingetreten.

«Eine Geschichte voller atemberaubender geschäftlicher Erfolge», fuhr die Moderatorin fort. «Seit mehr als einem Jahrhundert hat der Name Sieverstedt einen einzigartigen Klang, weit über die Grenzen Hamburgs hinaus. Staatsmänner und Nobelpreisträger sind in diesem Haus zu Gast gewesen. Die rauschenden Feste der Sieverstedts sind legendär.»

Die Stimme wurde um eine Winzigkeit gesenkt.

«Doch heute wird nicht gefeiert auf dem Falkenstein in Blankenese. Heute ...» Kunstpause. «Heute wird geweint.»

Nach dem, was er bisher erlebt hatte, bezweifelte der Hauptkommissar die letzte Aussage.

Doch es war nicht die Einschätzung der Journalistin, die ihn im Augenblick interessierte.

Während Dewies ihren Sermon von sich gegeben hatte, war es ihm gelungen, sich ein Stück durch die Menge zu schieben, in die ersten Reihen der Gaffer vorzudringen, nur noch wenige Schritte von der Moderatorin und dem verschlossenen Gittertor der Zufahrt entfernt.

Fast unmerklich nickte Dewies ihrem Kameramann zu und trat ein kleines Stück zur Seite.

Nun waren Blumensträuße zu sehen, in einer langen Reihe längs der Auffahrt niedergelegt. Noch kein solches Meer wie nach dem Tod von Lady Diana, aber auf jeden Fall eindrucksvoll.

Albrecht beobachtete, wie sich die Kamera auf ein kleines Mädchen richtete, das sich an der Hand seines Vaters dem Rand der Zufahrt näherte, eine Sekunde mit kritischer Miene stehen blieb, um dann an einer freien Stelle einen Strauß Margeriten abzulegen.

Dewies beugte sich mit ihrem Mikro zu der Kleinen. «Bist du auch traurig, dass Falk Sieverstedt nicht mehr lebt?», fragte sie.

Professioneller Journalistenton, dachte Albrecht. Auf der Stelle hatte die Frau die Macht des Bildes erkannt. Wenn es nicht ohnehin ihre Mitarbeiter gewesen waren, die Vater und Tochter genau in diesem Moment vor die Kamera getrieben hatten.

Das kleine Mädchen sah kurz hoch zu seinem Vater, nickte dann ernst und wortlos.

Dewies richtete sich auf und hielt dem Mann das Mikro hin. «Was hat Falk Sieverstedt für Sie bedeutet?»

Der Vater schien einen Moment zu zögern. Er trug eine dunkle Hornbrille, wie sie zu Zeiten von Albrechts Vater in Mode gewesen war und augenblicklich offenbar eine Auferstehung erlebte.

«Ich habe ihn natürlich nicht persönlich gekannt», schränkte der Mann vorsichtig ein. «Aber selbstverständlich *kennt* man Falk Sieverstedt als Hamburger. Seine ... sportlichen Leistungen. Fast als ob er ein bisschen zur Familie gehört. Hat er sich nicht auch für soziale Zwecke eingesetzt?»

Dewies nickte, zustimmend offenbar – anders als Albrecht, für den diese Information neu war und der an ihren Wahrheitsgehalt nicht recht glaubte, nach allem, was er über den Jungen erfahren hatte.

Doch der Mann war noch nicht fertig.

«Auf jeden Fall hatte er es nicht verdient, so zu sterben», sagte er leiser. «So früh.» Ein kurzer Blick auf seine Tochter. «Wie müssen seine Eltern sich jetzt fühlen?»

Zustimmendes Gemurmel aus den ersten Reihen.

«Ich meine ...» Dewies war eben im Begriff gewesen, das Mikrophon wegzuziehen, doch die Unterstützung hatte den Mann anscheinend in Fahrt gebracht. «Sie haben doch selbst mit diesen beiden Männern gesprochen im Studio. Die tun wenigstens was. Warum wird so etwas immer erst zum Thema, wenn etwas passiert ist?»

«Sie meinen die Vorgänge im Park?», warf Dewies ein.

Ein entschlossenes Nicken. «Die Behörden wissen ganz genau, was da vorgeht, und niemand greift ein. Seit Jahren haben Familien Angst um ihre Kinder, und jetzt, wo es zu spät ist, will keiner schuld sein. Da fragt man sich doch, was unsere Polizei den ganzen Tag tut!»

Sie steht fünf Schritte von dir entfernt, dachte Jörg Albrecht. Und prägt sich dein Gesicht gerade sehr genau ein.

Doch er hörte auch die Reaktionen aus der Menge, den zaghaften Beifall.

Er biss die Zähne zusammen.

Die Menschen suchten einen Sündenbock.

Doch so wenig sympathisch ihm das Gelichter auch sein mochte, das sich nachts im Volkspark herumtrieb, so sicher war er sich, dass sie den Täter nicht in dieser Richtung zu suchen hatten.

Doch wenn nicht dort ...

Wo dann?

* * *

Natürlich war Richtung Süden alles dicht gewesen.

Hatte ich ernsthaft etwas anderes erwartet?

Zur Ausstattung in meinem Nissan, den Dennis und ich vor ein paar Jahren aus zweiter Hand gekauft hatten, gehörte ein Außenthermometer.

Für eine Klimaanlage wäre ich dankbarer gewesen.

Siebenundzwanzig Grad: traumhaft, wenn man gerade unterwegs war zum Baggersee. Heute Abend war es die Hölle.

Auf der Stader Straße wälzte sich der Feierabendverkehr stadtauswärts, in der Gegenrichtung ebenso.

Einer der Augenblicke, in denen man sämtliche Pendler verfluchte, ganz gleich, ob man normalerweise selbst einer war.

Von zu Hause aus arbeiten wie Marius, in welchem Job war das schon möglich?

Marius.

Eine Stunde im Stau. Eine Stunde Zeit zum Nachdenken. Mir war klargeworden, dass es ein Fehler war, wenn ich das Gespräch mit Marius führte.

Denn worin bestand seine Show? Was war seine besondere Fähigkeit, die *Second Chance* seit Jahren zum Kult machte?

Aus irgendeinem Grund gaben seine Anrufer regelmäßig sehr viel mehr von sich preis, als sie eigentlich hatten verraten wollen.

Als wenn er ihnen fernmündlich in die Köpfe gucken konnte.

Und mich würde der Mann nicht nur zu hören, sondern obendrein zu *sehen* bekommen. Musste er nicht todsicher eins und eins zusammenzählen?

Ich biss mir auf die Lippen, so fest, dass es weh tat.

Blödsinn! Der Mann bekam mindestens ein Dutzend Anrufe am Abend, montags bis donnerstags. Selbst wenn er sich an Dennis erinnern sollte – wie um alles in der Welt sollte er seinen ominösen Freund *Parsifal* und mich irgendwie zusammenbringen? Schließlich waren keine echten Namen gefallen. Das gehörte zu den Bedingungen bei *Second Chance*. Wenn einer der Anrufer von selbst mit einem Namen kam, beendete Marius das Gespräch auf der Stelle.

Kein Dennis, keine Hannah. Kein Joachim Merz.

Wobei ich nicht genau wusste, wie sehr Dennis ins Detail gegangen war. Ich hatte ja nicht mehr als ein paar Sätze mitbekommen.

Mein Ehemann hatte zwar das Talent, sich in entscheidenden Situationen unglaublich dämlich anzustellen – ein vollständiger Idiot war er damit aber noch nicht.

Sie hatte was mit so einem aalglatten Schönling, der ständig in den Talkshows sitzt und jede zweite Woche in der Presse steht, weil er irgendeinen Prominenten aus dem Knast gepaukt hat.

Dann hätte er auch gleich sagen können: Sie hatte was mit Joachim Merz.

Nein. Keine Chance für Mister Second Chance, solange ich es mir verkniff, ihm aus eigenem Antrieb meine Seele zu öffnen.

Und das war ganz eindeutig nicht der Grund für meinen bevorstehenden Überraschungsbesuch.

Wenn er nur schon vorbei wäre.

Ehestorfer Heuweg. Endlich die Abzweigung nach links, an die ich mich undeutlich erinnerte.

Ich atmete auf. Von jetzt auf gleich war auf beiden Seiten schattiger Wald. Schon sah ich rechts eine Ausflugsgaststätte. Der Heuweg war in Wahrheit natürlich eine asphaltierte Straße, doch für Hamburger Verhältnisse trotzdem mehr als ungewöhnlich. Beinahe serpentinenartig wand sich die Straße in die Harburger Schwarzen Berge empor, ein Naherholungsgebiet am Südrand der Hansestadt.

Mit einem Mal waren nur noch wenige Fahrzeuge unterwegs, die meisten von ihnen in dieselbe Richtung wie ich. Berufstätige auf dem Weg nach Hause.

Hausnummer 92 hatte mir die Dame von Kanal Sieben in den Notizblock diktiert. Davon war ich noch ein ganzes Stück entfernt, doch schon die Häuser, die ich jetzt zu beiden Seiten der Straße sah, wären heiße Kandidaten für Dennis und seine Agentur gewesen.

So viel war schon mal klar: Der nachnamenlose Marius wohnte im Nobelviertel.

Nun wieder Wald zu beiden Seiten, dann von neuem Hausgrundstücke, jetzt allerdings nur noch auf der Rechten, an den Hang geschmiegt. Links begann die Wildnis der Schwarzen Berge – eine grüne Wildnis, dem Namen zum Trotz.

Hausnummern in den Sechzigern, den Siebzigern. Rechts eine Waldorfschule.

Ein *alternatives* Nobelviertel.

Öffne deine Seele, dachte ich.

Wieder Wald rechts und links. Auf der rechten Seite gepflasterte Einfahrten, die Gebäude selbst blieben unsichtbar. Hausnummer sechsundachtzig.

Die Straße schlängelte sich weiter aufwärts, dann ...

Ich kniff die Augen zusammen.

Rechts ging wieder ein Weg ab, doch direkt davor stand ein Schild am Straßenrand.

Abrupt stieg ich auf die Bremse.

Zwanzig Meter vor mir war Hamburg zu Ende, und mit der Hansestadt auch der Ehestorfer Heuweg. Die Straße selbst ging weiter, aber unter neuem Namen.

Ich ließ den Wagen ausrollen, fuhr rechts ran und starrte ratlos auf das Schild.

Ich musste irgendwas übersehen haben. Ich musste …

Bremsen quietschten. Ein Schatten erschien im Rückspiegel.

Ich zuckte herum.

Ein großer dunkler Wagen, der direkt neben meinem Nissan zum Stehen kam.

Meine Hand tastete wie von selbst an meine Hüfte, wo ich meine Dienstwaffe trug, wenn mit Ärger zu rechnen war. Heute hatte ich sie nicht dabei. Wozu auch?

Mit einem dezenten Surren senkte sich das Seitenfenster des fremden Fahrzeugs.

Doch es war kein *fremdes* Fahrzeug.

Dunkle Augen, der Blick vollständig ernst. Die Belustigung spielte einzig um die Lippen, die zu voll gewesen wären für ein Männergesicht, hätte es nicht diese herben Züge getragen, geschnitten wie mit der Messerklinge.

Und die Stimme, dieses ganz besondere, warme, tiefe Timbre, das mit zwei Worten einen ganzen aufgewühlten Gerichtssaal zum Lauschen und Innehalten bringen konnte.

Diese Stimme, die ich im letzten halben Jahr nur im Traum gehört hatte.

«Hallo, Hannah», sagte Joachim Merz.

Zwischenspiel II

PK KÖNIGSTRASSE
AKTE SIEVERSTEDT

Konvolut *Second Chance*, Gesprächsprotokoll Lutz P. («Julian»)
Tag des Anrufs: 2. 9. 2008
Anrufer verstorben: 9. 9. 2008

(21:09 Uhr: Beginn des Gesprächs)
Marius (M.): Julian, mein Freund! Ich dachte schon, dich gibt's gar nicht mehr!
Julian (J.): Hallo, Marius.
M.: Täusche ich mich, oder klingst du irgendwie geknickt, Julian?
J.: Nein. Ich meine: doch. Ach, Scheiße.
M.: (Er blättert in einem Notizbuch) Als du das letzte Mal angerufen hast, klangst du aber ganz anders, mein Freund. Ich war richtig stolz auf dich! Du warst einen weiten, weiten Weg gegangen, und das ist nicht umsonst gewesen. Sie hat begriffen, dass du dich geändert hast. Sie ist zu dir zurückgekommen.
J.: Fuck! (Die Stimme wird leiser) Schon klar, ich sag's nicht wieder. Okay?
M.: Du kennst meine Geduld, Julian. Und du weißt, dass du eine Verwarnung bekommst, bevor ich auflege. Eine einzige. – Das war deine Verwarnung.
J.: Okay. Willst du wissen, was passiert ist?
M.: Ich will wissen, wie es sich für dich anfühlt. Nur das ist wichtig. Du hast mich angerufen, und ich kann nur dir helfen. Was du daraus machst, ist deine Sache.

J.: Sie ist wieder weg. Ich will, dass sie zurückkommt.

M.: Ich kann nur dir helfen.

J.: Schon klar. Dann hilf mir, sie zurückzukriegen.

(Blättern.)

M.: Beim letzten Mal hat sie dich verlassen, weil du sie geschlagen hast. War das auch diesmal der Grund?

J.: Ich hab sie nicht geschlagen! Ich hab dir schon damals gesagt ...

M.: ... dass du Stress auf der Arbeit hattest und aus Frust mehrere Bier getrunken hast. Als sie dann noch zu spät nach Hause kam, weil sie den Bus nicht erwischt hat, ist dir aus Versehen die Hand ausgerutscht. Wir hatten uns darauf geeinigt, dass du sie geschlagen hast. Erinnerst du dich? Du weißt doch bestimmt noch, wie das ging? Na? Ich bin mir sicher, das kriegst du noch hin.

(Fünf Sekunden Schweigen, dann ein schweres Ausatmen. Zwischendurch ist aus dem Telefon undeutlich etwas zu hören.)

J. (heiser): Ich bin ein armer Hund, der sich auf der Arbeit nicht traut, den Mund aufzumachen, sondern lieber jemanden verprügelt, der schwächer ist als er. Und viel zu gut für ihn.

M.: Sehr gut, Julian! Und? Fühlst du dich jetzt besser?

(Leises Weinen. Ein Geräusch, als ob jemand sich in ein Taschentuch schnäuzt.)

J.: Ich hab sie nicht verdient! Sie ist zu mir zurückgekommen, und es war der Himmel! Ich bin in meinem ganzen Leben nicht so glücklich gewesen! Und sie war auch glücklich, ganz bestimmt! Und im Bett, das ...

M.: Wie du weißt, ist das ein Thema, das wir hier nicht vertiefen. Nicht vor dreiundzwanzig Uhr.

J.: Es war einfach perfekt! Ich hab ihr gesagt: Süße, ich glaub, diesmal haben wir's wirklich geschafft. Wenn wir uns nur beide zusammenreißen, kriegen wir's hin diesmal. Ich hör auf zu saufen, und du hörst auf mit andern Kerlen rumzu... Mit andern mitzugehen. Es war der Himmel, Marius! Ich hätte mal anrufen sollen, um dir zu sagen, *wie* toll es ist, aber es war einfach ...

M.: Ich denke, du hast diesen Punkt zur Genüge erläutert. Wie du weißt, warten in diesem Moment noch andere Freunde. Und nun ist der Himmel eingestürzt, wenn ich dich richtig verstehe?

(Schweres Atmen)

J.: Heute früh! Sie sagt, sie ist bei ihrer Mutter, hilft ihr die Wohnung sauber machen, fürs Kaffeekränzchen. Kommt später nach Hause deswegen. Ich sag: Kein Problem, Süße! Ich freu mich auf dich! Und geb ihr noch ein Küsschen. Aber dann, als ich zur Arbeit will, ist meine Arbeitshose weg. Echt, Marius, auch das kein Problem. Ich hab gelernt, ehrlich. Wenn du mir das nicht alles beigebracht hättest, wär ich auf der Stelle ausgeflippt. Aber so ... Ich bin *gewachsen*! Merkst du das? Ich war ganz ruhig, hab bei ihrer Mutter angerufen, um sie zu fragen ... also Jen ... *Sie*! Sie, meine Freundin.

M.: Und sie konnte dir auch nicht sagen, wo die Hose war?

J.: Sie war überhaupt nicht da! Ihre Mutter war erst in dem Moment wieder nach Hause gekommen! Das Kaffeekränzchen ist erst nächste Woche! Kannst du dir das vorstellen? Und vorhin, vorhin ... Sie kommt einfach rein, als ob nichts wär, und lügt mir die Hucke voll, was sie alles gemacht hat in der Wohnung! Was denkst du, was ich mit der kleinen Drecksschlampe ...

M.: Julian? Das war deine zweite Chance. Dritte Chancen vergebe ich nicht.

J.: Marius? Nein, echt, ich brauch dich jetzt. Ich weiß wirklich nicht, wie ich jetzt ...

M.: Leb wohl, Julian.

(*21:25 Uhr: Das Gespräch wird durch Marius beendet*)

vier

Wir haben Schlimmeres überstanden», sagte Elisabeth Sieverstedt.

Sie befanden sich auf der Dachterrasse: der Konsul, seine Frau und Jörg Albrecht selbst.

Friedrich Sieverstedt trug denselben dunklen Anzug, weißes Hemd und Krawatte wie am Morgen.

Seine persönliche Uniform, dachte Jörg Albrecht. Er wird in ihr begraben werden.

Und dieser Zeitpunkt konnte nicht mehr fern sein.

Der Konsul saß unter einem Sonnenschirm und ging eine Akte durch. Im Moment ließ er seine Frau die Unterhaltung mit dem Ermittler bestreiten, er selbst hörte kaum richtig hin.

So hätte es auf einen Menschen wirken müssen, der Friedrich Sieverstedt nicht so gut kannte, wie Jörg Albrecht das tat.

«Wir haben Schlimmeres überstanden», wiederholte Elisabeth, noch leiser als beim ersten Mal. Wie ein Echo, das sich in der Leere verlor. «Aber da war immer Hoffnung.» Nur noch ein Flüstern.

Albrecht stand neben ihr an der Brüstung, die hinab auf den Garten blickte, über die Baumwipfel hinweg auf das Elbtal bis an den Rand der Schwarzen Berge am jenseitigen Ufer.

Eineinhalb Meter trennten den Hauptkommissar von Elisabeth Sieverstedt. Gerade ausreichend, dass er sie auch mit ausgestrecktem Arm nicht hätte berühren können.

Genau jene Art von unbedachter Geste, auf die der Konsul hinter seiner Sonnenbrille lauerte.

Albrecht schloss die Augen.

Er konnte diesen Fall nicht angehen wie jeden anderen. Unmöglich, die Sieverstedts mit den Augen eines Fremden zu betrachten, sein Vorwissen auszublenden.

Er musste einen Weg finden, seine scheinbare Schwäche in einen Vorteil zu verwandeln.

Ein meckerndes Lachen riss ihn aus den Gedanken.

«Denkst du an früher, Jörg?» Ein harter Laut erklang, als Friedrich Sieverstedt sein Cognacglas auf den Tisch stellte. «Als wir das letzte Mal genau hier gesessen haben?»

Der Hauptkommissar nickte, ohne sich umzusehen. «Ich denke daran», sagte er leise. «Und ich stelle fest, wie groß die Unterschiede sind. Damals warst du es, der in Gefahr war. Die Bremsschläuche deines Wagens, die Unbekannte durchgeschnitten hatten. Der Sprengsatz, der an dein Büro adressiert war.»

«Du siehst die Unterschiede.» Ein Schnauben. «Aber wieder übersiehst du das Offensichtliche. Das Ziel, Jörg Albrecht, ist ein und dasselbe. Das Ziel ist Sieverstedt Import/Export. Das Einzige, was sich verändert hat, ist das Vorgehen.»

Wieder nickte Albrecht.

Zu Beginn des Gesprächs hatte Friedrich Sieverstedt bereits mehrere Variationen zu ein und demselben Thema geliefert, zu ein und demselben Gedanken, der einleuchtend schien und sich doch nicht in das Schema fügen wollte, das der Hauptkommissar selbst nur undeutlich erahnte.

Er antwortete nicht, sondern hörte zu, wie der Konsul seine Theorie ein weiteres Mal erläuterte.

«Falk war unser einziger Sohn. Der letzte Sieverstedt, in dem Moment, in dem ich nicht mehr am Leben bin. Wer Falk tötet, vernichtet die Firma. Vernichtet das Erbe auf alle Zeit.» Ein schabendes Geräusch entstand, als sich der alte Mann mit zitternden Fingern einen neuen Cognac einschenkte. «Und das ist ihnen allen klar – Harmstorf, Joergensen, den Japanern. Du weißt, wer unsere Gegner sind. Und es sind eher mehr als weniger geworden seit damals.»

«Und doch hattest gerade du selbst deine Vorbehalte gegenüber dem Jungen», sagte Albrecht ruhig. «Du hast nicht zugelassen, dass er in deiner Firma eine Rolle spielt.»

«Das ist bedeutungslos, Jörg Albrecht. Falk hätte die Firma geerbt, und er hätte zumindest genug Verstand besessen, die Leitung der Geschäfte unserem Prokuristen zu überlassen. Holger Retzlaff versteht etwas von der Materie, was bei unserem Sohn niemals der Fall war. Er bringt die Entschlossenheit mit, die unabdingbar ist, wenn man in unserer Zeit ein Unternehmen dieser Größenordnung führen will. Aber Falk selbst hätte Kinder haben können. Kinder, in denen wieder echte Sieverstedts zu erkennen gewesen wären. Doch das wird nun niemals geschehen. Der letzte Sieverstedt – und genau das soll die Art und Weise dieser Tat beweisen, der Ort, an dem er gefunden wurde – war zu weich. Sie wollen nicht nur die Firma vernichten. Sie wollen unseren *Namen* vernichten.»

Fast unmerklich schüttelte Albrecht den Kopf.

Er gab sich keinen Illusionen hin, zu welchen Taten Menschen in der Lage waren. Falk Sieverstedt war gestorben, das war eine Tatsache. Er war grausam gestorben, und die Theorie, die der Konsul entwickelt hatte, schien auf den ersten Blick dazuzupassen: ein Verbrechen, dessen Motiv sich auf ein einziges Wort reduzieren ließ.

Hass.

Doch wie ließ sich dieser Hass mit den Hintergründen vereinbaren, die Sieverstedt soeben selbst erläutert hatte? Mit der Konkurrenz zwischen dem Familienunternehmen und seinen wirtschaftlichen Gegnern?

Natürlich wurde auch in diesem Milieu mit allen Mitteln gekämpft. Mafia-Morde stellten in ihrer Grausamkeit so ziemlich alles in den Schatten. Und von derartigen mafiösen Strukturen waren die Verflechtungen, in denen sich Sieverstedt Import / Export bewegte, nicht weit entfernt.

Doch gründete diese Grausamkeit auf Hass? Spielte bei Taten in diesem Kosmos nicht ein ganz anderes Element die entscheidende Rolle, das hier keine Rolle spielen *konnte*?

Durch die Grausamkeit der Taten sollte der Gegner eingeschüchtert werden. Welchen Sinn hätte es aber gehabt, die Sieverstedts einzuschüchtern, wenn die Familie mit Falks Tod am Ende war?

Albrecht biss die Zähne zusammen und drehte sich um.

Der Konsul setzte soeben von neuem sein Glas ab.

«Ich verstehe die Richtung deines Denkens», erklärte der Hauptkommissar. «Und ich werde diese Spur berücksichtigen. Doch wir müssen *allen* denkbaren Spuren nachgehen, und deshalb muss ich euch beide fragen: Was wisst ihr über den Umgang des Jungen in letzter Zeit? Hattet ihr den Eindruck, dass er ...»

«Glaubst du, das hat mich interessiert?» Friedrich Sieverstedt beugte sich vor. Schweiß stand auf seiner Stirn. Die dunkelroten Adern auf seinen wachsbleichen Wangen zeichneten sich ab wie gezackte, blutige Risse. «Glaubst du, ich habe einen Gedanken daran verschwendet, mit wem er sich herumgetrieben hat? Frauen, Männer, Ziegen: gleichgültig! Seine verdammte Pflicht und Schuldigkeit hätte er tun sollen!»

«Ich ...»

Albrecht drehte den Kopf.

Elisabeth war ganz in Weiß heute Nachmittag. Ihre persönliche Farbe der Trauer. Eine leere, weiße Leinwand, mehr war nicht geblieben.

«Ich glaube nicht, dass er an Männern Interesse hatte», sagte sie leise. «Vielleicht wollte der Täter, dass es so aussieht, aber ich habe dieses Mädchen ... Yvette.» Die winzige Andeutung eines Lächelns. «Ein nettes Mädchen. Ich glaube, er hat sie wirklich gern gehabt.»

Albrecht nickte. Das deckte sich mit dem Eindruck, den Friedrichs aus Rahlstedt mitgebracht hatte.

Etwas passt nicht, dachte er.

Und er fragte sich, ob das den Sieverstedts ebenfalls klar war. Fünfzehn Jahre.

Er fragte sich, ob wenigstens einer der beiden ihm gerade sein wahres Gesicht zeigte.

* * *

«Joachim», murmelte ich heiser.

Ich war ausgestiegen.

Wir beide waren ausgestiegen, nachdem er ein Stück vorgefahren war und seinen Wagen unmittelbar hinter dem Straßenschild geparkt hatte, im Niemandsland, wo Hamburg endete und Niedersachsen begann. Den nachtdunklen Jaguar, an den ich einzigartige Erinnerungen hatte. An die Rückbank, auf der wir ...

Wie willst du ihr je wieder vertrauen, wenn du nicht einmal die Vorstellung zulassen kannst, die sich dir so sehr aufdrängt? Dir vorzustellen, wie sie auf dem Rücksitz seines Sportwagens wie zwei Tiere ...

Gänsehaut bildete sich auf meinem Körper.

Wie zwei Tiere? Nein, es war vollkommen anders gewesen, doch mein Ehemann war der letzte Mensch auf der Welt, dem ich das hätte erklären können.

Die Begierde. Den Wahnsinn. Den Kampf.

Ich war keine Frau, die *so etwas* tat. Eine außereheliche Affäre. Und es war auch keine Affäre gewesen. Es war Faszination gewesen, pure, reine Faszination: Ein Spiel um Kontrolle, in dem ich mich zitternd in Joachims Hand begeben hatte, nackt dahingestreckt zu seinen Füßen in seiner Wohnung in Rotherbaum. Schutzlos ausgeliefert einem Mann, den ich in jenem Moment zu den Hauptverdächtigen in unserer Ermittlung hatte zählen müssen.

Es war mit Worten nicht zu erklären.

Es war ganz einfach ...

Joachim Merz.

Ich presste mich mit dem Rücken gegen meinen Nissan wie eine Bergsteigerin in der Steilwand, nachdem sich soeben Seil und Kletterausrüstung in den Abgrund verabschiedet hatten.

Doch wenn es ein Abgrund war, in den ich blickte, dann war es ein Abgrund ganz anderer Art.

Sieben Monate war es her, seit ich Merz zum letzten Mal gesehen hatte – die kurzen Momente ausgenommen, in denen er plötzlich im Fernsehen aufgetaucht war. Dennis und ich auf dem Sofa: Momente, in denen die Welt von jetzt auf gleich einzufrieren schien, bevor einer von uns kommentarlos den Sender wechselte.

Das hier war anders. Vollkommen anders.

Joachim betrachtete mich prüfend.

Ich kannte keinen Menschen, der das konnte wie er. Seine Stimme, wenn er sie entsprechend einsetzte, reichte aus, dass ich weiche Knie bekam.

Sein Schweigen war schlimmer.

Seine Augen, die über mein Gesicht glitten, ohne jede Eile offenbar. Seine Lippen, die sich zur Andeutung eines Lächelns kräuselten.

«Hannah», sagte er noch einmal. «Gut siehst du aus.»

Eine glatte Lüge – wenn ich ansatzweise so aussah, wie ich mich gerade fühlte, nach knapp vierundzwanzig Stunden Dauerschicht, einem spektakulären Leichenfund und knapp dreißig Grad im Schatten.

«Du ...» Ich räusperte mich. «Du auch.»

Eine Lüge für die andere, dachte ich. Er sah nicht gut aus.

Er sah *umwerfend* aus. Wie immer.

Und wie immer, wenn das Thema Joachim Merz in den letzten sieben Monaten auftauchte, schoss mir der gleiche Gedanke in den Kopf:

Warum gerade ich?

Ja, er hatte mich ausgenutzt. Ja, er hatte durch mich an Informationen zu unseren Ermittlungen kommen wollen, die wir am Ende in einem wichtigen Teilbereich hatten einstellen müssen, ohne dass geklärt werden konnte, wie genau die besseren Kreise Hamburgs in den Fall verwickelt gewesen waren.

Und doch war es mehr gewesen.

Du fehlst mir.

Man muss zu jemandem gehören.

Sätze, die er zu mir gesagt hatte, in vollem Ernst gesprochen – von Joachim Merz, der *jede* Frau haben konnte und dessen Präsenz in der Klatschpresse die Berichterstattung über Promis vom Format Falk Sieverstedt noch einmal locker in den Schatten stellte.

Warum gerade ich?

Er sah mich an, und so selbstsicher sein Blick auch war, mit dem er noch immer aufmerksam jede meiner Regungen verfolgte: In diesem Kopf ging etwas vor. Ich konnte nicht sagen, *was* es war – schließlich war ich weder Marius noch Jörg Albrecht –, doch ich war mir sicher, dass es tiefer ging. Tief unter die blendende Fassade, die er der Welt von sich präsentierte.

War er nicht etwas schmaler geworden? Um die Schläfen eine Ahnung von Grau, an die ich mich nicht erinnern konnte, die ihm aber, unfair, wie die Welt nun einmal war, phantastisch stand. Und in den Augen ... war da nicht ein ganz bestimmter Ausdruck, nur eine Ahnung von ... Wehmut? Trauer? In all der Ruhe ein flackernder Funke von ... Unzufriedenheit?

Ein Mensch, der alles erreicht hat, alles haben kann, wovon Normalsterbliche nur träumen können, und doch unfähig ist ...

«Das war dann wohl eine Idee über das Ziel hinaus», bemerkte er.

«Was?»

Ich starrte ihn an. Er konnte doch unmöglich ...

Das Lächeln um seine Mundwinkel verstärkte sich.

«Fünfzig Meter ungefähr», erklärte er. «Hier vorne ist der Heuweg zu Ende.»

«Was?»

«Ehestorfer Heuweg zweiundneunzig.»

Hollywoodgebiss. Dieses wölfische Joachim-Merz-Grinsen, bei dem ich beim besten Willen nicht glauben konnte, dass Mutter Natur einen Menschen aus freien Stücken mit solchen Zähnen ausgestattet haben sollte.

«Erinnerst du dich an unsere letzte Begegnung?», fragte er und neigte sich eine Winzigkeit näher zu mir. Die Wärme seines Atems strich über meine Haut, die sich plötzlich kalt anfühlte, und ein Hauch seines Rasierwassers streifte mich: *Antaeus* von Chanel.

«Wann wir uns wiedersehen», sagte er und legte Betonung in den Satz, «das sollte der Zufall entscheiden.»

Ich schluckte.

Dann sehe ich dich, wenn du mal wieder in meine Arme stolperst, hatte er gesagt.

Oder an einem meiner Mandanten dransitzt.

Plötzlich schmeckte mein Mund wie ein Aschenbecher.

Einen Anwalt wie Joachim Merz musste ein Mandant sich leisten können. Merz hatte Politiker vertreten und Showstars, die Zecke Margit Stahmke zum Beispiel, Sina Dewies' Vorgängerin bei Kanal Neun.

Wenn einem Prominenten im Rahmen einer juristischen Auseinandersetzung unerwünschter Medienrummel drohte, war Joachim Merz *der* Mann.

Derselbe Joachim Merz, der wie aus dem Nichts hier aufgetaucht war, wo sich Fuchs und Hase gute Nacht sagten.

Was hatte ich geglaubt, was er hier draußen vorhatte? Pilze suchen?

«Wenn man nicht weiß, worauf man achten muss, rauscht

man an der Einfahrt vorbei», erklärte er im Plauderton. «Das ist der Sinn, denke ich mal.»

«Du ...» Wieder musste ich mich räuspern. «Du vertrittst Marius?»

«Oh?» Er hob eine Augenbraue. «Ich war eigentlich der Ansicht, im Moment gäbe es noch gar nichts zu vertreten. Aber ich würde vorschlagen, in Anbetracht der Umstände lässt du mich vielleicht mein Gespräch mit ihm führen, bevor ihr beide euer Gespräch führt? Wenn wir beide zusammen auftauchen ...» Ein nachdenkliches Kopfnicken. «Marius ist ziemlich gut darin, Zusammenhänge zu durchschauen, von denen man sich nicht wünscht, dass er sie durchschaut.»

«Ich ...»

«Es handelt sich doch um ein bloßes informelles Gespräch, zu dem du unterwegs bist, oder?» Mit einer fließenden Bewegung beugte er sich an mir vorbei und spähte in meinen Wagen. «Wie ich sehe, bist du allein. Kein Verhör also.»

Ich nickte knapp und verdrängte die Wut, die plötzlich in mir aufstieg.

Keine fünf Minuten, und schon wieder war es meinem Traumanwalt gelungen, die Rollen eindeutig zu verteilen.

Machtgefälle waren seine Spezialität.

Der Jurist von Welt und die junge, aufstrebende – wenn auch noch etwas naive – Kripobeamtin.

Für ein Verhör oder eine offizielle Zeugenaussage hätte ich selbstredend einen Kollegen mitbringen müssen – und Marius hätte seinerseits von seinem Recht Gebrauch machen können, einen Anwalt hinzuzuziehen.

Joachim Merz.

Der den Moderator jetzt vorab instruieren würde, was er sagen durfte und wozu er besser schwieg.

Ich konnte Merz noch dankbar sein, wenn er nicht darauf bestand, sich bei meinem Gespräch mit Marius danebenzusetzen.

Aber woher hatte er wissen können, dass ich zum Ehestorfer Heuweg unterwegs war?

Ich biss die Zähne zusammen, als ich begriff.

Ich selbst hatte ja unbedingt zuerst im Funkhaus anrufen müssen. Was hatte die freundliche Dame von Kanal Sieben wohl als Allererstes getan, kaum dass sie den Hörer aufgelegt hatte?

Und was mochte Marius' erste Reaktion gewesen sein, als ihm klarwurde, was für ein Besuch ihm ins Haus stand?

Das Lächeln meines Anwalts wurde noch eine Spur breiter, als er beobachtete, wie ich die richtigen Schlüsse zog.

Mit Sicherheit spiegelte sich die Wut in meiner Miene, doch das war nichts, was einen Joachim Merz beeindrucken konnte, wenn er sich in der entsprechenden Stimmung befand.

Und wie immer kannte er den richtigen Knopf, wusste, womit er dafür sorgen konnte, dass sich auch in meinem Kopf ein Schalter umlegte.

Ein winziges Augenzwinkern nur, eine Veränderung in seinem Gesicht, die so beiläufig war und doch so viel transportieren konnte, wenn man Joachim Merz war.

Ein «*Ach, Hannah, nimm's doch sportlich*»-Zwinkern. Ein «*Hey, ich nehm mich doch gerade selbst nicht ganz für voll*».

Und dann …

Plötzlich war sein Gesichtsausdruck wieder ernst.

Er hob seine Hand, ganz langsam, als ob er mich nicht erschrecken wollte, und strich mir sachte das Haar aus der Stirn.

«Es tut gut, dich zu sehen», sagte er leise. «Ich wünschte mir…»

Er sprach den Satz nicht zu Ende.

Für eine Sekunde oder den Bruchteil einer Sekunde schien er diesen gejagten, unsteten Ausdruck in seinen Augen nicht mehr ganz unter Kontrolle zu haben. Als ob dieses Gefühl momentlang deutlich aufblitzte, oder …

Oder vielleicht ließ Merz es einfach zu, dass ich diese Seite von ihm zu sehen bekam.

Du fehlst mir.

Meine Kehle war plötzlich eng. Selbst wenn ich gewollt hätte: In diesem Moment hätte ich kein Wort hervorbringen können.

Doch ich musste mehr vermeiden als Worte. Ich durfte ihm nicht den Hauch einer Ermutigung geben. Um seinet- und um meinetwillen, um Dennis' willen.

Ich habe immer gewusst, zu wem ich gehöre.

Der Satz, den ich ihm damals zum Abschied gesagt hatte.

Und der die Wahrheit war. Mit 99-prozentiger, nein, 99,9-prozentiger Sicherheit.

So winzig der Zweifel auch war: Merz *durfte* ihn nicht sehen.

Ich rührte mich nicht, als er seine Hand sinken ließ, erwiderte nur seinen Blick.

Ein letztes Mal betrachtete er mich, doch jetzt konnte ich in seinen Augen nichts mehr lesen. Wie ein Fenster, dachte ich, das sich plötzlich geschlossen hat.

Er nickte stumm, drehte sich um und ging wortlos zu seinem Wagen zurück.

Erst als er die Tür schon wieder geöffnet hatte und im Begriff war einzusteigen, warf er einen letzten Blick über die Schulter.

«Am besten wartest du ab, bis du siehst, dass ich vom Gelände verschwinde. Ein Stück weiter gibt es ein Café. Wenn ich vorbeifahre, ist alles frei für deinen Auftritt.» Wärmer, aber gleichzeitig mit einem Zittern in der Stimme, bei dem ich spürte, dass es echt war: «Den Kaffee wirst du mögen.»

* * *

Die Dämmerung hatte eingesetzt, doch die Flutlichter von einem halben Dutzend Fernsehteams tauchten die Straße vor dem Sieverstedt-Anwesen in künstliche Helligkeit.

Jörg Albrecht drängte sich durch den Pulk von Journalisten und Gaffern.

Seine Anzugjacke hatte er geschlossen. Aufmerksamkeit zu vermeiden, hatte keinen Sinn mehr. Die Leute hatten gesehen, wie er im Gebäude verschwunden war.

«Hauptkommissar Albrecht? Hallo?»

Ein Mensch von den öffentlich-rechtlichen Sendern, an den er sich dunkel erinnerte.

Albrecht schüttelte stumm den Kopf. Er *wollte* glauben, dass die öffentlich-rechtlichen Sendeanstalten eine Spur seriöser arbeiteten als die private Konkurrenz. Doch wenn er jetzt den Mund aufmachte, würde sich die Meute in ihrer Gesamtheit auf ihn stürzen, und der Abend war zum Teufel.

Ausgeschlossen.

Er hatte noch eine Verabredung.

«Kommissar Albrecht! Nur eine einzige Frage!»

Mit einem unerwarteten Manöver wich er Sina Dewies aus, die ihm mikrophonbewehrt entgegenstürmte.

«Kommissar Albrecht! Ist es richtig, dass der Konsul einen Schwächeanfall erlitten hat und medizinisch versorgt werden muss?»

Er gab keine Antwort. Wo war sein Wagen? Die Scheinwerfer der Pressemenschen hatten ihn halb blind gemacht.

«Kommissar Albrecht! Stimmt es, dass Sie Verbindungen zwischen Falk Sieverstedts heimlichem Intimleben, den Aktivitäten von Sieverstedt Import / Export in Südostasien und dem dortigen Kinderhandel nachgehen?»

Jörg Albrecht blieb stehen und starrte Dewies an.

Der Fund der Leiche lag keine vierundzwanzig Stunden zurück. Und schon war die Journaille im Begriff, umzuschalten, mit Dreck nach dem Toten und seiner Familie zu werfen.

«Nein, verdammt!», knurrte der Hauptkommissar.

Und das war ein Fehler.

«Stehen Sie in dieser Frage im Kontakt mit den internationalen Behörden?»

Albrecht fluchte wortlos.

Der dümmste Fehler überhaupt. *Niemals* dementieren.

Ein Dementi stachelte den Mob noch an.

Schweigen war die einzige Waffe.

Schweigen und Entschlossenheit.

Als er zehn Minuten später endlich am Steuer saß, war sein rechter Schnürsenkel gerissen, an seiner Anzugjacke fehlte ein Knopf, und sein Schienbein, das unsanft mit der Stoßstange eines Aufnahmewagens Bekanntschaft gemacht hatte, pochte mit seinen Schläfen um die Wette.

Die Kupplung ächzte protestierend, als er den Rückwärtsgang einlegte.

Weg. Nur weg.

Er kam zweihundertfünfzig Meter weit und hatte das Prominentenreservat rund um den Falkenstein noch nicht verlassen, da meldete sich sein Funkgerät.

«Ja!», bellte Albrecht.

«Hauptkommissar?» Faber. «Sind Sie noch in Blankenese?»

Nicht aus freien Stücken, dachte der Hauptkommissar.

«Wie schnell schaffen Sie's zum Volkspark? Da scheint es mächtig Ärger zu geben.»

Albrecht hatte das Blaulicht bereits in der Hand und setzte es mit einer wütenden Bewegung auf das Autodach.

Der Volkspark.

Lehmann und Seydlbacher.

* * *

Merz hatte recht gehabt.

Der Kaffee war wirklich gut.

Allerdings hatte ich mir bereits die dritte Tasse bestellt, als sich aus dem zunehmenden Zwielicht endlich ein Scheinwerferpaar löste, das der Form nach zu seinem Jaguar gehören konnte.

Vor dem Café wurde der Wagen langsamer.

Mein Magen krampfte sich zusammen. Ich hatte die unverhoffte Begegnung mit Anstand hinter mich gebracht, doch noch ein Gespräch mit Joachim: ausgeschlossen.

Nicht, wenn ich anschließend eine Unterhaltung mit Marius führen wollte.

Doch als der Anwalt das Café passierte, drückte er nur einmal kurz auf die Hupe. Für eine halbe Sekunde glaubte ich hinter dem Autofenster seine Silhouette zu erkennen, dann trat er das Gaspedal durch, und die Rücklichter verschwanden in der Dämmerung, die sich über die Schwarzen Berge senkte.

Mit einem tiefen Ausatmen entwich meine Anspannung, und ich schrumpfte auf meinem Caféhausstuhl um ungefähr fünf Zentimeter zusammen.

Trotzdem, nachdem ich gezahlt hatte und aufstand, stellte ich fest, dass ich irgendwie unsicher auf den Beinen war.

Ich wusste, dass es nicht am Kaffee lag, wobei gerade Joachims letzter Hinweis, der Hinweis auf den Kaffee, dazugehörte.

Die Erinnerung an all das, was zwischen uns geschehen war. Nicht allein die Dinge Haut an Haut, die fordernde, fast brutale Umklammerung seiner Hände und seines Körpers. Nicht allein die Nacht in seinem Appartement, als ich mich ganz und gar in seine Hand gegeben hatte.

Mehr noch der Morgen danach: eine einzelne, langstielige Rose und der Duft von frisch gebrühtem Kaffee, der sich mit seinem Duft gemischt hatte.

Antaeus von Chanel.

Ich glaubte ihn noch immer riechen zu können.

Noch immer. Schon wieder.

Ich schüttelte mich und versuchte den Kopf freizukriegen, während ich zu meinem Nissan ging.

Joachim Merz durfte jetzt keine Rolle spielen, weniger denn je. Ich selbst durfte jetzt keine Rolle spielen.

Als ich auf den Fahrersitz glitt, schloss ich sekundenlang die Augen.

Ich musste das Bild nicht heraufbeschwören. Es kam von selbst, schob sich mit brutaler, plötzlicher Härte vor meine Augen, präzise in jedem erschreckenden Detail.

Das totenblasse Gesicht an der Oberfläche des Bassins, brutal ausgeleuchtet von Martin Eulers Scheinwerfern.

Die blutigen, weit aufgerissenen Augen, die nicht mehr ins Leere zu starren schienen, sondern auf mich allein gerichtet waren.

Falk Sieverstedts im Todeskampf geöffneter Mund, der stumme, anklagende Schrei, der ungehört verhallt war. Sein Geheimnis, das er mit in den Tod genommen hatte.

Wer unseren Job macht, muss sich darüber im Klaren sein, dass er den Toten etwas schuldet.

Die Toten, könnte man sagen, sind unsere eigentlichen Auftraggeber.

Vielleicht ist es kein sonderlich gesunder Gedanke, doch ich habe mir immer vorgestellt, dass, wenn wir zu wenig an diejenigen denken, für die wir den Job eigentlich machen, und zu viel an uns und unsere kleinlichen Probleme – dass dann etwas geschehen kann.

Als wenn eine Art von Ausgleich zustande kommen müsste, eine Art von Balance.

Wenn wir zu viel von unserer Welt in ihre Welt mit hineinnehmen – in die Welt der Toten und des Geheimnisses, warum sie auf diese Weise ihr Ende finden mussten – dann kommt etwas von ihnen zu uns zurück.

Und zieht uns mit sich in eine Welt, in die wir nicht gehören.

Es war immer noch warm draußen. Im Wagen sowieso. Der Nissan hatte stundenlang in der Sonne gestanden.

Doch mit einem Mal war mir eisig kalt.

Ich umfasste das Lenkrad, holte zwei Mal tief Luft und setzte zurück auf die Straße, die an dieser Stelle, auf der niedersächsischen Seite, Emmetal hieß. Eine lang gezogene Kurve bergab, zurück in Richtung Landesgrenze. Auf der linken Seite kam das Schild, an dem Joachim zu mir aufgeschlossen hatte.

Ich bremste auf Schrittgeschwindigkeit. Es war kurz nach neun. Im Moment war mein Nissan das einzige Fahrzeug auf der Straße.

Straßengräben auf beiden Seiten, halb überwuchert, dahinter steile Böschungen. Die Strecke folgte einem engen Tal – dem Emmetal vermutlich. Hundert Meter voraus sah ich eine Abzweigung, die mir auch heute Nachmittag nicht entgangen war. Doch das war nicht die Nummer zweiundneunzig, und es war auch nicht die Stelle, an der der Jaguar des Anwalts nach unserer Begegnung zwischen den Bäumen verschwunden war.

Ich kniff die Augen zusammen.

Ein Waldweg, im zunehmenden Zwielicht kaum zu erkennen und auf den ersten Blick zu schmal für ein Fahrzeug. Eine Brücke über den Straßengraben.

Kein Hinweis, dass sich auf der anderen Seite etwas anderes verstecken sollte als Bäume und noch mehr Bäume.

Ich wurde noch etwas langsamer und bog auf den engen Durchlass ein.

Es rumpelte leicht, als ich die Asphaltpiste verließ. Zweige kratzten über die Scheiben.

Das kann unmöglich ...

Im nächsten Moment war ich durch.

Zehn Meter vor mir sperrte ein meterhohes Metallgatter den Weg, an dem ein grellgelbes Schild befestigt war: Privatbesitz. Zutritt verboten.

Im selben Augenblick erwachte über dem Zaun eine rote Warnleuchte zum Leben.

«Verflixt», knurrte ich, während ich nach einer Sprechanlage wie an der Sieverstedt-Villa Ausschau hielt.

Nie wieder ohne Anmeldung.

Plötzlich pochte es direkt neben meinem Kopf.

Ich keuchte auf.

Eine bullige Gestalt stand direkt hinter der Scheibe, gleichzeitig fast unsichtbar zwischen den Bäumen. Ein Tarnanzug wie von der Bundeswehr.

«Sie wollen zu Marius?»

Das Glas des Wagenfensters dämpfte die Stimme, machte sie aber keine Spur freundlicher.

Ich hatte mich schon wieder unter Kontrolle, griff in meine Handtasche und drückte meinen Dienstausweis gegen das Glas.

Der Lichtkegel einer Taschenlampe fiel auf mich. Ein kurzer, aber misstrauischer Blick.

Der Wachmann sagte kein Wort, doch im nächsten Moment glitt das Metallgatter mit einer unwirklichen Lautlosigkeit beiseite.

Ich nickte dem Mann zu und gab vorsichtig Gas. Unmittelbar hinter dem Tor begann wieder eine Asphaltstrecke, tadellos gepflegt, die sich nach rechts um eine enge Kurve zog. Im Rückspiegel sah ich noch, wie sich der Elektrozaun hinter mir wieder schloss, dann war das Bild aus dem Blick.

Die Kurve war so eng, dass ich sie nur in Schrittgeschwindigkeit nehmen konnte, und gleichzeitig führte sie steil abwärts. Der Wald war jetzt Meter über mir, rechts und links Betonwände. Die Einfahrt zu einer Tiefgarage?

Ich presste die Zähne aufeinander. Ich wusste sehr gut, dass die Kollegen hinter meinem Rücken Witze machten, dass ich lieber fünf Kilometer Umweg in Kauf nahm, die oft genug auch noch fünf Kilometer Stau bedeuteten, als die Strecke durch den Elbtunnel zu fahren.

Doch im selben Moment sah ich schon wieder Licht.

Marius' private Asphaltpiste führte unter dem Ehestorfer Heuweg hindurch, auf die andere, unbebaute Seite der Straße. Auf dem letzten halben Kilometer vor der Landesgrenze war dort keine Zufahrt, kein einziges Gebäude zu sehen gewesen.

Die Strecke zog sich wieder bergauf, um neue Kurven, minutenlang. Ganz weit draußen, dachte ich. Konnte das alles Marius' Grund und Boden sein? Was tat ein Mensch mit so viel Wald, noch dazu so nah an Hamburg? Die Grundstückspreise in dieser Gegend mochte ich mir gar nicht ausmalen.

Da traten die Bäume völlig unvorbereitet beiseite.

Ein verschachteltes, villenartiges Gebäude. Nicht so gewaltig wie das Anwesen der Sieverstedts, doch durch die Lage hier draußen – vollkommen einsam – auf seine eigene Weise nur noch eindrucksvoller. Hinter einigen Fenstern brannte Licht.

Meine Augen wurden abgelenkt. Schräg gegenüber bewegte sich zwischen den Bäumen ein anderes Scheinwerferpaar ebenfalls auf das Anwesen zu, sehr langsam allerdings und irgendwie ruckelig.

Zwei Sekunden später stand mir der Mund offen.

Ein Traktor samt Anhänger, beladen mit Baumstämmen. Auf dem Holz saßen mehrere Gestalten, die sich miteinander unterhielten, während das Gefährt wie selbstverständlich über den freien Platz vor der Villa zuckelte und in einer Toreinfahrt links neben dem Gebäude verschwand.

Ein *Bauernhof*?

Konnte ich mich verfahren haben? Unmöglich. Die Asphaltstraße führte auf dieses und nur auf dieses Gebäude hin.

Direkt vor dem Haus gab es mehrere Parkplätze. Nah am Gebäude stand ein dunkler BMW, etwas weiter weg ein Geländewagen, beide mit Hamburger Kennzeichen. Die übrigen Plätze waren leer. Ich stellte den Nissan ab und stieg aus.

Die Eingangstür öffnete sich.

Kein Marius.

Eine Frau, die Haare hochgesteckt, in einem dunklen Kleid, die Ärmel und der hochstehende Kragen mit hellerem Stoff abgesetzt.

Eine Mischung, dachte ich, wenn das möglich war, aus Fräulein Rottenmeier und Magenta aus der *Rocky Horror Picture Show*.

Fünf Schritte vor der Eingangstür blieb sie stehen, wartete auf mich und streckte mir die Hand entgegen. «Ilse von Merkatz. Ich bin Marius' Assistentin.»

Instinktiv hatte ich mit einem Händedruck wie ein toter Fisch gerechnet, doch Merkatz fasste entschlossen zu.

«Hannah Friedrichs von der Hamburger Kripo.» Ich deutete ein Lächeln an – schließlich kam ich nicht zum Verhör. «Anscheinend haben Sie schon mit mir gerechnet.»

Ein wortloses Nicken, Lächeln Fehlanzeige.

Warum nur hatte ich nicht erwartet, dass sie es mir einfach machen würden?

«Ich würde mich gerne mit Marius unterhalten», sagte ich. «Wir hoffen, dass er uns bei einer unserer laufenden Ermittlungen helfen kann.»

Wieder ein Nicken, sonst keine Reaktion.

«Wäre das möglich?», fügte ich an.

Ein tiefes Einatmen. «Ich weiß nicht, wie Sie sich für gewöhnlich ankündigen, wenn Sie mit irgendwelchen Leuten Gespräche führen. Aber Sie können kaum erwarten, dass sich Marius nach *Ihrem* Terminkalender richtet. Und dass Sie ungünstig kommen, sollte Ihnen klar sein. Doktor Warnecke ist bei ihm, und es ist weniger als eine Dreiviertelstunde bis zum Beginn der Sendung.»

Ich verfluchte Joachim Merz. Wenn der Anwalt nicht geschlagene zwei Stunden mit dem Fernsehmenschen geplaudert hätte, hätten wir alle Zeit der Welt gehabt.

Doch es war die andere Aussage, die mich aufhorchen ließ.

«Ein Arzt? Ist Marius krank?»

Augenbrauen, die kritisch gehoben wurden: mehr als kritisch.

Ein Verweis, dachte ich. Eintrag ins Klassenbuch.

«Sie werden wohl kaum erwarten, dass ich Ihnen zu diesen Dingen Auskünfte erteile. Bitte kommen Sie mit!»

Merkatz drehte sich auf dem Absatz um, ohne darauf zu achten, ob ich ihr folgte.

Das Wohngebäude war eine zweiflügelige Anlage: das ursprüngliche Wohnhaus und angrenzend ein ehemaliger Stall. Der Eingang befand sich im Winkel zwischen diesen beiden Trakten und bestand aus einer Glastür zu ebener Erde, sehr viel jünger als das Gebäude, das sonst so stark an einen Bauernhof erinnerte.

Ich glaubte ein leises Geräusch zu hören, als die Tür beiseiteglitt, wie ein unterdrückter Klingelton, doch zu gedämpft für ein Warnzeichen.

Dahinter gab es eine Treppe mit breiten, niedrigen Stufen. Das Geländer mit Handlauf wirkte fast überflüssig. Ein bisschen wie bei Dennis' Großmutter im Seniorenheim.

Ein weiter Raum, der beinahe die gesamte Grundfläche des ehemaligen Stallgebäudes einnehmen musste. Der Boden war mit einem Synthetikmaterial ausgelegt, eine unregelmäßige Struktur, die ich durch meine flachen Schuhe spürte.

Wie durch Magie wurde mein Blick auf eine Nische gezogen, die dem Eingang genau gegenüberlag. Ich brauchte einen Moment, bis mir klarwurde, dass es sich in Wahrheit um eine geschickte Lichtregie handelte. In der Decke verbargen sich Strahler, die die Ausbuchtung exakt in der Mitte der Wand dramatisch in Szene setzten.

Ein Porträt, schwarz-weiß und überlebensgroß, das Marius zeigte, wie die Welt ihn kannte. Seine Hände lagen auf der Tischplatte konzentriert ineinander, von einem harten Spot aus der Dunkelheit geschnitten. Die aufrechte Gestalt im Hintergrund dagegen war ein bloßer Umriss, der mit den kantigen Schultern und der länglichen, aristokratischen Kopfform dennoch auf der Stelle zu identifizieren war.

Es war dieselbe Aufnahme, die sämtliche Veröffentlichungen zu *Second Chance* schmückte, die DVD-Boxen mit dem *Best of* aus seiner Sendung, die Reihe von Ratgebern und pseudophilosophischen Abhandlungen, die Marius im Laufe der Jahre herausgegeben hatte.

Ein eindrucksvolles Bild, selbst im Taschenbuchformat. Hier, wo es den gesamten Raum beherrschte, war es einfach nur – gewaltig.

Ich musste die Augen fast mit Gewalt losreißen, um den Rest des Raums in Augenschein zu nehmen.

An einigen Stellen hatte man Fachwerkbalken stehen lassen, wie man das in einem restaurierten Bauernhaus erwarten konnte. Die Zwischenräume wurden fast komplett von deckenhohen Bücherregalen eingenommen. Automatisch wurde ich langsamer, als ich versuchte, einen Blick auf die Titel zu werfen.

«Die Bibliothek für die Schüler.»

Merkatz war stehen geblieben. Im letzten Moment konnte ich abbremsen.

«Schüler?»

Ein stummes Nicken.

Links von uns öffnete sich eine Tür, und einige junge Leute betraten den Raum – jenseits der zwanzig und jedenfalls nicht mehr im Schüleralter. Allerdings trugen sie eine Garderobe, die auf den ersten Blick fast an Schüleruniformen erinnerte. Obwohl die Kleidungsstücke ganz unterschiedlich geschnitten waren, sah ich überall gedeckte Farben, helle Hemden und Blusen, dunkle Hosen, bei einigen der jungen Frauen auch lange Röcke. Ich war mir nicht hundertprozentig sicher, glaubte aber die Besatzung des Holztransports wiederzuerkennen.

Als die jungen Leute Merkatz sahen, blieben sie stehen.

Ich hob die Augenbrauen.

Es war mehr als ein Nicken. Ein Nicken bekam *ich* von ihnen. Die Geste in Richtung von Marius' Assistentin war eine *Verbeugung*.

Und das war noch gar nichts.

Die Schüler nahmen uns nicht weiter zur Kenntnis. Stattdessen näherte sich eine der jungen Frauen zögernd der Nische mit Marius' Porträt, während die anderen respektvoll Abstand hielten.

Ich sah, wie sie in ihre Hemdtasche griff und etwas zum Vorschein brachte. Einen Zettel? Einen Brief?

Den Blick gesenkt, trat die junge Frau an das Porträt heran, streckte ihm die Arme entgegen, das beschriebene Papier auf den nach oben geöffneten Handflächen.

Wie eine Opfergabe.

Mit einer tiefen Verneigung legte sie es auf einem Sims vor dem Porträt ab, wo ich in diesem Moment weitere, ähnliche Schriftstücke zu erkennen glaubte.

«Frau Friedrichs!», mahnte Merkatz ungeduldig.

Sie stand an einer Tür in einem Winkel der Bibliothek und machte eine nachdrückliche Handbewegung.

Ich warf einen letzten Blick auf die Schüler, biss die Zähne zusammen und folgte ihr.

Die Zeit lief davon, zumindest damit hatte sie recht.

«Was hat das zu bedeuten?», fragte ich leise, als ich sie erreichte. «Was sind das für *Schüler*?»

«Einige der jüngeren Leute leben eine Zeitlang hier bei Marius.» Die Frau wandte mir schon wieder den Rücken zu und ging einen lang gestreckten Flur hinab. «Sie lernen.»

«Dann ist das hier eine Art ...»

Merkatz blieb stehen. «Tun Sie mir *bitte* den Gefallen und kommen Sie nicht auf die Idee, Marius mit solchen Fragen zu belästigen! Ich kann mir vorstellen, dass Ihre Fahndung, oder weswegen auch immer Sie hier sind, eine wichtige Sache für Sie ist, aber *bitte* beschränken Sie sich auf die Fragen, die für Ihre Ermittlung nun wirklich unumgänglich sind. Marius wird sich dieser Fragen annehmen. Er wird Ihnen helfen.» Ein kurzes Schweigen. «Wenn es einen Menschen gibt, der Ihnen helfen kann. In Ordnung? Gut.»

Zu einer Antwort gab sie mir keine Gelegenheit.

«Es sind jetzt nur noch gut vierzig Minuten, bis wir auf Sendung gehen.» Sie stieß eine Tür auf. «Wenn Sie hier bitte warten. Ich bin gleich wieder bei Ihnen.»

Ich hatte das Gefühl, dass nicht besonders viel fehlte, und sie hätte mich mit einem Schubs in den Raum befördert.

Halb betäubt sah ich mich um. Nachdem es auf Marius' Gelände offenbar einen Bauernhof, eine Schule und einen dem Moderator geweihten Hausaltar gab, hätte ich mich auch über ein Wartezimmer nicht mehr gewundert, mit Illustrierten und Spielecke für den Nachwuchs. Doch das war dieser Raum nicht.

Vom Boden bis zur Decke war er vollgestopft mit Technik und schien zu einer anderen Welt zu gehören als die Bibliothek. Ich sah ein Mischpult, eine Kamera, die, offenbar ausrangiert, in einer Ecke stand, mehrere Mikrophongalgen und anderen technischen Krimskrams, den ich nicht recht einordnen konnte.

«Was ist das jetzt schon wieder?»

Ich zuckte zusammen.

Hinter dem Mischpult richtete sich ein Mann auf, mit dem Rücken zu mir, gewaltige Kopfhörer über den Ohren. Jenseits der fünfzig, das sah ich auch von hinten, also unübersehbar kein Schüler mehr.

Seine Kluft war vom Schnitt her eindeutig ein Blaumann. Allerdings war selbst der in gedeckten Farben gehalten.

Vor sich hin murmelnd, betrachtete er mehrere Kabel und hielt die Enden mit unterschiedlichen Anschlüssen nacheinander in die Höhe, die Kehrseite immer noch in meine Richtung.

Ich lauschte, wie Merkatz' Schritte auf dem Flur verhallten.

«Hallo?», sagte ich laut.

Der Mann fuhr herum, eine Hand zuckte an die Brust. «Himmel!»

Ich hatte Mühe, nicht zurückzustolpern.

Mit einer geübten Handbewegung lüpfte der Mann die Kopfhörer. «Entschuldigung. Ich wollte Sie nicht erschrecken. Ich bin Folkmar. Ich mache die Technik.»

Marius' Techniker streckte mir eine behaarte Pranke entgegen. Ein freundlicher Bernhardiner, abgerichtet auf besondere Höflichkeit.

«Ich bin Hannah Friedrichs. Von der Hamburger Kripo.»

«Oh.» Folkmar griff zu. «Tut mir leid. Ich hoffe, es ist nichts Schlimmes, warum Sie hier sind. Wobei, natürlich muss es etwas Schlimmes sein, sonst wären Sie ja nicht hier, nicht wahr? Aber doch sicher nichts richtig schlimmes Schlimmes, oder?»

Meine schmerzenden Finger waren der einzige Beweis, dass die Situation kein Traum war.

«Sie ... Sie wohnen hier?», fragte ich vorsichtig.

«Nein, nein.» Wieder dieses freundliche Lächeln. «Ich habe eine Reparaturwerkstatt in Hausbruch – seit *sieben* Jahren!» Der Stolz war unüberhörbar. «Aber meine Arbeit hier darf ich immer noch machen.»

Bevor ich den Mund öffnen konnte, begann über dem Mischpult ein rötliches Licht zu blinken.

«Noch vierzig Minuten», murmelte Folkmar. «Frau Friedrichs, ich bin leider ziemlich ...» Eine hilflose Handbewegung auf das Chaos von Kabeln.

«Kein Problem», sagte ich rasch. «Frau von Merkatz wollte eben zu Marius, damit ich vor der Sendung noch mit ihm reden kann. Ich soll hier auf sie warten.»

Keine Frage, die Assistentin hatte den Techniker genauso wenig gesehen wie ich.

«Ah.» Ein seliges Lächeln. «Dann drücke ich Ihnen ganz, ganz fest die Daumen. Hier.» Aus einer Ecke seiner Rumpelkammer zauberte er einen Drehstuhl und säuberte mit einer raschen Bewegung das Sitzpolster. «Den stell ich Ihnen hier hin, dann können Sie das laufende Programm sehen. Im Moment laufen noch die Nachrichten.»

Ohne sich umzudrehen, drückte er eine Taste an einer seiner Apparaturen, und über dem Mischpult sprang ein Monitor an.

«Bitte.»

Höflich zog er den Stuhl ein Stück beiseite, damit ich mich niederlassen konnte, und regelte den Ton nach oben.

Eine Sekunde später war er an der Tür.

«Ich wünsche Ihnen ein ganz, ganz tolles Gespräch.» Breites Grinsen, die Hände ein Stück gehoben wie ein Boxer, nein: Er drückte mir die Daumen.

Im nächsten Moment war er auf dem Flur verschwunden.

Vollständig baff starrte ich auf die leere Türöffnung.

Aber nur für einen Atemzug.

Dann lenkte mich etwas ab: die Stimme eines Reporters auf dem Monitor. Der Ton in seiner Stimme.

Ganz langsam drehte ich den Kopf.

Dann blieb mir die Luft weg.

* * *

Es war ein Inferno.

Ich brauchte einen Moment, bis mir klarwurde, dass kein Bericht über die neuen Unruhen im Nahen Osten oder über ein Spiel St. Pauli gegen Hansa Rostock lief.

Wobei im Hintergrund sogar ein Stadion zu sehen war: die O_2-Arena.

Doch dafür hatte ich kaum einen Blick.

Lichter überall. Das hektische Blaulicht unserer Einsatzfahrzeuge, dazwischen Taschenlampen. Irgendwo wurden Raketen gezündet wie bei einem Volksfest.

Doch es war kein Volksfest.

Ein junger Mann stolperte durchs Bild, gestützt auf einen meiner uniformierten Kollegen, während er sich ein zusammengerolltes T-Shirt gegen die Stirn presste.

Der Stoff war blutdurchtränkt.

Hinter den beiden waren weitere Gestalten zu sehen. Viele Gestalten. Schreie. Prügeleien waren im Gange. Der zuckende Lichtschein von Feuern.

Brennende Mülltonnen, dachte ich. Wenn wir Glück hatten. Ein Trupp von Beamten stürmte durchs Bild.

Die Kamera schwenkte zum Reporter, einem jungen Mann mit Mikro in der Hand, der an seinem Kopfhörer herumfuhrwerkte.

«Merle, hört ihr mich?» Der Reporter hielt inne, nickte verstehend, fuhr sich mit der Zunge über die Lippen. «Ich bin Kevin Blankenburg für Kanal Sieben. Die Situation hier im Volkspark ist in den vergangenen Minuten weiter eskaliert. Ständig kommen neue ... Hey!»

Geruckel, undeutliche Schatten. Sekundenlang Schuhe, die durchs Bild trampelten, dann, in einem bizarren Winkel, wieder das Gesicht des Kanal-Sieben-Journalisten.

«Hier ist die Hölle los.» Gar nicht mehr im Reporterton.

«Kevin, begib dich auf keinen Fall in Gefahr!» Eine Frauenstimme aus dem Off. «Schildere uns, was du siehst! Wie ist es zu dieser Situation gekommen?»

Der Moderator hatte sich umständlich wieder aufgerappelt. In seinem Hemd klaffte ein Riss quer über die Schulter.

«Falk Sieverstedts Tod hat die Hamburger aufgerüttelt.» Er klang wieder professioneller, trat aber vorsichtshalber einen halben Schritt zur Seite, als eine neue Gruppe junger Männer an ihm vorbeihastete – in Richtung Dahliengarten. «Seit Jahren ist das Gelände hier am Rande des Volksparks als Treffpunkt einer gewissen Szene bekannt. Die Anwohner haben versucht, diese Entwicklung zu bremsen, doch ohne Erfolg. Alle Appelle an die Behörden ...» Ein vielsagender Blick in die Kamera. «... haben keine Besserung gebracht. Heute Abend nun scheint der Geduldsfaden gerissen zu sein. Falk Sieverstedts Tod hat das Fass zum Überlaufen gebracht.»

Sag doch gleich: *das Bassin*, dachte ich finster.

«Kevin, hast du den Eindruck, dass diese Vorgänge *geplant* wurden?», kam es aus dem Off. «Handelt sich um eine organisierte Gruppe, die ...»

Neues Geruckel. Noch mehr junge Männer, die johlend in Richtung Volkspark stürmten.

Junge Männer in dunklen Lederjacken und mit auffallend kurzen Haaren.

Sirengeheul, als neue Peterwagen heranrasten, ein mächtigerer Umriss.

Die Wasserwerfer gingen in Stellung.

Ich starrte auf den Monitor.

«Oh mein Gott!», flüsterte ich.

Kevin Blankenburg kam wieder ins Bild.

«Die freiwillige Nachbarschaftsstreife, die seit Jahren am Rande des Volksparks patrouilliert, bemüht sich gemeinsam mit den Einsatzkräften, die Situation zu entspannen. Doch wir erleben im Moment eher das Gegenteil. Es sind ganz unterschiedliche Gruppen, die hier aufeinander losgehen. Auf der einen Seite junge Leute, die wir eher der rechten Szene zuordnen, aber auch ganz gewöhnliche Hamburger, auf der anderen Seite das ...» Für die Art, wie der Kerl den Mund verzog, hätte ich ihm eine verpassen können. «... das *bunte Völkchen*, das sich nach Einbruch der Dunkelheit im Volkspark einfindet. – Hallo?»

Blankenburg drehte sich um, die Kamera versuchte ihm zu folgen.

«Hallo? Würden Sie mal ...»

Wilde Lichtreflexe. Das Bild schwankte hin und her. Mir wurde vom Zusehen schlecht, doch ich war unfähig, den Blick zu lösen.

Endlich stand die Kamera still.

Eine Handvoll Gestalten war zu sehen, die hastig auf den Journalisten zustolperten oder vermutlich eher auf den Ausgang, raus aus dem Chaos und den Schlägereien. Ein junger Mann mit

Föhnfrisur und einem äußerst modischen Jäckchen, der verzweifelt den Arm vors Gesicht hielt, um nicht erkannt zu werden. Direkt hinter ihm ...

Ich keuchte auf.

Ein Trachtenhemd, ehemals schneeweiß, Strümpfe bis zum Knie – und eine krachlederne Hose samt Hosenträgern.

«Haben Sie sich vorstellen können, dass es hier einmal zu einer solchen Situation kommen könnte?», fragte der Moderator, das Mikrophon gezückt.

Alois Seydlbacher, bildschirmfüllend, starrte wirr in die Kamera.

Unverletzt. Zumindest schien er unverletzt. Mein Puls wurde eine Winzigkeit langsamer.

Doch wo war Nils Lehmann?

«Was sagen Sie zu den Vorgängen des heutigen Abends?»

Seydlbacher sah hektisch über die Schulter, dann zurück zur Kamera.

«Mi leckst am Arsch!»

Und weg war er.

* * *

«Frau Friedrichs?»

Die Stimme kam aus einer anderen Welt.

Die Live-Übertragung aus dem Volkspark war seit einigen Minuten beendet. Werbung flimmerte über den Monitor. Ein Laufband kündigte die nächste Sendung an: Second Chance.

Ich drehte mich um.

Ilse von Merkatz stand in der Tür, eine Augenbraue gehoben.

«Marius ist schon im Aufnahmestudio. Aber er ist bereit, sich einen Moment mit Ihnen zu unterhalten.»

Ich war gerade bereit, dem nächstbesten Fernsehmenschen sein Mikro sonst wo hinzustopfen.

Doch ich musste mich zusammenreißen.

Innerhalb von vierundzwanzig Stunden hatte Falk Sieverstedts Tod eine Randale ausgelöst, wie die Stadt sie seit dem Pokalendspiel nicht mehr erlebt hatte. Ich hatte keinen Schimmer, warum Falk anscheinend dermaßen beliebt gewesen war. Doch unübersehbar suchten die Leute jetzt einen Schuldigen, und das *bunte Völkchen* aus dem Dahliengarten hatte keine nennenswerte Lobby.

Ich konnte mir nicht vorstellen, dass der Täter dort zu suchen war – doch selbst wenn die Spuren am Ende wider Erwarten in die Schwulenszene führen sollten, war es unsere Aufgabe, die Aufgabe der Ermittlungsbehörden, den Täter dem Haftrichter vorzuführen.

Es gab nur eine Chance, zu verhindern, dass sich so etwas wiederholte.

Wir mussten den echten Täter finden.

«Ich komme», sagte ich.

Merkatz ging voraus.

Ich hatte vor ein paar Jahren mal einen Film gesehen, in dem jungen Leuten aus besserem Hause beigebracht wurde, wie sie sich zu bewegen hatten. Sie hatten Bücher auf dem Kopf balancieren müssen – wegen der aristokratischen Körperhaltung.

Merkatz hätte als Kursbeste abgeschnitten.

An einer schweren Holztür hielt sie inne und musterte mich noch einmal von oben bis unten.

«Marius braucht die Zeit vor der Sendung, um sich auf seine Arbeit für die Menschen einzustimmen, die gleich seine Hilfe suchen werden. Ich kann nur hoffen, dass Sie zu schätzen wissen, wenn er sich trotzdem Zeit für Sie nimmt. Sie haben fünfzehn Minuten.»

Ich habe alle Zeit der Welt, Frollein, dachte ich.

Doch ich hatte längst beschlossen, dass es sinnlos war, mich mit der Assistentin herumzustreiten.

Merkatz nickte, streckte die Hand nach der Tür aus – und drückte den Lichtschalter.

«Was soll das?», keuchte ich überrascht.

Es war nicht vollständig dunkel auf dem Flur. Ein bläulich glimmender Streifen, den ich bisher nicht wahrgenommen hatte, lief in den Winkeln des Korridors entlang.

«Ich habe Ihnen doch erzählt, dass es ihm nicht gut geht.» Sie öffnete die Tür. «Bitte.»

Das Studio war ein abgedunkelter kleiner Raum, kaum größer als unsere Küche zu Hause in Seevetal.

Mein Blickwinkel war fast derselbe wie vor dem Fernseher. Die Kamera stand ein Stück rechts von mir, ein Kameramann war nirgends zu sehen. Wozu auch? Der Bildausschnitt wurde schließlich niemals verändert, und den Rest der Technik besorgte vermutlich Folkmar.

Der rote Vorhang im Hintergrund, der wuchtige Tisch ...

Und Marius.

Er saß ganz einfach da, ohne sich zu rühren, und doch beherrschte er den gesamten Raum.

«Frau Friedrichs. Ich möchte mich entschuldigen, dass Sie so lange warten mussten.»

Seine Hände mit den auffallend langgliedrigen Fingern waren ineinandergefaltet und lagen ruhig auf der Tischplatte. Er hatte sich keine Winzigkeit bewegt.

Und doch lag in seiner Haltung etwas Einladendes.

«Setzen Sie sich doch bitte.»

Ein einfacher Holzstuhl stand knapp neben der Kamera.

Ich ließ mich nieder und kniff die Augen zusammen.

Das Aufnahmestudio war erfüllt von Marius' Präsenz, und doch konnte ich kaum etwas von ihm erkennen. Der einzelne Lichtspot erfasste seine Hände, ganz wie ich das aus der Sendung gewohnt war, doch sein Gesicht ...

Er trug eine Sonnenbrille!

Es war dunkel im Studio. Selbst der Spot, der in der Übertragung so dramatisch wirkte, war kaum mehr als ein besseres Nachtlicht. Die Technik half vermutlich nach.

Doch wie konnte Marius mit dieser Brille überhaupt etwas erkennen?

Unwillkürlich sog ich den Atem ein. War er ...

«Ich bin nicht blind, Frau Friedrichs.» Eine kleine Pause, dann eine Spur amüsiert – wie ein großzügiges Abwinken. «Ihre Frage war absehbar. Es ist immer dieselbe, wenn ich jemanden zum ersten Mal empfange. Nein, ich bin nicht blind. Ich sehe zu *viel*.»

«Ihre Assistentin hat mir erzählt, dass es Ihnen nicht gut geht», murmelte ich.

«Mal geht es besser.» Das Achselzucken war nur angedeutet. «Mal nicht so gut. Wenn es dunkel ist, kann ich mich im Haus frei bewegen, bei bedecktem Himmel kann ich sogar nach draußen.»

Mir saß ein Kloß im Hals. Sechs Wochen Sonnenschein und brütende Hitze am Stück, über die schon gesunde Menschen stöhnten. Für diesen Mann musste das die Hölle sein.

«Das ... wusste ich nicht», sagte ich leise.

«Ich möchte Sie auch bitten, es für sich zu behalten.» Jetzt wechselte er die Haltung seiner Hände: zum Geschäft.

Es war faszinierend, ihn zu beobachten. Die Fernsehübertragung gab kaum mehr als eine schwache Vorstellung von der Intensität, die ein Gespräch mit ihm, allein, in diesem kleinen Raum bedeutete.

Hinzu kam, dass ich seine Bitte verstehen konnte.

Ein Geheimnis umgab diesen Mann, der von Montag bis Donnerstag jeden Abend in den Wohnzimmern zu Gast war. Eine Form von Magie beinahe: Marius, der auf alle Fragen eine Antwort wusste. Ein Schamane, ein Prophet.

Ein schwerkranker Mann.

Ein Krüppel.

Ich räusperte mich. «Ich werde das in meinem Bericht nicht vollständig verschweigen können.»

Eine Hand wurde wenige Zentimeter gehoben.

«Das verstehe ich absolut. Aber ich habe keine Zweifel an der Diskretion Ihrer Behörde.»

Ich nickte. «Danke.»

Ich biss die Zähne zusammen. Wie hatte ich mir den Beginn unseres Gesprächs vorgestellt? So jedenfalls nicht. Und mir blieben nur wenige Minuten, bis er auf Sendung ging.

«Marius», begann ich. «Ich habe einige Fragen an Sie. Fragen zu einer Ermittlung, mit der meine Dienststelle im Augenblick ...»

«Felix.»

Mir blieb das Wort im Hals stecken.

«Wie Sie sicherlich wissen, bestehe ich darauf, dass in meiner Sendung keine Namen genannt werden – ausgenommen jene Namen, mit denen ich meine Freunde am Telefon begrüße. Diese Vorkehrung haben wir vor allem aus rechtlichen Gründen getroffen. Doch dass ich die Namen nicht erfahre, bedeutet nicht, dass mir die Dinge nicht auf andere Weise deutlich werden. Wir haben Möglichkeiten, Frau Friedrichs, Sinne, die den meisten von uns überhaupt nicht bewusst sind.»

Eine Pause, in der er den Atem einsog. Für einen Moment glaubte ich, eine Veränderung zu erkennen, eine Bewegung, wieder so winzig, als ob sie gar nicht da war, aber ungeplant diesmal, als ob er von etwas überrascht wurde.

Doch er sprach schon weiter.

«Wir nutzen nur einen Bruchteil unseres Potenzials. Doch in diesem Fall ... Die Stimme eines Menschen ist ebenso charakteristisch wie sein körperliches Erscheinungsbild. Ich war mir an diesem Abend zwar keineswegs sicher, mit wem ich mich unterhielt, doch die Ereignisse der letzten Stunden und die Tatsache Ihres Besuchs: Ist es unter diesen Umständen noch schwierig, auf die Zusammenhänge zu schließen?»

Zögernd nickte ich. Wie Marius es ausdrückte, hatte er tatsächlich nur eins und eins zusammenzählen müssen, ohne irgendwelche tiefenpsychologischen oder seherischen Fähigkeiten zu bemühen, die er möglicherweise besaß.

«Diese Erklärung scheint Sie zufrieden zu stellen», bemerkte Marius.

Ich blinzelte. «Ja. Das ist nachvollziehbar. Marius, ich hätte dann ein paar Fragen.»

«Wobei ...» Das Wort kam ganz leise.

Jeder Mensch kennt diese Talkshows, in denen sich die Leute gegenseitig überbrüllen.

Marius war anders. Marius wurde nicht laut. Doch gerade diese leise, nachdenkliche Stimme brachte mich dazu, noch genauer hinzuhören.

«Wobei ich natürlich ausgesprochen viele Anrufe bekomme», murmelte er. «Und Sie können sich vielleicht vorstellen, dass die Berichterstattung aus der Hamburger Society nicht zu den Dingen gehört, die ich regelmäßig verfolge. Möglicherweise war mir Falk Sieverstedts Stimme also überhaupt nicht vertraut. Wie hätte ich sie dann aber mit einem meiner Freunde aus der Sendung in Verbindung bringen können? Wie hätte ich vermuten können, dass es von allen diesen Anrufern ausgerechnet Felix war?»

«Was?» Ich legte den Kugelschreiber ab. «Sie haben ihn also nicht erkannt?»

«Und viele meiner Freunde haben leider große Probleme in ihrem Leben», murmelte er weiter. «Ich bemühe mich, ihnen einen Weg aufzuzeigen, der aus dieser Situation herausführt. Das ist der Grund, aus dem ich seit Jahren diese Sendung gestalte. Doch viele, viel zu viele dieser Menschen sind noch weit entfernt von diesem Ziel. Sie kämpfen, doch noch sind sie schwach, und viele von ihnen bringt diese Schwäche in Konflikt mit dem Gesetz. Unzählige denkbare Anlässe also, die Sie, Frau Friedrichs, heute Abend zu mir geführt haben könnten.»

Ich kniff die Augen zusammen. Die ganze Zeit versuchte ich mich auf die Lichtverhältnisse einzustellen, den nahezu dunklen Raum, die harte Helligkeit des einzelnen Strahlers, der doch nur seine Hände beleuchtete, sein Gesicht aber im schützenden Schatten ließ. Seine Miene hinter der dunklen Brille blieb undeutlich, keine Regung war ablesbar.

«Was soll das?», fragte ich. «Sie haben mir doch gerade selbst erzählt, dass Sie wissen, warum ich hier bin. Wollen Sie mir jetzt plötzlich weismachen, dass Sie nur geraten haben?»

«Worum ich mich bemühe, Frau Friedrichs, ist lediglich, Ihnen bewusst zu machen, dass der erste und offensichtliche Gedanke keineswegs der zutreffende sein muss. Die Wahrheit liegt meist wesentlich tiefer als das offenkundig Sichtbare.»

«Exakt», sagte ich. «Genau deshalb bin ich hier. Um herauszufinden, warum Falk Sieverstedt sterben musste. Haben Sie sich die Sendung angesehen, die gerade eben auf Ihrem Sender lief? Haben Sie gesehen, was in diesem Moment im Volkspark ...»

Ich brach ab, als mir klarwurde, dass Marius mit seiner Überempfindlichkeit gegen Licht vermutlich gar nicht in der Lage war fernzusehen.

«Ich habe die Berichterstattung verfolgt», sagte er freundlich, und ich war ihm dankbar, dass er über meine Formulierung hinwegging. Doch er wurde ernster. «Und ich bin ebenso entsetzt wie Sie. Nein, mein Entsetzen ist größer als bei irgendeinem anderen Menschen, möchte ich behaupten. Denn ich hätte meinem Freund Felix helfen können, wenn er es zugelassen hätte, und in ein paar Minuten gehen wir auf Sendung. Was glauben Sie, was geschehen wird, wenn wir die Leitungen freischalten? Welche Fragen man mir stellen wird? Wie die Menschen dort draußen auf Felix' Tod reagieren? Nicht diejenigen im Park. Mit Gewalt reagieren nur diejenigen, die keine bessere Lösung kennen.»

Eine winzige Pause, in der er mich aufmerksam zu betrachten schien.

«Meine Aufgabe ist es, andere, bessere Lösungen aufzuzeigen», sagte er. «Und dazu möchte ich Sie um Ihre Hilfe bitten.»

Jetzt starrte ich ihn an. «Sie?», fragte ich. «Mich?»

Er nickte. Es war die erste Bewegung, die nicht nur angedeutet wurde.

«Sie möchten mit mir ein Gespräch über Felix führen, Frau Friedrichs. Über Falk Sieverstedt. Und nichts anderes wünschen sich auch die Menschen dort draußen.»

«Ich bin Ermittlerin bei der Kripo. Sie können doch nicht glauben ...»

«Wenn ich es richtig verstanden habe, handelt es sich doch um ein bloßes Gespräch?», erkundigte er sich. «Keine Vernehmung und kein Verhör. Sie sind alleine hier.»

Ich biss mir auf die Zunge. Das hatte er eindeutig von Joachim Merz.

Marius betrachtete mich – wenn er dazu in der Lage war.

Er las aus dem Klang meiner Worte, registrierte jede unwillkürliche Pause. Wahrscheinlich hörte er auf der Stelle, wenn mein Atem schneller ging, roch sogar meinen Angstschweiß.

Der stellte sich schon automatisch ein, sobald es um Merz ging.

Und wenn Merz diesen Mann gecoacht hatte, war Marius absolut im Bilde: Mit einem gewieften Anwalt an seiner Seite würde es verdammt schwierig werden, ihn gegen seinen Willen zur Vernehmung vorzuführen.

Marius saß am längeren Hebel.

«Ob Sie mir etwas von Ihren Ermittlungen erzählen, liegt natürlich ganz bei Ihnen», sagte er. «Aber wenn Sie mir Fragen zu Felix stellen wollen, werden Sie sie mir in der Show stellen müssen, in ...»

Ich hörte ein leises Geräusch in meinem Rücken, und gleichzeitig leuchtete unterhalb des Tisches ein kleines rotes Licht auf.

«... zwei Minuten», sagte Marius vollkommen ruhig.

Zwischenspiel III

PK KÖNIGSTRASSE
AKTE SIEVERSTEDT

Konvolut *Second Chance*,
Gesprächsprotokoll Verena T. («Athene»)
Tag des Anrufs: 14. 3. 2012
Anruferin verstorben: 15. 3. 2012

(22:47 Uhr: Beginn des Gesprächs)
Marius (M.): Ich höre eine ganz neue Stimme. Das ist immer
schön. Ich werde dich *Athene* nennen mit einem A. Ein guter
Name für einen neuen Anfang.
Athene (A.): Das ... (Ein leichtes, nervöses Kichern) ... Ich glaube,
das passt gar nicht schlecht zu mir. Athene, die Göttin der
Weisheit und der Bildung. Ich bin Lehrerin.
M.: Welchen Beruf du hast, spielt hier keine Rolle, Athene. Es sei
denn, der Grund, aus dem du anrufst, hat mit deinem Beruf zu
tun. Ist das der Fall?
(Am Telefon wird ein Feuerzeug gezündet.)
A.: Auch. Ja. Auch damit. Obwohl ich oft überlege, ob es tiefer
geht. Sie müssen wissen, ich bin ein etwas komplizierter
Mensch. Ich könnte Ihnen da Sachen erzählen ...
M.: Du lebst allein.
A.: Was?
M.: Du bist unverheiratet und lebst allein.
A.: Ja, schon. Aber ...
M.: Vermutlich warst du auch nie verheiratet.
A.: Nein. Wissen Sie, ich bin ein Mensch, der hohe Ansprüche

stellt. Es ist nicht ganz einfach, jemanden zu finden, der solchen Ansprüchen genügt. Aber damit habe ich nun nicht eigentlich ein Problem.

M.: Womit dann?

A.: Was?

M.: Womit dann? Du hast mich angerufen. Meine Sendung heißt *Second Chance*, und Menschen rufen mich an, damit ich ihnen helfe. Was ist dein Problem?

A.: Marius, ist es unbedingt notwendig, dass Sie mich duzen?

M.: Das ist meine Sendung, und ich mache die Regeln. Wenn dir das nicht passt, ruf nicht an. Was ist dein Problem, abgesehen davon, dass du keinen Mann abgekriegt hast und deine Schüler dich nicht ernst nehmen mit deiner affektierten Sprechweise?

A.: Warum reden Sie so mit mir? Reden Sie mit allen Ihren Anrufern so?

M.: Nein. Ausschließlich mit den *komplizierten* Menschen, die sich für etwas Besonderes halten. Also, was ist dein Problem? Lass mich raten: Du bist dermaßen einsam und isoliert, also rufst du einen wildfremden Menschen an, von dem du glaubst, er wäre gezwungen, dir zuzuhören. Damit du vergessen kannst, wie bedeutungslos dein Leben ist.

A.: Sie sind wirklich nicht sehr freundlich, Marius!

M.: Ach, tatsächlich? Ich bin nicht sehr freundlich? Schau mal einer an. Und du? Kommt es oft vor, dass Leute mit dir zusammenstoßen, weil sie einfach nicht gemerkt haben, dass du da bist? Weil du nicht freundlich bist … oder unfreundlich. Oder gut oder böse. Weil du im Grunde gar nicht *da* bist. Weil es außer für deine Zimmerpflanzen keinen Unterschied macht, ob du auf diesem Planeten existierst oder nicht.

(Ein leises Schniefen.)

M.: Weißt du, hier bei mir rufen eine Menge Leute an. Es sind Freunde von mir, obwohl einige von ihnen wirklich nicht besonders freundlich sind. Aber eines sind sie alle: lebendig. Echte Menschen mit echten Problemen. Problemen, die ihnen auf der Seele liegen, sodass sie nicht mehr weiterwissen. Sie wenden sich an mich, weil sie hoffen, dass ich ihnen helfen kann. Diese Menschen warten jetzt da draußen und kommen nicht durch, weil du mir meine Zeit stiehlst.

A.: Marius ...

M.: Höre ich da was?

A.: Marius, bitte. Lassen Sie uns noch mal anfangen. Ja, ich habe ein Problem, weil es eben niemanden gibt, mit dem ich ...

M.: Hallo? Hallo? Spricht da jemand?

A.: Marius! Sie hören mich genau! Sie können nicht einfach ...

(22:56 Uhr: *Das Gespräch wird durch Marius beendet*)

fünf

Jörg Albrecht lenkte seinen Dienstwagen in eine Feuerwehrzufahrt, war im nächsten Moment auf der Straße und warf einen Blick über die Szene.

An der Ecke zur Luruper Chaussee stand ein halbes Dutzend stämmiger Gestalten Schlange an einem der Peterwagen: erkennungsdienstliche Behandlung.

Ein Rettungswagen bog mit Blaulicht aus der Stadionstraße, doch die Sirene war nicht eingeschaltet.

Über dem Dahliengarten stand düsterrotes Licht.

Ein junger Beamter trat ihm entgegen und öffnete den Mund. Anscheinend hatte er den Hauptkommissar aber bereits erkannt, bevor Albrecht dazu kam, seinen Dienstausweis zu ziehen.

«Wo finde ich den Einsatzleiter?», fragte Albrecht.

«An der Arena, aber da kommen Sie von hier aus nicht durch im Moment.» Der junge Mann wischte sich mit der Hand über die Stirn. «Hier ist Krieg heute Abend», murmelte er.

Der Hauptkommissar betrachtete den Jungen und nickte mit zusammengebissenen Zähnen.

Er hätte ihm erzählen können, dass sie permanent im Krieg waren, von dem Augenblick an, in dem sie ihren Dienst aufnahmen. Dass dieser Krieg tückischer war als eine offene Feldschlacht, in der die Gegner einander mit aufgeklapptem Visier entgegentraten.

Dass dieser Krieg darin bestand, solche Schlachten zu vermeiden.

Die Wahrheit ist die einzige Waffe, die wir haben, dachte er.

Alles, was sie tun konnten, war, herauszufinden, wie sich die

Dinge in Wahrheit verhielten, und die Täter nach den Buchstaben des Gesetzes zur Verantwortung zu ziehen.

Dies aber war ein Prozess, der seine Zeit brauchte, wenn er selbst nach den Vorschriften der Gesetze geschehen sollte, und für den sie kein Verständnis hatten, die distinguierten Männer mit den grauen Seitenscheiteln aus Sina Dewies' Fernsehrunde, die jungen Männer mit den Bomberjacken und den zu kurzen Haaren.

Männer, die glaubten, das Recht in die eigenen Hände nehmen zu dürfen, um ihrem Recht und ihrer Wahrheit mit Gewalt zum Durchbruch zu verhelfen.

Und die mit dieser Haltung auf Verständnis stießen, bis in die Reihen von Albrechts Mitarbeitern hinein.

Sie waren gefährlicher als der Einbrecher, der in der Nacht einen Tresorraum aufhebelte und mit seiner Beute verschwand, gefährlicher selbst als der Mörder und Vergewaltiger, der seinen Opfern unermessliches Leid antat, dessen Tat aber doch von der Gesellschaft geächtet war und auf keinerlei Verständnis hoffen konnte.

Ja, dachte der Hauptkommissar. Wir sind im Krieg. Und wir kämpfen an vielen Fronten zugleich.

Möglicherweise war es diese Wahrheit, die der junge Kollege in seiner dunklen Hamburger Polizeiuniform heute Abend lernte.

«Danke», murmelte Albrecht, ging an dem Jungen vorbei und bog in die Stadionstraße ein.

Er hatte zwei seiner Mitarbeiter in dieses Inferno geschickt und dachte nicht daran, in der Loge abzuwarten, ob sie unbeschadet wieder herauskamen.

Eine Gruppe uniformierter Beamter kam ihm entgegen, zwei mit Handschellen gesicherte Gestalten in der Mitte.

Er sah Einsatzkräfte der Feuerwehr, die Brandherde in einem Abfallcontainer erstickten.

Albrecht nickte stumm. Aus der Ferne tönte der Lärm von Auseinandersetzungen, doch hier, unmittelbar am Dahliengarten, war die Lage unter Kontrolle.

Ein Stück voraus stand ein Rettungsfahrzeug mit mehreren Sanitätern, die kleinere Verletzungen versorgten.

Albrecht atmete erleichtert auf, als er bei dieser Gruppe Lehmann entdeckte.

Auf die Entfernung konnte er nicht hören, worüber sein Mitarbeiter mit der blutjungen Sanitäterin plauderte, während ihm der linke Unterarm bandagiert wurde, aber seiner Miene nach stand man knapp vor dem Austausch der Telefonnummern.

Albrecht wählte den Weg einmal um den Krankenwagen herum, um sich aus unvermuteter Richtung zu nähern.

«Bericht!»

«Hauptkommissar!» Der junge Mann zuckte zusammen. «Autsch!»

«Sie sind verletzt?»

Aus dem Augenwinkel sah Albrecht jetzt auch Seydlbacher, dem in körperlicher Hinsicht augenscheinlich nichts fehlte, wenn man davon absah, dass er einen Becher mit einer dampfenden Flüssigkeit umklammerte wie ein Ertrinkender seinen Rettungsring.

Über die Montur, die der Beamte aus Süddeutschland am Leibe hatte, mochte der Hauptkommissar gar nicht erst nachdenken.

«Das war die Hölle», murmelte Lehmann. «Wir waren eine Stunde unterwegs, als plötzlich diese Irren aufgetaucht sind. Mit Baseballschlägern und was weiß ich.»

«Bedanken Sie sich bei Sina Dewies und ihren Kollegen», brummte Albrecht.

Die Sanitäterin fixierte den Verband. «Können Sie die Hand noch bewegen?», wandte sie sich an Albrechts Mitarbeiter.

Zögerlich schloss Lehmann die Finger zur Faust, öffnete sie

dann wieder. «Das geht.» Er griff mit der gesunden Hand zu und bog die bandagierten Finger herzhaft nach hinten. «Wenn ich *so* mache, tut's allerdings weh.»

«Dann sollten Sie in nächster Zeit nicht zu häufig *so* machen», schlug Albrecht vor.

Die Sanitäterin warf Lehmann einen letzten, fragenden Blick zu. Der Hauptkommissar hatte den Eindruck, als ob die Lippen des jungen Beamten lautlos die Worte *Wir telefonieren!* formten.

«Was konnten Sie beide herausfinden, *bevor* die Irren aufgetaucht sind?», fragte er, als die Frau sich ein Stück entfernt um den nächsten Verletzten kümmerte.

Lehmann warf einen fragenden Blick zu Seydlbacher.

«Jessas!» Ein tiefer Schluck von der dampfenden Brühe. «Du hast gfrogt. Nu red du auch.»

Der jüngere Beamte nickte und schien sich einen Moment zu besinnen.

«Es war eine Menge los heute Abend», murmelte er. «Also noch nicht in der Art wie jetzt, aber eben viele von diesen ... Leuten, die nachts hier unterwegs sind. War allerdings nicht einfach, mit denen ins Gespräch zu kommen. Alois hätten sie wohl eher ...»

Eine farbenfrohe bayerische Bemerkung folgte, deren Sinn Albrecht nicht zu deuten wusste.

Lehmann schüttelte den Kopf. «Fehlanzeige», sagte er. «Was Falk Sieverstedt betrifft. Anscheinend ist er vor der Sache gestern tatsächlich niemals hier gewesen. Wie ich das verstanden habe, na ja ... *Wenn* er hier gewesen wäre, hätte er sich jedenfalls nicht über mangelndes Interesse beklagen können. Wenn Sie verstehen, was ich meine?»

Albrecht brummte bestätigend. «Und der weiße Kastenwagen?»

«Genau dasselbe. Anscheinend gibt es eine Menge Stammkundschaft hier. Wussten Sie, dass man das zum Teil schon an den Autonummern erkennt, wer dazugehört und was der ganz genau hier sucht? Da gibt es bestimmte Abkürzungen, aus denen man ...»

«V. E. E.»

«Was?» Ein verständnisloses Blinzeln.

«*Vor Erläuterung erledigt.* In Abwandlung einer *unserer* Abkürzungen. Es gibt Dinge, von denen ich gar nichts wissen will, Hauptmeister Lehmann.»

Albrecht hob Daumen und Zeigefinger an die Nasenwurzel, begann zu massieren.

Bei jedem Delikt mit unbekanntem Täter gab es mindestens zwei Punkte, an denen die Ermittler ansetzen konnten, um sich den langen, gewundenen Pfad zum Wer? und Warum? freizukämpfen: die Person des Opfers und die Tatumstände selbst.

Aber es war wie verhext. In diesem Fall schienen die Spuren von beiden Punkten aus unmittelbar in ein großes, unfassbares Nichts zu führen.

«Mit anderen Worten: Sie haben also nichts herausfinden können», murmelte er.

Schweigen. Lehmann knabberte an seiner Unterlippe.

Albrecht ließ die Hand sinken.

Dem jungen Beamten stand nur eine äußerst überschaubare mimische Palette zur Verfügung.

«Sie haben etwas anderes erfahren», stellte der Hauptkommissar fest.

Heftiges Blinzeln. «Wie haben Sie ...»

«A Lurer.» Seydlbacher setzte seinen Becher ab und tupfte sich mit dem Ärmel seines Trachtenhemds über den Mund. Ein Nicken zu Lehmann. «Nu red scho'!»

«Ja.» Der jüngere Mann betrachtete seinen Verband, als hätte er sich dort Notizen gemacht. «Da war eine Sache, die wir gleich von zwei unterschiedlichen Zeugen gehört haben. Ich glaub zwar nicht, dass die das bei einer offiziellen Vernehmung wiederholen würden. Wahrscheinlich würden sie sagen, sie wären überhaupt nicht hier gewesen … Aber das ist ja erstmal egal.»

«Das ist es nicht», brummte Albrecht. «Jedenfalls nicht, wenn im Prozess jemand vom Schlage Joachim Merz oder Balduin von Wenden in der Verteidigung sitzt. Die kleinste Ungereimtheit, wie wir an unsere Informationen gelangt sind, und der Täter geht als freier Mann nach Hause. Welche Informationen haben wir?»

«Ein Mann», sagte Lehmann. «Wie er hergekommen ist, konnte uns niemand sagen, ob zu Fuß oder mit dem Wagen. Und wie er wieder verschwunden ist. Aber offenbar hatte ihn bis dahin niemand hier gesehen. Und seitdem auch nie wieder.»

«A Lurer», bestätigte Seydlbacher. «A Spanner.»

Lehmann nickte. «Die gehören hier wohl dazu. Gucken den anderen einfach nur zu. Aber dazu müssen sie normalerweise tiefer in den Park gehen, ins Dickicht. Da scheint das meiste zu laufen. Dieser hier hat sich nur den Dahliengarten angesehen, so, weit man da noch was sehen konnte mitten in der Nacht. Besonders offenbar das Bassin.»

«Wann war das?» Albrecht war elektrisiert.

«Am Freitag, hat einer der beiden gesagt. Der andere war sich nicht sicher.»

«Aber nicht gestern?»

«Nein.» Lehmann schüttelte den Kopf. «Aber das muss ja nichts bedeuten. Schließlich hat gestern auch niemand gesehen, wie Falk Sieverstedt in das Becken gekommen ist.»

«Sagen wir eher, niemand will es gesehen haben», murmelte Albrecht. «Haben Sie eine Beschreibung des Mannes?»

Lehmann zögerte. Ein Blickwechsel mit Seydlbacher.

«Red scho'!» Gebrummt.

Lehmann holte Luft. «Offenbar hatte er ungefähr Alois' Statur. Das war der Grund, aus dem einer unserer Zeugen ihn sich näher ansehen wollte. Und gleichzeitig auch der Grund, warum er sich mit uns auf ein Gespräch eingelassen hat. Das ist wohl sein persönliches, na ja, Beuteschema.»

«Der hod an Huad aufghabt.»

«Ja, er hatte wohl eine Mütze auf. Also der Verdächtige jetzt. Eine Baseballkappe.»

«Und?» Albrecht beugte sich vor. «Weiter!»

Ein hilfloses Schulterzucken. «Es war dunkel. Vergessen Sie nicht, dass sie die Laternen gestern nur unseretwegen eingeschaltet haben. Einer der Zeugen sagt, er hatte möglicherweise einen Bart. Der andere sagt, nein, auf keinen Fall. Tut mir leid.»

Albrecht stieß den Atem aus.

«Ein Dicker mit Hut», murmelte er. «Ein Dicker mit Hut, den kein Mensch zuvor gesehen hat, besichtigt das Becken, in dem zwei Tage später ein Toter liegt.»

«Vielleicht wollte er prüfen, ob es tief genug zum Ertrinken ist?»

«Bei einem derart verschnürten Opfer hätte schon eine Badewanne ausgereicht.» Albrecht schüttelte energisch den Kopf. «Worüber sich ein Täter, der so vorausschauend plant, dass er den zukünftigen Tatort im Vorfeld in Augenschein nimmt, mit Sicherheit bewusst war. Trotzdem war er hier, wenn er unser Mann ist. Was hat er gesucht? Gesellschaft offenbar nicht.»

«Vielleicht war's einfach jemand, der nicht wusste, dass er sich ins Gebüsch schlagen muss», schlug Lehmann vor. «Oder er hat's mit der Angst bekommen, als er gesehen hat, was für Typen da verschwinden. Einer unserer Zeugen meinte, das kommt immer wieder vor. Die haben irgendwo im Internet gelesen, dass es hier so was gibt, aber wenn sie's dann mit eigenen Augen sehen ...»

Albrechts Blick ging zu dem rötlichen Schimmer über dem Dahliengarten.

«Genau das dürfte es sein», murmelte er. «Er wollte es mit

eigenen Augen sehen. Der Zusammenhang musste sofort deutlich werden, das war ihm wichtig. Wenn der Körper an diesem Ort gefunden wurde, sollte auf der Stelle der Eindruck entstehen, den die Medien dann auch erfolgreich vermittelt haben.»

Lehmann schluckte. «Sie meinen, das, was heute Abend passiert ist, hatte er ganz genauso geplant?»

Albrecht schüttelte den Kopf. Noch eine Theorie. Doch konnte sie sämtliche Dimensionen des Falls erklären?

Das Opfer war in der Öffentlichkeit bekannt gewesen. Bekannt und leidlich beliebt. Doch wenn es dem Täter darum gegangen war, den Mob auf die Szene im Volkspark zu hetzen, warum dann eine Tatmethode wählen, bei der es offensichtlich war, dass die Vorbereitung, die Fesselung, an einem anderen Ort vor sich gegangen sein musste?

Albrecht ließ die Schultern sinken.

«Sprechen Sie mit dem Einsatzleiter», sagte er. «Besorgen Sie uns sämtliche Personalien, die heute Abend aufgenommen wurden. Von beiden Fraktionen.»

* * *

«Ich begrüße euch, meine Freunde!»

Das rote Licht unter dem Tisch war erloschen.

Unmittelbar daneben leuchtete jetzt ein grünes.

Mir war schlecht.

Weniger, weil ich mich innerhalb von zwei Minuten von einer ermittelnden Beamtin in den Stargast verwandelt hatte.

Ich hatte Marius meine Bedingungen unmissverständlich klargemacht, und er war ohne Zögern auf sie eingegangen:

Ich würde meinen Stuhl nicht verlassen; die Kamera würde mich nicht in den Blick bekommen. Und mein Name blieb aus dem Spiel, wie bei Marius' fernmündlichen Freunden auch. Ebenso der Name Falk Sieverstedt.

Wenn ich Marius unter vier Augen die Identität seines Anrufers mit dem Sohn der Konsulsfamilie bestätigt hatte, war das eine Sache. Schließlich wollte ich Auskünfte von ihm.

Doch wenn ich das vor laufenden Kameras wiederholte, konnte ich auch gleich meinen Dienstausweis in den Briefkasten werfen – per Einschreiben an Isolde Lorentz.

Ob es mir selbst gelang, den Mund über Details unserer Ermittlung zu halten, lag an mir.

Mit viel gutem Willen konnte ich mir das Ganze als eine Art Pressekonferenz schönreden, mit einem einzelnen Journalisten, von dem ich mir gleichzeitig Hinweise zu unserer Ermittlung versprach.

Doch das änderte nichts.

Mir war schlecht.

Wenn ich vorbeifahre, ist alles frei für deinen Auftritt.

Merz hatte mir die Worte offen ins Gesicht gesagt. Er hatte *gegrinst* dabei, mit seinem Hollywoodgebiss.

Und war dann für zwei Stunden zu Marius verschwunden, sodass ich selbst erst auf den letzten Drücker eintreffen konnte.

Perfektes Timing für meinen *Auftritt*.

Der Plan hatte von der ersten Minute an festgestanden.

«Es ist ein trauriger Abend für uns, meine Freunde», sagte Marius mit leiser Stimme. Der Spot beleuchtete seine Hände, die nebeneinander flach auf dem Tisch lagen. «Und zugleich ein besonderer Abend, aus mehreren Gründen. Bitte versucht mich im Moment nicht telefonisch zu erreichen – wir werden uns später noch unterhalten. Zuerst aber möchte ich, dass wir an unseren Freund Felix denken.»

Seine linke Hand öffnete sich.

«Das ist das Erste, das diesen Abend besonders macht.» Seine Haltung veränderte sich, als er tief einatmete. «Ich weiß, dass viele von euch schon seit einiger Zeit eine Vermutung haben, wer sich hinter Felix verbirgt. Ihr aber wisst, dass für mich persönlich die wahren Namen meiner Anrufer bedeutungslos sind, und ich werde daher ...»

Ich spürte es, ohne es wirklich zu sehen, wie seine Augen sich für einen Moment auf mich richteten, obwohl ich unsichtbar war für ihn, jenseits des hellen Spots.

«... ich werde das Andenken unseres Freundes Felix daher nicht entwürdigen, indem ich irgendwelche Identitätszuweisungen bestätige. Nur so viel an dieser Stelle, meine Freunde: Eine Vermutung ist heute Nacht zur traurigen Gewissheit geworden. Felix ist tot, und wir alle sind an diesem Abend erschüttert über seinen Tod.»

Es war unglaublich.

Ich saß dem Mann gegenüber, keine drei Meter von ihm entfernt, wenn ich auch nicht wesentlich mehr von ihm erkennen konnte als vor dem Fernseher.

Doch die Art, wie er die Worte gesprochen hatte, langsam, jedes einzelne betonend: Ich konnte es *spüren*, die Last der Worte und der traurigen Botschaft, die in diesem Moment überall im Land für die Menschen zur Gewissheit wurde.

Felix ist tot. Wir trauern.

Doch wir trauern gemeinsam. Marius lässt seine Freunde nicht im Stich.

Ich widerstand dem plötzlichen Impuls, mich zu schütteln.

Ja, er hielt Wort. Der Name Falk Sieverstedt blieb aus dem Spiel, und doch manipulierte dieser Mann, hier, direkt vor meinen Augen!

Nicht mich im Moment. Nicht in erster Linie.

Aber ein paar hunderttausend Menschen vor den Fernsehern. Und selbst ich, die das ganz genau wusste, konnte mich nicht vollständig entziehen.

«Felix ist tot», wiederholte Marius. «Und niemanden trifft sein Tod härter als mich, der ich ihm als Einziger hätte helfen können. Ihr seht mich erschüttert, am Boden zerstört ...»

Bei den letzten Worten schien seine Stimme zu zittern, doch schon hatte er sie wieder vollkommen unter Kontrolle.

«Und doch darf ich nicht wanken.» Fest und entschlossen, die Hände ballten sich zu Fäusten. «Denn ich habe eine Pflicht und eine Verantwortung auf meine Schultern geladen, für Felix und für euch alle, und ich habe nicht das Recht, mich aus dieser Verantwortung zu stehlen, um mich meiner eigenen Trauer hinzugeben. Euretwegen, meine Freunde. Euretwegen darf ich nicht trauern. Für euch bin ich stark, und gemeinsam wird unsere Kraft durch den Tod unseres Freundes Felix wachsen.»

Chakka!, dachte ich.

Doch der Mund stand mir offen.

«Und deshalb habe ich heute jemanden hier bei mir.» Wieder hatte Marius einige Sekunden geschwiegen, damit die Worte wirken konnten. Seine Stimme war jetzt weicher. «Das ist das Zweite, das diesen Abend besonders macht.»

Diesmal öffnete er beide Fäuste.

Das war seine bekannteste Geste, fast als ob er ein Baby in den Armen hielt. Keine Angst. Marius ist ja da.

«Ich werde mich heute Abend mit Helena unterhalten», erklärte er.

Helena?

Plötzlich wurde mir flau.

Dass Marius seinen Anrufern Namen verpasste, hatte mehr als einen Grund. Einerseits ging es natürlich um eine gewisse Anonymität – andererseits schien der Mann ein fast schon magisches Gespür zu besitzen, welcher Name zu der jeweiligen Person am besten passte.

Judas zum Beispiel war mit der Kasse seines Schützenvereins durchgebrannt, *Othello* hatte mit Vorurteilen gegen Menschen mit dunkler Hautfarbe zu kämpfen. Und so weiter.

Helena?

War das nicht die Frau gewesen, um deretwillen sich die alten

Griechen vor den Toren von Troja gegenseitig abgeschlachtet hatten?

Helena – eine Frau zwischen zwei Männern.

Dennis und Joachim Merz?

Nein. Ich schüttelte mich. Unmöglich. Ich war jeden Augenblick auf der Hut gewesen. Er *konnte* nicht die richtigen Schlüsse gezogen haben.

Und ich konnte jetzt nicht darüber nachdenken. Marius sprach schon weiter.

«Helena ist von der Hamburger Kripo. Helena ist noch keine Freundin», betonte der Moderator.

Der Augenblick war so intensiv: Ich glaubte es förmlich zu hören, das hunderttausendfache, enttäuschte bis missbilligende *Ooooooooooooh!* vor den Fernsehern.

«Aber ihr wisst genau, dass die meisten Freunde noch Fremde sind, wenn wir sie kennenlernen.» Eine Spur Rüge in der Stimme. «Wenn wir ihr eine Chance geben, kann sie vielleicht eine Freundin werden. Guten Abend, Helena.»

«Gu…» Ich verschluckte mich. «Guten Abend.»

«Helena, ich danke Ihnen, dass Sie heute Abend gekommen sind.»

Ich hatte den Mund schon geöffnet, um mich für die Einladung zu bedanken.

Entschlossen klappte ich ihn wieder zu.

Ein paar Grenzen gab es doch.

«Helena, Sie sind hergekommen, weil Sie erfahren möchten, wie wir Felix erlebt haben. Sie möchten – wie wir – begreifen, wie es sein kann, dass unser Freund Felix, der sich so tapfer seinen Dämonen gestellt hat, jetzt nicht mehr am Leben ist.»

Irgendjemand hat ihn gefesselt, dachte ich, und in einem Bassin im Volkspark jämmerlich ersaufen lassen.

An sich wollte ich nur wissen, *wer* und *warum*.

«Ich erinnere mich an mein erstes Gespräch mit Felix.» Marius' Hände lagen wieder flach nebeneinander. Aus den Sendungen wusste ich, dass er in solchen Momenten, bei Freunden, die zum wiederholten Mal anriefen, Notizen zu Hilfe nahm.

Aber das war unnötig dieses Mal. Er hatte alle Zeit der Welt gehabt, sich vorzubereiten.

«Mir war auf der Stelle klar, dass ich mit einem zutiefst unglücklichen Menschen sprach», murmelte Marius. «Mit jemandem, der Dinge besaß, von denen wir als gewöhnliche Menschen nicht einmal träumen können ...»

Eine Villa zum Beispiel, dachte ich. Und einen ganzen Hofstaat, der ihm jeden Wunsch von den Augen ablas.

Nein, *gewöhnliche* Menschen hatten das nicht.

Falk Sieverstedt schon.

Marius selbst allerdings ganz genauso.

«... aber der eben doch nach dem Entscheidenden, dem, was wirklich wichtig ist, verzweifelt suchte: Liebe. Verständnis. Menschen, die verstehen konnten, worauf es ihm wirklich ankam.»

Eine winzige Pause, bevor die Hände sich wieder umdrehten, die Handflächen nach oben.

«Freunde.»

«Sie haben ... Felix niemals persönlich getroffen», sagte ich. «Das ist doch richtig?»

«Das ist richtig.» Die Hände blieben in Position. «Doch das ist auch nicht unbedingt notwendig für eine Freundschaft. Felix hat mich angerufen, weil er gespürt hat, dass er mir vertrauen kann. Dieses Vertrauen, Helena, ist das entscheidende Element in einer Freundschaft: rückhaltloses Vertrauen. Ein Freund ist ein Mensch, dem wir erlauben, bis auf den Grund unserer Seele zu blicken. Haben Sie selbst solche Freunde?»

Ich blinzelte. «Ein paar», sagte ich. «Wenige. Und für Felix waren Sie so ein Freund?»

Marius legte den Kopf nachdenklich auf die eine, dann auf die andere Seite.

Ich musste an Yvette denken und fragte mich, wie gut Falk sie eigentlich gekannt hatte. Ihr hätte er vertrauen können.

Stattdessen hatte er Marius angerufen.

«Wir alle haben Träume», sagte der Moderator und drehte den Kopf ein Stück, nur eine Winzigkeit, aber deutlich genug, dass mir klarwurde, dass er nicht mehr die Kamera, sondern mich ansah. «Doch die meisten von uns scheuen davor zurück, ihre Träume in Erfüllung gehen zu lassen, obwohl es doch einzig und allein in ihrer Hand liegt, ob sie Wahrheit werden. Felix zum Beispiel war todunglücklich. Die Dinge, die er im Überfluss besaß, haben ihm nichts bedeutet. Und doch war er nicht imstande, sie aufzugeben für das, was ihm wirklich etwas bedeutete.»

«Ein Künstler zu sein.»

«In seinem Fall. Ja. Allerdings nicht allein. Es war wohl mehr eine bestimmte Art zu leben. Ein Künstlerleben.»

«Die wenigsten Künstler wohnen in einer Villa und haben ein eigenes Segelboot», murmelte ich, biss mir aber im nächsten Moment auf die Lippen.

Das war hart an der Grenze, die Identität zwischen Falk und Felix zu bestätigen.

«Sehen Sie? Wild und gefährlich. Sehnen wir uns nicht alle ein bisschen danach? Die Luft des wilden und gefährlichen Lebens zu schnuppern?»

Ein tiefer, genießerischer Atemzug.

«Die verbotenen Dinge?»

Ich blinzelte. Worauf wollte der Mann hinaus?

Schnuppern?

Automatisch kräuselte ich die Nase.

Das war unmöglich!

Merz hatte mir nur die Haare aus der Stirn gestrichen. Der einzige Moment, in dem er mir wirklich nahe gekommen war. Haut an Haar.

Aber hatte ich nicht selbst noch Stunden später das Gefühl gehabt, dass da etwas von seinem Duft geblieben war? *Antaeus* von Chanel?

Konnte ein Mensch in der Lage sein, das jetzt noch zu riechen? An *mir*?

Wir haben Möglichkeiten, Frau Friedrichs, Sinne, die den meisten von uns überhaupt nicht bewusst sind.

Marius' eigene Worte. Ich hatte geglaubt, er wollte auf den berühmten sechsten Sinn anspielen, der ihm nachgesagt wurde: Er *spürte* die Gedanken seiner Anrufer.

Ich weigerte mich, daran zu glauben, dass ein Mensch dazu in der Lage sein sollte.

Doch Marius war blind. Oder zumindest etwas, das dem nahekam. Waren nicht bei vielen blinden Menschen die übrigen Sinne sehr viel stärker ausgeprägt? Das Gehör oder eben ...

Und er nannte mich *Helena*!

Marius sah mich an.

Natürlich sah er mich nicht wirklich, aber die Silhouette mit der dunklen Sonnenbrille wies noch immer in meine Richtung.

Er wartete auf eine Antwort.

«Ehrlich gesagt ...» Ich war äußerst zufrieden, wie ruhig meine Stimme klang. «Wilde und gefährliche Dinge habe ich in meinem Job mehr als genug. Und bei den verbotenen Dingen schreiten wir ein. Dazu sind wir da, nicht wahr?»

Seine Haltung veränderte sich um eine Idee. Als ob er ...

Eindeutig: eine Verneigung. *Respekt. Clevere Antwort.* Ich unterdrückte ein Grinsen und riss mich zusammen.

Verdammt, Friedrichs! Vergiss nicht, weshalb du hier bist!

«Hatten Sie den Eindruck, dass Felix in verbotene Dinge verwickelt war?», fragte ich.

«Wenn ich ihn richtig verstanden habe, ist seine Familie doch fürchterlich reich?» Eine Handbewegung, die deutlich machte, dass ihn solche Dinge nicht sonderlich interessierten. «Wird man so reich, wenn man sich an die Gesetze hält?»

«Wenn man lange genug dafür arbeitet.» Ich hob die Schultern. Die Sieverstedts gab es schließlich seit vier oder fünf Generationen. «Welchen Rat haben Sie Felix denn nun gegeben?», fragte ich. «Als sein *Freund.*»

Zum ersten Mal schien Marius zu zögern.

«Da Sie noch keine Freundin sind, Helena, bin ich mir nicht sicher, ob Sie wirklich verstehen, was ich hier tue», sagte er schließlich. «Wer sich einfach nur durch die Kanäle zappt, könnte den Eindruck bekommen, dass ich meinen Rat wahllos gebe, aus einer Laune des Augenblicks heraus, obwohl ich noch gar nicht richtig durchschaut habe, worum es meinen Anrufern überhaupt geht. Ist das Ihr Eindruck?»

Ich antwortete nicht.

Ob das mein Eindruck war? Das war meine *Überzeugung!* Einzig und allein aus diesem Grund war der Mann seit Jahren auf Sendung: Weil er regelmäßig Leute zusammenfaltete, bevor die auch nur richtig zu Wort gekommen waren.

Diese Sorte rief allerdings selten ein zweites Mal an.

«Für meine Freunde, Helena, nehme ich mir Zeit», erklärte er mit einer weit ausholenden Geste.

Automatisch hatte ich ein Bild im Kopf. Allerdings nicht irgendeins, sondern Leonardo da Vincis *Das Letzte Abendmahl.* Jesus Christus, der Brot und Wein austeilte.

Marius verteilte Ratschläge – an seine Freunde.

«Wenn für den Zuschauer, der einfach nur zur Unterhaltung meine Sendung verfolgt, dennoch der Eindruck entsteht, dass ich mit meinem Rat voreilig bei der Hand wäre, ist das zwar nachvollziehbar, aber vollständig falsch. Wahre Freunde, Helena, müssen in solchen Momenten nicht lange nachdenken. Wahre Freunde blicken auf den Grund der Seele. Wahre Freunde spüren die Gedanken des anderen. Und bei manchen von uns ist diese Gabe stärker als bei anderen. Manchmal ...» Plötzlich schien er zu sich selbst zu sprechen, was ich ihm sogar abgekauft hätte –

wäre da nicht das überdimensionierte Richtmikrophon gewesen, einen halben Meter neben mir.

Für die Zuschauer natürlich unsichtbar.

«Manchmal würde ich mir wünschen, ich wäre nicht mit dieser Gabe geschlagen», murmelte er.

Die Hände noch zwanzig Zentimeter höher, dachte ich, und du machst den Jesus am Kreuz perfekt.

«Und was ist Ihrer *Gabe* zu Felix eingefallen?», erkundigte ich mich.

«Er musste eine Entscheidung treffen.» Marius ließ die Hände sinken. «Ganz gleich, wie sie ausgefallen wäre. Seine Träume leben – oder seine Träume begraben. Entweder weiterhin all den Luxus, der ihm nichts bedeutete, oder neu anfangen mit den Dingen, die wirklich zählen. Ein Ausbruch, Helena.»

«Ohne Rücksicht auf Verluste?»

«Ohne Rücksicht auf Verluste. Wenn wir das eine, das uns alles bedeutet, nicht haben, was ist dann der Rest wert? Wenn wir das eine aber bekommen, was schert es uns, wenn wir den Rest verlieren?»

«Nicht viel», murmelte ich.

«Sie kennen die Situation?»

«Nicht ... Nicht direkt.»

«Ich behaupte, dass wir alle sie kennen. Etwas, das sich mit Gewalt in unser Leben drängt, und mit einem Mal wird alles andere unwichtig. Ein Mensch. Sehr häufig ist es ein Mensch. Plötzlich steht er vor uns und erschüttert unser Leben in den Grundfesten, und alles, was dort sonst eine Rolle spielt, rückt an den Rand. Selbst unsere Familie, die nicht begreifen kann, was mit uns los ist. Sagen Sie mir nicht, dass Sie das niemals erlebt haben, einen solchen großen, wilden, gewaltigen Traum. Dass Sie nicht daran zurückdenken ...»

«Marius, ich bin hier, um mit Ihnen über Felix zu sprechen.»

«Das tun wir gerade, Helena. Wir sprechen über Felix, weil

Felix etwas erlebt hat, das uns allen in unserem Leben begegnet. Ein Moment, ein Mensch, der uns aus der Bahn wirft, und der Rest steht drum herum und kann es nicht begreifen. Und dann treffen wir eine Entscheidung. Manchmal bereuen wir sie ein Leben lang. Und nicht wir allein, nicht wahr?»

Er lehnte sich vor, nur ein oder zwei Zentimeter, sodass er aus dem Lichtkegel blieb. Und doch war es mehr als ein Vorlehnen: ein Niederstoßen wie ein Raubvogel, ein Habicht, der die Beute gesichtet hat und weiß, dass sie ihm nicht mehr entgehen kann.

Die Bewegung kam so plötzlich, dass ich zusammenzuckte. Dennis!

Er dachte an Dennis. Mit einem Mal war ich mir hundertprozentig sicher. Wie auch immer er das angestellt hatte.

Er war *Marius*, und ich hatte nicht die Spur einer Ahnung, wie detailliert Dennis am Telefon geworden war.

Und ich roch nach Merz' Rasierwasser.

«Felix ist tot», sagte ich kalt. «Und er hatte eine Familie, die jetzt um ihn trauert.» Das war die Lüge des Jahrhunderts, aber das war gerade egal. Yvette Wahltjen trauerte mit Sicherheit. «Dieser Familie, vor allem aber Ihrem *Freund* Felix schulden wir etwas. Wenn Sie mir nicht helfen wollen, bitte. Ihre Telefonate mit dem Opfer sind ja bestens dokumentiert, und der Sender hat bereits zugesagt, sie uns zur Verfügung zu stellen. Wenn wir an Sie noch Fragen haben, unterhalten wir uns am besten in Ruhe.»

Ich stand auf und freute mich einen Moment lang über das Quietschen des Besucherstuhls, der mit einem vernehmlichen Laut gegen das Mikrophon stieß.

«Auf dem Revier», fügte ich hinzu, doch in diesem Moment ...

Aus den Augenwinkeln sah ich einen Schatten, fuhr herum und fasste zu.

Es war ein Impuls, nichts anderes.

Eine Sekunde lang starrte ich vollständig baff unmittelbar in das Objektiv der Kamera.

«Verdammt!», knurrte ich.

Mit einer wütenden Bewegung verfrachtete ich das Monster auf den Moderatorentisch und war im nächsten Moment auf dem Korridor.

Ich glaubte ein entsetztes Keuchen zu hören, als die Flurbeleuchtung das Studio für eine halbe Sekunde in Licht tauchte.

* * *

Ein Wust von Fäden.

Jörg Albrecht hatte es sich zur Gewohnheit gemacht, eine Ermittlung auf diese Weise zu betrachten: im Zentrum das Bild, das der Täter am Tatort zurückgelassen hatte, der Leichnam in seiner Auffindungssituation.

Darum herum gruppierten sich unterschiedliche Elemente: Details der Tat, die Martin Euler und seine Kollegen mit ihren wissenschaftlichen Untersuchungsmethoden zutage fördern konnten, aber auch das Leben des Opfers, Freunde und Feinde, Träume, Ängste und Leidenschaften.

Ein gewaltiges, buntes Wirrwarr – wie die Seerosen auf dem Bassin, in dem Falk Sieverstedt sein kaltes, nasses Ende gefunden hatte.

Doch die Wurzeln dieser Pflanzen reichten tiefer, schlangen sich würgend umeinander, wechselten für das Auge unsichtbar ihre Wuchsrichtung – und liefen doch am Ende zusammen, an dem einen, entscheidenden Punkt.

Die Fäden auf der unsichtbaren Ebene der Ermittlung.

Albrecht wusste, dass sie die entscheidende Ebene war. Und doch hatte er den entscheidenden Zusammenhang, das entscheidende Element noch nicht gefunden.

Bis zu diesem Moment konnte er lediglich sagen, was es *nicht* war, weil sich bei jeder einzelnen Theorie ein Faden löste und einer der trügerisch bunten Blütenkelche außer Reichweite trieb:

Es konnte *nicht* die Firma sein. Die gesamte Ausführung der Tat sprach dagegen.

Es konnte *nicht* der Konflikt zwischen Vater und Sohn sein. Das perfide Experiment des Konsuls, bei dem sich Falk am Ende zwischen der Familientradition und einer Künstlerexistenz hätte entscheiden müssen. Welchen Grund hätte Friedrich Sieverstedt haben sollen, dieses Experiment abzubrechen? Dermaßen hinfällig war er nun doch noch nicht, und im Übrigen hatte Falk seine entscheidende Pflicht noch nicht erledigt: für die nächste Sieverstedt-Generation zu sorgen.

Nein, und es konnte auch *nicht* die Szene im Volkspark sein. Einem Täter, der Pöbel und Perverse gegeneinander ausspielen wollte, wäre es ein Leichtes gewesen, die Tat nach einem Sexualdelikt aussehen zu lassen. Wenn die Leiche wenigstens nackt gewesen wäre ...

Jörg Albrecht schüttelte den Kopf, im selben Moment, in dem er den Wagen auf die Langenhorner Chaussee lenkte.

So viele Gedanken. Aber nicht mehr heute Abend.

Dieser Abend war etwas Besonderes, schon weil er von einer uralten persönlichen Tradition abwich.

Es war nicht der letzte Dienstag im Monat.

Es war der letzte Montag.

Eine Podiumsdiskussion in der Volksrepublik China stand an, und sein alter Freund hatte es nicht anders einrichten können. Wenn man ihn einen Freund nennen konnte, wofür nach sechsundzwanzig Jahren der Bekanntschaft manches – aber nicht alles – sprach.

«Herr Bürgermeister?»

«Der Name ist Schultz!»

Abgesehen vom Wochentag war alles wie immer. Der alte Mann saß im Rollstuhl in seiner Bibliothek, und das Nikotin waberte in der Luft, dass man es in kleine Würfel hätte schneiden können.

Mit einer wortlosen Geste wies Schultz auf Albrechts Stuhl, seinem Platz gegenüber.

Zwischen ihnen auf einem niedrigen Tischchen stand das Schachspiel, die weißen Figuren heute auf Albrecht ausgerichtet.

Seit dem Winter hatten sie sich nach langer Zeit wieder einmal einige Partien geliefert – die Schultz selbstverständlich gewonnen hatte –, doch dieser Teil der Tradition stand nicht im Mittelpunkt ihrer Zusammenkünfte.

Es gab andere Dinge, die diese Abende ausmachten. Ereignisse, die sich im vergangenen Monat im Leben eines der beiden Männer zugetragen hatten, mochten den Ausgangspunkt bilden, doch die Dynamik ihrer Unterhaltungen sorgte von selbst dafür, dass sich die Runde um das Schachbrett nach und nach erweiterte. Um Sokrates oder Voltaire, um Marc Aurel oder Thomas von Aquin.

Die Besetzung wechselte.

«Sie wirken nachdenklich, Jörg», bemerkte Schultz in die Stille hinein, die nicht vollständig war. An der Grenze des Hörbaren perlte ein Klavierkonzert. Für den ehemaligen Ersten Bürgermeister der Freien und Hansestadt mit Sicherheit *jenseits* dieser Grenze.

Albrechts Finger fuhren über den Rand seines Rotweinglases.

Er hatte geglaubt, dass er seinen Fall für diesen Abend aussperren konnte. Jetzt aber stellte er fest, dass das nicht möglich war.

Die abstrakten philosophischen Spekulationen mit dem alten Mann hatte er stets als anregend empfunden, doch konnten sie ihm eine Antwort auf die ganz konkrete Frage liefern, die seinen Verstand in diesem Moment fesselte?

Warum hatte Falk Sieverstedt im Wasser eines Bassins im Altonaer Volkspark sein Ende gefunden? Jörg Albrecht hatte versucht, sich dem Opfer zu nähern. Er hatte das Umfeld abgesteckt, und tatsächlich wusste er inzwischen, was den Jungen umgetrieben hatte: ein Leben als Künstler, ein wilderes und freieres Leben, als der Erbe des Konsuls es hätte erwarten können.

Doch war er damit tatsächlich in den Kern von Falk Sieverstedts Persönlichkeit vorgedrungen?

Vielleicht sollte er anders denken, denken wie dieser Fernsehmensch, Marius, und wenn es ihm noch so zuwider war. Wie hatte sich Marius seinem Anrufer genähert?

«Die menschliche Seele», sagte Albrecht. «Die Seele, Herr Bürgermeister. Haben Sie einmal über die Seele nachgedacht?»

Ein tiefer Zug aus der Zigarette.

Wenn die Frage Schultz überraschte, zeigte er das nicht. Albrecht bezweifelte, dass es besonders viele Dinge gab, die den alten Mann noch überraschen konnten.

«Es wird Sie kaum verblüffen, dass ich an die Existenz einer individuellen menschlichen Seele, wie das Christentum sie predigt, nicht recht glaube», erklärte Schultz, während er seine bis an den Filter aufgerauchte Zigarette zielsicher im Aschenbecher versenkte und sich übergangslos eine neue anzündete.

«Das habe ich nun auch nicht behauptet», warf der Hauptkommissar ein. «Dass das Christentum die Seele erfunden hätte.»

Ein heiseres Lachen, das in einen Hustenanfall mündete.

Albrecht nutzte die Gelegenheit und nahm einen Schluck Wein, bei dem sich wie erwartet sämtliche Geschmacksknospen zusammenzogen.

Mühsam kam Schultz wieder zu Atem und griff nach der Zigarette wie nach einem Inhalator.

«Das wollte ich Ihnen auch nicht unterstellen. Was ich sage, ist, dass unsere Vorstellung von der Seele christlich geprägt ist, wie wir auch andere, sehr viel ältere Traditionen durch eine christliche Brille betrachten. Schon aufgrund jahrhundertelanger Überlieferung. Dabei ist es absolut uninteressant, ob wir uns persönlich der einen oder anderen Glaubensgemeinschaft zurechnen.»

Albrecht nickte zögernd.

Damit konnte er leben.

Heiner Schultz lehnte sich in seinem Rollstuhl zurück. Seine Augen waren halb geschlossen, als er einem Rauchkringel nachsah, der der holzverkleideten Decke entgegenschwebte wie ein nikotingesättigter Heiligenschein.

«Tatsächlich sind die Veränderungen, die wir dem Christentum verdanken, fundamental», erklärte Schultz. «Die Seele etwa stellen wir uns heute nicht mehr als einen Gegenstand vor, wie man das zu Aristoteles' Zeiten tat. Damals waren viele Menschen fest davon überzeugt, dass die Seele eine definierte Form besitzt: kugelrund, die perfekte Form also. Eine eindeutige Farbe: rot, wenn ich mich richtig erinnere. Friedrich II. von Hohenstaufen ...»

Albrecht beugte sich vor.

«Friedrich II. war noch Jahrhunderte später der Ansicht, dass die Seele sich – wenn sie denn existierte – stofflich fassen lassen müsste», erklärte Schultz. «Sein berüchtigtes Experiment ist Ihnen möglicherweise bekannt: einen todkranken Menschen in ein Fass zu sperren und nach Eintritt des Todes einen Sack über die ...» Eine suchende Handbewegung.

«Das Spundloch?», half Albrecht.

«... über das Spundloch zu stülpen, um sie einzufangen.»

Albrecht lag die Frage nach dem Erfolg der Maßnahme auf der Zunge, doch im letzten Moment schluckte er sie herunter. Er wollte keinen neuen Hustenanfall provozieren.

«Nach dem Tode, glaubte man, entweiche die Seele durch die Nasenlöcher», murmelte Schultz.

Fasziniert starrte der Hauptkommissar den alten Mann an, der soeben neue Nikotinwolken ausstieß. Durch die Nasenlöcher.

«Eine Vorstellung, die nahelag, wenn wir bedenken, wo man den Sitz der Seele lokalisierte.» Schultz hob eine zittrige Hand und tippte sich kurz an die Stirn. «Der kürzeste Weg.»

Der Hauptkommissar nickte. Er ...

Abrupt hielt er inne.

«Wobei diese Vorstellung endgültig erst mit der Aufklärung und der Französischen Revolution ...», murmelte Schultz.

«Was haben Sie gesagt?» Albrechts Stimme war rau. Ein Gedanke hatte sich in seinem Kopf materialisiert. Mehr als ein Gedanke.

Wie ein Fieberschub. Bündel von Energien, die an seinen Nervenbahnen entlanghuschten: Wurzelstränge im unergründlichen Geflecht am Boden des nächtlichen Bassins.

«Mit dem achtzehnten Jahrhundert ist ein Wandel eingetreten», dozierte Schultz. «Mit der Aufklärung und der ...»

«Vorher!» Albrecht griff nach seinem Rotweinglas und kippte den Rest des Inhalts mit einem Zug herunter.

Die aufmerksamen alten Augen zogen sich irritiert zusammen.

«Die Seele wurde im Bereich der Stirn lokalisiert», erklärte Schultz. «Was insofern erstaunlich ist, als dieser Bereich unseres Gehirns tatsächlich ...»

Albrecht schob seinen Stuhl zurück.

«Herr Bürgermeister? Ich wünsche Ihnen eine gute Zeit in China, aber ich muss an dieser Stelle ...»

Er war bereits an der Tür.

«Wir sehen uns am letzten Dienstag.» Ein letzter Blick über die Schulter. «Am letzten Dienstag im Juli.»

Auf dem Gehsteig an der Langenhorner Chaussee schlug ihm schwülheiße Luft entgegen, doch er achtete nicht darauf, sondern riss sein Mobiltelefon aus der Tasche, tippte auf die Kurzwahl.

Euler, verdammt!

* * *

Verstohlen hielt ich Ausschau, ob sich an den Fensterscheiben Eiskristalle bildeten.

Ich wäre nicht überrascht gewesen.

Unterkühlt war mir Merkatz schon bei meiner Ankunft vorgekommen. Inzwischen konnte sie nicht mehr weit entfernt sein vom absoluten Nullpunkt.

«Ich gebe Ihnen meine Karte.» An der Glastür nach draußen blieb sie stehen. «Wenn Sie noch Fragen haben, stehe ich Ihnen zur Verfügung.»

Mit spitzen Fingern reichte sie mir das Papier.

Ich hob die Schultern und nahm das Kärtchen entgegen.

Ich hatte längst beschlossen, Marius noch einmal in die Zange zu nehmen – aber diesmal würde *ich* das Schlachtfeld bestimmen.

Mit dem Unterschied, dass ich mir diesmal zuerst die Aufzeichnungen der Sendung ansehen würde, die Winterfeldt inzwischen gesichtet haben musste. Bis morgen früh auf jeden Fall.

Schließlich hatte er die ganze Nacht lang Zeit, selbst wenn er – wie angekündigt – zwischendurch die aktuelle Sendung verfolgte.

Mein eigener Auftritt dürfte ihm kaum entgangen sein.

Ich bedankte mich mit einem Nicken und steckte die Karte ein.

«Der Empfang ist jetzt nicht mehr besetzt», informierte mich Merkatz. «Fahren Sie links am Gebäude vorbei, dann kommen Sie weiter unten am Heuweg heraus.»

Ich merkte mir die Information. Diese Stelle würde ich mir genau ansehen – für den Fall, dass noch einmal ein *echter* Überraschungsbesuch notwendig werden sollte.

Marius' Assistentin blieb an der Tür stehen, während ich über den Parkplatz zu meinem Nissan ging und einstieg. Die beiden anderen Wagen standen noch immer an Ort und Stelle, Menschen waren nicht zu sehen.

Im Obergeschoss der Scheune brannte jetzt Licht, der Rest der Fenster zur Hofseite war dunkel, ausgenommen das Eingangsfoyer mit der Bibliothek.

Die jungen Leute, die *Schüler*, hielten sich vermutlich in der Scheune auf.

Was genau *lernten* sie hier? Konnte man sich bei Marius als Schüler bewerben, oder wie wurden diese Menschen ausgewählt? War womöglich auch Falk ...

Ich schüttelte den Kopf und ließ gleichzeitig den Wagen an.

Nach Aussage des Moderators war er Falk niemals persönlich begegnet. Doch über Marius' Ehrlichkeit machte ich mir keine Illusionen. Wenn bei einem Menschen Lügen und Halbwahrheiten zum Berufsbild gehörten, dann war es dieser Mann.

Aber auch Yvette war vollständig überrascht gewesen, als ich Falks Anruf bei Marius erwähnt hatte ...

Es gab Möglichkeiten, diese Dinge zu prüfen. Doch wenn wir uns dabei auf Marius' Angaben und die seines Hofstaats verließen, war das der falsche Weg.

Anweisungsgemäß fuhr ich links am Gebäude vorbei. Rechts von mir konnte ich in einem Unterstand den Traktor mit den Baumstämmen erkennen, doch dahinter ging die Straße weiter.

Eine ungepflasterte Piste, schmal und einspurig, zog sich in leichten Windungen durch dichten Wald bergab. Es gab keine Möglichkeit, falsch abzubiegen. Nach einer Weile passierte ich eine Schranke, die allerdings geöffnet war. Vermutlich die Grenze von Marius' Anwesen.

Fünf Minuten später lichtete sich der Wald, und ich kam an einem Gebäude wieder ins Freie, das mir bereits auf dem Hinweg aufgefallen war.

Ein Restaurant, die *Kleine Sennhütte*.

Ich grinste müde. Damit einem die Schwarzen Berge wie ein richtiges Gebirge vorkamen, musste man schon echter Hamburger sein.

Doch zumindest mit dem Ambiente hatte man sich Mühe gegeben: An der Zufahrt zum Heuweg wachte eine aus Holz geschnitzte, ungefähr sieben Meter hohe Eule. Gegen meinen Willen musste ich sofort wieder an Marius denken bei diesem stieren, starrenden Blick.

Seufzend bog ich nach links, noch einmal den Berg hoch, vorbei an der Stelle, an der ich Joachim begegnet war, vorbei am Café.

Raus aus der Stadt. Nach Hause.

Mit jedem Kilometer veränderte sich etwas.

Meinen Abgang aus dem Studio konnte ich als Erfolg verbuchen, von dem Zwischenfall mit der Kamera einmal abgesehen. Einem Marius, der Blut gewittert hatte, durch die Finger zu schlüpfen, war ein Kunststück.

Er war es, der die Gespräche mit seinen *Freunden* beendete, sobald er ihnen an den Kopf geworfen hatte, was er ihnen mitzuteilen wünschte. Und mit Sicherheit hatte er sich das bei mir ganz genauso vorgestellt.

Ich war entkommen.

Doch erst im allerletzten Moment war mir klargeworden, auf wie dünnem Eis ich mich bewegt hatte.

Ich ließ die Fenster vollständig nach unten und spürte den Nachtwind auf meiner Haut, doch selbst er brachte keine echte Abkühlung, sondern fühlte sich klebrig an in der schwülen Dunkelheit, irgendwie ... schmutzig?

Ich biss die Zähne zusammen.

Rechts ging es ab nach Tötensen und Rosengarten – auch eines der Prominentenviertel vor den Toren der Stadt. Die Gegend von Seevetal, in der unser Häuschen stand, war nicht ganz so edel, aber eben doch noch ein, zwei Nummern zu groß für eine Polizeibeamtin aus der zweiten Reihe und einen mittelmäßig erfolgreichen Immobilienmakler.

Ich bog in unsere Sackgasse ein. Dahinter gab es nur noch eine einzelne Baumreihe und die Felder. Durch das dichte Laub ab und zu ein Aufblitzen von Licht. Das war der einzige Schönheitsfehler: Die Autobahn war ganze zweihundert Meter entfernt – nur deshalb hatten wir uns nach monatelangem Hin- und Herüberlegen das Haus überhaupt leisten können.

Dennis' Toyota stand schon in der Garage. Den Nissan parkte ich regelmäßig in der Auffahrt – da gab es nicht so fürchterlich viel zu verderben.

Gedämpftes Licht fiel durch das Flurfenster auf den Hof und brachte mich leise zum Lächeln.

Wenn Dennis damit rechnete, dass ich erst im Dunkeln nach Hause kam, ließ er die Flurlampe brennen. Und beim Mittagessen hatte ich gerade genug angedeutet, dass er davon hatte ausgehen können.

Ich ließ die Wagentür ins Schloss fallen und schleppte mich müde die Treppe hoch.

«Hallo, Schatz. Das war heute wirklich ...»

Ich kniff die Augen zusammen.

Dennis' Platz in der Küche war leer.

«... weil du eine Wahl hast, mein Freund, und eine Entscheidung treffen musst. Haben wir nicht gerade heute Abend erlebt, was geschieht, wenn man sich weigert, eine Entscheidung zu treffen?»

Ich kannte die Stimme.

Und in diesem Moment, hier in meiner sicheren Höhle, geschah das, womit ich den ganzen Tag insgeheim gerechnet hatte: Ich klammerte mich an die Garderobe. Irgendwas, die Schlüsselschale oder der Schuhanzieher, polterte zu Boden.

«Aber es ist doch nicht nur sie, Marius! Es sind doch auch die Kinder ...»

Eine wildfremde Stimme diesmal, ebenfalls aus dem Fernseher.

Im selben Moment flog die Wohnzimmertür auf.

«Hannah!»

Mein Ehemann starrte mich an wie ein Wesen von einem anderen Planeten.

«Tut mir leid», murmelte ich schwach. «Nicht die Zahnfee.»

«Hannah ...»

Er kam auf mich zu. Ich löste die Hand von der Garderobe. Doch, ich konnte stehen.

Nur die Hitze, dachte ich. Und alles andere. Zwei Schritte vor mir blieb er stehen.

«Bist du okay?»

«Klar.» Ich strich mir durch die Haare. Klebrig. «Alles in Ordnung», sagte ich.

«Und du glaubst ernsthaft, Absalom, diese Situation wäre gut für die Kinder?»

Ich ließ meine Handtasche zu Boden gleiten. «Bitte, Dennis. Würdest du das ausstellen?»

Er zögerte für eine Sekunde, doch dann drehte er sich auf dem Absatz um und verschwand im Wohnzimmer. Im nächsten Moment brach Marius mitten im Wort ab.

«Kein Problem», sagte Dennis, wieder in der Wohnzimmertür. *«Helena.»*

Ich nickte stumm.

Er trat beiseite, um mich durchzulassen. Wortlos steuerte ich meinen Sessel an und ließ mich hineinfallen.

Einschlafen. Gleich jetzt auf der Stelle.

Ein leises Klirren.

«Bitte nur Wasser», murmelte ich mit geschlossenen Augen.

«Es ist nur Wasser.» Das Glas wurde in meine Hand gedrückt. «Willst du ein Aspirin?»

Stumm schüttelte ich den Kopf. Meine Finger waren zittrig, als ich das Glas an die Lippen führte und vorsichtig trank.

Dennis sah mich an, ich spürte es durch die geschlossenen Lider.

«Mach dir keine Sorgen», sagte ich leise. «Ich hab heute zu wenig getrunken, das ist alles.»

Dennis antwortete nicht.

Als ich ausgetrunken hatte, stellte ich das Glas auf den Couchtisch.

Ja, er sah mich an. Und irgendwas war …

Nicht so, wie es sein sollte.

Helena.

Er musste die Sendung von Anfang an verfolgt haben.

«Okay», sagte ich. «Das ist also unser neuer Fall. Du weißt genau, wie es am Anfang ist. Wir hatten eine Nachrichtensperre, also konnte ich dir nicht mal erzählen, um was für einen Fall es diesmal geht. Armer Junge. – Falk Sieverstedt», fügte ich vorsichtshalber hinzu.

Dennis sah mich an. Keine Veränderung.

Allmählich ging er mir auf die Nerven damit. Ich riss die Augen auf, schob die Unterlippe vor, glotzte übertrieben zurück.

Keine Veränderung.

Ich fuhr mir über die Lippen. «Würdest du mir *bitte* sagen, was los ist?»

Er holte Luft. Seine Arme lagen auf den Sessellehnen, die Hände öffneten sich, schlossen sich wieder.

«Warum?», fragte er heiser. «Gehört das jetzt zur polizeilichen Ermittlungstechnik? Warum hast du es ihm erzählt?»

Jetzt glotzte ich tatsächlich.

«Was?»

Dennis griff nach der Fernsehzeitung, warf einen Blick hinein, dann schmiss er sie zurück auf den Tisch.

Er stand auf.

«Ein Mensch, der uns aus der Bahn wirft!» Er verstellte die Stimme. Dass er versuchte, Marius zu imitieren, erkannte ich nur, weil ich mich an die Worte erinnerte. *«Wir treffen eine Entscheidung, und wir bereuen sie ein Leben lang. Und der eigene Ehemann steht daneben und kann es nicht begreifen.»*

«Das hat er überhaupt nicht gesagt!»

«Aber gemeint!» Er fing an, im Zimmer auf und ab zu gehen. «Hannah, war das wirklich nötig? Ich habe ehrlich geglaubt, ich wär damit durch, aber dass du mit einem fremden Menschen über ihn ...» Er schüttelte den Kopf. «Über *uns!*»

Mir klappte der Unterkiefer runter.

Und mit einem Mal packte mich die Wut.

Heuchler!

Ein Freund ist ein Mensch, dem wir es erlauben, bis auf den Grund unserer Seele zu blicken.

Und der eigene Ehemann? Die eigene Ehefrau?

Meine Stimme war ein gefährliches Flüstern. «*Lass – mich – in – Ruhe!*»

Er blieb stehen, die Augen zusammengekniffen.

Ich kannte diesen Ausdruck. Er versuchte mich einzuschätzen.

Ich habe kein Wort mit Marius gesprochen, dachte ich. *Du hast mit ihm gesprochen!*

Ich würde den Teufel tun, jetzt irgendwas aufzuklären, um ihn aus der Situation zu befreien.

«Schläfst du auf dem Sofa?», fragte ich kalt. «Oder ich?»

* * *

Jörg Albrecht war sich darüber im Klaren, dass er eine entscheidende Schwäche hatte.

Er vergaß zuweilen, dass seine Mitarbeiter ein Privatleben besaßen, und es waren deutliche, unmissverständliche Zeichen notwendig, um ihn an diesen Umstand zu erinnern.

Mit eingezogenen Schultern kam Euler auf den Eingang des gerichtsmedizinischen Instituts zu. Albrecht selbst war nur wenige Minuten schneller gewesen.

Doch Albrecht war an der Langenhorner Chaussee umstandslos in den Wagen gesprungen.

Wobei sich auch der Gerichtsmediziner nicht unnötig aufgehalten haben konnte.

Der Hauptkommissar betrachtete ihn von oben bis unten, bis Euler, der ihn und die Tür inzwischen erreicht hatte, ebenfalls an sich herabblickte.

Er trug eine weiße Schürze mit einem Schriftzug in Groß-
buchstaben: GRILLMEISTER.

«Tausche ich noch aus», murmelte der Gerichtsmediziner, bevor er sich in seiner Hosentasche zu schaffen machte und einen
großen Schlüsselbund zum Vorschein brachte.

«Ich weiß das wirklich zu schätzen, Martin, dass Sie sofort gekommen sind», sagte Albrecht. «Ich hätte das nicht von Ihnen
verlangt, wenn ich nicht ...»

«Oh.» Euler stieß die Tür auf. «Na ja, meine Schwiegereltern
sind zu Besuch. Sie hätten einen ungünstigeren Moment erwischen können. Und wenn ich tatsächlich etwas übersehen haben
sollte, versteht es sich von selbst, dass ich ...»

Albrecht hob die Hand. «Wenn jemand etwas übersehen hat,
dann bin ich es. Den entscheidenden Zusammenhang.»

«Sie machen es spannend.» Euler holte eine Chipkarte aus
der Tasche, zog sie durch ein Gerät gleich hinter dem Eingang
und drückte anschließend mehrere Knöpfe in einem Tastenfeld.
«Für den Sicherheitsdienst», erklärte er. «Hier im Gebäude gibt
es vermutlich mehr illegale Substanzen auf einem Haufen als irgendwo sonst in der Stadt. Wir müssen aufpassen.»

Albrecht nickte und sah zur Decke, wo mehrere matte Neonleuchten ansprangen. Keineswegs die gesamte Festbeleuchtung –
nur eine Auswahl.

Weit außerhalb der Dienstzeiten. Abgesehen von ihnen war
kein Mensch im Gebäude.

Zumindest kein *lebender* Mensch.

«Ich habe ihn heute Mittag gleich wieder runterbringen lassen», murmelte Euler, der bereits einen Fahrstuhl ansteuerte.
«Wir sind zwar noch weit davon entfernt, die Leiche freizugeben,
doch aktuelle Untersuchungen standen nicht mehr an.»

Die beiden Männer stiegen in den Lift.

Eine geräumige Kabine – schließlich musste sie oft genug Personen aufnehmen, die nicht im Stehen befördert wurden.

Im Keller erwartete sie ein gekachelter Flur. Euler wählte eine stahlverkleidete Tür ganz am Ende und wiederholte dort sein Spiel mit der Karte und dem Tastenfeld.

Albrecht war nicht zum ersten Mal hier. Er hatte sich auf den Geruch gefasst gemacht.

Die Welle traf ihn dennoch, und mit dem alles durchdringenden Geruch nach Formaldehyd und anderen Chemikalien – die Kälte.

Der Raum war vollständig aus Metall. An den Wänden befanden sich die Fächer mit den einzelnen Objekten – keineswegs in allen Fällen vollständige Leichname – und in der Mitte eine Arbeitsfläche aus gebürstetem Stahl.

Euler sah sich um, langte mit geübtem Griff nach Einmalhandschuhen und zwei Kitteln und reichte einen davon an den Hauptkommissar weiter.

«Spricht etwas dagegen, dass wir es gleich hier machen?», fragte er, während er sich anzog. «Wobei Sie mir schon sagen müssten, *was* Sie wissen wollen. Die Apparate haben wir ...»

«Ich denke nicht, dass wir die nötig haben werden», murmelte Albrecht. Sein Kittel saß knapp, doch er konnte sich darin bewegen. Sein Blick ging über die Kühlfächer. «Ich wollte Sie bitten, sich die Augen noch einmal anzusehen.»

«Ah!» Eulers Augen leuchteten auf. «Die sind wirklich eindrucksvoll, nicht wahr?» Schon machte er sich an einem der Fächer zu schaffen.

Albrecht trat an seine Seite, während Falk Sieverstedts in einen halbtransparenten Plastiksack verpackter Körper zum Vorschein kam, Kopf und Schultern voran. Er lag auf einer fahrbaren Bahre, was Euler die Arbeit erleichterte.

Geschickt schob der Gerichtsmediziner den Leichnam ins Zentrum des Raumes, unter die hellen Leuchten, und verschwand dann kurz, um sich mit Instrumenten zu versorgen.

«So.» Vorsichtig öffnete Euler den Reißverschluss. «Er dürfte jetzt ziemlich genau vierundzwanzig Stunden tot sein. Das wäre ungefähr der Zeitpunkt, zu dem der *rigor mortis* sich allmählich wieder zurückbilden würde. Durch die Kühlung schieben wir diesen Prozess hinaus. Aber Sie sehen ja selbst ...» Er beugte sich über das Gesicht des Leichnams. «*Wirklich* eindrucksvoll.»

Albrecht trat ebenfalls einen Schritt näher und betrachtete die im Tode erstarrten Züge. Er konnte keine Veränderung gegenüber dem Vormittag erkennen.

Die Augen waren aufgerissen, die normalerweise weiße Lederhaut rund um Iris und Pupille ein Netz zerrissener, geplatzter Gefäße, im Tode eher bläulich als rot, auf der linken Seite deutlicher als auf der rechten. Ebenso die Umgebung der Augen: dunkel verfärbte Blutergüsse.

Der Mund war geschlossen, aber auf eine irgendwie *falsche* Weise. Nicht die Kiefermuskulatur hatte ihn versiegelt, erinnerte sich Albrecht, sondern Euler und seine Helfer, ehe die Leichenstarre einsetzen konnte.

«Und?», fragte der Gerichtsmediziner aufgeräumt. Er hatte bereits zwei hakenartige Werkzeuge in der Hand. «Was kann ich nun für Sie tun?»

Albrecht zögerte einen letzten Moment und sah den Toten an.

Was hast du gesehen?, dachte er. Und wenn du noch am Leben wärst: Könntest du es mir verraten?

Dann holte er Luft.

«Ich möchte Sie bitten zu prüfen, ob an diesem Mann eine Lobotomie vorgenommen wurde.»

* * *

Euler stellte keine überflüssigen Fragen.

Seine Werkzeuge hatten sich als Pinzetten entpuppt, mit denen er jetzt am linken Auge des Toten nach den Lidern fasste und sie vom Augapfel zurückzog.

«Sehen Sie?» Gemurmelt. «Wir sprechen von Petechien, punkt-förmigen Blutungen, wie sie im Zuge eines Erstickungstodes im-mer eintreten. Ein Tod durch Ertrinken ist im Ergebnis ein Er-stickungstod. Die Ursache ist der Mangel an Sauerstoff.»

«Wobei hier von punktförmig kaum noch die Rede sein kann», wandte Albrecht ein.

«Zum Teil schon, aber das kommt durchaus vor.» Euler öffnete die Pinzetten, und die Lider glitten wieder halb über den Augapfel.

«Ich kann so nichts erkennen», sagte er. «Sie müssen mir assistieren.»

Albrecht biss die Zähne zusammen, ließ sich aber genau erklären, an welcher Stelle er mit den stählernen Werkzeugen zufassen musste.

«Bereit?», fragte der Gerichtsmediziner, der sich schon ein weiteres Instrument gegriffen hatte und in der anderen Hand eine Taschenlampe hielt.

Albrecht nickte stumm.

Durch die dünnen Handschuhe spürte er Falk Sieverstedts Haut.

Kalt. Tot. Die Haut der Stirn. Die Stirn, der Sitz der Seele.

Ob sie existiert oder nicht, dachte er. Und was immer dort zu finden war. Jetzt ist sie nicht mehr hier.

Euler murmelte etwas Unverständliches, während er den Aug-apfel millimeterweise beiseitedrückte, sodass ein schmaler Spalt entstand, in den er mit dem dünnen Lichtstrahl hineinleuchtete.

«Noch ... nichts ... Nicht loslassen, Hauptkommissar, gleich ... Mein Gott!»

Auf einen Schlag schien die Temperatur noch einmal um meh-rere Grad zu sinken.

Der Gerichtsmediziner richtete sich auf. «Sie können loslas-sen.»

Albrecht legte die Pinzette ab und trat einen Schritt zurück. «Ich hatte recht», stellte er fest.

Euler nickte mit zusammengebissenen Zähnen, schüttelte dann aber heftig den Kopf. «Das hätte nicht passieren dürfen.»

«Sie hatten keine Ahnung, wonach Sie suchen mussten», versuchte Albrecht ihn zu beruhigen. «Und wenn sich die Bilder so sehr ähneln ...»

Wieder ein Kopfschütteln. «Sie ähneln sich nicht. Sie überdecken einander. Der größte Teil der Blutungen ist auf das Ertrinken zurückzuführen. Die Lobotomie ...»

«Sie war nicht tödlich?»

«Es gibt keinen vernünftigen Grund, warum eine Lobotomie zum Tode führen sollte. Wissen Sie, wie der Mechanismus funktioniert?»

Albrecht schüttelte den Kopf.

Er hatte vor einem halben Leben einmal einen Magazinartikel gelesen. Irrwege der Neurochirurgie oder dergleichen. Lobotomien, bei denen man psychisch Kranke im Ergebnis in roboterhafter gefühllose Wesen verwandelt hatte, waren bis in die sechziger Jahre des zwanzigsten Jahrhunderts tausendfach vorgenommen worden.

Das Bild, der Gedanke war plötzlich wieder da gewesen, als Schultz seine zittrige Hand gehoben und an die Stirn geführt hatte. *Die Seele entweicht durch die Nasenlöcher ... Der kürzeste Weg ...*

Mit einer Ausnahme. Zweien, genauer gesagt.

«Das andere Auge muss ich noch untersuchen.» Euler schien seine Gedanken gelesen zu haben. «*Alles* muss ich noch einmal untersuchen. Das muss dokumentiert werden.»

Er schüttelte sich, als müsste er wieder zu Bewusstsein kommen.

«Die Lobotomie ...» Mit einer entschlossenen Bewegung zog er den Plastiksack zu.

Albrecht atmete auf. Für die zusätzlichen Untersuchungen würde Euler offensichtlich auf die Unterstützung seiner Assistenten zurückgreifen.

«Ganz gleich, was in irgendwelchen Gangster- oder Horrorfilmen verbreitet wird, stellte die Lobotomie jahrzehntelang ein durchaus anerkanntes und vergleichsweise simples Operationsverfahren dar. Obendrein noch nahezu unblutig.»

Albrecht runzelte zweifelnd die Stirn.

«Nahezu», betonte Euler. «Wobei es unterschiedliche Verfahren gab. Ursprünglich setzte man hier an.» Mit den Zeigefingern berührte er die Punkte am Ende seiner Augenbrauen. «Aber dazu musste der Schädel von außen geöffnet werden. Die eigentliche, klassische Lobotomie ist im Vergleich viel simpler: Ein spitzes Werkzeug wird oberhalb des Augapfels in die Augenhöhle eingeführt. Sobald es auf knöcherne Strukturen stößt, genügt ein leichter Schlag auf das rückwärtige Ende, und der Schädel, der hier seine dünnste Stelle aufweist, wird durchstoßen. Danach sind nur noch bestimmte Manöver mit dem Instrument notwendig, je nachdem, welchen Zweck man verfolgt.»

«Und welcher Zweck könnte das sein?»

Der Gerichtsmediziner hob die Schultern. «Der Bereich um Thalamus und Frontallappen gilt nicht zu Unrecht als der eigentliche Sitz unserer Persönlichkeit. Es gibt wenig, das man mit dieser Methode *nicht* glaubte kurieren zu können: Depressionen, Schizophrenie, Homosexuali...» Er hielt inne. «Mein Gott.»

Albrecht nickte düster.

Eine Möglichkeit. Eine von unzähligen, die plötzlich möglich erschienen.

«Aber warum hat er den Mann dann getötet?», murmelte Euler.

Albrecht stieß den Atem aus. «Wenn wir das wüssten, hätten wir den Fall vermutlich gelöst. Können Sie mir sagen, *wann* der Eingriff vorgenommen wurde? Könnte das erst nach dem Tod geschehen sein?»

Euler schüttelte den Kopf. «Nein. Jetzt, wo ich die Schädigungen gesehen habe: eindeutig *ante mortem*.»

«Und welche Auswirkungen hätte der Eingriff gehabt?»

«Unmöglich zu sagen ohne weiter gehende Untersuchungen – und selbst dann: Dass eine Lobotomie die Psyche des Patienten verändert, ist unbestritten, doch in den wenigsten Fällen lässt sich vorhersehen, *worin* diese Veränderung besteht. Das Gefühlszentrum ist in fast allen Fällen betroffen. Die Patienten werden ... passiv.»

Euler brach ab. Er hatte es im selben Moment begriffen wie Albrecht.

«Man stelle sich vor», sagte der Hauptkommissar leise. «Falk Sieverstedt trifft am Samstagabend auf seinen Mörder, der ihn sediert und anschließend den Eingriff vornimmt. Falk ist am Leben. Er schläft. Sein Körper hat nun Zeit, das Betäubungsmittel abzubauen, sodass es für Sie nicht mehr nachweisbar ist. Irgendwann im Laufe des Sonntags kommt er wieder zu Bewusstsein – so weit, wie sein Zustand es nach dem Eingriff noch zulässt. Er ist passiv, lässt die Fesselung willenlos über sich ergehen. Wäre das so denkbar?»

«Absolut – immer unter Vorbehalt, was ich in seinem Schädel finde.»

«Er lässt zu, dass der Täter ihn in den Dahliengarten befördert.» Albrecht schüttelte den Kopf. «Aber dann, im Wasser, wehrt er sich nach Leibeskräften. Er strampelt und schreit und ...»

«Er kämpft um sein Leben.» Euler nickte. «Eine Lobotomie kann den *Charakter* eines Menschen abschalten – aber nicht seine Instinkte. Ein Mensch, der auch nur ansatzweise bei Bewusstsein ist, wird sich immer gegen das Ertrinken wehren. Ganz gleich, was von seiner Persönlichkeit noch übrig ist.»

Albrecht betrachtete den halbtransparenten Leichensack.

Ein Mensch, der das, was ihn eigentlich ausmachte, schon vor seinem Tod verloren hatte.

Der letzte Akt, der Akt im Dahliengarten.

War es möglich, dass es ganz unbeabsichtigt ein Akt der Gnade gewesen war?

Zwischenspiel IV

PK Königstrasse
Akte Sieverstedt

Konvolut *Second Chance*,
Gesprächsprotokoll Falk Sieverstedt («Felix») – 2. Anruf
Tag des Anrufs: 29. 4. d. J.
Anrufer verstorben: 23. 6. d. J.

(23 : 34 Uhr: Beginn des Gesprächs)

Marius (M.): Mein nächster Anrufer meldet sich mit verdeckter Rufnummer. Ihr solltet eigentlich wissen, dass ich das nicht gern sehe, meine Freunde. Wenn ihr mir nicht vertraut, kann ich euch nicht helfen. Kennen wir uns, unbekannter Anrufer?

Felix (F.) (leise): Hallo Marius. Ich bin's ... Felix. Ich rufe heute vom Handy aus an, deshalb keine Nummer.

M.: Felix? (Blättern von Papier) Ah, natürlich, *Meine-Eltern-kennen-mich-nicht-Felix*, *Ich-nehm-mir-den-Strick-Felix*. Offenbar hast du das noch nicht getan.

F.: (noch leiser) Ich bin gerade kurz davor.

M.: Oh, dann willst du dich nur noch vor mir verabschieden? Na, dann alles Gute, Felix!

F.: (plötzlich viel lauter) Halt! Nein, bitte ... noch nicht.

M.: Ich höre, mein Freund. Allerdings solltest du dir schon genau überlegen, was du eigentlich von mir willst. An deinen Eltern kann ich nämlich nichts ändern. Deine Eltern haben mich nicht angerufen. Du hast mich angerufen. Was also willst du von mir? Glaubst du, ich würde dich besser verstehen, als deine Eltern das tun?

F.: (schweres Atmen) Wie machst du das, Marius? Wenn du mit den Leuten sprichst? Wie machst du das, dass sie alles von sich erzählen?

M.: Man sollte erwarten, dass das der Grund ist, aus dem sie mich anrufen. Sie erzählen mir, was ihr Problem ist – zumindest alle bis auf dich. Und ich versuche, ihnen zu helfen.

F.: Nein.

M.: (hörbar amüsiert) Das ist ein Wort, das ich nicht allzu häufig zu hören bekomme.

F.: Nein. Sie rufen an, weil sie ein Problem haben, das ist richtig. Aber ich glaube nicht, dass sie vorhaben, dir wirklich alles zu erzählen, was sie dann tatsächlich erzählen. Die ganze Geschichte. Die ganze Wahrheit.

M.: (Tonfall unverändert) Oh, dann bist du also ein Suchender, Felix? Ein kleiner Philosoph? Du würdest das auch gern beherrschen – so wie ich?

F.: Nein.

M.: Du sprichst in Rätseln. Übrigens warten gerade vier weitere Freunde in der Leitung, Felix. Das ist dir klar?

F.: Nein. Ich meine: ja. Wenn du das sagst, wird es so sein, aber, nein, ich möchte das nicht machen wie du. Ich habe da eine andere ... Methode.

M.: Die du mir jetzt erklären wirst?

F.: Moment! (Im Hintergrund sind Geräusche zu hören: ein Motor, doch noch etwas anderes.) Marius?

M.: Ich stehe dir vollkommen zur Verfügung, mein Freund.

F.: (hektisch) Ich fotografiere. Aber ich kriege nie das ganze Bild, nie die ganze Geschichte. Ich *begreife* das einfach nicht. ... Verdammt!

M.: (rügend) Felix!

F.: Verdammt, ich muss da dranbleiben!

(23:43 Uhr: *Das Gespräch wird durch Felix beendet*)

sechs – Dienstag, 25. Juni

Das war's?»

Mit finsterer Miene stand unser Herr und Meister neben der Großleinwand.

Es war kurz nach halb zehn. Wir waren vollzählig im Besprechungsraum versammelt.

Albrecht, Lehmann und ich hatten von den jeweiligen Vorgängen des vergangenen Abends berichtet, wobei ich meine Begegnung mit Joachim Merz selbstredend ausgelassen hatte. Lediglich die Tatsache, wer Marius' Anwalt war, hatte ich schlecht verschweigen können.

Albrecht wusste zu viel. Zu viel von dem, was im letzten Herbst geschehen war, und mir war nicht entgangen, wie er mich gerade schon angesehen hatte, als ich den Namen Merz auch nur erwähnt hatte.

Jedenfalls waren wir jetzt alle auf dem aktuellen Stand.

Und nun dieses Video: die Aufnahme von Falk Sieverstedts zweitem Telefonat mit Marius.

«Was diesen Anruf betrifft, war's das, ja.» Marco Winterfeldt nickte. «Weiter bin ich noch nicht gekommen.»

Albrecht hob die Augenbrauen. «Was soll das heißen, weiter sind Sie nicht gekommen? Das sind keine zehn Minuten!»

«Was soll ich machen? Kein Mensch führt Buch, wer wann genau da angerufen hat. Falks erster Anruf stammt vom vierten April, das wussten wir aus dem YouTube-Video. Also hat uns der Sender sämtliche Aufzeichnungen *seitdem* zugeschickt. Vier Ausgaben die Woche, fast ein Vierteljahr lang. Das hier war Falks zweiter Anruf, dreieinhalb Wochen später. Ich lasse schon dauernd vorlaufen, aber das Bild verändert sich ja praktisch nicht: Da sitzt immer nur Marius und fuchtelt mit den Händen rum. Einmal hat er sich die Nase geputzt. Bis ich da vollständig durch bin ...»

Albrecht massierte sich die Nasenwurzel. «In Ordnung. Wenn wir die Handydaten bereits hätten, könnten wir das abkürzen, aber der Mobilfunkanbieter mauert. Gut. Aber für den Rest der Aufnahmen können wir uniformierte Kollegen einsetzen. Wichtiger ist Falk Sieverstedts Rechner. Die entscheidende Spur sind und bleiben die Fotos. Ich möchte, dass Sie sich jetzt wieder auf diese Spur konzentrieren.»

«Aloha.» Resigniert schüttelte der Computermann seine Mähne. «Ich hab ja schon gestern versucht, Ihnen das zu erklären: Da laufen an sich nur automatische Routinen auf dem Rechner, und die werden irgendwann was finden oder eben nicht. Viel mehr kann ich auch nicht tun, es sei denn, ich mach mich per Hand auf die Suche. Aber wenn Sie denken ...»

«Ich denke. Und jetzt stellen Sie das da bitte ab!»

Winterfeldt gehorchte, und Albrecht zog sein Whiteboard zurück an Ort und Stelle.

Wer? und *Warum?*.

«Unsere Ermittlung läuft nun seit mehr als vierundzwanzig Stunden», begann er. «Und mit jeder einzelnen Stunde wird die Fährte kälter. Wenn wir es wagen wollen, von einer eindeutigen Fährte zu sprechen. Unser Opfer ist vor seinem Tode lobotomiert worden. Zwei Tage vor der Tat hat ein korpulenter Herr mit Baseballkappe das Bassin im Dahliengarten besichtigt. Unser Täter? Keine Spur bisher von dem weißen Kastenwagen, der möglicherweise eine Rolle gespielt hat. – Winterfeldt, die Aufnahme des zweiten Gesprächs geben Sie bitte ans Labor. Ich will wissen, was das für ein Geräusch ist zum Schluss. Vielleicht lässt sich auch der Fahrzeugtyp bestimmen.»

Er zögerte.

«Ebenso bleibt nach wie vor auch das Fahrzeug des Toten verschwunden, und mit ihm Falk Sieverstedts Fotoausrüstung.»

«Was Falk gerade eben erzählt hat, passt jedenfalls zur Fotoausrüstung», meldete sich Faber. «Wie sich das anhört, war er hinter irgendjemandem her und konnte nicht weitertelefonieren, weil er ihn verfolgt hat. Wissen wir, was auf seinen Fotos zu sehen ist? Er könnte Aufnahmen gemacht haben, die für den Täter gefährlich werden könnten.»

«Daraufhin hätte er den Jungen mitsamt der Ausrüstung in seine Gewalt gebracht», murmelte Albrecht. «Und den chirurgischen Eingriff vorgenommen. Was vermutlich bedeuten würde, dass er ursprünglich nicht vorhatte, ihn zu töten.»

«Genau. Aber dann wacht Falk wieder auf, und sein Gedächtnis ist noch da. Also bringt der Täter ihn um: eine Verdeckungstat.»

Albrecht nickte nachdenklich. «Damit wäre dann der Mann mit der Kappe aus dem Spiel. Die Begehung des zukünftigen Tatorts wäre nur dann sinnvoll gewesen, wenn die Tat von Anfang an geplant war.»

Er zögerte, schrieb dann mit dem Edding oben rechts in die Ecke der Tafel:

Täter.

Direkt darunter:

Neurochirurgisches Wissen.

«Das ist ein Punkt, der eindeutig feststeht», erklärte er. «Wobei nach Martin Eulers Worten eine Lobotomie ohne weiteres durch einen qualifizierten Laien vorgenommen werden kann, der sich ausreichend für die Materie begeistert. Für neurologische oder im weiteren Sinne psychologische Fragen. Genau das aber scheint bei unserem Täter der Fall zu sein.»

Verfolgt Second Chance.

Wir beugten uns kollektiv auf unseren Stühlen nach vorn. Nur Nils Lehmann war etwas vorsichtig mit seinem frisch geschienten Arm, auf dem wir vor Beginn der Sitzung vollzählig hatten unterschreiben müssen.

«Wie kommen Sie da jetzt drauf?», fragte er.

«Das war mein eigener Impuls.» Albrecht sah uns der Reihe nach an. «Der Impuls, aus dem heraus ich Martin Euler vom Grill geholt habe. Erinnern Sie sich an Marius' Spruch aus der ersten Aufzeichnung, die wir gestern gesehen haben? Kurz bevor das Gespräch abbrach? Falk Sieverstedt wollte nicht so recht mit den Worten heraus.»

Auf einmal war es da.

«Öffne deine Seele!», flüsterte ich.

Albrecht nickte. «Das Vorderhirn ist der Sitz unseres Bewusstseins, unserer Persönlichkeit, dessen, was uns ausmacht – unserer Seele. Unser Täter hat genau das getan, was Marius von Falk Sieverstedt verlangt hat: Er hat die Seele des Opfers geöffnet.»

«Mi leckst ...»

Der Blick unseres Chefs brachte Seydlbacher zum Schweigen.

Der Hauptkommissar hob seinen Stift wie einen Zeigestock. «Wir können nicht mit Sicherheit sagen, ob der Täter denselben Gedanken hatte wie ich, aber die Vermutung ist jedenfalls nicht von der Hand zu weisen. Und das führt uns zum möglicherweise entscheidenden Gedanken: Welche Rolle spielt Marius?»

«Unmöglich», murmelte ich. «Der Mann bekommt Krampfanfälle, wenn Sie auch nur ein Teelicht vor ihm anzünden.»

«Das schließt ihn persönlich als Täter aus», bestätigte Albrecht. «Aber haben Sie heute Morgen einmal die Zeitung aufgeschlagen? Den Fernseher angestellt?»

Ich schüttelte den Kopf.

Der Fernseher stand im Wohnzimmer – und im Wohnzimmer hatte Dennis geschlafen, falls er denn nach unserem Streit überhaupt ein Auge zugetan hatte.

«Kommt gleich an zweiter Stelle in den Nachrichten», murmelte Lehmann. «An der ersten natürlich die Sache im Volkspark, aber die Kundgebungen am Ehestorfer Heuweg gleich danach.»

Ich starrte ihn an. «Kundgebungen?»

«*Sympathisanten*», erklärte Albrecht. Er fasste das Wort an wie mit der chirurgischen Pinzette. «Idealistische Unterstützer, die ihrer Empörung Ausdruck geben, wie die Ermittlungsbehörden mit ihrem unbescholtenen Fernsehidol verfahren. Nein!» Er sah mir fest in die Augen. «Ich mache Ihnen keinen Vorwurf, Hannah. Ihr Vorgehen in der Sendung ...» Eine winzige Pause, die mir ganz und gar nicht gefiel. «Ihr Vorgehen in der Sendung war vollkommen gerechtfertigt. Sie *mussten* das Gespräch an dieser Stelle abbrechen. Doch wenn wir schon auf einen solchen Vorgang hin einen derartigen Auftrieb an Gesinnungsgenossen erleben ...» Er schüttelte den Kopf. «Wissen wir, wozu diese Leute im Ernstfall in der Lage sind? Und die eindrucksvollsten Exemplare finden sich ohnehin in dem Bunker selbst, wenn ich Sie richtig verstanden habe?»

Mit einem Mal hatte ich einen ausgesprochen ekligen Geschmack im Mund.

Die *Schüler*, die vor Marius' Konterfei ihre Brieflein ablegten wie vor dem Weihnachtsmann. Merkatz, Folkmar mit seiner ausgesuchten Höflichkeit – die ganze Atmosphäre auf dem Anwesen.

«Schon», sagte ich leise. «Doch welchen Sinn würde das ergeben? Nur weil Falk vielleicht nicht ganz nach seiner Pfeife tanzen wollte? Dann müsste unser Täter reihenweise Leute umlegen. Was denken Sie, was die Anrufer Marius alles an den Kopf werfen ...»

«Vorausgesetzt, er kommt nicht als Erster zu Wort», unterbrach mich Albrecht. «Verstehe. Doch umso wichtiger ist es, dass wir diese Leute im Auge behalten.» Er zögerte. «Lehmann?»

«Äh, ich wollte eigentlich gar nichts sagen, diesmal.»

«Ich schon. Was macht Ihr Arm?»

Unglücklich hob Nils Lehmann ihn an und schwenkte ihn ein paar Mal hin und her. «Nicht viel. Leider. Ich hatte schon überlegt, ob ich nicht doch noch mal in medizinische ...»

«Ich hab was viel Besseres für Sie: frische Luft. Sie werden sich ein Bild machen, was da oben in den Schwarzen Bergen vorgeht. Ob der Täter nun dabei ist oder nicht: Es berührt den Fall. Jelinek? Sie gehen ans Steuer.» Er zögerte. «Faber?»

«Hauptkommissar?»

«Sie stellen mir bitte bis heute Nachmittag ein Dossier über Marius zusammen. Hintergrund, Ausbildung, ehemalige Arbeitsstellen. Konflikte mit dem Gesetz. Wenn möglich sogar seinen Nachnamen.»

«Ich setz mich ran.»

«Die Übrigen widmen sich bitte unseren potenziellen neuen Zeugen. Eine Auflistung sämtlicher gestern im Park aufgenommener Personalien finden Sie auf Ihren Rechnern. Seydlbacher, wenn Sie einen Ihrer Gesprächspartner von gestern Abend wiedererkennen, setzen Sie Ihren geballten Charme ein.»

Unser Bayernimport sah auf. Sein düsteres Gemurmel war dermaßen leise, dass nicht mal ich ein Wort verstehen konnte.

«Hannah?»

Überrascht hob ich den Kopf.

«Sie kommen bitte mit.»

* * *

Albrecht ließ sich hinter seinem Schreibtisch nieder und warf einen kurzen Blick auf ein Post-it, das Irmtraud Wegner während der Sitzung dort hinterlassen haben musste.

Ein Anruf von Isolde Lorentz.

Eine Pressekonferenz, dachte er. Heute würde er nicht darum herumkommen. Bürgerkriegsähnliche Zustände im Volkspark und ein Massenauflauf am Ehestorfer Heuweg. Das war mindestens ein Aufreger zu viel.

«Bitte», sagte er, als Hannah Friedrichs die Tür hinter sich geschlossen hatte, und wies auf den Besucherstuhl.

Nein, der Kommissarin war nicht wohl angesichts der Situation, das war unübersehbar.

Und sie ist nicht die Einzige, dachte Albrecht.

Sie wussten zu viel voneinander. Niemand wusste mehr über die Gründe, denen er seinen halbjährigen Zwangsurlaub verdankte.

Er räusperte sich.

«Sie ahnen, warum wir hier sitzen», sagte er.

Sie sah ihm geradewegs in die Augen. Nicht jeder seiner Mitarbeiter wäre in dieser Situation dazu in der Lage gewesen.

«Mein Besuch bei Marius», sagte sie ruhig. «Sie selbst haben mir den Auftrag gegeben.»

Albrecht nickte. «Und ich habe Ihnen bereits zu verstehen gegeben, dass ich Ihnen keinerlei Vorwurf mache, wie Sie sich dort verhalten haben. Ihr Einstieg in diese Show war ein unkonventioneller, aber auch mutiger Schritt. Dennoch: Seitdem ich heute Morgen die Aufzeichnung Ihres Verhörs sehen durfte, bedaure ich diesen Auftrag an Sie wie nichts anderes, das ich getan habe, seitdem diese Ermittlung begonnen hat.»

«Es war kein Verhör.»

Albrecht ging über den Einwurf hinweg.

Wortlos griff er unter den Schreibtisch. Er hatte nur einen kurzen Blick auf die Titelseite der *Morgenpost* geworfen, doch das hatte genügt.

Er schob die Zeitung über den Tisch und beobachtete Friedrichs' Reaktion.

Das Foto nahm eine Viertelseite ein, und der Blick, mit dem die Kommissarin in die Kamera starrte – aufgerissene Augen –, hatte durchaus Ähnlichkeit mit ihrer Miene in diesem Moment.

Helena: Wer ist die geheimnisvolle Schönheit, vor der selbst Marius zittert?, lautete der Untertitel.

«Ich sehe aus wie eine Irre», murmelte Friedrichs.

Albrecht nickte stumm, war im selben Moment aber froh, dass die Geste der jungen Frau entging.

«Doch darum geht es mir gar nicht», sagte er. «Es war mein Fehler. Ich hätte Ihnen diesen Besuch niemals zugemutet, wenn ich geahnt hätte, von wem der Mann sich vertreten lässt.»

«Das spielt keine Rolle für mich.» Friedrichs war sofort wieder kühl. «Und selbst wenn es eine Rolle spielte, bin ich in der Lage, zwischen Beruf und ... allem anderen zu trennen.»

Er nickte und sah auf den Schreibtisch. «Das weiß ich. Trotzdem habe ich mich entschieden, Sie von der Ermittlung abzuziehen.»

Sie antwortete nicht.

Er sah wieder auf.

Friedrichs starrte ihn an. «Das ist nicht Ihr Ernst.»

«Sie wissen, dass ich in solchen Angelegenheiten keine Scherze mache. Ich handle in Ihrem Interesse, Hannah, vor allem aber im Interesse unserer Ermittlung. Dieser Fall ist zu groß, als dass wir es uns leisten könnten, auch nur den Hauch eines Verdachts aufkommen zu lassen, dass irgendjemand von uns in irgendeiner Weise persönlich involviert sein könnte.»

Sie starrte ihn weiter an.

Mein Fehler war der größere, dachte er. Im Herbst. Und sie weiß das.

Doch sie überraschte ihn.

Sie fuhr sich mit der Zunge über die Lippen, und ihre Stimme war rau, als sie sprach.

«Darf ich offen sein?», fragte sie.

Albrecht biss die Zähne zusammen, bevor er nickte.

Friedrichs kannte ihn gut genug, um zu wissen, dass schon die Frage eine Beleidigung war.

Seine Mitarbeiter hatten offen zu sein. Immer.

«Gilt das auch für Sie und die Sieverstedts?»

* * *

Ja.

Das war alles, was er gesagt hatte.

Und damit war das Gespräch beendet gewesen, ohne dass sich am Ergebnis etwas geändert hatte.

Als ich mich hinter meinen Schreibtisch setzte, lagen die Aufgaben für den heutigen Tag in der Ablage.

Routineaufgaben.

Ein Verkehrsunfall mit Todesfolge an der Horner Rennbahn, der Beschuldigte lag im Eppendorfer Klinikum. Der Selbstmord einer jungen Frau in Duvenstedt. Ein Einbruch mit Körperverletzung am Niendorfer Gehege, der schon auf den ersten Blick die Handschrift der Antonioni-Brüder trug – ebenso wie ich auf den ersten Blick sagen konnte, dass wir den Jungs wie üblich nichts würden nachweisen können.

In jedem einzelnen Fall gab es ein bestimmtes Detail, das die Ermittlung für das PK relevant machen konnte – sonst wären die Vorgänge gar nicht erst bei uns gelandet. Und überall stand jetzt schon fest, dass wir die Angelegenheit am Ende zu den Akten legen würden.

Business as usual.

In genau dem Moment, in dem endlich Bewegung in den Fall kam, hatte Albrecht mich tatsächlich vollständig von den Sieverstedt-Ermittlungen abgezogen.

Ich ließ den Blätterstapel sinken.

Ich hatte mit Ärger gerechnet. Im Nachhinein war es absoluter Wahnsinn gewesen, was ich in den Schwarzen Bergen getan hatte. Niemals hätte ich mich auf Marius' Vorschlag einlassen dürfen, ihn vor laufender Kamera zu befragen. Und dieses verfluchte Pressefoto, auf dem mir der Wahnsinn aus den Augen sprach, setzte allem noch mal die Krone auf.

Ich war darauf gefasst gewesen, mich verteidigen zu müssen. Doch Albrecht hatte mich ins Leere laufen lassen.

Befangen.

Ich starrte geradeaus. Meine Augen brannten.

Seit zehn Jahren arbeitete ich inzwischen für Jörg Albrecht. Das Revier war beinahe ein zweites Zuhause für mich geworden, und so wie die Dinge im Moment lagen, war es sogar mehr ein Zuhause als das Haus in Seevetal.

Ich schloss die Lider.

An der Wohnzimmertür vorbei hatte ich mich aus dem Haus geschlichen. Ohne ein Wort, ohne Nachricht.

Ich war enttäuscht, ich war stinksauer.

Und ich war entsetzt über mich selbst, als ich in diesem Moment etwas feststellte: Viel mehr noch als mein eigener Ehemann hatte Jörg Albrecht mich enttäuscht. Dennis und ich kannten einander. Wir hatten gelernt, mit den Schwächen des anderen zu leben. Ja, wir sprachen zu wenig miteinander, gingen immer wieder davon aus, dass der andere schon irgendwie verstehen würde.

Und die Spinnerei, mir anzuhängen, dass ich mit Marius gesprochen hätte, obwohl er selbst genau das getan hatte, war eine der typischen Aktionen, mit denen man bei Dennis rechnen musste.

Er hatte mit der Sache zwischen Merz und mir noch nicht abgeschlossen. Es war typisch für ihn, dass er überhaupt nicht auf die Idee gekommen war, dass es mir anders gehen könnte.

Dennis' Verhalten passte ins Bild.

Anders als Albrechts Reaktion.

Jörg Albrecht war hart. Es gab niemanden in der Abteilung, der den Mann nicht schon zig Mal zum Teufel gewünscht hatte.

Doch gleichzeitig hätte ich ihn gegen keinen anderen Vorgesetzten eintauschen wollen.

Weil ich wusste, dass Albrecht nicht im Traum auf die Idee kommen würde, von einem von uns irgendwas zu verlangen, zu dem er nicht selbst doppelt und dreifach bereit war.

Er war fair. Er war immer fair gewesen.

Bis heute.

Ich stützte den Kopf in die Hände, zog sie überrascht zurück.

Sie glänzten feucht.

* * *

Der Hauptkommissar blickte auf die Tür, die sich hinter Friedrichs geschlossen hatte.

Ich habe einen Fehler gemacht, dachte er. Und ich habe ihn sehenden Auges begangen.

Wenn ihm irgendwann während der vergangenen vierundzwanzig Jahre eine finstere Macht die Frage gestellt hätte, ob es ihm wichtig sei, was seine Mitarbeiter für ihn empfanden, hätte er ohne Zögern antworten können.

Wirklich wichtig ist nur eine Sache: Loyalität.

Das war es, was er von den Kollegen erwartete – und was sie umgekehrt auch von ihm erwarten konnten.

Aber Sympathie?

Ein müdes Lächeln huschte über seine Mundwinkel. Er wusste, was Heiner Schultz antworten würde.

Diese Frage stellt sich nicht.

Doch er war nicht Heiner Schultz. Er war Jörg Albrecht.

Er sah ein Bauernhaus in Ohlstedt vor sich, das nicht mehr ihm gehörte. Er sah eine Frau mit dunklem Teint und langen dunklen Haaren und zwei kleine Mädchen, die längst keine *kleinen* Mädchen mehr waren.

Er sah, was er verloren hatte.

Sechs trostlose Monate hatten ihm die Leere deutlich gemacht.

Eine Leere, die ihm nur ein einziger Umstand erträglich gemacht hatte: Diese Leere war *endlich* gewesen. Da war etwas gewesen, wohin er zurückkehren konnte – mitsamt der Lehre, die er aus der Leere gezogen hatte.

Es besser zu machen. Sich mehr Mühe zu geben mit den Kollegen und Mitarbeitern.

Er war zurück.

Und ihm wurde klar, dass er etwas zerstört hatte.

Jörg Albrecht schloss die Augen, nahm zwei, drei schwere Atemzüge.

Dann griff er nach dem Telefonhörer.

«Irmtraud? Geben Sie mir das Büro der Polizeipräsidentin.»

* * *

Das Smartphone lag neben mir auf dem Beifahrersitz.

Ich war unterwegs nach Duvenstedt – Todesfallermittlungen haben immer Vorrang –, und Duvenstedt war ziemlich weit draußen.

An jeder Ampel schielte ich rüber zur Sitzfläche, doch das Handydisplay blieb dunkel.

Ich wusste, dass Dennis früher oder später anrufen würde.

Ja, er war ein Idiot, doch er war *mein* Idiot.

Und so viel mehr.

Doch anscheinend war der Zeitpunkt noch nicht gekommen, als ich den Dienstwagen in die Zufahrt eines ehemaligen Bauernhofs am Rande von Duvenstedt lenkte.

Hier draußen konnte man vergessen, dass man sich eigentlich noch in Hamburg befand. Das Gebiet der Walddörfer, der äußerste Norden der Freien und Hansestadt, reicht wie eine ausgestreckte Zunge nach Schleswig-Holstein hinein.

Dennis' Makleragentur hatte über die Jahre etliche Objekte in Duvenstedt, Ohlstedt, Wohldorf oder wie die Orte alle hießen, im Angebot gehabt. Die Bevölkerung hier oben wuchs ständig – nicht unbedingt zur Freude der Alteingesessenen.

Trotzdem gab es noch immer echte dörfliche Strukturen, so auch diesen Hof, der eine Ferienreitschule beherbergte.

Einer unserer Peterwagen stand vor einem Scheunengebäude, von der Straße aus unsichtbar. Ein uniformierter Kollege, den ich noch nie gesehen hatte, blickte auf, als ich in den Hof fuhr.

Ich stieg aus, zückte meinen Dienstausweis und stellte mich vor.

«Udo Tietgen.» Der Uniformierte gab mir die Hand. Rötliches Gesicht und klassischer Bullenschnauzer: Von der Sorte gab es nicht mehr viele.

Falls er in mir die Geistesgestörte aus der *Morgenpost* wiedererkannte, zeigte er das nicht.

Doch ich spürte, wie er mich trotzdem eingehend musterte. Nicht alle Kollegen waren begeistert, wenn irgendein Detail ihres Falls sie zwang, das PK Königstraße hinzuzuziehen. Wenn obendrein von Anfang an klar war, dass wir alle nur unsere Zeit verschwendeten, machte es das nicht besser.

In diesem Fall war der Vater des Opfers vor einigen Jahren bei einem Raubüberfall auf die Sparkasse in Wellingsbüttel ums Leben gekommen. Ein typisches Zufallsopfer: zur falschen Zeit am falschen Ort.

Doch das interessierte unsere internen Regelungen eben nicht. Wenn zwei enge Verwandte scheinbar unabhängig voneinander gewaltsam ums Leben kamen, bekamen wir den Vorgang in der Königstraße auf den Tisch.

Tietgen trug es jedenfalls mit Fassung.

«Das Mädchen ist noch im Stall», sagte er leise. «Strangulation. Armes Ding.»

Ich nickte mit zusammengebissenen Zähnen und ging voraus, als er mit einer Handbewegung zur Stalltür wies.

Suizidfälle gehören zum Traurigsten unter all den Dingen, mit denen wir regelmäßig konfrontiert werden.

Ein Mord, jede Art von Fremdtötung kann noch so grausam sein, noch so widerwärtig und für keinen gesunden Menschen nachvollziehbar. Ein Selbstmord hat eine andere Dimension.

Dass ein Mensch sich so sehr hasst, an sich selbst so sehr verzweifelt, dass er keine andere Möglichkeit mehr sieht ... Es liegen eine Kälte und eine Einsamkeit in dieser Vorstellung, oder vielleicht ist es doch noch etwas ganz anderes:

Die Möglichkeit, jemals einen kaltblütigen Mord zu begehen, werden die meisten Menschen für sich ausschließen. Das eigene Leben aber? Wenn die Umstände sich irgendwann einmal so oder so verhalten sollten? Eine unheilbare Krankheit, der Verlust des Partners, vollständige Vereinsamung? Wer könnte vollkommen ehrlich und aus ganzem Herzen antworten: Nein, das käme für mich niemals und unter gar keinen Umständen in Frage.

Ich trat ins Halbdunkel des Stallgebäudes.

Gedämpftes Wiehern von rechts, doch Tietgen wies in die entgegengesetzte Richtung.

Eine weitere uniformierte Gestalt, daneben ein jüngerer Mann, der dabei war, ein Formular auszufüllen. Einer von Martin Eulers Kollegen.

Zwischen ihnen lag die Tote.

«Mein Gott.» Ich blieb stehen. «Sie ist ja noch ein Kind.»

«Jasmin Vedder», sagte Tietgen leise. «Sechzehn Jahre alt. Man könnte sie auch für zwölf halten.»

Widerstrebend trat ich einige Schritte näher.

Das Mädchen lag auf einer Plastikplane und trug Jeans und Pullover – Größe 152, maximal.

Die bläulich geschwollene Zunge war im Todeskampf aus dem Mund getreten, die Augen starr geöffnet. Ein Netz rötlich geplatzter Adern, nicht anders als bei Falk Sieverstedt.

«Sie hing dort drüben», sagte Tietgen und wies ins Dunkel des Stallgebäudes. «Hat zwei Strohballen übereinandergestapelt und mit den Füßen weggestoßen. Eins der anderen Mädchen hat sie heute früh entdeckt, als es nach den Pferden sehen wollte. Die Psychologin ist schon da.»

Ich nickte. Im Moment hatte ich Mühe, irgendein Wort hervorzubringen.

Unsere Routine sind die Toten, dachte ich.

Wir *glauben*, sie wären Routine. Bis wir vor ihnen stehen.

«Gibt es einen Abschiedsbrief?», fragte ich mit rauer Stimme.

«Noch nicht.» Tietgen schüttelte den Kopf. «Wir haben ihr Zimmer versiegelt; vielleicht finden wir noch was. Aber ihre Mutter sagt ... Sie verstehen: der Vater. Der Banküberfall. Die beiden standen sich wohl sehr nahe. Sie ist nie darüber weggekommen.»

«Die Mutter ist ...»

«Sie ist hier. Im Hauptgebäude, mit den Herbergseltern oder wie sich das schimpft. Sie hat was zur Beruhigung bekommen, aber Sie können mit ihr sprechen.»

«Okay», sagte ich leise und zwang mich, doch noch einen Schritt näher zu treten.

Der Gerichtsmediziner setzte eben seine Unterschrift unter das Formblatt. Aus der Nähe sah er noch jünger aus als am Anfang.

«Kein Zweifel an der Todesursache. Keine Hinweise auf andere Beteiligte.» Er schüttelte den Kopf. «Schlimm. Sie hat eine einfache Schlinge geknüpft, also faktisch doppeltourig. Die simpelste Lösung. Beim Fall muss sie allerdings verrutscht sein.» Er legte das Klemmbrett mit seinem Bericht beiseite. Seine Hände steckten in Einmalhandschuhen. «Zwischenkammblutungen», erklärte er und deutete auf den Hals, wo sich die beiden Züge des Seils eingeschnitten hatten. Zwischen ihnen war eine längliche Schwellung zu erkennen. «Der Knoten saß hier. Von dort aus lief das Seil aufwärts.» Vorsichtig strich er die Haare des Mädchens beiseite und fuhr mit dem Finger eine aufgeschürfte Linie nach, die sich vom Hals aus seitlich bis hinter das Ohr zog.

«Nein», sagte er und räusperte sich. «Es kann nicht schnell gegangen sein. Sie wiegt keine fünfundvierzig Kilo.»

Mir blieb nur ein Nicken.

«Wenn Sie keine Fragen mehr haben ...»

Ich schüttelte den Kopf. «Nicht an Sie. Doch ich muss mit der Mutter reden.»

Als ich wieder ins Freie trat, musste ich zweimal tief Luft holen.

Tietgen war mitgekommen und wies quer über den Hof.

«Sie haben Kaffee da drin», sagte er und schlug diesen bemüht lockeren Ton an, um den wir alle in solchen Momenten kämpfen. «Nicht mal ganz übel.»

Ich nickte, wieder, ohne ein Wort zu sagen.

«Die anderen Kinder sind in den Unterkünften», sagte Tietgen, während er mir die Tür aufhielt. «Mit der Psychotante. 'Tschuldigung.»

«Kein Problem», murmelte ich.

Wir kamen in einen holzverkleideten Flur, an dessen Ende eine Tür halb offen stand; gedämpfte Stimmen waren zu hören.

Es roch nach Kaffee.

Ein großer Küchenraum. Natürlich, er musste so groß sein, wenn die Feriengäste auf dem Hof verpflegt wurden.

Vor dem Fenster standen ein einfacher Holztisch und mehrere Stühle.

Drei Personen: die Ferienwirte – und die Mutter. Ich sah sofort, dass es Jasmins Mutter war. Die Frau war maximal eins sechzig und so schmal, dass es aussah, als stände sie bei jeder ihrer seltsam hektischen Bewegungen kurz davor, in der Mitte durchzubrechen.

«Frau Vedder?», fragte ich leise. «Hannah Friedrichs von der Kriminalpolizei.»

«Was?» Sie fuhr herum. Kaffee schwappte über die Untertasse. «Ich habe doch schon ... Ich habe schon alles ...»

Die Hofeigentümerin legte ihr beruhigend die Hand auf den Arm und sagte leise etwas, das ich nicht verstehen konnte.

«Ich müsste trotzdem noch einmal mit Ihnen reden», sagte ich. Ein ganz leichtes Lächeln. Natürlich gibt es Schulungen für solche Situationen, doch wenn es einmal so weit ist, helfen die kein Stück. «Es geht ganz schnell, versprochen.»

Sie machte eine fahrige Geste mit der Hand. Der Mann, wahrscheinlich der Eigentümer des Hofes, stand auf und bot mir seinen Platz an.

Ich zog meinen Notizblock aus der Tasche und ließ mich nieder.

«Ihre Personalien und die Ihrer Tochter haben Sie ja schon meinen Kollegen gegeben», sagte ich freundlich. «Das müssen wir nicht noch einmal machen. Was ich von Ihnen wissen möchte, ist, ob Jasmin einmal darüber gesprochen hat, das ... zu tun, was sie nun gemacht hat.»

«Das habe ich doch alles schon ...» Wieder riss die Frau die Hand in die Höhe. Wenn sie tatsächlich ein Sedativum bekommen hatte, war es nicht hoch genug dosiert worden.

Doch im nächsten Moment fielen die Finger kraftlos nach unten.

«Sie spricht davon, seitdem ihr Vater nicht mehr lebt.» Die Frau sah mich nicht an. «Ich habe drei Kin...» Ein Geräusch, von dem kein Mensch sich wünscht, dass er es jemals zu hören bekommt. «Ich *hatte* drei Kinder. Jasmin war die Jüngste. Sie haben alle getrauert, auch die Jungs. Natürlich trauern Kinder um ihren Vater. Aber Jasmin war sein Liebling, und sie ...»

Die Ferienwirtin reichte ihr ein Taschentuch. Eine zur Hälfte leere Packung lag auf dem Tisch.

«Sie wollte einfach nicht wahrhaben, dass er tot ist. Ich meine, natürlich *wusste* sie es. Wir haben von ihm Abschied genommen. Es gab die Beerdigung. Aber als ich seine Kleidung an die Tafel geben wollte, hat sie angefangen zu schreien. Solche Dinge. In der Schule ... Es war ein Albtraum, Frau ...»

«Friedrichs.»

«Frau Friedrichs, ich habe getan, was ich konnte. Ich war doch selbst am Ende! Wir hatten psychologische Hilfe, und am Anfang hieß es immer, das würde sich geben. Bald. Nein, irgendwann. Aber ... Es wurde nicht besser. Es wurde nur anders.»

Ich machte mir ein paar Notizen, wusste aber auch hier, dass das sinnlos war. Es half weder der Frau, noch machte es das Mädchen wieder lebendig.

«In der Schule ... Ihre Freundinnen ...»

Ich konnte den Rest im Kopf ergänzen und fragte nicht nach.

«Die Pferde.» Die Frau stieß den Atem aus. «Das war der einzige Lichtblick. Mit sechzehn war sie fast schon zu alt für den Hof. Aber sie war gern hier.» Ein kurzes Lächeln zu der Frau neben ihr. «Jedes Jahr. Wenn es etwas gab, auf das sie sich gefreut hat ...»

Es war das erste Mal, dass ich eine Spur stutzig wurde.

«Und doch hat sie ausgerechnet hier ...», fing ich an.

«Ich hatte immer ein Auge auf sie», flüsterte die Mutter. «Zu Hause. Genauso ihre Brüder. Sie hatte so oft davon gesprochen, und letztes Jahr hat sie ...» Die Stimme versagte.

«Sie hat eine Rasierklinge geschluckt», berichtete die Ferienwirtin leise. «Kurz nach Beginn des Schuljahrs. Aus einem Ladyshaver.»

Ich nickte und machte eine Notiz.

Ein erster Suizidversuch? Wenn er das gewesen war, hatte sie ihn nicht ernst gemeint.

Wir erleben das häufig: die üblichen Ritzereien und Schnippeleien, die irgendwann mal etwas tiefer gehen, halbherzige Überdosen von Aspirin oder Paracetamol oder eben die Miniklingen aus einem Damenrasierer.

Nichts davon ist *wirklich* ernst gemeint. Es ist der berühmte Schrei nach Aufmerksamkeit. Diesmal, wie es schien, hatte das Mädchen ernst gemacht.

«Im Winter dachte ich dann, diesmal, vielleicht ... vielleicht geht es endlich aufwärts», flüsterte die Mutter. «Eine Zeitlang ... ich dachte sogar ... Sie hätte ihn nie ihren Freund genannt, aber eine Mutter spürt, wenn da etwas ... Aber dann, von einem Tag auf den anderen ... Sie war nur noch auf ihrem Zimmer. Ich habe keine Nacht mehr schlafen können. Wir waren bei einer zusätzlichen Psychologin, privat, aber auch dort ...»

Ich holte Luft.

Diese Frau hatte die Hölle durchgemacht. Von einem Tag auf den anderen den Ehemann verloren, und das war erst der Anfang gewesen.

Jasmin war tot. Aber sosehr das Mädchen auch gelitten hatte: Was eine so labile Persönlichkeit der gesamten Familie über die Jahre antut, ist ein Verbrechen auf ganz eigene Weise. Emotionale Erpressung. Angst. Die Eltern kennen nichts anderes mehr. Keine Nacht, keine Minute ohne Angst.

Wenn diese Kinder sehen, wie ihre Familie auf ihre Drohungen reagiert, gewinnt der Mechanismus irgendwann etwas Vorsätzliches, ja, Spielerisches.

Sie *leiden*, und das macht sie zu etwas Besonderem. In der Familie, manchmal sogar bei den Mitschülern. Zu kleinen, tieftraurigen, selbstverliebten Stars. Und manchmal ...

«Sie hatte kein anderes Thema mehr.» Ein neues Taschentuch. «*Wie* sie es machen könnte. Dass wir egoistisch wären, wenn wir sie zurückhalten. Dann hat sie sich wieder tausend Mal entschuldigt. Nein, sie würde es schaffen, ganz bestimmt. Sie würde kämpfen. Sie hat sogar bei diesem ...» Ein Schnauben. «Diese Fernsehsendung, bei der man anrufen kann ...»

Ich erstarrte mitten in der Bewegung.

«Marius», murmelte sie. «Letzte Woche, kurz bevor sie herkam, hat sie sogar bei diesem Marius angerufen.»

Der Kugelschreiber fiel mir aus der Hand.

* * *

PERSÖNLICHES STATEMENT

In der Nacht vom dreiundzwanzigsten auf den vierundzwanzigsten Juni wurde in einem Bassin im Altonaer Volkspark der Leichnam des dreiundzwanzigjährigen Falk Sieverstedt gefunden. Die Auffindungssituation ließ den Verdacht
auf ein Fremdverschulden zu. Aufgrund der Bedeutung der
Familie Sieverstedt für die Freie und Hansestadt Hamburg
wurde das Polizeikommissariat Königstraße und wurde
ich als dessen Leiter mit der Klärung der Tatumstände betraut.

Ich habe die Leitung dieser Ermittlung akzeptiert, obwohl
mir klar sein musste, dass ich, da mich vor einigen Jahren
eine nicht nur platonische Beziehung mit der Mutter des
jetzigen Opfers verband, in höchstem Maße befangen bin.
Die Gründe, die mich dennoch zu einer Übernahme der Ermittlung bewogen haben, werde ich den zuständigen disziplinarrechtlichen Stellen erläutern.

Bis zum Ausgang dieser Untersuchung lasse ich meine Aufgaben als Leiter des PK Königstraße mit sofortiger Wirkung
ruhen.
KHK Jörg Albrecht

Ein letztes Mal las er den Text sorgfältig durch.

Die Aktenmappe, die ihn auf die Pressekonferenz begleiten
würde, lag aufgeschlagen daneben.

Hatte er eine Wahl?

Er hatte sich im Geiste eine Aufstellung gemacht: die Gründe,
die dafür, die Gründe, die dagegen sprachen.

Wenig hatte gefehlt, und er hätte sie tatsächlich schriftlich
notiert.

Am Anfang stand Friedrichs.

Am Anfang standen seine Mitarbeiter.

Am Anfang stand nicht zuletzt er selbst.

Hatte er mit zweierlei Maß gemessen?

Es war keine Frage, dass Friedrichs befangen war, sobald ihr Winkeladvokat ins Spiel kam. Albrecht hatte nur eine ungefähre Ahnung von dem, was im Herbst zwischen den beiden geschehen sein musste. Doch sie war deutlich genug.

War er selbst befangen? Mit Sicherheit war er das. Doch hatte er nicht seine Gründe gehabt, gerade diese Befangenheit als eine *Verpflichtung* zu empfinden?

Niemand konnte sagen, auch jetzt noch nicht, welche Rolle der Konsul bei Falk Sieverstedts Tod gespielt hatte.

Welcher andere Ermittler würde in der Lage sein, einer der führenden Persönlichkeiten der Hamburger Gesellschaft mit jener Härte entgegenzutreten, die unerlässlich war, um einen Friedrich Sieverstedt in die Knie zu zwingen? Welcher Ermittler würde es wagen, sich der Polizeipräsidentin offen zu widersetzen, sollten die besseren Kreise der Hansestadt versuchen, Einfluss auf die Ermittlung zu nehmen?

Er kannte niemanden.

Nein, seine Befangenheit war von einer eigenen Art.

Doch wie sollte er Hannah Friedrichs und den Kollegen diese Zusammenhänge erklären?

Er sah keine Möglichkeit.

Aber er hatte Friedrichs' Blick gesehen.

Verrat. So musste es sich anfühlen, nicht für die Kommissarin allein, sondern für alle seine Mitarbeiter, wenn die Zusammenhänge früher oder später bekannt werden würden.

Er *musste* ein Zeichen setzen. Um ihretwillen, aber nicht zuletzt auch um seinetwillen.

Auf der anderen Seite stand Elisabeth.

Er musste eine Möglichkeit finden, sie zu warnen.

Falk war tot. Was hielt sie noch bei diesem Mann? Was hielt sie noch, ausgenommen ein gesamtes gemeinsames Leben? Albrecht stieß den Atem aus. Er ahnte, wie sie auf seine Warnung reagieren würde.

Und er *wusste*, wie Friedrich Sieverstedt reagieren würde, ganz gleich, ob er lediglich vermutete oder seit eineinhalb Jahrzehnten sicher wusste, was zwischen seiner Frau und Jörg Albrecht geschehen war.

Solange es nur eine Sache zwischen ihnen dreien gewesen war und die Öffentlichkeit nichts davon ahnte, hatte sich der Konsul damit zufriedengeben können, Elisabeths Leben in eine Hölle zu verwandeln, Tag und Nacht.

In dem Moment aber, in dem das Statement des Hauptkommissars öffentlich wurde ...

Albrecht schüttelte den Kopf.

Das war die letzte Frage. Jene Frage, über der er mit sich gerungen hatte.

Wie in jeder Behörde gab es auch in der hansestädtischen Polizei ein geordnetes Verfahren für das, was er vorhatte: eine Selbstanzeige bei der zuständigen Dienststelle, anschließend vermutlich seine vorübergehende Suspendierung – der übliche disziplinarrechtliche Vorgang.

Genau hier aber fehlte ihm das Vertrauen.

Er hatte es erlebt, im vergangenen Winter. Er hatte erlebt, wie Isolde Lorentz sämtliche – berechtigten – Vorwürfe gegen Albrecht und die Mitarbeiter seiner Abteilung niedergeschlagen und im selben Atemzug die entscheidende Akte vom Tisch genommen hatte, aus der die Verwicklung führender Kreise der Stadt – und, wer weiß, vielleicht auch Lorentz' selbst – in die Vorgänge im Rotlichtmilieu hätte deutlich werden können.

Am Ende hatten für Jörg Albrecht sechs Monate Zwangsurlaub gestanden. Irgendetwas in dieser Richtung würde auch diesmal das Ergebnis sein, wenn er diesen Weg wählte.

Nein, das *Was* war nicht mehr die Frage.

Die Frage war das *Wie*.

Die Frage war das Timing.

Er sah auf die Uhr. Noch mehr als eineinhalb Stunden bis zum Beginn der Pressekonferenz. Er durfte erst auf den allerletzten Drücker eintreffen, durfte der Lorentz keine Chance geben, ihm ihren Rhythmus aufzuzwingen.

Selbstredend ahnte sie nichts vom Inhalt seines Statements.

Umso wichtiger würde sein, dass es ganz am Anfang stand.

Was dann auf diesen Anfang folgen würde, da hatte er wenig Zweifel.

Wenn auf eines Verlass war in der Freien und Hansestadt, dann war es die Sensationsgier der Medien und die Eifersüchteleien innerhalb der Politik.

Dann würde der disziplinarrechtliche Prozess tatsächlich seinen Gang nehmen, und Albrecht würde die Chance bekommen, sich zu erklären.

Doch am Ende konnte nur der einstweilige Ruhestand stehen.

Was dabei aus Isolde Lorentz wurde ...

Auf jeden Fall würde es verdient kommen.

Der einzige Weg, dachte er. Die Wahrheit.

Noch mehr als eineinhalb Stunden.

Sie würden nicht schnell vergehen.

* * *

Ich bückte mich nach dem Kugelschreiber.

Ein paar Sekunden Luft.

Jasmin Vedder hatte bei Marius angerufen, kaum eine Woche vor ihrem Tod.

Es gibt irrsinnige Zufälle im Leben, die aber eben ganz genau das sind: Zufälle. Dennis und ich zum Beispiel kamen aus völlig unterschiedlichen Ecken von Hamburg. In den Achtzigern aber waren wir mit unseren Schulklassen in genau derselben Woche in ein und demselben Schullandheim auf Amrum gewesen: er mit der neunten, ich mit der fünften Klasse. Und keiner von uns hatte ahnen können, dass da gerade ganz in der Nähe der zukünftige Mann oder die zukünftige Frau fürs Leben herumlief. Zumindest hoffte ich nach wie vor, dass es tatsächlich fürs Leben war.

Diese Begegnung – oder Nicht-Begegnung – war genau das gewesen: ein Zufall.

Und Jasmin?

Selbstmordgedanken – genau wie bei Falk Sieverstedt. Sie hatte bei Marius angerufen – genau wie Falk Sieverstedt. Und am Ende hatte sie das getan, was Falk Sieverstedt ganz eindeutig *nicht* getan hatte: sich tatsächlich das Leben genommen.

So sah es aus.

Umständlich kam ich wieder hoch. «Entschuldigung», murmelte ich.

Die Mutter des Mädchens schien mich gar nicht mehr wahrzunehmen. Sie sah aus dem Fenster, wo soeben ein Golf auf den Hof bog. Wahrscheinlich die Eltern eines der anderen Ferienkinder.

«Frau Vedder?», fragte ich leise.

Keine Reaktion.

Wieder legte ihr die Ferienwirtin vorsichtig die Hand auf den Arm.

Es war unübersehbar, dass man sich seit Jahren kannte. Kein Wunder, wenn Jasmin hier auf dem Hof die einzigen glücklichen Zeiten seit dem Tod ihres Vaters verbracht hatte.

Und gerade hier sollte sie ihrem Leben ein Ende gesetzt haben, worüber sie zwar jahrelang immer wieder *geredet* hatte, ohne es aber tatsächlich ernsthaft zu versuchen?

Red dir nichts ein, Friedrichs! Dass Selbstmordkandidaten bei Marius anrufen, passiert ständig. Dazu ist die Sendung da.

Noch vor einer Woche hättest du nicht mal richtig hingehört, wenn diese Frau die Show erwähnt hätte.

Widerwillig sah Jasmins Mutter noch einmal in meine Richtung.

«Ich habe nur noch zwei, drei kurze Fragen», sagte ich.

Dann können Sie trauern, dachte ich, sprach es aber nicht aus.

«Hatten Sie denn das Gefühl, dass Marius Ihrer Tochter helfen konnte, Frau Vedder?»

«Marius?» Sichtlich verwirrt.

«Der Mann aus dem Fernsehen.»

«Ja ... Diese Show. *Second Chance*. Ich wollte nie, dass sie so lange aufbleibt, doch die Sendung schien sie zu interessieren, und es gab so wenig, das sie wirklich interessierte. Also habe ich ihr erlaubt ...»

«Es war das erste Mal, dass sie selbst dort angerufen hat?», hakte ich ein. «Letzte Woche?»

Jasmins Mutter zögerte, doch dann, entschlossen: «Ja. Ich glaube, sie hatte ein bisschen Angst vor dem Mann. Sie war immer sehr vorsichtig, hat sich auch diese Show immer wieder angesehen, bevor sie dann selbst ... Ich weiß nicht, ob Sie die Sendung kennen, aber der Mann ist doch ...» Sie brach ab, schüttelte sich. «Macht das einen Unterschied? Er hat ihr nicht geholfen! Sie ist tot!»

«Ich weiß.» Ich holte Luft. «Doch selbst in diesem Fall müssen wir ...»

«Der Kerl ist ein Schwein.»

Der Satz kam so abrupt, dass die Ferienwirtin unwillkürlich zusammenzuckte.

«Ein kleines Mädchen ruft bei ihm an, und er behandelt es wie eine ... eine ...» Heftig schüttelte die Mutter den Kopf, wieder und wieder. «Sie hat nur noch geweint hinterher. Er hat ihr vorgeworfen, dass sie nicht endlich ernst macht. Dass sie sich nicht schämt, dass sie ...»

Ich nickte. Die typische Marius-Methode. Ganz ähnlich hatte er auch Falk angesprochen bei seinem zweiten Anruf.

Oh, dann willst du dich nur noch von mir verabschieden? Na, dann alles Gute, Felix!

«Können Sie sich erinnern, was sie ihm alles erzählt hat?», fragte ich. Wie beiläufig: «Dass sie sich auf den Reiturlaub freute, hier in Duvenstedt?»

«Was? Ja. Doch, ich glaube. Ja, doch, ich bin mir sicher. Kurz bevor er aufgelegt hat. Der Reiterhof, da kam sie mit allen Details. Wahrscheinlich, damit er sich nicht noch einbilden sollte, dass sie sich das nur aus den Fingern saugt. Ich habe mich noch gefreut, dass sie plötzlich richtig ... kiebig wurde. Unsere Psychologin meinte, es wäre ein gutes Zeichen, wenn sie ...»

Mitten im Satz brach die Mutter ab und saß einen Moment lang kerzengerade, bevor sie zu weinen begann wie von Krämpfen geschüttelt.

Die Ferienwirtin warf mir einen beinahe flehenden Blick zu.

Ich holte Atem. «Danke», sagte ich leise. «Das war alles. Frau Vedder, es tut mir furchtbar leid.»

Ich glaubte nicht, dass sie meine Worte wirklich hörte.

Ich stand auf.

Udo Tietgen, mein uniformierter Kollege, war in der Tür stehen geblieben.

Das war gängige Praxis, wenn das PK nur einen einzelnen Beamten abstellte: Falls die Angehörigen etwas Tatrelevantes zu sagen haben, hatte ich einen zusätzlichen Zeugen.

Hatte die Mutter etwas Relevantes gesagt?

Jasmin hatte Marius verraten, wo sie in der folgenden Woche zu finden sein würde.

In der Woche, in der sie gestorben war.

Sie hatte es Marius verraten – und ein paar zig- oder hunderttausend Menschen, die gerade Kanal Sieben eingeschaltet hatten.

Aber der Ferienhof war voll mit Kindern. Wie hätte ein Täter wissen sollen, um welches Mädchen es sich handelte?

Ich biss mir auf die Unterlippe. Das war mit Sicherheit zu bewerkstelligen. Zufällige Gespräche, scheinbar harmlose Fragen.

Das war nicht der entscheidende Punkt.

Der sah anders aus.

Glaubte ich selbst an meine irrsinnige Theorie? Und wenn ich an sie glaubte: Wie wollte ich sie beweisen in einem Fall, auf den ich gar nicht angesetzt war?

* * *

Noch immer fast eine Stunde.

Der Hauptkommissar hatte mehrfach versucht, Elisabeth Sieverstedt in der Villa in Blankenese zu erreichen, doch das Hauspersonal hatte ihm lediglich sagen können, dass sie weggefahren sei und zu keinem festen Zeitpunkt zurückerwartet werde.

Albrecht fluchte im Stillen. Unter allen Umständen wollte er Elisabeth vorwarnen. Doch selbst wenn das nicht gelang ...

Nein, seine Entscheidung war gefallen, und er hegte keinen Zweifel, wohin der Mechanismus, den er heute anstoßen würde, am Ende führen würde: Dies war sein letzter Nachmittag in seinem Büro.

Er war bereits im Begriff gewesen, seinen Schreibtisch auszuräumen, als ihm bewusst wurde, dass er ihn noch gar nicht wieder eingeräumt hatte.

Ein zögerndes Klopfen an der Tür.

Faber, dachte er. Die Informationen über Marius, um die er gebeten hatte.

Faber, auf den nun nach menschlichem Ermessen die Leitung der Dienststelle zukam, was der Mann selbstredend noch nicht ahnen konnte. Dass Albrecht Hannah Friedrichs vom Sieverstedt-Fall abgezogen hatte – wenn auch aus völlig anderen Gründen –, würde jedenfalls nicht ohne Folgen bleiben.

«Bitte», sagte er. «Herein.»

«Hauptkommissar? Ich wollte Ihnen nur eben ...»

«Natürlich.» Albrecht stand auf. «Bitte, kommen Sie doch rein, Max!»

Faber hob die Augenbrauen.

Albrecht hatte den Eindruck, dass nicht viel fehlte, und der Mann hätte sich über die Schulter umgeschaut, ob noch irgendein anderer Max hinter ihm stand, dem die Aufforderung seines Vorgesetzten gelten konnte.

«Bitte.» Albrecht wies auf den Besucherstuhl. «Setzen Sie sich doch.»

Faber nahm Platz, auf der vordersten Stuhlkante.

Hab ich was angestellt?

Er sagte es nicht laut, aber der Blick war deutlich genug.

Albrecht biss die Zähne zusammen. Kriminaloberkommissar Max Faber gehörte seit mehr als zwölf Jahren zu seinem Team, und er hatte niemals irgendwelche Ambitionen gezeigt, mehr zu sein als die ewige Nummer zwei, drei oder vier: hinter Albrecht, neben Hannah Friedrichs und Matthiesen, denen er jeweils mehrere Dienstjahre voraushatte.

«Eine schwierige Situation», bemerkte der Hauptkommissar.

«Bitte?» Fabers Augenbrauen hoben sich bis zu einer Stelle, an der sich bei einem Menschen, der noch Haare hatte, der Haaransatz befunden hätte.

«Unsere Ermittlung», erklärte Albrecht. «Die Lobotomie ist eine zusätzliche Spur, doch dem Täter bringt sie uns erst einmal keinen Schritt näher. Die Sendung kann jeder verfolgt haben, und nach Eulers Worten sind entsprechende Operationen in den Vereinigten Staaten fast durchweg von halben Laien ausgeführt worden. Was denken Sie? Stellen Sie sich einmal vor, Sie würden an meiner Stelle diese Ermittlung leiten. Was wäre Ihr Gedanke?»

«Oh.» Faber hatte einen Schnellhefter dabei und machte Anstalten, ihn auf Albrechts Schreibtisch abzulegen, überlegte es sich dann aber anders und drapierte ihn auf den Knien. «Nun, wie ich schon sagte: Ich finde es auffällig, dass Falks Fotoausrüstung verschwunden ist, nachdem er ja im zweiten Gespräch mit Marius betont hatte, dass das seine *Methode* sei – das Fotografieren –, um das ganze Bild einzufangen. Was auch immer er damit gemeint hat. Ich muss immer daran denken, was Klaus Matthiesen gesagt hat, und Sie haben das ja bestätigt: Bei Sieverstedt Import / Export kam der Junge überhaupt nicht vor. Er hatte sozusagen gar kein *Bild* vom Unternehmen seiner eigenen Familie. Wenn das Ganze womöglich in diese Richtung geht, bin ich froh, dass ...»

«Ein sehr guter Gedanke, Max. Sie würden sich die Sieverstedts also noch einmal vornehmen. Sehr gut. Und dann?»

«Und dann?»

«Wie würden Sie verfahren? Was würden Sie tun – an meiner Stelle?»

«Ich ... Sie noch einmal befragen, denke ich, oder?»

«Und dann?»

Faber blinzelte. «Käme drauf an, was sie aussagen, oder? Also der Konsul, und ...» Er hob die Schultern. «Je nachdem, nicht wahr? Ich bin froh, dass Sie wieder hier sind, Hauptkommissar. Wir alle. Gerade jetzt. Das wäre einfach eine Nummer zu groß für uns.»

Albrecht schnaubte. «Unsinn.» Schräg über Fabers Kopf sah er die Wanduhr. Er musste im letzten Moment bei Lorentz und der versammelten Journaille auf dem Präsidium erscheinen – doch auf keinen Fall zu spät. Der Präsidentin war zuzutrauen, dass sie die Fragerunde ohne ihn eröffnete. Die wichtigsten Informationen zur Ermittlung hatte er ihr bereits telefonisch durchgegeben.

«Was haben Sie mir über Marius mitgebracht?», fragte er.

Faber schlug seinen Hefter auf. Seine Erleichterung war unübersehbar.

«Marius …», murmelte er und sah kurz auf. «Das Schwierigste war tatsächlich der Nachname. Offenbar gehört das zum Geheimnis, das er um sich macht. Ich war ja jetzt erst einmal auf die offen zugänglichen Quellen angewiesen. Marius Soppeldt heißt er, Jahrgang 1961, ist jetzt also Anfang fünfzig. Er stammt aus Gifhorn, einem Städtchen in Niedersachsen, und hat – Sie werden lachen – ursprünglich eine journalistische Ausbildung gemacht.»

Wenn die Presse ins Spiel kam, war Lachen so ziemlich die letzte Reaktion, nach der dem Hauptkommissar zumute war. Doch er nickte. «Bitte», sagte er. «Weiter. Qualifiziert ihn irgendwas zu dem Zeug, das er in seiner Show abzieht?»

«Er hat Psychologie studiert, in Berlin und Heidelberg.» Faber sah in den Hefter. «Allerdings ohne Abschluss. Stattdessen hat er mehrere Jahre in Indien und Südostasien verbracht. Auf Forschungsreisen. So steht das jedenfalls bei Wikipedia.»

Albrecht stieß ein Geräusch aus, bei dem er davon ausging, dass es seine Einschätzung deutlich machte.

Psychologie. Kein Abschluss. *Forschungsreisen.*

Bei den einzelnen Punkten unterschied sie sich nur graduell.

«Und wie hat er das angestellt, blind wie ein Maulwurf?»

«Er ist nicht blind», widersprach Faber. «Wie ich das verstanden habe, handelt es sich um eine Überempfindlichkeit gegen Licht, die anscheinend mit einem Unfall zusammenhängt. Das ist alles sehr undeutlich. Er selbst sprach später davon, dass er *erleuchtet* wurde.»

«Drogen?»

«Nein, offenbar war es ein Verkehrsunfall oder so was, aber natürlich klingt's dramatischer, wenn man das in der Schwebe lässt.»

«Sonst irgendwas in dieser Richtung? Vorstrafen?»

Faber schüttelte bedauernd den Kopf. «Tut mir leid. In dieser Hinsicht hat er eine vollständig weiße Weste. Zurück in Deutschland, hat er eine *School of spiritual advisory* gegründet. Was das genau war, konnte ich noch nicht klären, möglicherweise schon eine Vorform von dem, was er jetzt macht. Wie ich das sehe, hat er einfach Menschen seinen Rat angeboten.»

«Und sich dafür bezahlen lassen.»

«Offenbar hatte er keine anderen Einkünfte, ja. Bis die Fernsehkarriere losging. Auch das ist nicht ganz klar, aber einer seiner Kunden war wohl einer der Kanal-Sieben-Bosse, und so hat sich das ergeben. Von da an gab es eigentlich immer nur eine Richtung: nach oben.»

«Bis in die Schwarzen Berge», brummte Albrecht. «Wie ist er an den Schuppen dort gekommen?»

«Eine testamentarische Verfügung. Die letzte Besitzerin war eine seiner Anhängerinnen. Sie war über achtzig, als sie im Ohlsdorfer Klinikum starb. Keinerlei Hinweise, dass irgendwas nicht mit rechten Dingen zugegangen ist. Marius kam es wohl sowieso mehr auf die inneren Werte des Anwesens an.»

«Bitte?»

«Es gibt wohl einen recht ausgedehnten Keller, in den er sich bei einem Krankheitsschub zurückziehen kann.»

«Und die fröhliche Gemeinde, die er dort oben versammelt?»

«Zum ehemaligen Gutshof gehört sehr viel Wald, auch Landwirtschaft. Die Tätigkeit der Schüler ...» Faber hüstelte. «Offenbar wird sie als freiwilliges soziales Jahr anerkannt. Sie lernen – offiziell Philosophie und Geistesgeschichte – und arbeiten nebenbei in der Landwirtschaft. Einige der Absolventen scheinen schon beachtlich Karriere gemacht haben. Die *Frankfurter Allgemeine* schrieb vor ein paar Jahren was von einer neuen, harten Charakterschmiede der Nation.»

«Fragt sich nur, was für eine Sorte Charaktere dabei herauskommt», murmelte Albrecht.

Im selben Moment waren hektische Schritte auf dem Flur zu hören. Ein Klopfen ertönte, und die Tür wurde aufgerissen, ohne eine Antwort abzuwarten.

«Nils is im Fernsehen und … Zefix! Des miasst's eich oschaung!»

* * *

Udo Tietgen, mein Kollege mit dem Bullenschnauzer, hatte sich verabschiedet.

Gemeinsam mit dem anderen Beamten war er jetzt im Quartier der Ferienkinder, um letzte Fragen zu klären, vor allem aber, um die erschütterten Eltern zu beruhigen, die nach und nach eintrafen.

Ich stand neben meinem Wagen und schaute auf mein Handy. Ein Anruf in Abwesenheit. Dennis.

Meine chaotische Ehesituation war voll und ganz in den Hintergrund geraten, doch vielleicht war es ganz gut, wenn wir uns heute Mittag mal nicht sahen, sondern erst am Abend wieder. Zu Hause.

Schon im nächsten Moment schob ich den Gedanken wieder ganz an den Rand.

Jasmin Vedder hatte mit dem Selbstmord geflirtet – genau wie Falk Sieverstedt.

Genau wie er hatte sie bei *Second Chance* angerufen und mit Marius darüber gesprochen.

Und nun war sie tot, genau wie er, und ihre Augäpfel trugen dieselben blutroten Male.

Es war natürlich, dass diese Male bei einer Strangulation auftraten. Ich hatte dieses Bild schon mehr als einmal gesehen.

Und doch konnten sie etwas anderes, Entscheidendes verdecken.

Wenn ich recht hatte, war meine Entdeckung der Durchbruch in unserer Ermittlung. Einer Ermittlung, von der ich heute Morgen abgezogen worden war.

Ich *musste* das Revier informieren.

Ich starrte auf das Handy.

Albrecht hatte mich abgeschossen.

Er hatte den Namen Joachim Merz aufgeschnappt, und das hatte ihm ausgereicht, mir eine mögliche Befangenheit zu unterstellen. Oder, nein, geschickter: *Irgendjemand* könnte auf die Idee kommen, mir Befangenheit zu unterstellen.

Für ihn, der sich in der Sieverstedt-Villa bewegt hatte wie bei alten Freunden, galt das offenbar nicht. Die Konsulin hatte ihn angestarrt wie ein Gespenst. Ich wollte gar nicht wissen, was für gemeinsame Leichen unser großartiger Herr und Meister und die Sippe auf dem Falkenstein im Keller hatten.

Ich wollte nur eins: Er sollte endlich akzeptieren, dass ich mich ebenso professionell verhalten konnte wie er oder jeder andere in der Abteilung.

Hätte er mit Faber dasselbe Spiel abgezogen wie mit mir? Oder mit Matthiesen? Wenn entsprechend auf der anderen Seite kein Joachim Merz gestanden hätte, sondern eine flotte Staatsanwältin?

Davon abgesehen, dass die beiden keine Chancen gehabt hätten bei einer flotten Staatsanwältin.

War es tatsächlich ein Zufall, dass gerade ich, eine Frau, aus der Ermittlung ausgesondert wurde, weil Albrecht ahnte – und noch nicht mal *wusste* –, dass ich mit einer Person im Bett gewesen war, die den Fall nur ganz am Rand berührte?

In den letzten zehn Jahren hatte mir Albrecht nicht die Spur eines Hinweises gegeben, dass er bei weiblichen Beamten andere Maßstäbe anlegte.

Doch bis heute Morgen hatte ich mir auch nicht vorstellen können, dass er tun würde, was er jetzt getan hatte.

Wie kam ich eigentlich auf die Idee, dass ich diesen Mann kannte?

Was wusste ich in Wahrheit über Jörg Albrecht? Nur das, was er selbst uns von sich präsentierte: der geniale Kriminalist, härter zu sich selbst als zu jedem anderen. Ein Mann, für den die Ermittlungsarbeit alles war, ein heiliger Schrein, vor dem er sogar seine Ehe und seine Familie geopfert hatte.

Vielleicht war es an der Zeit, die Wahrheit über Jörg Albrecht herauszufinden?

Die Wahrheit über den Fall.

Und die Wahrheit über mich selbst, indem ich, Hannah Friedrichs, ihm die Lösung des Falls präsentierte – gleichgültig, ob sie einem wichtigen Mandanten von Joachim Merz eine Menge Ärger einhandeln würde.

Ich biss die Zähne zusammen und ließ das Handy ganz langsam zurück in meine Handtasche gleiten.

* * *

Seydlbacher hastete aus dem Raum.

Albrecht war schon auf den Beinen, Faber direkt hinter ihm. Zwei Türen weiter stand der altersschwache Fernseher in der Teeküche.

Kanal Sieben war eingeschaltet, Marius' vertrauter Haussender. Albrecht kannte den Reporter: Kevin Blankenburg, der auch im Volkspark vor Ort gewesen war.

«Zum zweiten Mal innerhalb weniger Stunden wird die Hansestadt Hamburg von Unruhen erschüttert.» Blankenburg duckte sich zur Seite, als ein Gegenstand knapp seine Schulter verfehlte. «Wobei die Situation hier am Ehestorfer Heuweg eine ganz andere ist als in der vergangenen Nacht im Volkspark, wo wir es mit Auseinandersetzungen zwischen rivalisierenden Gruppen zu tun hatten. Vielmehr haben sich hier vor dem Anwesen des Moderators Marius Scharen von Unterstützern versammelt, die ihrem Protest über das Vorgehen der Sicherheitsbehörden gegenüber der beliebten Fernsehpersönlichkeit Ausdruck geben wollen.»

Blankenburg trat zur Seite, nein, er *floh*.

Ein Pulk junger Leute kam ins Bild, die Transparente schwenkten: *Für Marius. Gegen Polizeigewalt.* Haarlänge und Garderobe unterschieden sich gegenüber den Schlägertrupps im Volkspark. Doch offenbar nicht der Grad der Empörung.

Albrecht brauchte einen Moment, um zwischen den aufgerichteten Stachelfrisuren der Demonstranten diejenige auszumachen, die zu seinem Mitarbeiter gehörte.

Lehmann gab sich augenscheinlich Mühe, mit den jungen Leuten zu diskutieren, doch noch während Albrecht hinsah, wurde er von mehreren Seiten angerempelt.

«Er sollte die Leute beobachten!», knurrte der Hauptkommissar. «Wie ist er da mitten rein gekommen?»

Matthiesen saß auf einem Stuhl am Fenster, auf den Knien eine Kaffeetasse und das unvermeidliche Franzbrötchen. «Das sind nicht die eigentlichen Marius-Fans», erklärte er. «Die sind friedlicher. Aber ein paar von den Gesichtern von denen da kennen wir trotzdem, wenn Sie genau hinsehen: Die sind auf jeder Demo, ganz egal, wogegen. Dachten wohl, dass Nils aufs Anwesen wollte.» Ein Nicken zum Fernseher. «Aber Marius' Wachmänner lassen sowieso niemanden passieren.»

Albrecht erkannte das Metallgitter einer Einfahrt. Links und rechts davon Buschwerk, aber die Umfriedung schien sich fortzusetzen.

Im selben Moment wechselte die Kameraperspektive. Offenbar war die Szene zusammengeschnitten worden. Im Laufschritt näherten sich uniformierte Polizisten, was Lehmann Luft gab, sich von den Chaoten zu befreien. Er stolperte zurück, versuchte das Gleichgewicht zu halten ...

Mit diesem Bild fror die Kamera ein.

«Der sieht ja zum Fürchten aus», murmelte Matthiesen.

Albrecht biss die Zähne zusammen.

Nils Lehmann, mit verzerrtem Gesicht, den bandagierten

Arm rudernd erhoben. Als wenn er der Bagage mit Schlägen drohte.

Eine Aufnahme, die den Weg in die Zeitungen finden würde. Mit tödlicher Sicherheit.

Dann war wieder Kevin Blankenburg zu sehen.

«Wie wir sehen, liegen die Nerven auf *beiden* Seiten blank», kommentierte der Reporter. Anders als wenige Sekunden zuvor trug er keine Jacke mehr. Albrecht konnte lediglich vermuten, dass dieser Teil der Berichterstattung nunmehr live gesendet wurde.

«Ich habe nun die Gelegenheit, mit einem Vertreter des Moderators zu sprechen. Herr Dr. Merz, was sagt Marius selbst zu diesen Vorgängen?»

Albrecht starrte auf den Bildschirm.

Da stand er, auf dem sonnenverwöhnten Gesicht die Ahnung eines Bartschattens, doch Hemd und Maßanzug saßen perfekt, der Windsorknoten auf den Millimeter an Ort und Stelle. Der Inbegriff von Seriosität, wobei eine scheinbar beiläufig in die dichte dunkle Mähne geschobene Sonnenbrille einen Hauch des Unkonventionellen ergänzte.

Der Mann war Profi und fing nicht auf der Stelle an zu sprechen, sondern nutzte die Gelegenheit, das Bild auf die Fernsehzuschauer wirken zu lassen: der souveräne Anwalt, bedächtig und über den Dingen stehend, während hinter ihm die Demonstranten krakeelten und sich Rangeleien mit den Sicherheitskräften lieferten.

«Marius ist in Sorge.» Jedes Wort wurde betont.

Albrecht biss die Zähne zusammen. Allein schon mit dieser Stimme, diesem ruhigen, tiefen Timbre, wäre der Mann der Star in jeder Telefonhotline gewesen, für alleinstehende Damen – oder vielleicht auch Herren – mit exquisitem Geschmack.

«Natürlich ist auch er betroffen vom Vorgehen der Polizei», erklärte Merz. «Allerdings zeigt er ganz ausdrücklich volles Verständnis, dass die Behörden in dieser Ermittlung unter besonderem Druck stehen. Er ist dankbar für die Unterstützung, die ihm von so vielen Menschen zuteilwird, ruft jedoch alle seine Freunde auf, Ruhe zu bewahren. Er selbst wird sich heute Abend in der Sendung äußern.»

«Also ab zweiundzwanzig Uhr hier auf Kanal Sieben?», fügte Blankenburg an.

Der Anwalt nickte mit staatstragender Miene.

«Eine Werbenummer», knirschte Albrecht zwischen den Zähnen hervor. «Die arme, geschundene Kreatur versichert uns großmütig ihr Verständnis, dass wir unsere Arbeit tun müssen – und fährt damit die Einschaltquote des Jahres ein. Und diese Seuche von Anwalt ...»

«Schhhht!», machte Matthiesen.

Auf dem Bildschirm war Merz einen Schritt in den Hintergrund getreten. Er war weiterhin im Bild, doch gleichzeitig gelang es ihm, den Eindruck von juristischer Distanz zu vermitteln.

Oh nein, dachte der Hauptkommissar düster. Selbstverständlich hatte der Mann nicht die Spur mit diesem Menschenauflauf zu tun. Genauso wenig wie er Friedrichs' Auftritt in der Show eingefädelt hatte.

Albrecht hatte keinen Schimmer, *wie* der Kerl das angestellt hatte, aber dass Merz dafür verantwortlich war, bezweifelte er nicht eine Sekunde.

Dafür hatte er schon zu viel erlebt mit diesem Menschen, und dass Friedrichs unter diesen Umständen ...

«Befragen wir einige der jungen Leute, die teilweise bereits seit heute Nacht hier vor dem Anwesen ausharren.» Blankenburg hielt einer – keineswegs mehr *jungen* – Frau das Mikrophon vor die Nase. «Würden Sie sich als Fan von Marius bezeichnen?»

Die Frage war überflüssig wie ein Kropf: Über der ausladenden Oberweite der Dame wölbte sich ein schwarzes T-Shirt mit den kantigen Umrissen einer Gestalt und dem Schriftzug *Second Chance.*

«Sie ...» Die Frau schluckte. Eine einzelne Träne fand den Weg über ihre Wange. «Sie können sich nicht vorstellen, was ich Marius verdanke. Vor ... vor zwei Jahren. Ich ... ich war einfach nur am Ende, vollkommen kaputt. Mein Mann, mein ...» Eilig. «Mein Exmann. Er hatte eine Jüngere, so ein blondes Dummchen und ...» Sie schüttelte sich. «Nein», flüsterte sie. «So habe ich *damals* gedacht. Marius verdanke ich, dass ich die Dinge anders sehen, ihnen mit Verständnis begegnen kann. Mein ganzes *Leben.* Sehen Sie mich heute an: Ich bin eine glückliche Frau!»

Albrecht sah in erster Linie eine Frau, die sich mindestens eine Konfektionsgröße enger kleidete, als ihrer Erscheinung guttat.

Doch Blankenburg drehte sich bereits weiter. «Silvio Weismann, Sie sind einer der Organisatoren dieser Kundgebung.»

Graue Schläfen, Nickelbrille, distinguierte Erscheinung – wenn man vom schwarzen T-Shirt einmal absah, das identisch war mit dem Leibchen seiner Nebenfrau. Mit dem Unterschied, dass es in diesem Fall saß wie angegossen.

«Mit dem Begriff Organisator kann ich wenig anfangen», erklärte Weismann. «Wir möchten Marius unterstützen, doch Freunde von Marius sind keine Menschen, die irgendeinem Kommando folgen. Das wäre das Letzte, was der Meister sich wünschen würde.»

«Aber Sie haben dasselbe Ziel?»

Weismann nickte. «Marius hat vielen von uns in entscheidenden Momenten unseres Lebens geholfen. Heute sehen wir eine Chance, ihm etwas von dieser Hilfe zurückzugeben.»

«Sie haben Herrn Dr. Merz gehört. Marius scheint in Sorge zu sein, dass Ihre Unterstützung die Ermittlungsarbeiten behindern könnte.»

Weismann schüttelte ernst den Kopf. «Sehen Sie?», fragte er.

«So ist Marius, der immer zuerst das Gute in den Menschen sieht. Das ist seine Lehre, die er an uns weitergibt. An sich selbst denkt er dabei zuallerletzt. Und deshalb sind wir hier.»

Für eine halbe Sekunde zog Blankenburg das Mikro zurück. «Das müssen Sie mir erklären.»

Albrecht knirschte mit den Zähnen.

Die Nachfrage kam so spontan, dass sie nur abgesprochen sein konnte.

Der Kameramann musste Instruktionen bekommen haben. Die Kamera zoomte Weismann heran.

Mit einer dramatischen Geste zog der Mann das Brillengestell von der Nase.

Sorgfältig einstudiert, dachte Albrecht.

Aber Klassen vom Charisma seines Idols entfernt.

«Waren wir nicht alle Zeugen gestern Abend?», fragte Weismann. «Wie einen Verbrecher hat diese Polizistin Marius behandelt! Wir sind gesetzestreue Bürger. Rücksicht auf andere, Achtung der Gesetze: Das ist es, was auch Marius lehrt. Aber wir werden ein Auge darauf haben, wie die Behörden mit dem Meister umgehen und ob sie es wagen, ihre Störaktionen bei *Second Chance* fortzusetzen. Und wenn sie das tun, wenn sie es wagen sollten, Marius weiterhin unter Druck zu setzen, werden wir unsere Stimmen erheben, lautstark und unüberhörbar!»

Zustimmendes Gemurmel der Umstehenden. Irgendwo im Hintergrund begannen die Herrschaften mit den Stachelfrisuren Parolen zu skandieren: Solidari-tät! Solidari-tät!

Kopfschüttelnd wandte der Hauptkommissar sich ab.

«Diesen Weismann sollten wir uns ansehen», murmelte er.

Dann kam die Erinnerung.

Er würde sich keinerlei Details dieser Ermittlung mehr ansehen, wenn dieser Tag vorbei war.

Er sah auf die Uhr.

Noch achtundzwanzig Minuten.

«Gut», sagte er und wandte sich an Faber. «Ich bin dann in Winterhude auf der Pressekonferenz. Sie haben die Leitung.»

Er war sich nicht sicher, ob es ihm gelang, die letzte Bemerkung eine Winzigkeit anders zu betonen als gewöhnlich.

Er ging noch einmal kurz in sein Büro und schlüpfte in ein Sakko, das er erst vor wenigen Wochen angeschafft hatte. Gute Qualität, dachte er.

Nur angemessen für den wichtigsten und letzten Termin seiner Laufbahn.

Im nächsten Moment stand er auf dem Flur.

Irmtraud Wegner war in ein Telefonat vertieft, Hinnerk Hansens Tür stand halb offen, sodass undeutliche Fetzen eines Dialogs zwischen Marius und einer Anruferin auf den Flur drangen.

«... aber ich liebe ihn! Ich weiß einfach nicht, ob ich ohne ihn leben kann!»

«Nun, liebe Eloise: Dann würde ich sagen, du bist auf dem besten Weg, es herauszufinden.»

Die Tür des Computermenschen war geschlossen. Die Fotos auf Sieverstedts Laptop ... Eine innere Stimme sagte dem Hauptkommissar, dass sie eine Bedeutung hatten, von der noch keiner von ihnen etwas ahnte.

Doch das lag nicht mehr in seiner Verantwortung.

Noch etwas, das in diesem Moment noch niemand ahnte – abgesehen von ihm selbst.

Es war ein merkwürdiger Moment.

Kaum richtig da, dachte er. Und schon wieder weg. Endgültig diesmal.

Jörg Albrecht war kein sentimentaler Mensch. Doch als er die Tür des Reviergebäudes hinter sich geschlossen hatte, musste er tief Luft holen.

Er hob den Blick, und ...

Sie saß in einem offenen Mercedes, zwei Häuser entfernt: ein weißes Kostüm, um Hals und Kopf ein Seidenschal in derselben

Farbe. Die Augen waren verborgen hinter ihrer überdimensionierten Sonnenbrille.

«Elisabeth», flüsterte er.

* * *

Im Stallgebäude schien es mehrere Grad kälter geworden zu sein.

Ich kniff die Augen zusammen. Von rechts waren wieder die unruhigen Laute der Pferde zu hören. Wahrscheinlich waren sie es gewohnt, zu dieser Tageszeit bewegt zu werden.

Doch vielleicht spürten sie auch die Gegenwart des Todes.

Ich wandte mich in die andere Richtung, blieb im nächsten Moment aber stocksteif stehen.

Eine Bewegung.

Ich war mir hundertprozentig sicher, dass ich sie gesehen hatte, und sie war aus Richtung des undeutlichen Umrisses gekommen, der schmalen, leblosen Gestalt, die in Jeans und dunklem Pullover auf der Plastikdecke lag.

Ich tastete über meine Hüfte.

Meine Dienstwaffe hatte ich heute dabei: Nicht wegen dieser Ermittlung, sondern weil noch der Termin am Niendorfer Gehege anstand. Wir hatten schon üble Überraschungen erlebt, wenn die Antonioni-Brüder ins Spiel kamen.

Leise bewegte ich mich voran und zuckte zusammen, als eine Bodendiele unter meinen Füßen knarrte. Doch draußen war leichter Wind aufgekommen, die erste winzige Hoffnung, dass die Hitze über der Stadt vielleicht doch nicht für alle Ewigkeiten anhalten würde. Überall im Gebälk des Stallgebäudes knarrte es leise.

Der Körper der Toten war noch zehn Meter entfernt, das bleiche Gesicht mit der unförmig aus dem Mund gequollenen Zunge ein hellerer Fleck in der Dunkelheit.

Und direkt daneben ...

Die Gestalt hockte am Boden und bewegte sich, leicht und rhythmisch, als ob sie ...

«Doktor?», flüsterte ich.

Der Gerichtsmediziner zuckte hoch.

Mit einem Mal kam ich mir unglaublich dämlich vor. Natürlich: Tietgen und sein Kollege waren zu den Kindern verschwunden, aber von dem Mediziner hatte ich nichts mehr gesehen.

Doch was tat er noch hier?

«Kein ... kein Doktor.» Mit einer hastigen Bewegung strich er sich übers Gesicht. «Detlef Langen.»

Ich trat zu ihm und der Toten.

Nein, es gab keinen Zweifel. Er hatte geweint.

«Tut mir leid», flüsterte er. «Dass Sie ... Dass ich ...» Er fingerte in seiner Jackentasche und brachte ein Taschentuch zum Vorschein. «Sie müssen denken, dass ich ... Es tut mir so unendlich leid.»

Die Situation hatte etwas Bizarres, Absurdes.

Ein Gerichtsmediziner, der über einer Leiche in Tränen ausbrach.

Doch es war nichts Komisches daran, nicht hier.

Das tote Mädchen, ein Kind noch, das noch kaum gelebt hatte und einen großen Teil der Zeit, die es gelebt hatte, mit dem Gedanken an den Tod zugebracht hatte.

«Ich kann Sie verstehen», sagte ich leise. «Ich bin schon eine Weile dabei, aber so was wie das hier, das haben wir nicht oft», murmelte ich. «Zum Glück.»

«Das ist mir ... Ehrlich, das ist mir noch nie passiert.» Er war schon wieder in der Hocke.

Ich kniff die Augen zusammen.

Er trug noch immer seine Handschuhe und strich der toten Jasmin die Haare aus dem Gesicht.

«So klein», wisperte er. «So jung. Sie hatte noch so viel vor sich. Wie konnte sie das nur tun?»

Ich sah auf die Szene, doch gleichzeitig rührte sich etwas in mir.

Eine Chance, dachte ich. Eine Chance, mit der ich überhaupt nicht gerechnet hatte.

Es war das Einzige, was ich noch tun konnte – auch für dieses tote Mädchen.

Doch ich musste vorsichtig sein. Ich operierte hart am Rande der Dienstvorschriften, und noch hatte ich keine Ahnung, wie weit ich sie womöglich würde überschreiten müssen.

«Ist das ...» Ich zögerte, zögerte ganz bewusst, bis ich sicher war, dass ich seine Aufmerksamkeit hatte. «Ist das wirklich hundertprozentig sicher?», fragte ich.

Detlef Langen blinzelte und wischte sich noch einmal über das Gesicht. Dann sah er mich aus großen Augen an.

Er *selbst* war noch so unglaublich jung. Wie lange konnte er überhaupt schon dabei sein?

«Was meinen Sie?», flüsterte er. «Die Todesursache? Denken Sie, dass ...» Er schüttelte den Kopf. Noch einmal. «Nein.» Nur ein Hauch. «Ich ... Tut mir leid, dass ich so die Kontrolle verliere, aber rein medizinisch ist es absolut eindeutig. Wir haben genaue Vorschriften, bestimmte Dinge, die wir prüfen, und ... Hier.» Wieder, zitternd, strich er die Haare des Mädchens beiseite. «Die Zwischenblutung ist ein eindeutiges Zeichen. Die beiden Stränge des Seils haben sich unter dem Gewicht des Körpers in die Haut gegraben. Das hat die Suffokation verursacht und damit den Tod. Es gibt manchmal Fälle, in denen ein Freitod vorgetäuscht werden soll, nachdem ein Täter das Opfer erdrosselt hat, doch dann wäre die Zwischenblutung nicht aufgetreten. Nein, unmöglich.»

«Die Augen ...», begann ich vorsichtig.

«Ja.» Er schluckte. «Das ist sehr, sehr deutlich. Weil der Knoten verrutscht ist und sie so lange gebraucht hat, bis sie ...»

«Könnte ...» Pass auf, Friedrichs! Lass ihn selbst seine

Schlüsse ziehen! «Könnte der Knoten mit Absicht so platziert worden sein?», fragte ich.

Er kniff die Augen zusammen, sah auf die Tote, schüttelte dann aber den Kopf. «Nein. Ich meine: doch, natürlich. Aber warum hätte sie das tun sollen? Die meisten Selbstmörder rücken den Knoten automatisch in den Nacken – auf diese Weise geht es auch am schnellsten. Durch den symmetrischen Druck werden die Halsschlagadern praktisch augenblicklich verschlossen, und die Bewusstlosigkeit tritt binnen Sekunden ein. Bei den Wirbelschlagadern ist ein viel größeres Gewicht notwendig, und es kann überhaupt ...» Wieder schüttelte er den Kopf. «Doch selbst wenn sie das alles gewusst hätte: Warum hätte sie das tun sollen?»

Ich nickte.

Jasmin hatte keinen Grund gehabt, den Knoten an dieser Stelle anzulegen – und doch hatte er sich genau dort befunden, seitlich am Hals, wo er ein langsameres und qualvolleres Sterben verursacht hatte.

Und intensivere Blutungen in der Lederhaut der Augen.

«Wobei ...»

Ganz langsam beugte Langen sich über die Tote, nahm den Hals noch einmal in Augenschein, tastete den wulstigen Umriss der Zwischenblutung ab, folgte dem Eindruck des aufsteigenden Seils an der Halsseite.

Dann griff er nach der rechten Hand des Mädchens, betrachtete sie eingehend, schob das Bündchen des Pullovers zurück, wiederholte den Vorgang mit der anderen Hand.

Er schüttelte den Kopf.

«Das wäre kaum zu beweisen, aber theoretisch könnte ihr natürlich jemand anders das Seil umgelegt haben und es von Anfang an an dieser Stelle platziert haben. Jemand, der sich am Anblick dieses langen und schrecklichen Todes ...»

Bitte, dachte ich. Nicht wieder weinen.

«Aber müssten dann nicht irgendwelche Zeichen von Gegenwehr zu erkennen sein? Abwehrverletzungen, fremde Hautparti-
kel unter den Fingern ... Selbst wenn er sie mit der Waffe bedroht
hätte: Der Überlebenswille ist stark. Ich kann mir nicht vorstellen, welcher Mensch das ohne jeden Widerstand über sich ergehen lässt.»

Ein Mensch, dachte ich, der nicht imstande ist, sich zu wehren, weil seine aktive Gegenwehr, seine Fähigkeit zu erkennen,
was mit ihm vorgeht, ausgeschaltet wurde.

Ein Mensch, dem ein spitzer Gegenstand in die Augenhöhle
eingeführt worden ist, um seine Seele zu öffnen.

Falk Sieverstedts Körper hatte im Wasser des Bassins bis zum
letzten Atemzug gekämpft – doch das war ein Reflex gewesen.

Und auch der Körper dieses Mädchens musste sich verzweifelt
gewehrt haben – nachdem sich der Knoten einmal zugezogen
hatte.

Doch ein Seil, das lose um den Hals gelegt wurde, ein Knoten,
der an einer bestimmten Stelle positioniert wurde: War ein lobotomierter Mensch in der Lage zu erfassen, was diese Vorgänge
bedeuteten, und auf sie zu reagieren?

Ich konnte Detlef Langen nicht danach fragen.

Genauso wenig wie ich ihn bitten konnte, die Augenhöhle des
Mädchens auf Spuren des Eingriffs zu prüfen oder eine toxikolo-
gische Untersuchung zu veranlassen – das Mädchen war gestern
Abend noch lebend gesehen worden; die Chancen, dass noch
Spuren eines Sedativums messbar waren, standen besser als bei
Falk.

Doch ich durfte diese Schritte nicht in die Wege leiten. Es wäre
unmöglich gewesen, sie vor dem PK geheim zu halten.

sieben

Elisabeth.»

Die nachtschwarzen Brillengläser blickten ihm entgegen.

Jörg Albrecht fluchte lautlos.

Einen auffälligeren Aufzug hatte sie sich nicht aussuchen können? Kostüm, Kopftuch, alles weiß. Sogar der sündhaft teure offene Wagen.

Wenn in diesem Moment auf dem Revier jemand aus dem Fenster schaute ...

Er schüttelte sich. Machte das jetzt noch einen Unterschied?

Der Hauptkommissar warf einen raschen Blick über die Straße.

Etwas hatte sich verändert seit dem Morgen. Noch immer herrschte drückende Hitze, doch die Farben hatten eine andere Intensität gewonnen. Der Himmel über der Hansestadt zeigte nicht länger das wolkenlose Blau der vergangenen Wochen.

Als Albrecht geradeaus sah, konnte er über die Häuserfassaden jenseits der Königstraße hinweg ein dunkles Grau erkennen, weit draußen noch, am anderen Elbufer, über den Schwarzen Bergen, aber eindeutig sichtbar.

Es schien sich von Sekunde zu Sekunde zu vertiefen.

Noch kein Wetterleuchten, dafür war es zu früh. Kein Donnern in der Ferne. Und doch waren die Zeichen untrüglich.

Das Unwetter war nicht mehr fern.

Noch einmal schüttelte er sich und trat dann an den Wagen. «Elisabeth», sagte er zum dritten Mal.

«Jörg.» Ihr Gesicht hob sich eine Idee. «Steig ein.»

«Bitte?»

«Wir müssen reden. Steig ein.»

«Ausgeschlossen.» Er schüttelte energisch den Kopf. «Ja, wir müssen reden, aber nicht jetzt. Elisabeth, du darfst auf keinen Fall zurück in die Villa. Ich muss in vierundzwanzig Minuten in Winterhude sein und ...»

«Steig ein. Ich fahr dich hin.»

«Verflucht, Elisabeth, ich bin im Begriff ...»

Ihre Haltung veränderte sich kein bisschen. Sie sah ihn an.

Schimpfend umrundete Albrecht das Fahrzeug und öffnete die Beifahrertür.

«Zum Polizeipräsidium», knurrte er. «Hindenburgstraße.»

«Schnall dich an. Falls wir in eine Kontrolle kommen.»

Das fehlte noch, dachte er.

Die Konsulin legte den Gang ein und setzte rückwärts aus der Parklücke. Sie trug fingerlose Lederhandschuhe.

Weiß. Natürlich.

«Elisabeth.»

«Wir müssen über Falk reden.»

Er biss die Zähne zusammen. Endlich war sie bereit, mit der Sprache herauszurücken, doch jetzt war es zu spät.

Es ist schon immer zu spät gewesen, dachte er. Es ist seit fünfzehn Jahren zu spät.

«Halt!» Er hob die Hand und legte seine Aktentasche auf den Knien zurecht. «Hör mir zu, Elisabeth! Ich bin im Begriff, den Fall abzugeben. Ich kann unmöglich eine Ermittlung gegen Falks Mörder führen, nach allem, was zwischen uns beiden gewesen ist. Ich habe eine Verantwortung: vor meinem Beruf, vor meinen Mitarbeitern. Und vor mir selbst.»

Fünfzig Meter vor ihnen sprang eine Ampel auf Gelb. Elisabeth trat das Gaspedal durch.

«Verdammt!»

Bremsen quietschten, als sie an einem Kleinwagen vorbeirauschte, der vor der Haltelinie langsamer geworden war.

Der Mercedes schoss über die Kreuzung, weiter, die Max-Brauer-Allee entlang.

«Ausgeschlossen», flüsterte sie. «Du musst weitermachen.»

«Elisabeth, ist dir klar, welche Rolle heutzutage verfahrenstechnische Details in einer Ermittlung spielen? Willst du, dass Falks Mörder nicht verurteilt werden kann, weil man mir Befangenheit nachweist?»

«Mach das Handschuhfach auf!»

«Was?»

«Schau ins Handschuhfach.» Sie wechselte die Fahrspur, nachdem sie einen Renault rechts überholt hatte.

Mit einem Knurren riss Albrecht die Klappe auf.

Der Geruch von Lederpflegemittel – und ein Briefumschlag. «Was ist das?»

«Schau rein.»

Albrecht öffnete die Umschlaglasche.

Fotos.

Falten bildeten sich auf seiner Stirn, während er die Bilder durchblätterte.

Ein Containerschiff. Die Flagge, die es gesetzt hatte, trug dieselben Farben wie der Wimpel auf dem Diplomatenfahrzeug des Konsuls.

Die nächste Aufnahme zeigte einen untersetzten Mann in einem anthrazitfarbenen Geschäftsanzug, der sich mit einem zweiten Mann unterhielt, der dem Betrachter den Rücken zuwandte. Im Hintergrund war ein Schiffsrumpf zu erkennen. Die Aufnahme war verschwommen, als wäre sie aus großer Entfernung aufgenommen worden.

«Holger Retzlaff.» Eine rote Ampel. Elisabeth wurde langsamer, gottlob. «Der, der in unsere Richtung schaut. Einer der Prokuristen bei Sieverstedt Import / Export.»

«Und was soll das? Was sind das für Fotos?» Albrecht blätterte weiter.

Im nächsten Moment blieb ihm die Luft weg.

Die Aufnahme war noch verschwommener als die vorangegangene. Und sie war dunkel, *sehr* dunkel. Eine Nachtaufnahme, ohne Blitz, mit langer Belichtungszeit.

Doch sie war deutlich genug, um zu erkennen, was der Fotograf festgehalten hatte. Ein offener Container, in dessen Innerem mehrere Menschen kauerten. Zwei von ihnen kauerten nicht einmal, sondern lagen in gekrümmter Haltung am Boden. Kleine Menschen.

Kinder. Mädchen, soweit Albrecht erkennen konnte.

«Was zur Hölle ...» Seine Stimme war rau. Das Foto zitterte in seiner Hand.

Und im selben Moment begriff er.

«Falk», flüsterte er. «Diese Fotos hat dein Sohn gemacht.»

«Sie lagen in seinem Zimmer», murmelte sie. «Unter dem Schrankboden, wo er früher seine *Magazine* versteckt hat.» Die Betonung des Wortes – nicht eigentlich amüsiert, doch nicht weit davon entfernt – machte deutlich, von welcher Sorte Magazinen die Rede war. «Diese Kopien habe ich mir vor einigen Wochen gemacht, und es ist gut, dass ich das getan habe. Jetzt sind sie nicht mehr da.»

Albrecht blätterte weiter. Eine zweite Aufnahme des offenen Containers, nicht deutlicher als die erste, dann die Rückseite eines Lkw. Er kniff die Augen zusammen. Nein, es war nicht der Kastenwagen, den die Bürgerwehr am Volkspark aufgenommen hatte.

«Eines eurer Schiffe schleust Kinder ins Land? Was geschieht mit diesen Kindern?»

Selbstverständlich dachte er den Gedanken zu Ende. Und ihm wurde übel bei der Vorstellung.

«Blätter weiter», murmelte sie.

Ein verfallenes Industriegelände. Im Vordergrund ein Lagerschuppen aus Wellblech, die Türen geschlossen. Am rechten Bildrand war ein Gabelstapler zu erkennen, vermutlich nicht mehr funktionstüchtig, so verrostet, wie das Gefährt aussah.

Im Hintergrund ...

«Die Stahlwerke am Dradenauhafen», murmelte er. «Der Schatten ganz links könnte das Klärwerk sein.»

«Die Firma hat ein Gelände dort», erklärte Elisabeth. «Ich glaube nicht, dass es noch genutzt wird, aber Friedrich hält eine ganze Reihe solcher Objekte, in der Hoffnung, dass die Preise wieder steigen.»

«Dort werden die Kinder hingebracht?»

«Ich weiß es nicht.» Elisabeth veränderte die Position ihrer Hände um das Steuer, als sie auf den Grindelberg einbog. «Die Fotos gehören offenbar zusammen.»

«Andere gab es nicht?»

Sie schüttelte den Kopf und schien einen Moment zu zögern. «Keine, mit denen ich etwas hätte anfangen können», sagte sie schließlich. «Straßenszenen. Leute in der Fußgängerzone, beim Spazierengehen im Park. Kunden im Einkaufszentrum, beim Schlangestehen.»

Albrecht kniff die Augen zusammen. «*Irgendwelche* Leute?»

«Für Falk hatten sie vielleicht eine Bedeutung, wer weiß? Eine ganz eigene Geschichte.»

«Eine Geschichte?»

Sie holte Luft. «Geheimnisse, Jörg. Das war es, was Falk fasziniert hat. Die Dinge, die sich nicht auf den ersten Blick erschließen. Die unsichtbar sind. Ich glaube, deshalb hat er fotografiert. Er war besessen von diesen großen, berühmten Bildern, die in einer einzigen Aufnahme eine ganze Geschichte erzählen: das kleine vietnamesische Mädchen, das nach einem Napalmangriff aus seinem Dorf flieht, die Flugzeuge, die ins World Trade Center rasen.»

«*Ich kriege nie das ganze Bild*», murmelte Albrecht. «*Nie die ganze Geschichte.*»

«Was?» Die dunkel getönten Gläser blickten in seine Richtung.

«Nichts», murmelte er.

Sieben kleine Mädchen, dachte er, keines von ihnen älter als zwölf, die bei Nacht und Nebel von einem Sieverstedt-Schiff an Land gebracht wurden, einem ungeklärten Schicksal entgegen.

Das eine große Bild, dachte er. Das *ganze* Bild.

Jörg Albrecht begann zu ahnen, wie dieses Bild hätte aussehen sollen.

Doch jemand hatte verhindert, dass diese Aufnahme jemals gemacht wurde.

«Und euer Prokurist ...», begann er.

«Ich weiß es nicht, Jörg. Ich weiß nicht, welche Rolle Retzlaff spielt, aber er ist so etwas wie Friedrichs rechte Hand. Wenn Retzlaff verwickelt ist ... Ich kann mir nicht vorstellen, dass Friedrich dann keine Rolle spielt.»

Elisabeth hielt erneut an einer roten Ampel.

«Und wenn Friedrich damit zu tun hat, Jörg, dann sind noch andere Leute verwickelt. Namen, die jeder kennt, jeder in der Stadt. Jörg, du *darfst* diese Ermittlung nicht abgeben. Es geht hier nicht um Falk. Nicht nur. Es geht um etwas vollkommen anderes. Es geht um sehr viel mehr.»

* * *

Business as usual: der Unfallverletzte im Ohlsdorfer Klinikum. Der Einbruch mit Körperverletzung am Niendorfer Gehege.

Ich brachte die Termine hinter mich und hatte danach sogar noch Zeit für eine kleine Pause, in der ich in meiner Lieblingsbuchhandlung am Nordalbinger Weg reinschaute und mit einem Thriller von Daniel Westland wieder rauskam.

Der Titel klang wirklich spannend, aber als ich mich schließlich in einen Imbiss setzte, war mir nicht nach Lesen.

Ich steuerte einen Tisch in der hintersten Ecke an und bestellte ein Käsesandwich, einen Espresso und einen halben Liter Mineralwasser.

Die junge Bedienung, eine quirlige Blondine, stellte alles vor mich hin und grinste mir aufmunternd zu.

Sah ich so fürchterlich aus?

Ich stellte meine Handtasche auf den Nebenstuhl und kramte den Schminkspiegel raus.

Blass. Wie eine Leiche. Eine Haarsträhne klebte mir an der Stirn.

Make-up im Dienst ging gar nicht, höchstens eine leichte Tagesmaske. Aber im Moment, bei der ständigen Hitze, hätte sowieso nichts gehalten.

Ich tupfte mir ein paar Tropfen Parfüm hinter die Ohren – Sun von Jil Sander. Mehr als gewöhnlich, doch ich hatte den stillen Verdacht, dass ich auch nicht sonderlich gut roch.

Natürlich war es auch dieses krankhafte Wetter, das mich langsam aber sicher mattsetzte. Jeder spürte das. Alles, was man anfasste, fühlte sich an, als wäre es mit einem unsichtbaren, klebrigen Film überzogen. Ich war schon gespannt, wann die Arzneimittelindustrie die ersten Engpässe an Aspirin melden würde.

Das Schlimmste aber war, dass man nicht mal richtig denken konnte.

Ich nahm das Sandwich vom Teller, doch im selben Moment hatte ich schon keinen Hunger mehr.

Falk Sieverstedt.

Jasmin Vedder.

Seit bald achtundvierzig Stunden fahndete die vollständige Besatzung des PK nach einer heißen Spur.

Sollte ich ernsthaft durch reinen Zufall auf diese entscheidende Spur gestoßen sein?

Und was bedeutete das für mich?

Albrecht hatte mich von der Ermittlung abgezogen. Ich konnte nichts mehr tun, ohne meinen Rausschmiss aus dem Polizeidienst zu riskieren.

Wenn der entscheidende Zusammenhang gar nicht bei Falk

lag, wie wir die ganze Zeit angenommen hatten, sondern bei Marius und seiner Sendung, waren Maßnahmen notwendig, die nur Albrecht veranlassen konnte.

Ihm allerdings standen von diesem Moment an alle Türen offen.

Wenn er mit dieser Information in der Tasche einen Antrag stellte, Marius vorzuladen, würden Richter und Staatsanwaltschaft an einem Strang ziehen.

Oder er konnte an der Spitze von einem halben Dutzend uniformierter Beamter im Haus in den Schwarzen Bergen aufmarschieren. Ich hatte mehr als einmal erlebt, was eine solche simple Machtdemonstration für Wunder bewirken konnte.

Und ich war mir sicher, dass sie ihren Eindruck auf Marius nicht verfehlen würde.

Eine Routinebefragung war eine Sache. Wenn eine unbedarfte Ermittlerin sogar noch mitspielte und ihm den Gefallen tat, ihre Fragen live vor der Kamera zu stellen, war das super für die Quoten. Und der Aufmarsch der Fans vor den Toren des Anwesens tat der wunden Moderatorenseele mit Sicherheit auch wohl.

Tatsächlich ins Visier der Ermittler zu geraten, war allerdings eine ganz andere Angelegenheit.

Und eines stand für mich fest: Marius selbst hatte mit Sicherheit keinen Mord in Auftrag gegeben. Welchen Grund hätte er dafür gehabt?

Nein, dazu hatte er sich viel zu bequem eingerichtet als Fernsehguru in seinem schnuckeligen Landhaus.

Im selben Moment, in dem ihm aufging, was für richtig schlechte Presse es bedeutete, wenn irgendjemand seine *Freunde* abmetzelte, würden wir uns vor Hilfsangeboten gar nicht mehr retten können.

Nein, dachte ich. Nicht *wir*.

Jörg Albrecht und die Kollegen, die noch in dem Fall ermittelten.

Standing on a beach with a gun in my hand
Staring at the sea, staring at the sand
Ich griff nach meinem Smartphone.

Dennis.

«Hi.» Ich nahm ab.

«Hi.» Ein Räuspern.

«Du bist ...»

«Du ...»

Beide gleichzeitig.

«Wahrscheinlich wirklich zu spät fürs Mittagessen heute», sagte er schließlich.

Ich betrachtete mein Käsesandwich. Unappetitlicher denn je.

«Ich bin quasi schon auf dem Rückweg zum Revier», sagte ich.

Quasi, dachte ich. Ein Schlupfloch blieb offen.

«Hmmm.»

Ich hörte ihn blättern.

«Wir haben ein neues Objekt reinbekommen. Erinnerst du dich an die Maisonettewohnung in Eimsbüttel, vor zwei Jahren?»

«Ich dachte, die wärt ihr losgeworden?»

«Sind wir.» Er holte Atem.

Irgendwas war mit ihm. Er grübelte. Ich konnte es fast schon hören, sogar durchs Telefon.

«Ein älterer Herr», murmelte er. «Alleinstehend.»

«Und jetzt will er wieder verkaufen?»

«Nein.» Ein Atemzug. «Er ist tot. Seit ein oder zwei Wochen schon. Anscheinend hatte er wenig Kontakt nach draußen. So gut wie gar keinen. Jetzt bei der Hitze ist den Nachbarn ein seltsamer Geruch aufgefallen, und als deine Kollegen die Wohnung geöffnet haben ...» Er brach ab.

«Mein Gott», flüsterte ich und schob das Käsesandwich endgültig beiseite.

«Kannst du dir das vorstellen?», fragte Dennis leise. «Ganz

allein? Da sind zwar andere Leute; man lebt Wand an Wand. Aber trotzdem ist niemand da. Niemand zum Reden.»

Niemand zum Reden.

«Dennis ...»

«Hannah ...»

Es war lächerlich.

«Dennis», sagte ich. «Wir beide müssen reden. Es ist nicht so, wie du denkst. Ich habe nicht mit Marius gesprochen – nicht über uns. Es ist ...» Ich sah auf die Uhr. Zurück aufs Revier musste ich auf jeden Fall noch, die Berichte tippen. Und mit Albrecht sprechen, wenn ich ihn irgendwie zu fassen kriegte.

Aber war das wirklich das Wichtigste?

Es standen Menschenleben auf dem Spiel.

Verflucht, dachte ich. Natürlich war das so. Immer.

In meinem Job genauso wie im Gesundheitswesen. Sogar im Straßenbau, wenn irgendeine neue Umgehung nicht rechtzeitig fertig wurde und der Verkehr weiter durchs Wohngebiet rollte.

Doch das kann nicht immer ein Argument sein.

Wenn das so wäre, müssten alle Menschen *ständig* arbeiten, Tag und Nacht, und alles andere vergessen.

Das Leben.

«Heute Abend um acht», sagte ich. «Ich bin pünktlich, versprochen. Magst du uns einen guten Wein besorgen?»

«Hmmm?»

Es war ein besonderes *Hmmm*. Ich musste grinsen.

«Einverstanden. Hannah?»

«Hmmm?»

«Ich liebe dich.»

«Ich ...» Meine Kehle war plötzlich rau. «Ich dich auch.»

* * *

Nachdenklich stieg ich die Stufen zum Reviergebäude hoch.

Wenn ich recht überlegte: Genau so war es das Beste. Ich würde bei Albrecht klopfen und ihm einfach alles erzählen. Nur die schlichten Tatsachen: Jasmins Telefonat mit Marius und der ungewöhnliche Sitz der Schlinge um ihren Hals, der dieselben starken Blutungen in den Augen hervorgerufen hatte wie bei Falk Sieverstedt.

Ich kannte Jörg Albrecht. Ja, so weit kannte ich ihn nach wie vor.

Er würde auf der Stelle begreifen, was ich tat: Mit ausgestrecktem Finger würde ich auf Marius zeigen.

Das ist die Verbindung.

Und dann würde ich auf dem Absatz kehrtmachen und wieder rausmarschieren.

Und unser Herr und Meister durfte sich *so* klein mit Hut fühlen, dass ihm die ach so voreingenommene Hannah Friedrichs den Mandanten ihres Staranwalts auf dem Silbertablett serviert hatte.

Vielleicht würde er dann ja aufwachen.

Vielleicht auch nicht. Aber *ich* würde von nun an anders in den Spiegel sehen können.

Die Tür flog auf.

Ich stolperte zur Seite.

Winterfeldt kam mir entgegen, der sich ungeschickt die Dienstwaffe ins Holster stopfte. Ich konnte nur hoffen, dass das Ding gesichert war. Hinter ihm waren Faber und Werfel, einer der beiden Beamten, die uns seit zweieinhalb Jahren leihweise verstärkten.

«Aloha.» Winterfeldt strich sich die Mähne aus der Stirn. «Entschuldige! Wir haben einen Zugriff. Der Chef hat eine Spur, oder ...» Ein Blick zu Faber. «Dürfen wir ihr das überhaupt sagen, wenn sie nicht mehr am Fall ist?»

Max Faber war der umgänglichste Mensch, den ich kannte, aber der Blick, den er Winterfeldt zuwarf, hätte töten können.

«Hinnerk erzählt's dir», sagte er in meine Richtung.

Und tatsächlich: Im selben Moment tauchte Hinnerk Hansen im Flur auf und blieb auf dem Treppenabsatz stehen, die Salmiaktüte in der Hand.

Gemütlich. Durch nichts zu beeindrucken.

Ganz anders als meine übrigen Kollegen, die sich in zwei unserer Zivilfahrzeuge warfen und mit quietschenden Reifen davonbrausten.

«Salmiak?» Leises Geraschel.

Ich schüttelte den Kopf, bereute es aber im selben Moment, als ich das Gefühl hatte, meine Schläfen würden von einem Schraubstock zusammengepresst.

Über der Elbe hatte der Himmel eine Farbe angenommen, die sich im gewohnten Spektrum nicht erfassen ließ: ein fahles Gelb, begleitet von einem leichenhaften Grün und einem Schimmer von Violett. *Dunkel.*

«Wo fahren sie hin?», fragte ich.

Von den beiden Wagen war schon nichts mehr zu sehen.

«Nach Blankenese.» Hansen schob sich einen seiner Bonbons in den Mund. «Klaus Matthiesen und Alois sind schon unterwegs – allerdings zu einem Objekt im Hafen. Und Nils und Jelinek sind vom Ehestorfer Heuweg abgezogen. Alles, was wir haben also. Konzertierte Aktion. Die Firmenzentrale steht auch im Visier.»

«Die *Sieverstedt*-Zentrale?»

Hansen nickte. «Kommt überraschend, was? Wir haben auch gestaunt. Aber offenbar gibt's neue Erkenntnisse.»

Mir stand der Mund offen.

Es *gab* neue Erkenntnisse. *Ich* hatte neue Erkenntnisse.

Und diese Erkenntnisse bewiesen, dass die Sippe auf dem Falkenstein, bei der Albrecht seit Tagen auf der Matte stand, absolut *nichts* mit Falk Sieverstedts Tod zu tun hatte.

Hansen sah mich nicht an, sondern betrachtete das Farbenspiel am Himmel.

«Was immer der Chef in der Tasche hat», murmelte er. «Wenn es die Polizeipräsidentin überzeugt hat, muss was dran sein. Irgendwie muss man's ihm gönnen.»

Gönnen?

Ich legte die Stirn in Falten. Hinnerk Hansen war länger auf dem Revier als jeder andere, und damit kannte er auch Albrecht länger als jeder andere.

Bis zu diesem Moment war ich nicht auf die Idee gekommen, einen der Kollegen zu fragen, was Albrecht nun überhaupt mit den Sieverstedts zu tun hatte.

«Was?», fragte ich.

Hansen zuckte nicht zusammen. So weit ging es nicht. Aber er zerbiss sein Salmiak, als er den Kopf schüttelte.

«Nichts», sagte er. Leiser: «Wat mutt, dat mutt.»

Ich starrte ihn an. Ein Mann muss tun, was ein Mann tun muss – in der hamburgischen Version.

Galt das eigentlich nur für Männer?

Galt eigentlich *alles* nur für Männer? Musste man einem Jörg Albrecht seine private Abrechnung *gönnen*, während einer Hannah Friedrichs jederzeit zuzutrauen war, dass sie ihrer Bettbekanntschaft sämtliche delikaten Details der Ermittlung brühwarm erzählte?

Ich drehte mich auf dem Absatz um und war schon auf dem Weg zu meinem Wagen.

«Hannah!», hörte ich noch.

Den Rest bekam ich nicht mehr mit.

* * *

Mit einem heftigen Bremsmanöver brachte Albrecht den Wagen in der Einfahrt der Villa zum Stehen.

Heute kamen keine Fragen aus der elektronischen Sprechanlage. Das schwere, schmiedeeiserne Gatter stand weit offen.

Ein Kordon von Sicherheitskräften sperrte das Anwesen auf dem Falkenstein in weitem Radius ab. Auf dem Gelände selbst wimmelte es von Uniformierten.

Albrecht stieg aus dem Auto.

Faber kam gerade die Freitreppe der Villa hinab.

«Bericht!»

Albrecht sah den Gesichtsausdruck seines Mitarbeiters und kannte die Antwort.

«Wo?», fragte er.

«Oben. Auf der Terrasse. Wir haben ...»

Der Hauptkommissar war schon an ihm vorbei und hastete durchs Foyer, die Treppe hoch.

«Wo ist die Konsulin?», rief er über die Schulter.

«In einem der Sanitätswagen. Die Kollegen haben sie nicht durchgelassen, ganz wie Sie das angeordnet haben. Und ich denke, das war gut so. Wer weiß, wenn er ...»

Faber vollendete den Satz nicht.

Die erste Etage. Die zweite.

«Wie ist es im Hafen gelaufen?» Faber war direkt hinter ihm, hörbar außer Atem. «Haben Sie die Kinder?»

Albrecht schüttelte stumm den Kopf.

Der Wellblechschuppen war leer gewesen, bis auf eine Reihe verrosteter Gerätschaften. Die Spurensicherung war bereits am Werk. Wenn sich dort irgendwann in den letzten Monaten kleine Mädchen aufgehalten hatten, würde er das erfahren.

Albrecht hatte das Ende der Treppe erreicht und sah vor sich die Tür zur Dachterrasse.

Martin Euler stand dort. Er hatte sich seine Handschuhe bereits übergestreift, hielt aber Abstand von dem reglosen Körper.

Das Bild, dachte Albrecht. Euler kennt mich. Er gibt mir die Chance, das Bild zu sehen, bevor es verändert wird.

Dieses Bild war deutlich und ließ keine Zweifel offen.

Der Konsul hatte sich einen Stuhl bis unmittelbar vor die Brüstung gezogen. Er hatte sich darauf niedergelassen, um – so vermutete Albrecht – ein letztes Mal über die Elbe zu blicken, diesen Strom, den die Schiffe der Sieverstedts jahrzehnte-, nein, jahrhundertelang befahren hatten und dem die Familie alles verdankte, was sie hatte und was sie war.

Und was sie nun, am Ende, verloren hatte.

Ihren Namen.

Ich habe einen Fehler gemacht, dachte Jörg Albrecht. Ich habe einen entsetzlichen Fehler gemacht.

Er hatte diesen Mann falsch eingeschätzt.

Der Friedrich Sieverstedt, den Jörg Albrecht gekannt hatte, der große Egozentriker, war kein Mann der Ehre. Keiner, der sich eine kleine silberne Pistole nahm und die Sache auf diskrete Weise zu Ende brachte, wenn das Einsatzkommando mit Blaulicht in die Einfahrt bog.

Das hatte der Konsul allerdings auch nicht getan.

Die großkalibrige Jagdwaffe, die er wohl eher unter dem Kinn angesetzt haben musste, als sich den Lauf in den Mund zu schieben, war von Diskretion weit entfernt.

Euler hatte allen Grund, so viel Abstand zum Leichnam zu halten. Fragmente von Friedrich Sieverstedts Schädel hatten sich über nahezu die gesamte Terrasse verteilt. Selbst an der schneeweißen Hausfassade und an den Fenstern glitzerten Partikel von Haaren, Haut, Hirnmasse.

Wenn Albrecht jetzt darüber nachdachte: Doch, das war der Mann, den er gekannt hatte.

Er sah Friedrich Sieverstedt vor sich, in seinen letzten Augenblicken, mit all seinem Hass, seiner Geringschätzung, seinem Herabschauen auf alle anderen Menschen.

Wenn der Name Sieverstedt, dieser große, alte Name, ausgelöscht werden sollte – dann sollten diejenigen, die diese Sauerei beseitigen mussten, ihn zumindest mit jedem Atemzug verfluchen.

Jörg Albrecht stand in der Tür der Terrasse und betrachtete das Bild.

Ein Geräusch in der Ferne klang wie ein undeutliches, dumpfes Brüllen.

Das Unwetter war da.

* * *

Auf dem Waldweg halte ich den Nissan an, wenige Schritte vor der Schranke.

Sie ist verschlossen.

Ich habe nichts anderes erwartet.

Bevor ich aussteige, taste ich über die Hüfte nach meiner Dienstwaffe, wie ich das immer wieder getan habe auf der Fahrt vom Revier hierher.

Mir ist klar, dass mein logisches Denken irgendwann ausgesetzt hat.

Doch dermaßen neben der Spur bin ich noch nicht, dass ich mich unbewaffnet in die Höhle des Löwen begeben werde.

Das kannst du nicht machen!, flüstert es in meinem Kopf.

Ach, ich kann nicht?

Was bleibt mir denn anderes übrig? Mit ansehen, wie der Leiter meiner Dienststelle einen Privatkrieg mit den Sieverstedts vom Zaun bricht, während ich ganz genau weiß – so sicher jedenfalls, wie das möglich ist ohne eine echte forensische Untersuchung –, dass die Gründe für Falk Sieverstedts Tod ganz woanders liegen?

Marius.

Er wird mir helfen. Er muss.

Aber ich muss schnell, muss *sofort* handeln.

Muss handeln, bevor Marius erkennt, dass er und seine Show überhaupt nicht im Visier stehen – ausgenommen für *mich*.

Ich trete an die Schranke.

Es gibt kein Schloss, nur ein warnendes grellgelbes Schild wie an der offiziellen Zufahrt auch: *Privatbesitz. Zutritt verboten.*

Die Schranke hat ein Widerlager. Es ist kein besonderer Kraftakt notwendig, um sie in die Höhe zu hieven und den Weg freizumachen.

Natürlich muss ich einkalkulieren, dass in diesem Moment irgendwo in dem restaurierten Bauernhaus ein rotes Knöpfchen aufleuchtet und ein Alarm losgeht.

Aber vor der Hauptzufahrt campieren die Demonstranten. Meine Chancen, ohne Vorwarnung bei Marius vor der Tür zu stehen, sind hier immer noch am größten. Ich gehe zurück zum Wagen.

Plötzlich ertönt ein Geräusch. Ein Donnern in der Ferne.

Das Unwetter.

Für eine halbe Sekunde atme ich auf, dann ...

Der Himmel hat sich bezogen. Ein bleiernes Grau liegt über den Schwarzen Bergen. Es ist kurz nach fünf, aber unter den Bäumen lagert Zwielicht wie in der Abenddämmerung.

Ein Scheinwerferpaar tastet sich die Asphaltstraße hinab auf mich zu, und ich erkenne die Form der Lichter auf der Stelle.

Gestern, in einem Café nur wenige hundert Meter von hier, habe ich zwei Stunden lang nach ihnen Ausschau gehalten.

Als ich in den Blick komme, wird der schwarze Jaguar langsamer.

Einen Moment lang sieht selbst das Auto verdutzt aus.

Als wir auf gleicher Höhe sind, hält Merz den Wagen an.

«Also, wenn ich mit allem gerechnet hätte ...» Hollywoodgrinsen.

Ich antworte nicht. Irgendwas von meiner Stimmung muss selbst bei Joachim Merz ankommen.

«Hannah? Ist alles in Ordnung?»

«Ich will ein Gespräch führen. Wenn du den Weg freigibst, kann ich durch.»

«Hmmm.» Er betrachtet mich.

Er versucht es zu übergehen, aber auch an ihm ist etwas anders als bei unserer letzten Begegnung.

Und er schaltet auf der Stelle um.

«Ich habe die Sendung gesehen», sagt er leise. «Gestern. Und ich habe keine Ahnung, wie er auf die Idee gekommen ist, dass ...» Er schüttelt den Kopf. «Auf die Wahrheit», verbessert er. «Aber ich möchte, dass du weißt, dass er von mir nichts erfahren hat.»

«Ah ja», murmele ich. «Ein Gentleman genießt und schweigt.»

«Ich hoffe, du weißt noch, dass es so nicht war. Oder hattest du das Gefühl, dass ich mich einfach nur an dir *bedient* habe?»

Ich betrachte ihn, doch dann schüttle ich den Kopf.

«Entschuldige», sage ich leise. «Aber ich muss jetzt wirklich weiter.»

Er sieht mich an.

Einen Moment lang bin ich mir sicher, dass er aussteigen wird, und dann ...

Unmöglich zu sagen, welche Macht er noch über mich hat, jetzt, in meinem momentanen Zustand, unmittelbar vor der irrsinnigsten Aktion meines Lebens.

Doch dann wirft er mir nur noch einen langen, langen Blick zu.

«Wir sehen uns», sagt er, mit nur einer winzigen Spur von Humor in der Stimme.

Ein Joachim-Merz-Satz. Ein Satz mit dieser kleinen, kaum wahrnehmbaren Prise *mehr*.

Ein Versprechen.

Das Wagenfenster schließt sich, und ich sehe den Rücklichtern nach, bis sie in Richtung Ehestorfer Heuweg verschwinden.

Langsam drehe ich mich um und betrachte die offene Schranke.

Jetzt, denke ich. Oder es ist zu spät.

Und, Wahnsinn oder nicht, selbst in diesem Moment erinnere mich daran, dass ich um acht mit meinem Mann zum Essen verabredet bin.

Und ich gedenke mein Versprechen zu halten.

Der erste Blitz zuckt vom Himmel, ganz in der Nähe. Die Schwarzen Berge sind der höchste Punkt weit und breit. Es donnert, tief und grollend, als wenn es gar nicht wieder aufhören wollte.

Der Donner ...

Nein.

Das Geräusch dauert an, wird lauter.

Es ist Motorengeräusch, in meinem Rücken.

Stirnrunzelnd drehe ich mich um.

Kommt Merz zurück?

**Now you're standing there tongue tied.
You'd better learn your lesson well.**

DEPECHE MODE – *Policy of Truth*

acht – Mittwoch, 26. Juni

Er stieß die Tür auf, und die Kälte war wie ein Messer in die Brust.

Tief sog Joachim Merz den Atem ein und hieß den Schmerz willkommen.

Schmerz empfinden hieß lebendig sein. Wenn er seine Morgenrunde beendet hatte, einmal rund um die Außenalster, was ihm mittlerweile in unter siebenundzwanzig Minuten gelang, würde jeder Muskel, jede Sehne in seinem Körper um Gnade wimmern, doch das Gefühl würde unvergleichlich sein.

Unvergleichlich lebendig.

Es war ein Spiel. Ein Spiel mit dosiertem Schmerz.

Er war kein Selbstmörder. Er wusste sehr gut, was er seinem Körper zumuten konnte, hatte ihn jahrelang an die Anstrengung gewöhnt.

Allerdings nur bis zu dem Punkt, dass sich der Schmerz weiterhin verlässlich einstellte.

Er begann langsam, durch die Alsterwiesen Richtung Norden.

Mit dem Unwetter, das in der Nacht über die Hansestadt getobt hatte, war die Temperatur um mehr als fünfzehn Grad gefallen. Das Gras dampfte. An einigen Stellen konnte er keine zehn Meter weit sehen.

Es war fünf Uhr dreißig am Morgen, doch um diese Jahreszeit bedeutete das schon Tageslicht – ein fahles, graues Licht heute, das die Wirklichkeit wie in Nebel hüllte, selbst dort, wo der Dunst sich lichtete.

Er erreichte die erste Brücke. Andere Läufer kamen ihm entgegen, doch das zählte nicht zu den Dingen, denen er Aufmerksamkeit schenkte. Er war sein Körper, war lebendig. An der zweiten Brücke, immer hier an der zweiten Brücke – über den Stichkanal zum Rondeelteich –, spürte er, wie zuverlässig der erste Schweiß aus den Poren trat, sich mit der Feuchtigkeit mischte, die an diesem Morgen in der Luft hing.

Dies war der Punkt, das Tempo anzuziehen.

Sechsundzwanzig Minuten und achtundvierzig Sekunden nach dem Start hatte er seinen Ausgangspunkt wieder erreicht.

Keine übermäßig gute Zeit, doch in der Nässe und Kälte hatte er die auch nicht einkalkuliert.

Er stützte die Hände auf die Knie, verharrte zwei Minuten lang in dieser Position und genoss das Gefühl der Endorphine, die durch seine Adern jagten, getrieben vom Puls, der sich Schritt für Schritt beruhigte.

Anders als so viele seiner Klienten hatte Merz in seinem gesamten Leben keine illegalen Drogen genommen.

Der Körper war zuverlässiger. Der Körper war *besser*.

In zügigem Trab machte er sich auf den Rückweg zum Hochhaus in Rotherbaum, wo das Penthouse auf ihn wartete, das er in den letzten Monaten häufiger bewohnte als sein Anwesen am Elbufer.

Die Wohnung war ursprünglich als Ausweichquartier gedacht gewesen. Es war einfach nicht sinnvoll, seine flüchtigen Bekanntschaften in eine Villa voller Antiquitäten zu schleppen. Zwar bildete er sich zu Recht einiges auf seine Menschenkenntnis ein, doch jeder Mensch konnte sich irren. Und nachdem er nun grundsätzlich auf dem Kiez ...

Eine rote Ampel zwang ihn zum Stehenbleiben.

Weit und breit war kein Fahrzeug zu sehen, doch Recht und Gesetz flossen mit derselben Selbstverständlichkeit durch seine Adern wie das Adrenalin nach einem langen Lauf. Bis in die Niederungen der Straßenverkehrsordnung.

Merz griff nach seinen Fußknöcheln, erst auf der linken, dann

auf der rechten Seite, zog sie an den Po, die entscheidende Idee
über die Schmerzgrenze hinaus und genoss die Dehnbarkeit
des Muskelgewebes, die vor einer halben Stunde noch nicht da
gewesen war.

Die Ampel sprang auf Grün.

Das Gebäude mit seinem Penthouse befand sich in der Mitte
des nächsten Häuserblocks.

Nein, kam ihm in den Sinn. Es waren keineswegs ausschließlich Kiezbekanntschaften gewesen, die das Penthouse zu sehen
bekommen hatten.

Hannah.

Hannah Friedrichs war die Letzte gewesen.

Seitdem, ohne dass er sich bewusst dafür entschieden hatte,
hatte sich das einstige Liebesnest in ein ...

Kein Zuhause. Der Begriff war ihm als solcher fremd.

Er schlief dort, arbeitete dort, wenn er sich Akten aus dem
Büro mitbrachte. Für anderes war wenig Zeit.

Er zog die Chipkarte durch den elektronisch gesicherten Zugang und nahm die Treppen zu Fuß, wie er das immer tat. In
diesem Fall war es zugleich eine letzte, beiläufige Zumutung an
seinen Körper, bevor er die Wohnungstür entriegelte, aus Schu-
hen und Kleidung schlüpfte und unmittelbar in der Dusche verschwand.

Über das Rauschen hinweg hörte er, wie der an einen Timer
gekoppelte Kaffeeautomat ansprang, lauschte gleichzeitig auf
die Ansagen des Anrufbeantworters.

Seine Mandanten waren ein eigenes Völkchen, und er hatte
sich daran gewöhnt, dass sie sich mitten in der Nacht mit irgendwelchen dringenden Wünschen meldeten. Der Golfprofi wollte
wissen, ob sie nun *endlich* den Vergleich unterschreiben konnten
wegen der angeblichen fahrlässigen Körperverletzung, und ein
besonderer Freund von ihm, ein Kaufhauserbe, brüllte wie üblich, anstatt zu sprechen. Merz möge ihn auf der Stelle aus dieser

Drecksbude rausholen. Das Mädchen habe diesmal eindeutig volljährig ausgesehen.

Im Geiste machte er sich Notizen, welche Aufgaben er an Jens Bertram delegieren konnte, seinen Juniorpartner, und wen er selbst zurückrufen würde und in welcher Reihenfolge.

Den Kaufhauserben schob er ans Ende.

Doch vor allem ...

Das Wasser prasselte auf seine Haut, kochend beinahe, auf die muskulösen Schultern, die Hüften, die sorgfältig enthaarte Brust. Er legte den Kopf in den Nacken, öffnete den Mund und genoss das Gefühl von tausend glühenden Nadeln auf dem Gesicht, bevor er die Temperatur am Ende ruckartig auf kalt regelte.

Mit nichts als einem Handtuch über der Schulter trat er ins Wohnzimmer, das den größten Teil der Wohnfläche einnahm und dessen Panoramafenster einen Blick auf die Alster bot.

Die eine oder andere seiner Bekanntschaften hatte wissen wollen, warum der Raum so leer aussah, doch das empfand er überhaupt nicht so. Jedes einzelne unnötige Stück lenkte ab vom Wesentlichen, vom Denken, klarem, präzisem Denken.

Joachim Merz war ein Mensch, der ein gewisses Maß an Ordnung um sich brauchte, um klar und präzise denken zu können.

Für Inspiration und Kreativität – ein niemals zu vernachlässigender Faktor für einen Strafverteidiger – sorgten die Zeichnungen von Horst Janssen an den Wänden, mit Signatur des Meisters.

Mathilda kam montags und donnerstags während seiner Abwesenheit und hatte sich als diskret und zuverlässig erwiesen. Er hatte keinen Grund, die Reinigungskraft zu wechseln.

Das, dachte Joachim Merz, ist dann wohl mein Leben.

Er trat ans Fenster.

Dunst lagerte zwischen den Häusern, über den Wiesen und der Wasserfläche.

Der Blick drang nicht bis auf den Boden.

Merz schüttelte den Kopf, holte sich einen Kaffee und griff nach dem Diktiergerät.

Er hatte die Aufnahmetaste noch nicht betätigt, als sich der Türsummer meldete.

In Wahrheit brauchte er einen Moment, bis er das Geräusch identifizieren konnte. Er war zwar unter dieser Adresse – und nicht am Elbufer – gemeldet, aber Joachim Merz war niemand, dem man ein Zeitschriftenabo verkaufte. An dieser Tür wurde nicht geklingelt.

Schon gar nicht um zwanzig nach sechs am Morgen.

Merz drückte die Taste unter dem Überwachungsbildschirm und zog die Augenbrauen in die Höhe – zwei Mal, rasch hintereinander.

Der Windfang am Zugang des Gebäudes war leer.

Die zweite Kamera jedoch, die Kamera unmittelbar vor der Wohnungstür, zeigte eine Gestalt. Der Besucher musste den Komplex betreten haben, als einer der anderen Bewohner das Gebäude gerade verließ.

Und Joachim Merz kannte dieses Gesicht. Wenn man von *kennen* sprechen wollte unter den damaligen Umständen.

Unschlüssig lag seine Hand auf dem Türknauf.

Nein, er hätte nicht erwartet, diesen Mann noch einmal zu Gesicht zu bekommen.

Er schlang das Duschtuch um die Hüften und öffnete.

Eine Faust explodierte in seinem Gesicht.

* * *

Fahles Morgenlicht sickerte durch die Fenster des Reviergebäudes, doch die Mannschaft des PK Königstraße nahm es nicht zur Kenntnis.

Die Neonleuchten an der Decke warfen ihr farbloses Licht auf die Arbeitsfläche im Zentrum des Besprechungsraums: vier Tische, die die Beamten zusammengeschoben hatten, um die Flut von sichergestellten Dokumenten, vorläufigen Berichten und Fotos aufzunehmen, die für die Ermittlung von Bedeutung sein konnten oder nicht.

Jörg Albrecht stützte sich auf eine Stuhllehne. Seine Beine fühlten sich an wie nach einem Marathonlauf, und möglicherweise hatte er sogar eine entsprechende Strecke zurückgelegt – immer rund um die Tische. Der schwarze Kaffee brannte ihm langsam, aber sicher ein Loch in die Magenwand.

Das hast du vermisst?

Augenscheinlich.

«Hauptkommissar?»

Klaus Matthiesen kam in den Raum, auf dem Arm einen neuen Stapel von Aktenordnern.

Albrecht griff zu und nahm ihm zwei Ordner ab.

«Ich dachte, wir hätten jetzt alles», brummte er. «Wo sind die wieder her?»

«Noch ein Büro.» Matthiesen setzte den Rest des Stapels ab und wischte sich den Schweiß von der blassen Stirn. «An der Tür stand der Name Retzlaff. Wir fangen gerade erst an, die Struktur der Firma wirklich zu durchschauen, mit ihren externen Büros, ihren Subunternehmen und Distributoren. Diese Unterlagen waren in einem Gebäude im Freihafen, das ausschließlich für die Transaktionen mit Südostasien genutzt wurde.»

«Kleine Mädchen?»

Matthiesen schüttelte ernst den Kopf. «Die Spurensicherung wird sich dransetzen, wie in allen Objekten, in denen wir waren, aber wenn Sie mich fragen: Das ist es nicht.»

Albrecht holte Luft und schloss die Hände zu Fäusten.

Geschäftspapiere mit Tausenden von Seiten, die selbstverständlich geprüft werden mussten. Doch wie wahrscheinlich war es, dass Sieverstedt Import/Export über *diesen* Zweig des Unternehmens Buch geführt hatte?

Nicht unmöglich, dachte er, wenn man der Konsul war und ein Erbsenzähler vor dem Herrn.

«Und Retzlaff selbst?», fragte er ohne viel Hoffnung.

«Immer noch verschwunden. Sein Mobiltelefon ist nach wie vor ausgeschaltet, aber wer in solche Geschäfte verwickelt ist, hat mit Sicherheit noch was anderes.»

«Mehr als zwölf Stunden», murmelte der Hauptkommissar. «Der Konsul ist tot, aber wir haben es hier mit organisiertem Verbrechen zu tun. Diese Schlange ist nicht zu töten, wenn wir ihr einen ihrer Köpfe abschlagen. Und der Rest hat jetzt mehr als zwölf Stunden Vorsprung, in denen sie alles Belastende verschwinden lassen konnten. Akten, Spuren ...» Er holte Luft. «Die Kinder.»

«Jetzt hören Sie aber endlich auf!» Faber trat ins Zimmer und warf seine Jacke über die Garderobe. Er hatte sich für eine Stunde nach Hause verabschiedet: Ehefrau und Tochter lagen mit Sommergrippe im Bett. «Ehrlich, Hauptkommissar! Mehr als wir getan haben, geht nun wirklich nicht. Objekte, von denen Sie nicht wissen, dass es sie gibt, kriegen Sie auch mit einer konzertierten Aktion nicht gepackt. Und von den Kindern konnten Sie nichts wissen, bis die Konsulin Sie ...»

«Ich konnte», murmelte Albrecht. «Diese gottverfluchte Dewies hat mich noch darauf angesprochen. Und das Schlimmste ist, dass das genau die Art von Teufelei ist, die man Sieverstedt zutrauen musste.»

«Sein Sohn hat das offenbar getan», sagte Faber leise.

Albrecht nickte ruckartig. «Zumindest haben wir den Wagen.» Er griff nach einem Foto von der Arbeitsfläche. «Das ist der Lkw von seinen Fotos. Er konnte im Hafen sichergestellt werden.»

«Lassen Sie mich raten.» Faber biss sich auf die Lippen. «Kein Hinweis auf die Kinder?»

«Eine Wagenladung Südfrüchte», knurrte Albrecht.

«Die Spurensicherung wird ...»

Der Hauptkommissar winkte ab. Die Spurensicherungsteams

hatten dieselbe Nachtschicht hinter sich wie sie selbst: in der Sieverstedt-Villa, im Wellblechschuppen am Hafen und drei weiteren Objekten mehr. Doch er wusste, wie lange es dauern konnte, bis auf diese Weise belastbare Beweise auftauchten.

Zu lange, wenn die Überlebenden aus Sieverstedts Organisation wussten, dass sie ihnen auf der Spur waren.

Der Konsul selbst, sein Prokurist – wer konnte noch dazugehören? Albrecht war dabei gewesen, als seine Beamten Falk Sieverstedts Räume auf den Kopf gestellt hatten, in aller Gründlichkeit diesmal, mitsamt dem Geheimversteck, in dem der Junge als Halbstarker seine Magazine gehortet hatte.

Nichts.

Winterfeldts automatische Suchläufe auf dem Rechner des Jungen waren jetzt ebenfalls beendet. Mit demselben Ergebnis.

Sackgassen, eine wie die andere. Und die Auswertung der Fernsehshow …

«Chef!», rief der junge Lehmann, ein Telefon in der Hand, die wie durch ein Wunder keine Bandage mehr trug. Die Haare standen ihm zu Berge – noch mehr als gewöhnlich.

Albrecht löste sich von der Stuhllehne.

«Sie haben was. Eine der Kameras auf der Amsinckstraße hat Retzlaffs Wagen! Fahrtrichtung stadtauswärts!»

«Zivilfahrzeuge!» Albrecht war schon in der Tür. «Sie sollen an ihm dranbleiben, aber unter keinen Umständen darf er etwas merken. Kein Blaulicht!»

Eilig gab der junge Mann die Anweisungen durch.

Stadtauswärts. Albrechts Gedanken überschlugen sich. Der Mann versuchte sich abzusetzen. Aber wenn sie Glück hatten, gab es vorher noch etwas, das er erledigen, eine letzte Spur, die er persönlich beseitigen wollte.

Die Kinder.

* * *

Der Schlag kam völlig unvorbereitet.

Der Schmerz explodierte in Joachim Merz' Gesicht, und es war ganz entschieden nicht jene Art von dosiertem Schmerz, die ihm half, sich lebendig zu fühlen.

Er kippte nach hinten, schlug mit der Schulter und dem Hinterkopf auf und lag plötzlich flach auf dem Boden.

Doch er wurde nicht ohnmächtig.

Ein dunkler Umriss beugte sich über ihn und ließ sich dann schwer auf seinem Brustkorb nieder. Er bekam keine Luft mehr.

«Wo ist meine Frau, du Drecksau?», zischte Dennis Friedrichs. «Wo ist Hannah?»

Merz versuchte, Atem zu holen, doch es gelang ihm nicht. Er bemühte sich, Dennis ein Zeichen zu geben.

Du willst mich nicht umbringen. Du willst eine Antwort.

Rote Wolken traten vor seine Augen, die dunkler wurden und dunkler.

Dann, mit einem Mal, war das Gewicht von seiner Brust verschwunden.

Rasselnd rang er nach Luft – durch den Mund.

Seine Nase.

Es war eine simple Schlussfolgerung: der intensive Geschmack nach Eisen in seinem Mund. Warmes, zähflüssiges Blut, das ihm über das Gesicht, in die Kehle rann. Und der Schmerz, der schlicht mörderisch war.

Die Nase war gebrochen.

Vor Jahren hatte Merz gewisse Techniken erlernt. Techniken, mit denen sich Schmerz nach Belieben verdrängen ließ, wenn er in der momentanen Situation nicht gewünscht war.

Offenbar konnte er sich momentan nicht richtig entsinnen.

«Hannah?» Dennis' Stimme erklang irgendwo in der Wohnung. «Hannah, verdammt! Wo steckst du?»

Eine Tür wurde geöffnet. Dennis sah im Bad nach. Er schloss sie wieder.

Im nächsten Moment war er zurück.

Ein zentnerschweres Gewicht presste sich auf Merz' rechtes Handgelenk.

«Was hast du Schwein mit meiner Frau gemacht?»

Der Schmerz.

Mit einem Mal war die Erinnerung wieder da.

Den Schmerz zu verleugnen, war der falsche Weg. Der Schmerz scherte sich nicht darum, ob man ihn zur Kenntnis nahm.

Werde eins mit dem Schmerz, hatte der Coach gesagt. Akzeptiere ihn, lass ihn zu einem Teil von dir werden und werde selbst zu einem Teil von ihm.

Und dann: Nimm dir seine Kraft!

Mit einem Keuchen stieß Merz das linke Knie nach oben.

Ein leises Geräusch ertönte, wie ein unterdrücktes Uff!

Im selben Moment war das Gewicht von seinem Handgelenk verschwunden.

Halb blind stemmte Merz sich in die Höhe und zuckte zusammen, als er die Hand belastete, aber schließlich stand er schwankend aufrecht. Das Handtuch war längst zu Boden geglitten.

Mit schmerzverzerrtem Gesicht lag Dennis Friedrichs zu seinen Füßen, die Hände in den Schritt gepresst.

Nicht die Art, wie Gentlemen kämpfen, dachte Merz.

Wie gut, dass sie gerade niemand sehen konnte.

Er wischte sich über das Gesicht und starrte fasziniert auf seinen Handrücken.

Dicke Blutstropfen, die einer nach dem anderen auf den cremefarbenen Teppich fielen, ein Souvenir aus dem indischen Punjab, das ein kleines Vermögen gekostet hatte.

Merz wertete es als beruhigendes Zeichen, dass sein Gehirn wie von selbst Erwägungen anstellte, ob man in diesem Fall von einer Tateinheit aus Körperverletzung und Sachbeschädigung ausgehen konnte.

Er stützte sich gegen den Türrahmen und schüttelte kurz und ruckartig den Kopf.

Sein Schädel fühlte sich an, als hätte Dennis ihm die Nase bis in den Hinterkopf gerammt, doch sein Verstand war wieder vollständig klar.

Wo ist Hannah?

«Die Wohnung ist recht groß in Anbetracht des örtlichen Mietspiegels», sagte er kühl. «Doch wie Sie offenbar bereits festgestellt haben, ist Ihre Frau nicht hier.»

Flatternd öffneten sich Dennis' Augenlider.

«Nicht ... hier?»

Der Anwalt ging in die Hocke, griff nach dem Handtuch und presste es vorsichtig vor sein Gesicht.

Langsam ging er hinüber zur Sitzgarnitur vor den Fenstern, nicht ohne vorher die Wohnungstür ins Schloss gestoßen zu haben.

Die Nachbarn mussten sowieso längst aufmerksam geworden sein.

Aus dünnen Augenschlitzen beobachtete er, wie Dennis Friedrichs ebenfalls auf die Beine kam, dabei aber keinerlei Anstalten unternahm, sich erneut auf Merz zu stürzen – oder aus der Wohnung zu verschwinden.

Mit einem Ächzen fiel Hannahs Ehemann in den zweiten Sessel.

Über den Glastisch hinweg starrten die beiden Männer sich an.

«Wo ist meine Frau?»

Probehalber zog Merz das Tuch einige Zentimeter zurück. Die Blutung schien zum Stillstand zu kommen.

«Stellen Sie sich überall so vor, wenn Sie nach ihr suchen?»

«Sie sind der Erste», murmelte Dennis düster. «Über andere habe ich mir keine Gedanken gemacht. Vielleicht war das ein Fehler.»

Joachim Merz spürte ein Gefühl in sich aufsteigen. Wut.

Einen Moment lang war er überrascht, dass sie jetzt erst kam.

Dann wurde ihm klar, dass er Dennis Friedrichs für das, was er bisher getan hatte, eigentlich keinen Vorwurf machen konnte.

Wären ihre Rollen vertauscht gewesen, hätte er selbst nicht anders gehandelt.

Erst den Verdacht, dass es neben ihm – und Dennis selbst – noch andere Männer in Hannahs Leben geben sollte, empfand er als Geschmacklosigkeit.

«Sie reden Blödsinn», sagte er. «Und das wissen Sie. Im Badezimmer ist ein Erste-Hilfe-Kasten.»

Dennis betrachtete ihn. Für einen Moment schien er unschlüssig, ob er der Bitte Folge leisten sollte, doch schließlich stand er vorsichtig auf, humpelte ins Bad und kam zehn Sekunden später mit dem Verbandskasten zurück.

Beide Männer schwiegen, während Dennis Verbände und Mull zurechtschnitt und zwei tamponartige Wattekompressen heraussuchte.

Erst als er sich mit ihnen Merz' Nase näherte, nahm der Anwalt sie ihm aus der Hand und führte sie selbst in die Nasenlöcher ein.

«Moment», sagte er und holte Luft, bevor er vorsichtig das Nasenbein berührte.

Er hatte in seinem Leben genug mit gebrochenen Nasen zu tun gehabt – vor Gericht. Er wusste, wie schnell der empfindliche Knorpel sich regenerieren konnte. Und wie häufig er in einem vollständig falschen Winkel wieder anwuchs.

Wenn Mediziner diese Fehlstellung korrigieren wollten, gab es nur eine Möglichkeit: Die Nase ein zweites Mal zu brechen.

Merz nahm Maß. Eine ruckartige Bewegung mit Daumen und Zeigefinger, und …

«Merz?» Dennis' Stimme klang alarmiert.

Das Gefühl war unbeschreiblich.

Eine Sekunde lang war dem Anwalt schwarz vor Augen, doch dann blinzelte er und holte tief Luft. Schließlich ging es wieder.

«In Ordnung», sagte er und schloss die Augen. «Den Rest kriegen Sie besser hin als ich. Aber seien Sie in Gottes Namen vorsichtig.»

Fünf Minuten später war die Verletzung versorgt. Mit Hilfe zweier zusätzlicher Kompressen hatte Dennis sogar eine behelfsmäßige Schiene gebastelt, während er etwas von *Sanitätsdienst* und *Bundeswehr* murmelte.

Er verstaute den Kasten wieder an Ort und Stelle und kam dann zurück.

Merz hatte sich währenddessen erhoben und eine Flasche Bourbon sowie zwei Gläser geholt, die er einen Fingerbreit füllte.

«Danke», murmelte Dennis Friedrichs.

Merz' Antwort bestand aus einem wortlosen Blick.

Sie tranken. Der Anwalt machte sich keine Hoffnungen, das Pochen, das sich über seinen Schädel ausgebreitet hatte, mit einem Fingerbreit Whisky wirkungsvoll zu dämpfen.

Er wollte vor allem den Geschmack loswerden.

«Sie suchen Hannah?», fragte er.

Dennis hatte anerkennend in sein Glas geblickt. Sein Gesichtsausdruck veränderte sich auf der Stelle.

«Sie wollte gestern Abend um acht zu Hause sein», erklärte er. «Sie hat es ...» Er schüttelte den Kopf. «Dieser Termin war wichtig», sagte er dann. «Für uns beide. Ich habe einfach keine Erklärung, warum sie nicht ...»

Der Rest des Satzes blieb unausgesprochen, schien zwischen ihnen in der Luft zu schweben.

Versonnen drehte Merz sein Glas zwischen den Fingern.

Es sei denn, dachte er, sie wäre bei mir.

Ihm war bewusst, dass er in diesem Moment eine wichtige Information erhielt.

Bei ihrer letzten Begegnung im vergangenen Herbst hatte

Hannah unmissverständlich klargemacht, dass das, was zwischen ihr und ihm gewesen war, vorbei war. Ihre Liaison, ihre Affäre – mehr, sehr viel mehr, wenn es nach Joachim Merz gegangen wäre. Und vor zwei Tagen erst, am Ehestorfer Heuweg, hatte sie diese Einschätzung mit aller Schroffheit, zu der Hannah Friedrichs in der Lage war, bestätigt.

Und doch hat dieser Mann immer noch Angst vor mir.

Diese Information konnte eine Waffe sein.

Joachim Merz war es gewohnt zu kämpfen. Jeder Tag im Gerichtssaal war ein Kampf.

Doch für den Moment war das nicht von Bedeutung.

«Ich gehe davon aus, dass Sie bereits versucht haben, sie auf dem Handy zu erreichen?», fragte er.

Dennis nickte düster.

«Auf dem Revier vermutlich ebenfalls», ergänzte der Anwalt.

«Noch nicht», sagte Dennis zögernd. «Ihr Dienst beginnt erst in zwei Stunden, und ich wüsste nicht, was ich erzählen sollte, wenn ich vorher ...»

Merz nickte. «Hier ist sie nicht gewesen», murmelte er. «Tut mir leid.»

Die letzte Bemerkung kam jedenfalls aus vollem Herzen.

«Seit letztem Herbst nicht mehr», fügte er hinzu.

Dennis schloss die Augen. Was noch an Spannung in seinem Körper gewesen war, verschwand von einem Lidschlag zum anderen.

Merz schwieg und betrachtete sein Gegenüber prüfend.

Hannah war gestern Abend nicht nach Hause gekommen.

Der Anwalt wusste, wo sie gewesen war – am späten Nachmittag, Minuten, bevor sich das Unwetter über der Hansestadt entladen hatte.

Unterwegs zum Anwesen in den Schwarzen Bergen.

Ein Gespräch.

Nachdenklich führte Merz das Glas an die Lippen.

Wie spät war es gewesen? Zwischen fünf und halb sechs.

An sich war es kein Problem, eine Unterhaltung mit Marius zu führen und anschließend pünktlich um acht in Seevetal zu sein.

Über andere habe ich mir keine Gedanken gemacht.

Klang der Satz mit einem Mal doch nicht mehr so unsinnig?

Andere?

Marius?

Unmerklich schüttelte der Anwalt den Kopf. Selbst wenn er sich gegen seine Überzeugung zu der Vorstellung zwang, dass es in Hannah Friedrichs Leben noch andere Männer geben sollte als die beiden in diesem Moment anwesenden ...

Marius war zu jeder Art von Manipulation in der Lage, das war gar keine Frage. Aber wie er sich Hannah gegenüber in der Sendung aufgeführt hatte: ausgeschlossen.

Doch war das die einzige Möglichkeit?

Etwas an der kurzen Begegnung an der Schranke war seltsam gewesen.

Hannah war *anders* gewesen, anders, als Merz sie kannte, und anders als noch am Tag zuvor.

Nein, ganz eindeutig keine Frau, die unterwegs zu einem heimlichen Tête-à-Tête war.

Eher eine Frau, die etwas belastete.

Etwas, das jedenfalls nichts mit Merz zu tun hatte.

Eine Sekunde lang hatte es ihm in den Fingern gejuckt, herauszufinden, was Hannah Friedrichs dermaßen aus der Bahn werfen konnte. Er liebte diese Sorte Herausforderungen.

Doch anders als viele Leute glaubten, war Joachim Merz kein Vabanquespieler. Im Gegenteil, er pflegte seine Einsätze sehr genau abzuwägen.

In der Stimmung, in der sich Hannah unübersehbar befunden hatte, war ihm der Einsatz eindeutig zu hoch erschienen.

Also hatte er sie ziehen lassen.

War das im Nachhinein ein Fehler?

Für einen Mann, dem das Rechtssystem in Fleisch und Blut übergegangen war, konnte Joachim Merz mit dem Begriff der *Reue* überraschend wenig anfangen.

Jeder Mensch traf Entscheidungen, unzählige von ihnen jeden Tag. Es lag in der Natur der Sache, dass eine gewisse Anzahl dieser Entscheidungen sich rückblickend als falsch herausstellte.

Machte es die Sache irgendwie besser, wenn man seine Entscheidung hinterher bereute?

Jede Tat hat Konsequenzen, dachte er. Lebe mit ihnen.

«Möglicherweise allerdings ...», murmelte er. «Möglicherweise kann ich Ihnen trotzdem helfen.»

Ruckartig blickte Dennis auf.

Über seinen Kopf hinweg sah Merz nach der Wanduhr.

Seine Zeit war kostbar.

Wenn Dennis sich zum Esel machen wollte, weil seine Frau entnervt eine Nacht bei einer Freundin verbracht hatte, war das *eine* Sache.

Doch es war unnötig, dass der Anwalt sich anschloss.

«Zwei Stunden, sagen Sie?», erkundigte er sich. «Warten wir ab, ob Hannah den nächsten Termin, der ihr nach menschlichem Ermessen nicht unwichtig sein sollte, nicht vielleicht doch einhält: den Dienstbeginn auf dem Revier.»

Böse starrte Dennis ihn an.

Mehr allerdings auch nicht.

Dennis glaubte nicht daran, dass sie auf dem Revier sein würde.

Und wenn Joachim Merz vollständig ehrlich war ...

Seine Augen glitten zu den Panoramascheiben. Graue Wolkenfetzen trieben über den Morgenhimmel.

Aus irgendeinem Grund fiel es auch ihm selbst schwer, daran zu glauben.

* * *

«Unsere Leute sind in dem blauen Jetta da drüben», murmelte Lehmann vom Fahrersitz aus und nickte über die Schulter.

Albrecht warf nur einen kurzen Blick auf den Wagen, der sich einen Moment lang auf gleicher Höhe mit ihnen befand, während Lehmann überholte.

Die Scheibenwischer kämpften mit den Regenfluten. Der anthrazitfarbene BMW war nur noch zwei Fahrzeuge vor ihnen: Retzlaffs Privatwagen, ein Fahrzeug aus der aktuellen Serie. Der Mann musste ausgesprochen gut verdienen bei Sieverstedt Import / Export – oder in seinem Nebengewerbe.

Der Prokurist fuhr vorschriftsmäßig, aber dann doch wieder nicht auf jene übervorsichtige Weise, die den Beamten verraten hätte, dass der Verfolgte die Beschattung bemerkt hatte.

Retzlaff saß allein im Wagen. Die Kollegen hatten berichtet, dass er einen Abstecher nach Rothenburgsort unternommen und nacheinander an einer Bäckerei und einer Apotheke haltgemacht hatte. Nur dieser Umstand hatte es Albrecht und seinen Mitarbeitern erlaubt, zu ihm aufzuschließen.

Vor zehn Minuten war er dann auf die Stadtautobahn zurückgekehrt, aber rasch wieder auf die mehrspurige Wilhelmsburger Reichsstraße abgebogen, Richtung Süden.

Stadtauswärts, nach wie vor, doch es gab schnellere Verbindungen.

«Warum lässt er sich so viel Zeit?», meldete sich Matthiesen vom Rücksitz. «Ihm muss doch klar sein, dass wir nach ihm fahnden.»

Albrecht nickte stumm.

Allerdings musste dem Mann ebenso klar sein, dass er nur noch mehr Aufmerksamkeit auf sich ziehen würde, wenn er bei diesen Wetterverhältnissen die Höchstgeschwindigkeit überschritt.

Albrecht sah in den Rückspiegel. Den Jetta hätte Retzlaff ohne Probleme abhängen können. Den beigebraunen Mazda, in dem der Hauptkommissar mit seinen Mitarbeitern saß, genauso.

Wenn er eines der Fahrzeuge bemerkt hatte.

«Er setzt den Blinker!», rief Lehmann und trat sofort auf die Bremse.

Albrecht sah ein Ausfahrtsschild, schmutzig gelb hinter dem Regenvorhang: Wilhelmsburg.

Machte Retzlaff noch immer keine Anstalten, Hamburg hinter sich zu lassen?

«Zwei weitere Zivilstreifen sind zu uns unterwegs», bemerkte Matthiesen. «Wenn nichts Unvorhergesehenes passiert, können sie uns in ein paar Minuten ablösen.»

Albrecht schüttelte den Kopf. «Nicht jetzt», murmelte er.

Retzlaff musste einen Grund haben, dass er die Hochstraße hier, in einem Wohngebiet, verließ.

Lehmann folgte dem BMW, achtete aber darauf, dass immer mindestens ein fremder Wagen zwischen ihnen und dem Verfolgten blieb.

Der Prokurist unternahm keinen Versuch, sich abzusetzen, keine gewagten Manöver an Ampeln, die gerade auf Rot sprangen.

Er weiß nicht, dass wir hinter ihm sind, dachte Albrecht.

Im Hinterkopf spürte er das vertraute Pochen der Anspannung. Nach dem Temperatursturz und einer Nacht ohne Schlaf war es bereits den ganzen Morgen gegenwärtig, doch jetzt schien es sich zu verstärken.

Er muss damit rechnen, dass wir nach ihm suchen.

Der Wagen direkt vor ihnen wurde plötzlich langsamer. Lehmann bremste etwas zu heftig.

«Vorsicht!», knurrte Albrecht.

«Er biegt ab!» Die Stimme des jungen Beamten überschlug sich.

Im selben Moment sah der Hauptkommissar es auch. Der BMW bog auf den Parkplatz eines Einkaufszentrums.

«Vorsicht!», murmelte er erneut. «Da vorne ist eine zweite Einfahrt. Kommen Sie nicht zu nah an ihn ran!»

Lehmann gehorchte und scherte an der zweiten Einfahrt auf den Parkplatz ein, während Albrecht den Kopf verdrehte, um den BMW nicht aus dem Blick zu verlieren.

Zwei Parkreihen vor dem Eingang eines Supermarkts hielt der Prokurist.

Lehmann fand einen freien Platz in der gegenüberliegenden Reihe und setzte – etwas zu hurtig – in die Lücke.

Ein paar Sekunden später stieg Retzlaff aus.

Halbglatze, untersetzte Figur. Eindeutig: Es war der Mann von Falk Sieverstedts Foto. Er trug einen dunklen Geschäftsanzug und griff sich kurz in die Brusttasche. Ein Mobiltelefon?

Lehmanns Hand war bereits an die Hüfte gewandert, in Richtung Dienstwaffe, doch, eindeutig: Es war ein Handy, das der Prokurist wieder in der Tasche verschwinden ließ, bevor er den Pfützen auf dem Pflaster auswich und mit eher nachdenklichen Schritten auf die Front der unterschiedlichen Geschäfte zuging, am Supermarkt vorbei.

«Ein Imbiss?» Aus Lehmanns Stimme sprach dieselbe Verblüffung, die Albrecht selbst empfand.

«Die Brötchen aus der Bäckerei könnten für unterwegs sein», murmelte der Hauptkommissar.

Doch das glaubte er selbst nicht.

«Keine geschäftlichen Verbindungen zwischen Sieverstedt Import / Export und den Objekten hier am Platz», kam es vom Rücksitz. Matthiesen tippte auf einem Smartphone.

«Gut gemacht», brummte Albrecht.

Matthiesens Information sprach dagegen, dass die Kinder hier festgehalten wurden, irgendwo in der Hinterstube einer Grillbude.

Aber war das ein Beweis?

Was tat Retzlaff dann hier?

«Soll ich hinterher?», fragte Lehmann. «Ihn unauffällig beobachten?»

Albrechts Blick maß den jungen Beamten und dessen Frisur. Er schüttelte den Kopf.

«Matthiesen, schauen Sie, was er da treibt. Ich selbst war zu viel im Fernsehen nach dem Fall im letzten Herbst.»

Widerstrebend legte Klaus Matthiesen sein Smartphone aus der Hand und stieg aus.

Angespannt sahen Albrecht und Lehmann ihm nach, wie er den Parkplatz überquerte, den Kopf vor dem spitzen Regen zwischen die Schultern gezogen, und ebenfalls im Imbiss verschwand.

Soweit zu erkennen war, gab es noch eine Reihe weiterer Kunden. Das war gut.

Albrecht kniff die Augen zusammen und versuchte das Geschehen durch den Regenschwall und die teilweise getönte Scheibe der Grillbude zu verfolgen. Matthiesen wandte ihnen den Rücken zu, von Retzlaff war nichts mehr zu sehen.

Dann drehte sich der Beamte wie zufällig um, schien den Kopf in die Hand zu stützen.

«Was zur Hölle macht er da?», brummte Albrecht.

«Es sieht aus, als ob er telefoniert.» Lehmann fingerte an seinem Handy. «Ruft er Sie an, Hauptkommissar?»

Albrecht tastete über seine Jacke, führte die Bewegung aber nicht zu Ende.

«Nein», murmelte er. «Er telefoniert nicht. Aber es sieht aus, als ob er telefoniert. Er gibt uns ein Zeichen! *Retzlaff* telefoniert!»

«Marco?» Lehmann hatte sein Handy bereits am Ohr. «Hast du gerade ein Auge auf Retzlaffs Mobilanschluss?» Er lauschte einen Moment. «Okay.»

Der junge Beamte beendete das Gespräch und schüttelte den Kopf. «Was auch immer das für ein Handy ist: Wir haben's nicht auf der Liste.»

Albrechts Finger trommelten auf seiner Anzughose.

Er musste eine Entscheidung treffen.

Retzlaff war jetzt die zentrale Figur im Spiel. Das einzige Argument, das gegen einen sofortigen Zugriff sprach, war die Hoffnung, dass er sie zum Versteck der Mädchen führen würde.

Aber wenn der Mann gar nicht selbst dorthin unterwegs war? Wenn er in diesem Moment per Telefon Anweisung gab, die Kinder auszuschalten? Ein Imbiss oder ein Einkaufszentrum war dazu genauso geeignet wie jeder andere Ort. Wer hörte schon genau hin, was irgendjemand am Handy erzählte? Wenn es nicht überhaupt einen Code gab. Und wenn der Mann längst erkannt hatte, dass sie ihm folgten …

Ein Einkaufszentrum.

«Straßenszenen», murmelte Albrecht. «*Leute in der Fußgängerzone, beim Spazierengehen im Park. Kunden im Einkaufszentrum, beim Schlangestehen.*»

«Chef?»

Albrecht schüttelte den Kopf. Mit einem Mal fiel es ihm schwer, einen klaren Gedanken zu fassen.

Eine ganz eigene Geschichte, hatte Elisabeth gesagt. Irgendwelche Leute, die Falk fotografiert hatte und die nichts zu tun hatten mit den Machenschaften des Konsuls und seines Prokuristen.

Mit den in einen Container gepferchten kleinen Mädchen.

Irgendwelche Leute in einem Einkaufszentrum.

Ein lächerlicher Zufall?

Er hatte diese Fotos nicht einmal gesehen.

Wie in Zeitlupe holte er das Handy aus der Tasche und wählte blind. Fünfzehn Jahre war es her, aber er hatte diese Nummer niemals vergessen.

Es klingelte.

Albrechts Augen blieben auf den Imbiss gerichtet.

Matthiesen hatte sich wieder umgedreht. Der Hauptkommissar betete, dass er irgendwas von Retzlaffs Worten aufschnappen konnte. Irgendeinen Hinweis.

Es klingelte immer noch. Es schien Stunden zu dauern.

Sie *musste* zu Hause sein. Er kannte Elisabeth Sieverstedt, wusste, ahnte, wie sie sich fühlen musste nach Friedrichs Tod: eine Erlösung nach einem ganzen Leben in der Hölle, aber zugleich war dieser Tod ein derartig brutaler Schnitt mit einem schartigen Messer, dass sie ...

«Ja?»

Eine Silbe, aus der eine ganze Welt sprach: Erschöpfung, Verwirrung und ein, ja: ein *gehetzter* Ausdruck. Gereizt.

Natürlich war die direkte Leitung in die Privaträume der Sieverstedts eine Geheimnummer. Doch mit Sicherheit war er nicht der erste Anrufer heute Morgen.

«Elisabeth!»

«Jörg ...» Ihre Stimme klang überrascht.

Freudig überrascht?

Er ließ sie gar nicht zu Wort kommen.

«Ein Edeka-Markt, Elisabeth! Direkt daneben ein Schlüsselservice, auf der anderen Seite eine Imbissbude.» Er kniff die Augen zusammen und las vor: «*Bella Napoli.*»

«*Was?*»

«Die Fotos! Die Aufnahmen, von denen du keine Kopien gefertigt hast, weil du glaubtest, dass sie *nicht* mit Friedrich, mit Retzlaff und den Kindern zu tun hatten. Versuch dich zu erinnern! Du hast von einem Supermarkt gesprochen. Wie sah er aus?»

«Ein ...» Er sah vor sich, wie sie versuchte, den Kopf klar zu bekommen. «Ein Supermarkt eben», murmelte sie. «Edeka? Ja, ich glaube. Aber warum ...»

«Ein Geschäft weiter rechts muss es eine Imbissbude geben. *Bella Napoli.* Grüner Schriftzug auf braunem Grund. Versuch ...»

«Chef!»

Albrecht brach ab.

Hektisch nickte Lehmann quer über den Parkplatz.

Retzlaff kam zurück, doch etwas an ihm war anders. Er ging schneller, zielstrebiger, aber gleichzeitig ...

Albrecht legte die Stirn in Falten.

Was immer der Mann bei seinem Telefonat erfahren hatte: Es waren keine guten Nachrichten.

«Zugriff?», fragte Lehmann drängend und tastete nach der Waffe.

«Nein.» Albrecht beendete das Gespräch mit der Konsulin ohne ein Wort der Erklärung. «Nein, wir wissen noch immer nicht, wo er hinwill.»

Retzlaff öffnete die Fahrertür und stieg mit eckigen Bewegungen in den Wagen.

Zwei Sekunden später setzte das Fahrzeug zurück.

«Dranbleiben!», knurrte Albrecht.

«Und Matthiesen?»

«Matthiesen kann sich ein Taxi rufen! Dranbleiben!»

Lehmann gehorchte und setzte seinerseits aus der Parklücke, doch im selben Moment hatte der BMW schon die Ausfahrt erreicht.

«Wo sind die Zivilstreifen?», fragte Albrecht.

«Kommen ...» Lehmann kurbelte am Steuer und bog schließlich ein halbes Dutzend Fahrzeuge hinter dem BMW ebenfalls auf die Straße ein. «Kommen uns entgegen. Nein!» Ein hektisches Manöver. «Er biegt nach rechts!»

Albrecht verrenkte sich den Hals, versuchte den Straßenverlauf mit dem Stadtplan in seinem Kopf überein zu bringen. «Wo geht es da hin?»

«Überall.» Mit zusammengebissenen Zähnen beschleunigte Lehmann und überholte zwei Fahrzeuge auf einmal, während ihnen bereits ein Sattelschlepper entgegenkam. «Zum Hafen, irgendwie auch wieder zur Autobahn – der A7 allerdings.»

«Das wäre Blödsinn», murmelte Albrecht. «Wenn er einfach nur aus der Stadt rauswill. Das ist fast entgegengesetzt zur Fahrtrichtung bisher.»

Lehmann nickte angespannt.

Noch immer waren vier Fahrzeuge zwischen Retzlaff und ihnen – und es gab keine Möglichkeit zum Überholen.

Doch zumindest hatten sie den BMW weiter im Blick.

Er war schneller geworden.

«Was zum Teufel hat er vor?», knurrte Albrecht.

* * *

«Den Termin mit Trelleborg verschieben Sie auf morgen», gab Merz seinem Juniorpartner Anweisung. «Wir haben was gut bei ihm, er wird keine Schwierigkeiten machen.»

«In ... Ordnung.» Merz hörte das Kratzen eines Füllfederhalters auf Papier und sah im Geiste vor sich, wie Jens Bertram die Notiz auf schneeweißes Papier bannte: gestochen scharf und vollständig phantasielos. Langweilig wie der ganze Mann.

Eine Idealbesetzung für die Kanzlei.

«Katzenbach sitzt wieder ein», fuhr der Anwalt fort. «Er wird heute vor den Haftrichter kommen. Da werden Sie ranmüssen.»

«Das wird nicht einfach werden. Nach dem letzten Mal wird jedem Richter ziemlich klar sein, dass er ...»

«Dann machen Sie dem Richter klar, dass es sich beim letzten Mal um keine Bewährungsstrafe gehandelt hat, sondern um einen Vergleich, der das Gericht nichts angeht. Das Mädchen hat Katzenbachs Verhalten missverstanden. Wenn das nun ein zweites Mal passiert ist, beweist das schlicht und einfach, dass er sich eben manchmal etwas ... ungeschickt verhält. Dämlich. Liebenswert weltfremd. Weiter nichts. Suchen Sie sich was aus. Hauptsache, er ist heute Mittag ein freier Mann.»

«Das neue Mädchen ist gerade fünfzehn geworden.»

Merz sog die Luft durch die Zähne.

Die fünfundzwanzig Prozent Schmutzzulage, die er regelmäßig auf Katzenbachs Rechnungen aufschlug, waren eindeutig zu niedrig angesetzt.

«Das wäre dann alles», meldete sich Bertram, als Merz keine Antwort gab. «Jedenfalls für die Vormittagstermine.»

Der Anwalt nickte, für eine Sekunde abgelenkt.

Doch im nächsten Moment ...

Er hatte Hannahs Ehemann vor dem Plasmabildschirm deponiert, bis er sich auf dem Revier erkundigen konnte, ob seine Frau zum Dienst erschienen war.

Dennis hatte eine Weile lustlos hin und her gezappt und war jetzt bei den Nachrichten hängen geblieben. Bei einer Außenreportage.

«Ich melde mich», murmelte Merz und legte auf.

Dennis sah über die Schulter, dann stellte er den Fernseher lauter.

«... sind auch hier am Firmensitz von Sieverstedt Import / Export offenbar große Menge an Aktenmaterial beschlagnahmt worden. Nachdem die Pressekonferenz des zuständigen Kommissariats gestern in letzter Sekunde abgesagt wurde, können wir weiterhin nur vermuten, dass diese Vorgänge und der Selbstmord des Konsuls mit dem gewaltsamen Tod Falk Sieverstedts im Dahliengarten in Zusammenhang stehen. Für eine Stellungnahme ...»

«Das könnte eine Erklärung sein», murmelte der Anwalt. «Warum Hannah Ihr romantisches Beisammensein leider nicht wahrnehmen konnte.»

Dennis' Augenbrauen zogen sich zusammen.

«Das könnte eine Erklärung für eine Sonderschicht sein», knurrte er. «Ja. Aber dass sie sich nicht gemeldet hat? Dass sie nicht ans Handy geht?»

Merz' Blick ging zur Uhr.

«Auf dem Revier sollte eigentlich bekannt sein, ob sie im Einsatz ist», meinte er. «Oder?»

Er hielt Dennis das Telefon entgegen. «Bitte. Bedienen Sie sich.»

Hannahs Ehemann rupfte ihm das Gerät aus der Hand und starrte es einen Moment lang böse an, bevor er ohne nachzudenken eine Nummer eintippte.

Merz hielt zwei Schritte Abstand und betrachtete das Fernsehbild, das ohne Ton weiterlief.

Durchsuchungen in weiteren Objekten, auf einem Gelände im Freihafen.

Eine Wende in der Ermittlung, dachte er. Hauptkommissar Albrecht musste sämtliche verfügbaren Kräfte auf diese Spur konzentriert haben.

Auch Hannah Friedrichs?

Es war eine Erklärung. Und doch keine Erklärung.

Dennis hatte nicht unrecht. Wenn Hannah jetzt nicht ...

«Irmtraud!» Hannahs Ehemann setzte sich gerader hin. «Wir beide haben uns ja lange nicht ... Wie geht es Ihnen?»

Zwei Sekunden Schweigen.

«Oh. Oh. Ja, natürlich, das kann ich mir vorstellen. Bei so einer Ermittlung kommt man kaum zum ... Ja.»

Merz betrachtete ihn schweigend.

«Ja ... Ja ... Ich wollte eigentlich meine Frau ...»

Der Anwalt sah, wie Dennis die Stirn in Falten legte.

«Nein», murmelte Hannahs Ehemann. «Sie ...» Er zwinkerte zwei Mal heftig, fuhr sich mit der Zunge über die Lippen und holte Luft. «Ich hatte ihr gesagt, dass das nicht notwendig wäre, aber meine Großmutter ist überraschend krank geworden und ... Wie? Ja. Sehr krank, leider. Hannah steht ihr sehr nahe. Dann muss sie wohl doch ins Krankenhaus gefahren ... Ja.»

Merz' Augenbrauen hoben sich.

«Ja», murmelte Dennis. «Danke. Ja. Das richte ich aus. Ja ...»

Er ließ das Gerät sinken.

«Tschüs», murmelte er.

Schweigen.

Merz betrachtete ihn.

«Ich hoffe, die alte Dame ist nicht in Gefahr?», erkundigte er sich.

Mit einem Brummen ließ Dennis das Telefon auf die Couch fallen.

«Was hätte ich denn sagen sollen? Oh, wenn sie nicht da ist, möchte ich sie dann gleich als vermisst melden? Ich habe gestern Nachmittag noch mit ihr telefoniert, Merz! Das ist noch keine vierundzwanzig Stunden her. Selbst unter normalen Umständen reicht das nicht unbedingt für eine Fahndung aus, wenn man nicht irgendwie was hinbiegt. Und Hannah war doch recht ... angespannt in den letzten Tagen. Vielleicht ist sie wirklich bei meiner Großmutter. Das hat sie schon mal gemacht, als sie ... Zeit für sich brauchte.»

«Über Nacht?»

Dennis antwortete nicht.

Merz strich sich mit den Fingern über den Mund.

Die alte Dame war möglicherweise wirklich eine Erklärung. Oder eine Freundin vielleicht, wenn Hannah eine Auszeit gebraucht hatte.

Und doch gab es eine Erklärung, die näherlag, selbst wenn Merz sich nicht ganz sicher war, wie genau sie funktionieren sollte.

Die Schranke. Das Anwesen.

«Geben Sie mir den Apparat», sagte er.

* * *

«Er biegt nach links», murmelte Lehmann.

Hier kannte Albrecht sich aus.

«Er fährt auf die Köhlbrandbrücke», knurrte er. «Hat er die einmal hinter sich, ist es nur noch ein Steinwurf bis zur Autobahn.»

«Bei seinen PS wird das kein Vergnügen, wenn er ernsthaft versucht wegzukommen.»

Albrecht biss die Zähne zusammen.

Vor ein paar Minuten hatte er kurz mit Matthiesen telefoniert. Nein, der Beamte hatte nichts vom Inhalt des Telefonats in der Imbissbude mitbekommen. Retzlaff hatte ein Fläschchen Jägermeister gekauft, es auf der Stelle runtergekippt und sich dann mit dem Handy in eine Ecke verdrückt.

Er wird nervös, dachte Albrecht. Ein nervöser Täter in dieser Situation war unberechenbar.

«Am Ende der Brücke hat er zwei Möglichkeiten», sagte er. «Entweder die Autobahn oder der Freihafen. Nachricht an unsere Streifen, Lehmann. Hinter der Gabelung sollen sie sich bereithalten.»

«Finkenwerder Straße?»

Albrecht nickte. «Das letzte Stück zwischen der Abzweigung zum Freihafen und der Autobahn. Der Hafen spielt eine zu große Rolle in dieser Geschichte, als dass wir diese Möglichkeit ausschließen dürfen. Irgendwo müssen die Kinder sein, und ich weiß, dass die Firma des Konsuls dort noch eine ganze Reihe von Objekten hält, die wir vielleicht noch nicht kennen. Aber wenn er versucht, auf die A7 zu kommen, greifen wir zu. Die Beamten sollen vorsichtig sein! Wir wissen nicht, ob er bewaffnet ist.»

Mit gedämpfter Stimme gab Lehmann die Anweisung per Funk weiter.

Im strömenden Regen kroch der Verkehr die Köhlbrandbrücke hoch, dem vorderen der beiden mächtigen Brückenpfeiler entgegen, an denen sich das Bauwerk vierzig Meter über der Süderelbe über den Fluss spannte. Das Tempolimit lag hier bei sechzig Stundenkilometern.

Der Prokurist war noch immer vier Fahrzeuge vor ihnen, doch Albrechts Unruhe wuchs von Sekunde zu Sekunde.

Wie lange konnte einem Mann, dem bewusst war, dass nach

ihm gefahndet wurde, der immer gleiche beigebraune Mazda entgehen, der seit Rothenburgsort wieder und wieder im Rückspiegel auftauchte?

In diesem Moment gab Retzlaff Gas.

«Was zum ...», setzte Albrecht an, doch Lehmann hatte es im selben Moment bemerkt.

«Verdammt!»

Retzlaff ließ den BMW davonschießen. Vor ihm war die Fahrbahn weitgehend frei, doch plötzlich brach der Wagen schlingernd zur Seite aus, touchierte die Mittelplanke.

Funken sprühten. Im nächsten Moment wurde der BMW nach rechts geworfen, gegen die Leitplanke, hinter der sich die Brüstung befand und vierzig Meter tiefer der Fluss.

Reifen quietschten. Lehmann ging in die Bremse, die Fahrzeuge vor ihnen ebenfalls. Das Knirschen von Metall auf Metall war zu hören. Retzlaff ...

«Verdammt!», schrie Lehmann. «Er will durch die Brüstung!»

«Unmöglich.» Albrecht klammerte sich an den Haltegriff. Im nächsten Moment trafen sie auf die Stoßstange des Fahrzeugs vor ihnen. «Die Brücke ist so konstruiert, dass genau das unmöglich ist.»

Ihr Wagen stand. Wie durch ein Wunder waren die Airbags des Mazda nicht ausgelöst worden, doch sämtliche Fahrzeuge hinter dem Verfolgten waren zu einem Knäuel aus Blech verkeilt. Fluchend mühte sich Albrecht mit der Tür. Lehmann riss die Fahrertür auf, doch es war schon zu spät.

Eine Gestalt setzte zwischen den armdicken Stahltrossen über die Betonbrüstung am Fahrbahnrand. Das zweite, noch höhere Geländer war direkt dahinter.

«Verflucht!», knurrte Albrecht. «Retzlaff!», schrie er durch das offene Fenster. «Tun Sie das nicht!»

Eine Sekunde lang sah der Prokurist in seine Richtung. Er schien einen winzigen Moment zu zögern, bevor er ganz langsam die Arme ausbreitete und sich vornüber in die Tiefe fallen ließ.

* * *

Platzregen prasselte auf den Asphalt und verwandelte den Verkehr am Ausgang des Elbtunnels in eine Kette gedämpfter Bremslichter.

Merz hatte noch nie auf dem Beifahrersitz seines eigenen Wagens gesessen.

Doch, dachte er. Einen Präzedenzfall gab es, doch dieser hatte eigenen Gesetzen gehorcht. Der Wagen hatte gestanden.

Und Merz hatte zwar tatsächlich auf dem Beifahrersitz gesessen, während Hannah ihrerseits allerdings ...

Er schüttelte vorsichtig den Kopf.

Sein Schädel pochte. Seitdem er sich aus dem Dolormin-Vorrat im Handschuhfach bedient hatte, war es zu ertragen, doch ihm war bewusst, dass er ganz entschieden nicht in Form war, weder intellektuell noch körperlich.

Und das gefiel ihm nicht.

Ganz zu schweigen von dem Umstand, wer gerade am Steuer seines Jaguar saß.

Die Situation war so bizarr, wie ihm sein Vorgehen logisch erschienen war, nachdem er festgestellt hatte, dass die Telefonverbindung in die Schwarzen Berge offenbar tot war.

Handys duldete Marius nicht bei seinen Mitarbeitern. Aus weltanschaulichen Gründen, die nachzuvollziehen Merz niemals eine Notwendigkeit verspürt hatte.

Wenn er wissen wollte, ob sich Hannah tatsächlich auf dem Anwesen aufhielt, blieb ihm nur die Möglichkeit, sich mit eigenen Augen ein Bild zu machen.

Der einzige Schönheitsfehler war, dass er gegenwärtig eindeutig nicht in der Verfassung war, sich ans Steuer zu setzen.

Anders als Dennis.

Merz hatte sich entschieden, über das Fahrtziel einstweilen keine genaueren Angaben zu machen.

Sie suchten nach Hannah, das schien dem Mann auszureichen. Vermutlich war er schon zufrieden, überhaupt etwas tun zu können, und sei es eine Fahrt ins Blaue.

Oder in eine nachtschwarze Hölle aus strömendem Regen.

Ausfahrt Waltershof.

Einsatzwagen der Polizei kamen ihnen entgegen, die mit Blaulicht in die Ausfahrt rasten, Richtung Köhlbrandbrücke.

Nichts, das mit ihnen zu tun hatte.

Vermutlich hat es nichts mit uns zu tun, dachte Merz.

Denn was wusste er schon mit Sicherheit?

Da war nichts als ein dumpfes Gefühl. Das Gefühl, dass ihm der Mann am Steuer etwas verschwieg.

Merz zögerte nicht länger. Er war sich sicher, dass Dennis Friedrichs ein Mensch war, bei dem man mit direkten Fragen noch am ehesten Aufschlüsse erhalten konnte.

«Hatten Sie gestern eigentlich Streit miteinander, Hannah und Sie?», erkundigte er sich im Plauderton.

Dennis Friedrichs drehte sich so ruckartig herum, dass der Wagen für einen Moment aus der Spur geriet.

«He!» Der Anwalt hob die Hände. «Ganz ruhig. Es war einfach nur eine Frage.»

«Was geht Sie das an, ob wir Streit hatten?»

Merz hob die Schultern. Hannahs Ehemann hatte den Wagen bereits wieder unter Kontrolle.

«Wenn Sie möchten, dass ich Ihnen helfe, wird Ihnen kaum etwas anderes übrig bleiben, als mir die eine oder andere Auskunft zu geben», erklärte der Anwalt.

«*Sie?*» Dennis spuckte das Wort beinahe aus. «*Mir* helfen?»

Merz betrachtete seine Fingernägel. «Das ist es, womit ich gegenwärtig beschäftigt bin. Wir bemühen uns, herauszufinden, wo *Ihre* Frau geblieben ist, damit sie zu *Ihnen* zurückkommt. Oder täusche ich mich da?»

Dennis knurrte etwas Unfeines. Der Anwalt beschloss, es zu überhören.

«Hatten Sie Streit?», wiederholte er ruhig.

«Das spielt keine Rolle», brummte Dennis. «Selbst wenn es so war, war das längst wieder in Ordnung. Deshalb ist sie nicht verschwunden.»

«Und worum ging es bei dieser Auseinandersetzung, das längst wieder in Ordnung ist?», erkundigte sich Merz.

«Wir hatten keine verdammte Auseinandersetzung!»

«Wie Sie es nennen, ist im Grunde unerheblich. Anders als der Anlass.»

«Gehört das zu Ihrem Job, dieses geschwollene Gequatsche? Oder reden Sie immer so?»

Merz stieß den Atem aus. Seine Nase pochte. «Ich bemühe mich um eine möglichst präzise Ausdrucksweise, damit selbst Sie mir folgen können. Was war der Gegenstand Ihres Disputs? Ihr Auftritt bei Marius?»

War *ich* es?, dachte er.

Hannahs Ehemann umklammerte das Steuer, als wollte er ein Stück herausbrechen.

«Was glauben Sie denn?», knurrte er. «Was glauben Sie denn, wie sich das anfühlt, wenn die eigene Ehefrau vor laufender Kamera mit diesem Kerl über ihre Bettgeschichten plaudert?»

Der Anwalt hob die Augenbrauen. «Diesen Teil scheine ich verpasst zu haben.»

«Den konnten Sie auch verpassen! *Ein Mensch, der sich in unser Leben drängt ...*» Ein finsterer Seitenblick zu Merz. «Wenn das nicht deutlich war, was dann?»

Der Anwalt schwieg, atmete ein, dann langsam wieder aus. Schon jetzt fühlte seine Kehle sich rau an von der ständigen Mundatmung.

Er hätte in seinem Zustand im Penthouse bleiben sollen. Oder noch besser zu der sanften Asiatin ein Stück vom Kiez entfernt gehen sollen, die einen eigenen Jacuzzi hatte. Die feuchte Luft hätte seinen Schleimhäuten gutgetan, und die Entspannung ...

Er schüttelte den Kopf. Ganz vorsichtig.

«Kann es sein, dass Sie nicht besonders viel miteinander reden?», erkundigte er sich.

«Was soll das jetzt wieder?»

Merz verdrehte die Augen.

«Ist es möglich, dass Sie Ihre Frau so wenig kennen?», fragte er. «Wenn Sie es auch nur für denkbar halten, dass sie Marius irgendetwas über Ihre privaten Probleme erzählt haben soll?»

«Ach?» Dennis wechselte auf die linke Spur. «Und *Sie* kennen sie?»

«Ja.»

«Mit *Ihnen* redet sie?»

«Ja. Auch das. Wenn sie sich darauf einlässt.»

«Und als Nächstes erzählen Sie mir, dass das Verhältnis zwischen Ihnen beiden rein platonisch ist! Dass nie was zwischen Ihnen war und Sie ...»

«Nein.» Merz legte die Hände übereinander. «Ich will Ihre Frau, Dennis, und wenn ich auch nur den Hauch einer Chance sehe, werde ich alles dafür tun, sie zu bekommen. Wenn Sie jetzt bitte bremsen würden? Für mich sieht das nach Stau aus da vorne.»

Ein Ruck ging durch den Wagen, als Dennis in die Bremse trat. Ein Audi hinter ihnen hupte laut und anhaltend.

Eine neue, dunkle Wetterfront kroch heran und ließ den Vormittag zur Nacht werden.

«Ausfahrt Heimfeld», brummte Dennis. «Hier ab?»

Der Anwalt nickte. «Am Ende der Spur nach links. Wir wollen hoch in die Schwarzen Berge.»

Im Moment waren die bewaldeten Anhöhen kaum auszumachen. Alles war ein gleichmäßiges dunkles Grau.

Dennis folgte der Stader Straße und bog dann auf die halblaute Anweisung des Anwalts hin in den Ehestorfer Heuweg ein.

Merz' Blick glitt über den Straßenrand.

Hier, am Rand der Anhöhen, hatte sich die volle Gewalt des Unwetters entladen. Noch immer lagen Äste auf der Straße. Auf Höhe der Schule sperrte ein warnendes Plastikband einen Teil des Gehwegs ab.

Menschen waren nirgends zu sehen.

Ob die Demonstranten sich verzogen hatten? Vermutlich, dachte er, wenn sie vernünftig waren. Der Teil von ihnen, der auf seine Veranlassung hin erschienen war, damit das Bild ein wenig eindrucksvoller aussah, war zwar für achtundvierzig Stunden im Voraus entlohnt worden, aber eine Orkanklausel hatte er in die Vereinbarung nicht aufgenommen.

Doch hier unten hatte ohnehin keiner der Protestler etwas verloren gehabt. Entsprechend hatte auch niemand von ihnen beobachten können, wie Merz das Gelände verlassen oder wie Hannah es betreten hatte.

«Langsamer jetzt», murmelte der Anwalt, als die Sennhütte mit der überdimensionierten Eulenskulptur in den Blick kam. «Hinter dem Gebäude links rein.»

Im selben Moment begriff er, dass es ein Fehler gewesen war, nicht Dennis' Wagen zu nehmen.

Der Schlamm spritzte gegen die Scheiben. Der eigentliche Weg war kaum noch zu erkennen.

«Mein Gott», murmelte Dennis. «Das ist ja ein halber Bergrutsch.»

«Stopp!»

Die Schranke war eben in den Blick gekommen, noch hundert Meter entfernt.

Doch sie war unerreichbar. Ein umgestürzter Baum blockierte den Weg, dahinter lag ein Gewirr belaubter Äste.

Dennis hielt an. Beide Männer stiegen aus.

Merz klopfte sich innerlich auf die Schulter für seine Geistesgegenwart, mit der er anstelle seiner gewöhnlichen Businessgarderobe eine schlichte Jeans und einen Pullover gewählt hatte, als sie aus der Wohnung in Rotherbaum aufgebrochen waren.

Anders als Dennis.

Der Anzug, den Hannahs Ehemann trug, war eindeutig von der Stange, doch die Art, wie Dennis storchenartig einen Schritt vor den anderen setzte, ließ deutlich werden, dass er selbst von dieser Qualität keinen ganzen Schrank voll hatte.

«Zumindest eine Erklärung, warum wir auf dem Anwesen niemanden erreichen», murmelte Merz.

Noch immer regnete es, in Bindfäden jetzt. Beunruhigendes Knacken war aus dem Wald zu hören, doch darüber ertönte ein anderes, technischeres Geräusch.

Merz ging einige Schritte auf die Schranke zu.

Das Geräusch wurde lauter, und nach wenigen Sekunden sah er eine schwere Maschine aus grünem Metall, die auf meterbreiten Reifen wie in Zeitlupe die Zufahrt hinabkroch, dabei immer wieder ihre Klaue nach den mächtigsten Ästen ausstreckte und sie mit einem dröhnenden Laut aus dem Weg schob.

Alles, was weniger als Armdurchmesser hatte, walzten die Reifen widerstandslos nieder.

Merz ging weiter, schob sich an der Schranke vorbei und hörte, wie Dennis ihm schimpfend folgte.

Der Harvester war noch zweihundert Schritt entfernt, als der Motor der Maschine abgestellt wurde, eine Gestalt aus dem Führerhaus ins Freie kroch und eine gedeckte Wetterjacke über das weiße Hemd zog.

«Hallo?», rief der Fahrer ihnen entgegen. «Das hier ist Privatgelände. Sie können hier nicht ...»

«Sören?» Merz hatte die Stimme erkannt.

Die Haltung des jungen Mannes veränderte sich. Mit raschen

Schritten kam er auf sie zu, so gut das auf dem mit Windbruch übersäten Boden möglich war.

«Herr Dr. Merz?» Ungläubig sah der Junge den Anwalt an. Oder genauer gesagt das Wunderwerk einer Kompresse rund um die Nasenregion. «Sie sehen ja aus! Sind Sie in den Sturm gekommen?»

Irgendwie schon, dachte Merz, ging auf die Bemerkung aber nicht weiter ein.

Sören hatte bereits diesen vollständig arglosen, gleichzeitig aber auch besonders aufmerksamen Blick, der sich bei den Schülern auf Marius' Hof nach einiger Zeit wie von selbst zu entwickeln schien.

Bei den ersten Besuchen auf dem Anwesen war der Anwalt ernsthaft überzeugt gewesen, dass all diese jungen Leute von Natur aus strahlend blaue Augen hatten.

Dabei waren sie in den wenigsten Fällen wirklich blau. Dieser besondere Ausdruck war ganz einfach – Marius.

«Wollen Sie zum Meister?», fragte Sören, wobei er einen Blick an Merz vorbei auf den Jaguar warf. Dennis grüßte er mit einem Nicken, doch im nächsten Moment nahm sein Gesicht einen bekümmerten Ausdruck an. «Ich fürchte, das wird im Moment nicht möglich sein. Das Unwetter heute Nacht, die Blitze ... Er hat sich in seine Räume zurückgezogen. Der Meister würde nie darüber klagen, doch kann sich irgendjemand von uns eine Vorstellung machen, wie sich das für ihn anfühlen muss, der so viel mehr sieht als wir alle? Außerdem wäre das sowieso schwierig jetzt.»

Ein Nicken auf das Bild der Verwüstung. «Wir sind gerade dabei, das Schlimmste zu beseitigen. Aber bis Sie hier wieder mit dem Wagen durchkommen ...»

«Und die Hauptzufahrt?»

Ein Kopfschütteln. «Noch schlimmer. Wir sind ja schon froh, dass das Stromnetz noch in Ordnung war heute Nacht. Das hat's erst heute Morgen erwischt. Folkmar ist schon dabei, das wieder zu reparieren. Sie können sich das nicht vorstellen, Dr. Merz: So viele Anrufe wie gestern hatten wir seit Monaten nicht. Dieses Unwetter … Ich kann verstehen, wenn die Leute es mit der Angst kriegen. Wir, oben im Haus, wussten ja, dass Marius bei uns ist, aber all die Freunde da draußen …»

Merz nickte verstehend.

Marius, dein Freund und Helfer, dachte er. Selbst gegen die Naturgewalt.

Für ihn war der Moderator ein Mandant *fast* wie jeder andere.

Der Unterschied bestand darin, dass er Marius gegenüber einen gewissen Respekt empfand, den er beim Rest seiner Kundschaft in der Regel nicht hatte.

Mit seiner Macht über die Menschen und seinen Fähigkeiten, ein Gespräch ganz nach seinen Wünschen zu steuern, war Marius eben tatsächlich ein Meister, von dem man eine Menge lernen konnte.

Für den Gerichtssaal genauso wie für das Leben.

«Dann war die Straße gestern Abend schon dicht?», wollte Merz wissen.

Sören nickte. «Ja, schon während der Sendung. Waren Sie nicht selbst gestern noch hier? Sie haben's gerade noch geschafft, oder?»

Merz nickte und sah zurück über die Schulter.

Die Stelle vor der Schranke, an der er am Abend auf Hannah getroffen war, war ein Chaos aus graubraunem Schlamm und niedergestürzten Ästen.

«Ich hatte gerade noch Glück», bemerkte er. «Aber da war ich wohl der Letzte.»

Der junge Mann neigte den Kopf. «Dr. Warnecke hat in einem der Gästezimmer geschlafen, und Folkmar kennen Sie ja: Der war nicht unglücklich, dass er sich zwischen seinen Mischpulten hinlegen konnte.»

Merz nickte und schwieg.

Doch es kam nichts mehr.

«Und sonst?», hakte er nach.

Fragende, klare blaue Augen. «Sonst? Wer sollte sonst ...»

«Meine Frau zum Beispiel.»

Das war das Erste, was Dennis sagte, und im selben Moment bereute Merz, dass er den Mann nicht eingeweiht hatte.

Oder vorsichtshalber geknebelt.

Oder ihn gar nicht erst *mitgenommen*!

Doch schließlich war er Joachim Merz, der jeden Tag damit klarkommen musste, dass irgendeiner seiner Mandanten mal wieder etwas unbeschreiblich Dämliches von sich gegeben hatte. Er hatte sich alle Optionen offen halten wollen, doch das war jetzt nicht mehr möglich.

Er änderte seine Strategie auf der Stelle.

«Kriminalkommissarin Friedrichs hat sich bereits vorgestern mit Marius unterhalten», erklärte er. «Mit Sicherheit erinnern Sie sich an sie.»

«*Helena*», knurrte Dennis.

Merz verlagerte kurz sein Gewicht. Schließlich trug er eine Mullpackung auf dem Gesicht, die ihn aussehen ließ wie Hannibal Lecter. Wenn er etwas unsicher auf den Beinen schien, war das unverdächtig.

Wie Eisenklauen gruben sich seine Finger in Dennis' Oberarm.

Halt endlich den Mund, du Idiot!

«Helena», murmelte Sören. «Natürlich. Wir haben gesehen, wie Frau von Merkatz eine fremde Dame begrüßt hat. Eine Besucherin. Aber da wussten wir noch nicht, wer sie war. Erst als wir im Kaminzimmer die Sendung verfolgt haben ...» Er schüttelte den Kopf. «Doch das war vorgestern. Gestern war sie auch hier? Das habe ich nicht mitbekommen. Aber wir waren auch den ganzen Tag auf den Feldern, um die Ernte einzubringen.

Wegen des drohenden Unwetters», fügte er mit einem Blick auf Dennis hinzu.

Merz schüttelte den Kopf. «Als ich gefahren bin, waren Sie schon wieder zurück von den Feldern. Kommissarin Friedrichs kann erst gekommen sein, nachdem ich weg war.»

«Nachdem Sie weg waren?» Der junge Mann kniff die Augen zusammen. «Da war ja das Unwetter fast schon da. Nein, da ist niemand mehr gekommen. Und ein paar Minuten später hatten wir schon alle Hände voll zu tun, dass die Freunde draußen am Tor – die Demonstranten – irgendwo unterkommen konnten. Draußen natürlich, im Café und ...» Er schüttelte den Kopf. «Aber da muss hier am Berg schon alles dicht gewesen sein. Nein.» Wieder ging sein Blick zu Dennis. «Es tut mir fürchterlich leid, aber Ihre Frau ist gestern nicht hier gewesen.»

Schweigen, aber nur für zwei Sekunden.

«Nein!» Sörens Gesichtsausdruck veränderte sich. «Bitte, ich wollte Ihnen keine Angst machen! Bestimmt gibt es eine ganz harmlose Erklärung. Solche Sorgen sind das Schlimmste, was man sich antun kann. Und fast immer sind sie unnötig! Marius würde sagen ...»

«Danke.»

Rasch griff Merz nach Dennis' Anzugärmel.

Er war sich nicht sicher, wie Hannahs Ehemann in diesem Moment auf eine von Marius' Lebensweisheiten reagieren würde.

Vermutlich nicht unbedingt mit Beifall.

Sören blieb hinter ihnen zurück. Sekunden später nahm der Harvester mit einem dumpfen Röhren seine Arbeit wieder auf.

Alles wie zuvor.

Doch die Stimmung hatte sich verändert.

«Sie war hier», murmelte Merz. «Ich habe sie mit eigenen Augen gesehen. Ich habe mit ihr gesprochen. Sie stand an der Schranke und wollte hoch auf das Anwesen. Aber offenbar ist sie nicht angekommen.»

Mit finsterem Gesichtsausdruck marschierte Dennis neben ihm her.

Sie mussten es nicht aussprechen.

Konnte es eine harmlose Erklärung geben?

Fünfzehn Stunden, dachte Merz. Fünfzehn Stunden war es her, dass Hannah an der Schranke gewartet hatte und – anders gewesen war. Angespannt auf eine Weise, wie er das nie bei ihr erlebt hatte.

Wo zur Hölle steckte sie?

Zwischenspiel V

Ich habe Durst.

Das ist mein erster bewusster Gedanke.

Als ich elf war, bin ich am Blinddarm operiert worden. Ich erinnere mich an einen fürchterlich hellen Raum voller blinkender, surrender, unheimlicher Geräte, die ich nur aus dem Augenwinkel erkennen konnte, denn bewegen konnte ich mich noch nicht.

Und an den Durst erinnere ich mich.

Hier ist es nicht hell.

Es ist dunkel, aber nicht vollkommen. Von irgendwoher ganz am Rande meines Gesichtsfelds kommt ein Hauch von Licht.

Ich drehe den Kopf. Es funktioniert.

Doch nichts verändert sich. Es wird nicht heller.

Mein Kopf. Warum kann ich nicht sehen? Was ist mit meinem Kopf?

Ich hebe die Hand ... aber ich komme nur fünf Zentimeter weit.

Es tut nicht weh, aber irgendetwas hält meine Hände in Position, verhindert, dass ich sie weiter als ein paar Zentimeter von meinem Körper entferne.

Ich ... ich liege.

Ja, ich liege, genau wie damals im Krankenhaus.

Hatte ich einen Unfall?

«Hall...» Ich räuspere mich, und meine Kehle tut weh. Der Durst ist schrecklich. Ich kann mich nicht erinnern, jemals so fürchterlichen Durst gehabt zu haben – nicht seit damals, als ich elf Jahre alt war.

«Hallo?», frage ich.

Stille. Nur der Hall.

Ein Hall, der anders ist, als ich erwartet habe.

«Hallo?», frage ich noch einmal und lausche dem Wort nach. «Hallo? Ist da jemand?»

Ja, da ist ein Hall, ein Echo beinahe, mit dem ich nicht gerechnet habe. Nicht in einem kleinen Krankenzimmer, auf einer Intensivstation.

Es ist der Hall eines großen, leeren Raumes.

Ich versuche mich aufzurichten, doch wieder komme ich nur wenige Zentimeter weit.

Ich bin festgeschnallt!

Ich presse die Lider zusammen, reiße sie wieder auf.

Keine Veränderung. Ein Schimmer von Licht von unten, auf dem rechten Auge etwas stärker als auf dem linken wie unter einer ...

Unter einer Augenbinde.

Erst jetzt bemerke ich das Spannungsgefühl um meinen Kopf, das von dem Stoffstreifen stammen muss, der eng um meine Schläfen gewunden ist.

Und im selben Moment kommt die Angst.

Sie tröpfelt nicht herein, sondern kommt wie eine nachtschwarze Woge. Alles löscht sie aus, was an Licht noch da ist. Sie bricht über mich herein, lähmt mich, nimmt mir die wenigen Zentimeter an Bewegung, zu denen ich in der Lage bin. Selbst meinen Atem nimmt sie mir.

Ersticken. Mit einem Mal bin ich mir sicher, dass ich jetzt, im nächsten Moment, ersticken werde. Dass ich nie wieder ...

Ich ringe um Luft, hektisch, panisch, doch es kommt zu wenig, meine Kehle ist zu eng. Ich bin ...

Stopp!

Immer wieder werden wir mit solchen Szenen konfrontiert: Tatzeugen, die unfähig sind, sich auf der Stelle mit dem Geschehenen auseinanderzusetzen. Angehörige, die auf eine Todesnachricht mit Schock reagieren.

In dem Moment, in dem man befürchtet, keine Luft mehr zu kriegen, atmet man zu viel, zu schnell, zu hektisch. Das Hirn kann nicht umgehen mit diesem Überangebot an Sauerstoff. Schwindel ist die Folge, Übelkeit, Todesangst – und irrsinnigerweise auch wieder die Angst, ersticken zu müssen.

Ein Teufelskreis.

Es gibt ein simples Hausmittel: In eine Plastiktüte atmen und die verbrauchte, kohlendioxidgesättigte Luft zurückatmen, und der Zustand bessert sich meist innerhalb von Sekunden.

Leider habe ich gerade keine Tüte zur Hand.

Und selbst wenn: In der Hand hätte sie mir nichts genützt.

Reiß dich zusammen, Friedrichs! Du machst es nicht besser, wenn er sieht, wie ...

Er sieht.

Schlagartig kommt der Vorgang zum Stehen.

Bin ich allein?

Ich lausche, doch ich höre nur das Rauschen des Blutes in meinen Ohren.

Werde ich beobachtet?

Wo zur Hölle bin ich?

Ich beginne mich auf meinen Körper zu konzentrieren: von den Füßen über die Beine aufwärts, über die Hüften, Arme und Oberkörper, Hals, Kopf.

Keine ernsthaften Schmerzen. Keine Verletzung. Nichts, das erklären könnte, warum ich in einem Krankenhaus gelandet sein sollte.

Du bist nicht im Krankenhaus!

Wieder presse ich die Lider aufeinander, mit dem Unterschied, dass ich jetzt weiß, dass ich nicht mehr, nicht besser sehen werde, wenn ich sie wieder öffne.

Ich versuche mich zu erinnern.

Was ist meine letzte Erinnerung?

Die Treppe vor dem Reviergebäude. Winterfeldt und die anderen, die an mir vorbeistürmen, Hinnerk Hansen, der mir erzählt, dass Albrecht vor dem entscheidenden Durchbruch in der Ermittlung steht.

Eine konzertierte Aktion – gegen die Sieverstedts.

Eine vollständig falsche Fährte.

Albrecht hat sich verrannt. Was auch immer zwischen ihm und der Sippe auf dem Falkenstein gelaufen ist – er kann nicht sehen, wohin die Spur tatsächlich führt.

Das weiß nur ich.

Jasmin, das Mädchen auf dem Reiterhof in Duvenstedt. Ihre Augen, der Sitz der Schlinge.

Albrecht ist blind.

Blind, wie ich es jetzt bin, in diesem Moment.

Ist das meine letzte Erinnerung?

Ich weiß, dass danach noch etwas ist. Da sind Erinnerungen in meinem Kopf. Doch sie ergeben kein zusammenhängendes Bild.

Bleiernes Zwielicht. Wind, der in den Bäumen erwacht. Wind auf meiner Haut. Ich stehe im Freien.

Und ein Gesicht.

Joachim Merz.

Ein einzelner Satz: *Wir sehen uns.*

Ein Satz wie ein Versprechen. Meine Kehle schnürt sich zusammen bei der Erinnerung.

Doch ich weiß nicht, wie all das ins Bild passt. Das Bild der Vergangenheit ist undeutlich und verschwommen, und die Gegenwart ...

Die Gegenwart ist blind.

Das Gefühl in meiner Kehle ist mehr als Durst.

Tränen sickern unter der Augenbinde hervor über meine Wangen, als ich lautlos zu weinen beginne.

neun

Hauptkommissar?»
Albrecht rührte sich nicht.

Vor vielleicht zwanzig Minuten war er auf einen der Stühle gesunken und hatte seitdem reglos auf das Chaos von Dokumenten gestarrt, die sich auf dem Schreibtisch türmten.

In den mehr als sieben Stunden seit Retzlaffs Tod waren Akten aus zwei weiteren Außenstellen von Sieverstedt Import/Export hinzugekommen, und er wusste schon jetzt, dass sie ihnen nicht weiterhelfen würden.

Kein Hinweis auf die Kinder, nirgends.

Ausgenommen möglicherweise in einem unbekannten Handy, das noch immer nicht aus der Süderelbe hatte geborgen werden können. Genau wie der Rest von Holger Retzlaff.

Spuren ins Nichts. Albrecht war klar, dass die Ermittlung in einer Sackgasse steckte, und er fragte sich, um die wievielte Sackgasse es sich eigentlich handelte, seitdem dieser Fall begonnen hatte.

Sokrates, dachte er.

Sein Leib-und-Magen-Philosoph hatte ihm bei mehr als einer Ermittlung geholfen, einfach, indem sich Albrecht auf dessen bedeutendste Maxime besann: Stelle die richtigen Fragen, und du erhältst deine Antworten.

Doch er war sich sicher, dass er die richtigen Fragen stellte!

Die ursprüngliche Frage, die Frage nach dem Verantwortlichen für Falk Sieverstedts Tod, hatte der Konsul mit seinem Selbstmord beantwortet.

Doch diese Frage hatte einer anderen, einer drängenden Frage Platz gemacht: Wo waren die Kinder?

Albrechts Gedanken drehten sich im Kreis.

Das war es, was diese Ermittlung auszeichnete: Dinge verschwanden.

Fahrzeuge. Kompromittierende Fotos. Kinder.

Und Jörg Albrechts engste Mitarbeiterin.

Als Faber ihn bei seiner Rückkehr von der Köhlbrandbrücke mit der Nachricht konfrontiert hatte, hatte Albrecht sekundenlang geglaubt, der Oberkommissar wolle sich einen – denkbar unpassenden – Scherz erlauben. Eine wirre Geschichte mit einer kranken Oma, die selbst schon einer Beleidigung gleichkam.

Doch es war kein Scherz. Hannah Friedrichs war an diesem Tag nicht zum Dienst erschienen.

Untypisch für Friedrichs? Unsinn. Es war unvorstellbar.

Sekundenlang hatte der Hauptkommissar einen Gedanken gehabt ...

Aber auch das war Unsinn.

Hannah Friedrichs war die einzige seiner Mitarbeiter, die nicht mehr mit dem Sieverstedt-Fall befasst war. Davon abgesehen wurde sie schließlich nicht vermisst. Sie war bei der Oma im Krankenhaus – theoretisch zumindest. Praktisch versuchte sie vermutlich gerade zu verdauen, was Albrecht ihr an den Kopf geworfen hatte.

Wenn er nach einer Erklärung suchte, musste er nur in den Spiegel blicken.

Dass er mit der Sieverstedt-Spur ins Wespennest gestochen hatte, machte keinen Unterschied. Der Weg, dachte er. Der Weg war falsch.

Er hatte mit zweierlei Maß gemessen, und er würde für diesen Fehler geradestehen, sobald er ...

Sobald er, ja, die Ermittlung, die Kinder ...

«Hauptkommissar?» Das kam nachdrücklicher.

Er blickte auf.

Irmtraud Wegner stand vor ihm, auf dem Weg in den Feierabend, die Handtasche bereits über der Schulter.

«Ja?»

Sie musterte ihn von oben bis unten.

«Sie waren ein halbes Jahr im Zwangsurlaub, Hauptkommissar. Niemand erwartet von Ihnen, dass Sie diese sechs Monate jetzt auf der Stelle nachholen, um diesen Fall zu lösen.»

Bei jedem anderen seiner Mitarbeiter wäre er über die Bemerkung hinweggegangen.

Nicht so bei Irmtraud Wegner.

Bei allen anderen Mitarbeitern wusste er, dass es für sie ein Leben außerhalb der Ermittlungsarbeit gab: Familien, Kinder, enge Freunde, mit denen sie am Wochenende die Zeit totschlagen konnten.

Nicht für uns beide, dachte er. Nicht für Wegner und mich.

Seine eigene Familie feierte einmal alle ein, zwei Monate eine zombiehafte Auferstehung, wenn die Mädchen bei ihm waren.

Und die Sekretärin ...

Für eine kurze Weile hatte es einen Mann in Irmtraud Wegners Leben gegeben, es war noch gar nicht so lange her. Doch Horst Wolfram war tot, in einem Schweizer Sanatorium einem Herzversagen erlegen.

Wenn es tatsächlich ein Herzversagen war, dachte Albrecht.

Doch darüber durfte er jetzt nicht nachdenken.

Er griff in seine Hemdtasche und holte den inzwischen arg zerknitterten Umschlag mit den Fotos hervor.

Selbstverständlich waren längst digitale Kopien angefertigt worden, die die Kriminaltechnik nach allen Regeln der Kunst analysiert und interpretiert hatte, ohne dabei allerdings wesentlich mehr herauszubekommen, als Jörg Albrecht auf den ersten Blick hatte sagen können.

Das Schiff war zu sehen, der Container mit den Mädchen, der Lkw aus dem Fuhrpark von Sieverstedt Import/Export. Außerdem natürlich Holger Retzlaff und der Kapitän des Containerschiffs, der MS Elisabeth, die sich gegenwärtig wieder auf hoher See befand, auf dem Weg nach Südostasien, sodass dort momentan kein Zugriff möglich war.

Doch alles andere …

«Der Fall ist gelöst, Irmtraud. Eine vollständige logische Kette von Indizien.» Er zog die Umschlaglasche auf, schob einen Aktenstapel beiseite und ließ die Fotos auf den Tisch gleiten. «Alles, was uns fehlt, ist eine Spur von den Kindern.»

Die Sekretärin trat näher.

«Falk Sieverstedt ist sein Leben lang von seinem Vater gedemütigt worden», erklärte er. «Geschäftssinn, Härte, Rücksichtslosigkeit: Offenbar hatte der Junge tatsächlich nichts von dem, was einen echten Sieverstedt ausmachte. Seine Leidenschaft war die Fotografie. Sein Traum war es, in einem einzigen Bild eine ganze Geschichte festzuhalten, und die Geschichte, auf die er sich dabei eingeschossen hatte, waren die Machenschaften seines Vaters und dessen führenden Mitarbeiters im Kinderhandel. Warum er gerade auf diese Geschichte verfallen ist …»

Albrecht hob die Schultern.

«Eine subtile Form der Rache für all die Kränkungen? Diese Vorstellung hat eine gewisse Ironie: Hat Sieverstedt den Jungen nicht immer wieder provoziert, ihn bis aufs Blut gereizt, gegen ihn aufzubegehren?»

Wegner hörte aufmerksam zu, doch ihr musste klar sein, dass er an dieser Stelle nicht auf eine Antwort wartete.

«Nun, letztendlich hat er am Ende genau das getan», erklärte Albrecht. «Allerdings auf ganz andere Weise, als der Konsul vermutlich erwartet hat. Der Schlag, den Falk Sieverstedt vorbereitet hat, sollte tödlich sein. Wir wissen noch nicht genau, seit wann er an der Geschichte dran war. Die MS Elisabeth war im März zum letzten Mal in Hamburg. Zu diesem Zeitpunkt müssen diese Aufnahmen entstanden sein.»

Er schob die Fotos beiseite, musterte die Sekretärin prüfend. Bis hierhin konnte sie ihm folgen.

«Doch dem Konsul sind die Nachforschungen seines Sohnes nicht verborgen geblieben», fuhr er fort. «In der Nacht von Samstag auf Sonntag muss er den Jungen in seine Gewalt gebracht haben. Selbstredend nicht er allein. Friedrich Sieverstedt wäre schon körperlich nicht in der Lage gewesen, Falk in das Becken im Dahliengarten zu transportieren. Ob es Retzlaff war, der ihn auch an diesem Punkt unterstützt hat, werden wir wissen, wenn die Leiche geborgen ist und wir die Fingerabdrücke mit Martin Eulers Funden am Bassin abgleichen können. Dass der Konsul die Anweisungen gegeben hat, dürfte nicht in Zweifel stehen, doch natürlich müssen auch diejenigen zur Rechenschaft gezogen werden, die die Tat in seinem Auftrag ausgeführt haben.»

Er holte Luft. «Entscheidend ist aber, was an diesem Samstagabend geschah: Uns war bereits klar, dass der Täter irgendwie mit Falk vertraut gewesen sein muss. Beim eigenen Vater ist das natürlich der Fall. Sieverstedt sediert ihn also und lässt bei dem Jungen eine Lobotomie vornehmen. Warum tut er das?»

Wegner hatte die Fotos betrachtet, blickte jetzt auf und sah ihn fragend an.

«Weil er nicht die Absicht hat, ihn zu töten», erklärte Albrecht. «Weil er ihn nämlich noch braucht. Dem Konsul ist klar, dass nach seinem eigenen Tod sein Sohn der letzte Träger des Namens Sieverstedt sein wird und die letzte und einzige Chance, dass dieser Name und dessen *stolze Tradition* ...», die beiden Worte spuckte er förmlich aus, «... fortbesteht. Dazu braucht er den Jungen – allerdings nicht dessen Verstand und Persönlichkeit. Den rein mechanischen Zeugungsakt kann ein lobotomierter Falk Sieverstedt ganz genauso durchführen. Eine bereitwillige Partnerin ...» Er winkte ab. «Dazu hat man Geld.»

Schwer stand er auf, ging halb um den Tisch herum.

«Dann aber dämmert der Junge zurück ins Bewusstsein, und was stellt der Konsul fest? Der Eingriff war nicht erfolgreich. Falk ist nach wie vor bei Verstand und verfügt über das Wissen, das seinen Vater vernichten kann. Zu diesem Zeitpunkt kommt es tatsächlich nur noch auf Falk an: Die Originale unserer Bilder hier hat Sieverstedt bereits an sich gebracht – dass seine Frau Kopien angefertigt hat, weiß er nicht. Die Fotoausrüstung besitzt er ebenfalls. Sie ist bis heute nicht wiederaufgetaucht. Falls Falk seine Aufnahmen irgendwo digital gespeichert hat, sind vermutlich auch diese Datenspeicher in seinem Besitz. Hauptmeister Winterfeldt ist sich jetzt sicher, dass sich solche Fotos niemals auf dem Laptop befunden haben, den er auswerten konnte.»

Er hatte den Tisch umrundet, blieb vor der Sekretärin stehen: «Was geschieht nun aber am Sonntag, als Falk langsam wieder aufwacht? Sieverstedt trifft eine Entscheidung: Der Junge muss sterben.»

Wegner sah zwischen Albrecht und den Fotos hin und her.

«Und warum im Dahliengarten?»

«Eine falsche Spur.» Albrecht hob die Hände. «Wahrscheinlich hat er sie ganz bewusst so angelegt, dass er sich später bei mir beklagen konnte, in was für einem schlechten Licht sein kostbarer Name und seine Firma jetzt dastünden. Damit war er selbst automatisch unverdächtig. Dabei hätte die Firma die Todesumstände des Jungen mit Sicherheit überlebt. In Wahrheit ging es darum, ein sehr viel größeres Verbrechen zu verdecken, das den Namen Sieverstedt nun tatsächlich vernichtet hat.»

«Und seine Urheber», murmelte die Sekretärin. «Den Konsul und seinen Prokuristen.»

Albrecht nickte düster. «Kein Zweifel, dass es noch weitere Täter gibt. Irgendwo wurden die Mädchen gefangen gehalten – und werden es bis heute, wenn sie noch am Leben sind. Und selbstverständlich muss es Kunden geben, ohne die das Geschäft überhaupt keinen Sinn macht. Wir wissen, was geschehen ist, Irmtraud, doch zugleich sind wir weit davon entfernt, den Fall zu klären. Und die eigentlichen Opfer, die Kinder ...»

«Chef?»

Hauptmeister Lehmann stand in der Tür. Er sah noch immer blass um die Nase aus seit der dramatischen Szene auf der Köhlbrandbrücke.

«Chef, ich glaube, Sie sollten da mal dringend mit jemandem sprechen.»

* * *

Die beiden Männer saßen einander an einem Bistrotisch gegenüber, zwischen ihnen zwei Biergläser und jeweils etwas zu essen, das keiner von ihnen richtig angerührt hatte.

Dennis Friedrichs verbarg den Kopf in den Händen und bewegte sich nicht.

Joachim Merz betrachtete ihn. Er empfand kein Mitleid für den Mann – so weit ging es dann doch nicht.

Aber ihm wurde bewusst, dass mittlerweile auch er selbst auf der Rutschbahn unterwegs war, die Hannahs Ehemann an diesem Tag zurückgelegt hatte.

Der lange Weg von der Verwirrung – *Wo zur Hölle kann sie stecken?* – in die schier bodenlose Verzweiflung.

Hannah war verschwunden, ohne Vorwarnung, ohne ein Wort der Erklärung, ohne irgendeine Nachricht. Das passte nicht zu der Frau, die Joachim Merz kannte.

Hannah Friedrichs nahm ihren Beruf ernst. Sie war eine gute Polizistin.

Dass sie sich über ihren Mann so sehr aufgeregt hatte, dass sie ihn sang- und klanglos verlassen hatte, hätte er sich zur Not noch vorstellen können. Der Kerl führte sich auf wie ein Idiot, das hatte Merz heute selbst erlebt.

Aber eine Hannah Friedrichs, die mitten in einer wichtigen Ermittlung einfach nicht zum Dienst erschien, war undenkbar.

Die beiden Männer hatten in den vergangenen Stunden Himmel und Hölle in Bewegung gesetzt.

Merz hatte einige seiner speziellen beruflichen Kontakte spielen lassen, aber nichts herausgefunden. Sie hatten Krankenhäuser abtelefoniert, waren zu alten Freundinnen Hannahs gefahren – und selbstverständlich auch zu Dennis' Großmutter im Pflegeheim, die sie mit Haferplätzchen vollgestopft hatte. Nichts.

Natürlich hatte Dennis auch bei Hannahs Eltern nachgehakt – sehr vorsichtig allerdings. Nichts.

Einzig einen erneuten Anruf auf dem Revier hatten sie auf das Beharren von Hannahs Ehemann hin unterlassen. Nein, er sei sich sicher, dass sie sich im Grunde umsonst Sorgen machten. Es *musste* sie geben, die harmlose Erklärung, von der Sören gesprochen hatte. Und wenn es eine solche Erklärung gab ...

Merz verstand den Mann. Auf der einen Seite verstand er ihn nur allzu gut.

Er selbst hätte auch nicht in Dennis' Haut stecken wollen. Es würde kein Vergnügen werden, am Ende doch noch einmal auf dem Revier anzurufen und zu beichten, dass die Geschichte mit der Oma eine Notlüge gewesen und Hannah in Wahrheit seit mehr als vierundzwanzig Stunden verschwunden war.

Doch auf der anderen Seite ...

Dämmerung lag vor dem Bistrofenster, doch das machte kaum einen Unterschied, nachdem es den ganzen Tag nicht richtig hell geworden war.

Mehr als vierundzwanzig Stunden, dachte Merz. Das unbehagliche Gefühl in seinem Innern wurde deutlicher und deutlicher.

Für gewöhnlich war er kein Mensch, der allzu viel auf Gefühle gab. Natürlich, sie waren Triebkräfte, die folgenreiche Handlungen auslösen konnten. Gerade bei unsicherer Faktenlage konnte ein Appell an die Gefühle einen Prozess zur einen oder zur anderen Seite entscheiden.

Doch Joachim Merz war nicht wohl dabei, wenn er diese Karte spielte. Gefühle waren eine Gleichung mit einer Menge Unbekannten.

Und am wenigsten gefiel ihm, wenn er feststellte, dass er selbst sich von Gefühlen leiten ließ.

Einen gesamten Arbeitstag war er jetzt mit der Suche beschäftigt: Schon auf der Rückfahrt von den Schwarzen Bergen hatte er mit Jens Bertram telefoniert und auch die Termine für den Nachmittag abgesagt.

Für gewöhnlich war es ihm gleichgültig, was sein Juniorpartner von ihm dachte, doch schon die Tatsache, dass er überhaupt einen Gedanken an Bertrams Reaktion verschwendet hatte, gefiel ihm ganz und gar nicht.

Es musste mit Hannah zusammenhängen.

Gefühle.

Irgendwie hing alles mit Hannah zusammen.

Dass er Dennis überhaupt so lange hatte gewähren lassen, geschah aus dem einzigen Grund, dass er sich in Wahrheit längst zu einem Vorgehen entschlossen hatte.

Er konnte nur hoffen, dass er sich nicht täuschte. Denn falls es doch so war, blieb tatsächlich nichts anderes mehr als das PK Königstraße.

Wenn sie die Ermittler nun aber die entscheidenden Stunden zu *spät* alarmierten ...

Merz war sich nicht sicher, ob er damit würde umgehen können.

Er sah auf die Uhr.

«Dann sollten wir uns allmählich auf den Weg machen.»

Dennis reagierte nicht. Ungefähr fünf Sekunden lang.

Dann ließ er wie in Zeitlupe die Arme auf den Tisch sinken und sah den Anwalt blinzelnd an.

Joachim Merz konnte einiges ertragen. Lethargie gehörte nicht dazu. Begriffsstutzigkeit genauso wenig.

Davon allerdings abgesehen war er dankbar für die Gelegenheit, vollständig umschalten zu können.

«Möglich, dass Marius heute Morgen ein wenig indisponiert war», erklärte er mit übertriebener Geduld. «Nach dem Unwetter und der Sonderschicht für all seine Freunde, die die Angst vor Blitz und Donner plagt. Wobei ich vermute, dass er in Wahrheit einfach nicht gerne früh aufsteht. In anderthalb Stunden aber geht er auf Sendung, und in den zwei Jahren, die ich ihn kenne, hat er noch keine Ausgabe von *Second Chance* verpasst. Und die Zufahrt sollte inzwischen auch geräumt sein.»

Er hob die Hand und hielt Ausschau nach der Kellnerin.

Als sie ihn sah, änderte sie auf der Stelle die Richtung und kam zu ihrem Tisch. Er kannte es nicht anders.

Doch es war beruhigend zu erleben, dass der Mechanismus auch dann funktionierte, wenn sein halbes Gesicht mit Verbandmull zugekleistert war.

«Aber ...»

Dennis verstummte, als die junge Frau an den Tisch trat. Merz schlug zwanzig Prozent auf die Rechnung auf und zahlte mit einem Lächeln.

«Und was soll das bringen?», zischte Dennis, kaum dass sie außer Hörweite war. «Gut, Sie haben Hannah unten an der Schranke gesehen, aber offenbar hat sie ja kehrtgemacht, bevor sie ...»

Seufzend steckte Merz sein Portemonnaie ein. «Phantasielos, dass es weh tut. Richtig, Sören behauptet, sie nicht gesehen zu haben. Es ist möglich, dass er sogar die Wahrheit sagt. Schließlich hatte er genug um die Ohren, als ich gefahren bin: das Gebäude auf den Sturm vorbereiten, Unterkünfte für die Unterstützer organisieren ... Genauso gut ist es allerdings möglich, dass er lügt, ob aus eigenem Antrieb oder weil ihn jemand dazu angewiesen hat. Doch so oder so: Ich weiß, dass Hannah unterwegs war, um in diesem Haus ein Gespräch zu führen, und ich bin mir ziemlich sicher, dass sie es jedenfalls nicht mit Freund Sören führen wollte. Und sind Sie schon einmal auf die Idee gekommen, dass Hannah sich vielleicht telefonisch auf dem Anwesen gemeldet haben könnte? Gestern Abend waren die Verbindungen schließlich noch intakt. – Tausend Möglichkeiten.»

Wie in Zeitlupe richtete sich Dennis aus seiner zusammengesunkenen Haltung auf.

«Also kommen Sie mit?», fragte Merz. «Oder muss ich mir einen Chauffeur rufen?»

* * *

«Paragraph 46b StGB.» Staatsanwalt Ludvig van Straaten schob sich die Brille auf der Nase zurecht und betrachtete die Männer, die sich um seinen Tisch versammelt hatten. «Die Kronzeugenregelung.»

Albrecht hatte die Arbeit mit van Straaten schon immer als angenehm empfunden. Sie dachten ähnlich, hatten eine vergleichbare Auffassung von Wahrheit.

Nicht immer war das Strafgesetzbuch in der Lage, die Verhältnisse von Wahrheit und Unwahrheit, von Recht und Unrecht vollständig abzubilden.

Zu oft hatte der Hauptkommissar erlebt, dass Angeklagte, an deren Schuld weder für ihn noch für das Gericht der geringste Zweifel bestand, den Gerichtssaal als freie Männer verlassen hatten. Das Rechtssystem wollte nicht ausschließlich strafen. Vielmehr gab es dem Angeklagten tausend Möglichkeiten an die Hand, mit den größten Schweinereien auf dem Kerbholz ungeschoren davonzukommen.

In diesen Momenten schlug van Straatens Stunde.

«Herr ...» Der Staatsanwalt machte eine wohl berechnete

Pause, gerade lang genug, um deutlich zu machen, dass er den Mann nicht mehr mit seinem Dienstrang – Oberkommissar bei der uniformierten Polizei – ansprach. «Herr Wienand.»

Wienands Gesichtsfarbe hatte denselben Ton wie sein aschgrauer Anzug. Seine Miene war die eines Mannes, dem absolut klar war, dass ihn sämtliche Anwesenden verachteten. Eingeschlossen sein eigener Rechtsbeistand, mit dem er vor einer Stunde auf dem Revier erschienen war.

Albrecht erinnerte sich an Wienand, wie er sich an viele Gesichter unter den uniformierten Polizisten erinnerte, mit denen er immer wieder zu tun hatte. Der Beamte war am Dradenauhafen dabei gewesen, beim Sturm auf das Wellblechgebäude, das Falk Sieverstedt auf seinem Foto festgehalten hatte.

Das Gebäude war leer und verlassen gewesen, genau wie das gesamte Gelände, doch jedenfalls wusste Wienand, wonach sie auf der Suche waren, hatte die Fotos zu sehen bekommen, das Containerschiff, den Lkw.

Die kleinen Mädchen.

Ihretwegen war er jetzt hier.

«Herr Wienand», sagte van Straaten. «Ihnen ist klar, dass das, was wir hier vereinbaren, keinen Einfluss auf die disziplinarrechtlichen Konsequenzen haben wird, die aus Ihrer Aussage entstehen? Unsere Vereinbarung erfasst ausschließlich die strafrechtliche Seite. Haben Sie das verstanden?»

Ein krampfhaftes Nicken. «Ja.»

Dem Mann war bewusst, dass er von diesem Moment an kein Polizist mehr war.

«Gut.» Van Straaten ließ keinen Zweifel daran, dass *dieses* Wort von Herzen kam. «Dann bitte ich um Ihre Unterschriften.»

Wienand und sein Anwalt unterschrieben, van Straaten hatte bereits unterzeichnet.

«Bitte.» Der Anwalt nickte Albrecht zu und lehnte sich zurück.

«Lehmann?», brummte der Hauptkommissar.

Der junge Kollege reichte Albrecht die vorbereiteten Formblätter.

«Sie sind Herr Jens Wienand, geboren am 29. März 1965 in Elmshorn. Das ist richtig?»

«Ja.»

«Herr Wienand, ich mache Sie darauf aufmerksam, dass dieses Gespräch aufgezeichnet wird. Haben Sie das verstanden?»

«Ja.»

«Außerdem teile ich Ihnen mit, dass die Vereinbarung mit dem Staatsanwalt ausschließlich die Tatbestände umfasst, über die Sie uns hier und jetzt Auskunft geben. Wenn Sie uns irgendetwas Tatrelevantes verschweigen oder in irgendeinem Punkt unrichtige Angaben machen, ist unsere Vereinbarung hinfällig.»

Der entscheidende Punkt, dachte er, an dem sich ein signifikanter Teil der Möchtegern-Kronzeugen verheddert, sodass am Ende die Gerechtigkeit doch noch ihren Lauf nehmen konnte.

«Ja», flüsterte Wienand.

Albrecht nickte.

«Herr Wienand, erzählen Sie mir, was sich am 4. Mai dieses Jahres zugetragen hat.»

Anders als van Straaten brachte er das Wort *bitte* nicht über die Lippen.

«Wir waren unterwegs auf Streife, in Wandsbek.»

«Wer sind ‹wir›?»

«Polizeikommissar Jörn Nolting und ich. Mein Streifenpartner.»

Einige der Details kannte Albrecht bereits. Hansen und Jelinek bereiteten sich in diesen Minuten vor, noch heute Abend bei Nolting vor der Tür zu stehen. Wienands Kollege würde die kommende Nacht in Gewahrsam verbringen. Und es würde nicht die letzte sein.

«Weiter», sagte Albrecht.

«Es war ein typischer Abend. Die üblichen Routinesachen,

Streitereien in der Nachbarschaft, Rentner beruhigen. Sie kennen das sicher selbst, solche Abende.»

«Das bezweifle ich. Kommen Sie zum Punkt!»

«Wir hatten einen ...» Wienand räusperte sich. «Einen Anruf von einer alten Dame, die meinte, wir sollten uns eine Souterrainwohnung in der Nachbarschaft einmal ansehen. Sie meinte, dort würden nach Einbruch der Dunkelheit sehr viele fremde Leute ein und aus gehen.»

«Leute?»

«Männer. – Könnte ich ein Glas Wasser haben?»

«Wenn wir fertig sind. Weiter!»

«Hauptkommissar.» Wienands Anwalt beugte sich vor. Es war unübersehbar, wie unwohl er sich in der Situation fühlte. «Mein Mandant hat um ein Glas Wasser gebeten.»

«Lehmann», knurrte Albrecht. «Bringen Sie dem Mann Wasser.»

Wienand zitterte, als er das Glas an die Lippen führte, und verschluckte sich auf der Stelle.

«Weiter», sagte Albrecht. «Es handelte sich um die Wohnung, deren Adresse Sie uns gegeben haben? In der Lesserstraße?»

«Ja. Ja.» Wienand wischte sich den Schweiß von der Stirn. «Wir sind reingegangen, um nach dem Rechten zu sehen. Also, zuerst wollten sie uns nicht reinlassen, aber als wir gedroht haben, Verstärkung anzufordern ... Auf einmal wurden sie zugänglicher.»

Die Formulierung drehte Albrecht den Magen um, doch er ließ nicht locker. «Wer befand sich in der Wohnung?»

«Eine alte Frau», flüsterte Wienand. «Und zwei Männer mit ... Sie waren bewaffnet. Einen von ihnen kannten wir. Wegen kleinerer Delikte.»

«Sein Name?»

«Kevin Merfeld.»

«Der andere?»

«Ich ... ich kann mich nicht erinnern. Er ...»

«Können Sie nicht?» Albrecht beugte sich vor. «Oder wollen Sie nicht?»

«Hauptkommissar, das ist organisiertes Verbrechen! Die kriegen Sie niemals alle! Ist Ihnen klar, was die mit mir machen, wenn ich ...»

«Das hätten Sie sich vielleicht überlegen sollen, bevor Sie getan haben, wovon Sie mir als Nächstes erzählen werden. Für das Protokoll: Der Zeuge weigert sich, den Namen des zweiten Mannes preiszugeben.»

«Hauptkommissar?» Der Anwalt zupfte sich am Revers seines billigen Sakkos. «Mein Mandant hat ausgesagt, dass er sich an den Namen nicht erinnern kann. *In dubio pro reo.* Im Zweifel für den Angeklagten. Auch wenn es Ihnen noch so wenig gefällt.»

Albrecht wechselte einen Blick mit van Straaten, der fast unmerklich nickte.

«Wer war noch da?», knurrte der Hauptkommissar.

«Die Prostituierten.»

«Die Kinder, meinen Sie.»

«Ich ...» Wienand zitterte jetzt so stark, dass er sein Glas, an dem er sich bis zu diesem Moment festgeklammert hatte, abstellen musste. «Ich ... Mir war nicht klar, dass sie *so* jung waren. Wirklich, Sie müssen mir glauben! Ich ... Wir ... Wir haben natürlich gedacht: Zwangsprostitution. Uns war klar, dass die Mädchen gegen ihren Willen festgehalten wurden. Dass da etwas Illegales stattfindet. Aber ich habe doch nicht geahnt ...»

«Was Sie geahnt oder nicht geahnt haben, kann ich nicht beurteilen», sagte Albrecht kalt. «Ihnen und Ihrem Streifenkollegen war klar, dass im Souterrain dieses Gebäudes fortgesetzt Straftaten stattfinden, und Sie sind nicht eingeschritten. Aufgrund unseres Deals werden Sie persönlich dafür strafrechtlich nicht belangt werden, und das ist weit mehr, als Sie verdienen.»

«Hauptkommissar?» Diesmal war es van Straaten. Er machte

eine Geste mit der rechten Hand, ließ sie knapp über der Tischplatte schweben: nicht übertreiben.

Ich übertreibe nicht, dachte Albrecht.

Er war kein Unmensch, selbst wenn er mit Tätern zu tun hatte, die sich ihrerseits Unmenschliches hatten zuschulden kommen lassen.

Doch Wienand und sein Streifenpartner waren Hamburger Polizisten. Beamte, auf die die Menschen in der Stadt ihr Vertrauen setzten.

Er konnte nicht anders. Er *musste* härter über sie urteilen als über gewöhnliche Bürger.

Und doch hatte der Staatsanwalt recht. Es war unnötig, dem armen Schwein von Strafverteidiger noch eine Vorlage zu liefern.

Wienand war so oder so am Ende. Als Ex-Polizist, der unter diesen Umständen seinen Posten verloren hatte, würde er von Glück reden können, wenn er einen Job bei der Pflege der städtischen Grünanlagen bekam.

«So weit zu *unserem* Deal», sagte Albrecht. «Wie sah Ihr Deal mit den Leuten in der Wohnung aus?»

Wienand setzte an, versuchte zu sprechen, doch seine Stimme versagte. Beim zweiten Versuch gelang es ihm, das Glas noch einmal an die Lippen zu führen.

«Wir ... Wir haben nichts gemeldet. Dafür hatten wir freien Eintritt. Jederzeit.»

Albrechts Magen krampfte sich zusammen.

«Mit anderen Worten: Sie konnten sich nach Belieben an den Kindern vergehen. Richtig?»

«Ja.»

«Haben Sie davon Gebrauch gemacht?»

«Ja», flüsterte Wienand.

«Geld haben Sie nicht genommen?»

«Um Himmels willen! Nein!»

Der Hauptkommissar war sich nicht sicher, ob die Entrüstung

echt war. Verglichen mit dem, was der Mann bereits gestanden hatte, wäre ihm ein Bestechungsgeld fast wie eine lässliche Sünde vorgekommen.

«Haben Sie in dieser Wohnung jemals andere ... Kunden angetroffen?», fragte er.

Wienand nickte ruckartig. «Hin und wieder.»

«Machen Sie sich darauf gefasst, dass wir Sie für Gegenüberstellungen anfordern werden.»

Albrecht griff nach einem Umschlag und entnahm ihm zwei Fotos, die er vor dem Mann auf den Tisch legte.

Lehmann hatte sie für die Fahndung aus einem Imageprospekt von Sieverstedt Import / Export ausgeschnitten.

«War einer dieser Männer dabei?»

Wienand warf nur einen kurzen Blick auf die Aufnahmen. «Nein.»

«Sie wissen, wer diese Männer sind?»

«Konsul Sieverstedt und der Prokurist.»

«Ist in dieser Wohnung jemals einer der beiden erwähnt worden?»

«Nein.» Wienand schüttelte den Kopf. «Niemals. Erst beim Zugriff am Dradenauhafen und als ich die Fotos von den Mädchen gesehen habe, ist mir klargeworden, dass es um die Mädchen aus der Wohnung geht.»

Albrecht betrachtete ihn aufmerksam.

Nein, dachte er, das war eindeutig keine Lüge.

Er biss die Zähne zusammen.

Ein zusätzlicher Beweis für die Verwicklung der beiden Männer wäre wichtig gewesen.

Doch er hatte auch nicht erwartet, dass Friedrich Sieverstedt so unvorsichtig gewesen war. Möglicherweise wussten nicht einmal dieser Merfeld und der andere, noch namenlose Komplize, für wen sie eigentlich arbeiteten.

Er machte sich einige Notizen. Diese Mitschrift war nur vorläufig. Die Angaben würden noch ergänzt werden, ein gigantisches bürokratisches Hickhack, doch mit dieser Aussage hatte er sich abgesichert.

Die Wohnung in der Lesserstraße in Wandsbek war auf den Namen Kevin Merfeld angemietet, sodass es von dieser Seite keinerlei Hinweise auf Sieverstedt Import / Export gab, geschweige denn auf den Konsul oder Retzlaff persönlich. Er hätte mit Gefahr im Verzug argumentieren können, wenn er das Souterrain stürmen ließ, doch ihm war bewusst, dass er sich damit auf dünnes Eis begeben hätte.

Wortlos legte er dem Mann das Schriftstück hin.

Wienand las, danach der Anwalt. Sie setzten ihre Namen darunter, Albrecht und Lehmann unterschrieben ebenfalls.

Der Hauptkommissar nickte stumm. Er hatte gehofft, dass in diesem Moment zumindest ein Teil der Anspannung von ihm abfallen würde. Doch das war nicht der Fall.

Das Schlimmste kommt erst noch, dachte er.

Wienand hatte zuletzt auf die Tischplatte gestarrt, wo das Dokument längst verschwunden war. Jetzt blickte er auf. In seinem Gesicht war keine Farbe mehr.

«Dann darf ich ... gehen?»

Albrecht gönnte ihm einen letzten, langen Blick.

«Bitte», sagte er. «Sie sind ein freier Mann.»

Wienand schlurfte aus dem Raum, gefolgt von seinem Anwalt.

Jörg Albrecht holte tief Luft.

«Machen wir uns auf den Weg», murmelte er.

* * *

Es war nicht das erste Mal, dass sich Joachim Merz dem Anwesen in den Schwarzen Bergen nach Anbruch der Dunkelheit näherte.

Seitdem er Marius vertrat, hatte sich regelmäßig die Notwendigkeit ergeben, Gespräche zu führen. Geschäftstermine.

Dieser Abend war anders.

Dunkelheit lag über dem Ehestorfer Heuweg. Die Stromversorgung für die Straßenbeleuchtung war noch immer ausgefallen.

Nur für Sekunden erhellte der Lichtkegel des Scheinwerfers winzige Ausschnitte der Wirklichkeit: Im Geäst eines halb niedergebrochenen Baumes hingen bunte Fetzen, die zu einem Campingzelt gehört haben mussten. Wenige Schritte entfernt sah Merz die Überreste eines Transparents: *Für Ma ... ...gen Polizeigew ...*

Ein verloren wirkendes Grüppchen drückte sich an der Straße herum, Kapuzenpullover tief ins Gesicht gezogen. Merz konnte keine Gesichter erkennen.

Versprengte Überreste des Teams, das er für die Kundgebung engagiert hatte? Oder Silvio Weismann, der Organisator der Demonstranten, und seine Leute, die aus eigenem Antrieb erschienen waren und den bizarren Auftritt aus Überzeugung absolviert hatten?

Er konnte es nicht sagen.

Vor allem war die Szene geisterhaft.

Als der Wachmann an der Hauptzufahrt den Jaguar des Anwalts erkannte, öffnete er auf der Stelle das Tor. Hier funktionierte die Beleuchtung. Marius' Anwesen verfügte über einen Notstromgenerator, was indessen am Morgen keinen Unterschied gemacht hatte, als Merz versuchte, den Moderator zu erreichen. Zusammengebrochene Telefonleitungen waren zusammengebrochene Telefonleitungen.

Doch wie sich zeigte, war auf dem Gelände auch alles andere wieder im Griff: Vom Windbruch nichts mehr zu erkennen. Die Asphaltpiste lag da, als hätte es das Unwetter, das die gesamte Bergflanke verwüstet hatte, niemals gegeben. Sören und seine Mitstreiter hatten sich rangehalten.

Minuten später tauchte der Umriss des alten Gutshauses zwischen den Bäumen auf. Merz spürte, wie sich Dennis' Haltung am Steuer veränderte.

Ein klein wenig hatte die Anlage etwas von einem Märchenschloss bei diesen Lichtverhältnissen.

Oder von einem Spukschloss, dachte der Anwalt.

Sein Blick glitt über den Parkplatz. Folkmar war natürlich da, so kurz vor Beginn der Sendung, doch der Wagen des Arztes war nirgends zu sehen. Anscheinend ging es Marius tatsächlich besser.

Sonst war der Parkplatz leer.

Die beiden Männer stiegen aus. Staunend sah Dennis sich um.

«Edel», murmelte er. «Und wenn man hundert Mal auf dem Ehestorfer Heuweg vorbeifährt: Kein Mensch ahnt, dass hier so ein Palast steht.»

Merz nickte. Tatsächlich gehörte das zu seinen Hauptaufgaben für den Mandanten Marius Soppeldt: einstweilige Verfügungen gegen fanatische Anhänger oder andere Irre, die sich durchs Unterholz auf den Weg machten, weil sie partout wissen wollten, wie der Moderator von *Second Chance* eigentlich lebte.

Zwei Wachmänner patrouillierten rund um die Uhr in der Umgebung des Hauses, doch auch das war keine Garantie, dass niemand dem Gebäudekomplex zu nahe kam.

Am effektivsten Wachhund allerdings mussten auch der Anwalt und sein Begleiter erst noch vorbei.

«Herr Dr. Merz.»

Merkatz wartete direkt hinter der Tür im Foyer, zwischen den Regalen der Bibliothek. Sie gab sich gar nicht die Mühe, so zu tun, als hätte sie irgendwas gelesen oder nach einem Buch gesucht. Der Wachmann am Tor musste ihr umgehend Meldung gegeben haben.

«Frau von Merkatz! Welch unerwartetes Vergnügen!» Merz schenkte ihr sein gewinnendstes Lächeln, obwohl er wusste, dass bei dieser Frau jede Form von Bestechung aussichtslos war.

«Mir war gar nicht klar, dass Sie heute Abend einen Termin

mit Marius haben», bemerkte die Assistentin. Die Spitze in ihrem Tonfall war dermaßen unüberhörbar, dass Merz sich die Antwort schenkte.

Mit einem Nicken ließ er die Frau stehen, hörte, wie Dennis sie grüßte. Ein Gruß, der nicht erwidert wurde.

Dann waren sie vorbei.

«Die Bude ist ja schon unheimlich genug», murmelte Dennis nach ein paar Sekunden. «Aber die Frau schlägt das noch mal.»

«Eine Löwenmutter, die ihr Junges verteidigt», erklärte Merz mit gedämpfter Stimme. «Doch glücklicherweise weiß ich, wo Marius zu diesem Zeitpunkt, eine halbe Stunde vor Beginn der Sendung, zu finden ist.»

Ein warnendes Licht glomm über der Tür des Aufnahmestudios. Entsprechende Leuchten gab es vermutlich an jedem Studio der Welt – mit dem Unterschied, dass sie anderswo erst aktiviert wurden, wenn man auf Sendung ging.

In diesem Fall bedeutete das Lichtzeichen, dass Marius auf seinem Stuhl Platz genommen hatte. Lichtprobe. Tonprobe.

Merz wusste, was zu tun war.

Er drückte auf den Lichtschalter. Sofort legte sich dunkles Zwielicht über den Korridor. Nur noch die schmalen, blau glimmenden Bodenleisten gaben etwas Helligkeit.

Er klopfte.

«Kommen Sie nur rein, mein lieber Dr. Merz!»

Einen Moment lang war der Anwalt irritiert. Doch Marius liebte diese simplen Spielchen.

Nein, der Moderator hatte nicht mit irgendeiner übersinnlichen Gabe erkannt, wer draußen auf dem Korridor stand.

Er hatte Nachricht bekommen, nicht anders als Merkatz auch.

Merz öffnete und brauchte wie immer mehrere Sekunden, um sich an das Licht – oder faktisch an die weitestgehende Abwesenheit von Licht – zu gewöhnen.

Der Moderator hätte nicht einmal diese Ahnung von Helligkeit gebraucht. Schon der Spot, der seine Hände beleuchtete, war ein Zugeständnis an die Fernsehzuschauer.

«Bitte, meine Herren.» Marius machte eine einladende Handbewegung.

Im nächsten Moment spürte der Anwalt ein winziges, unbewusstes Zögern.

Der Verband über seiner Nase.

So viel sieht er also doch, dachte Merz. Und offenbar war sein Mandant nicht auf sein verändertes Erscheinungsbild vorbereitet worden.

«Bitte», wiederholte Marius und wies auf zwei Stühle. «Wie ich feststelle, haben Sie einen Begleiter mitgebracht.»

Er wäre nicht Marius gewesen, wenn sich nicht selbst diese Offensichtlichkeit aus seinem Mund angehört hätte wie eine bahnbrechende Erkenntnis.

«Marius, ich komme heute mit einer privaten Bitte zu Ihnen», eröffnete Merz das Gespräch, ohne auf die Bemerkung einzugehen.

Marius antwortete nicht. Sein Gesicht war wie immer nicht mehr als eine Silhouette. Eine Silhouette, die sich überdeutlich in Richtung Dennis gedreht hatte und in dieser Haltung verharrte.

«Mein Name ist Dennis Friedrichs», sagte Hannahs Ehemann. «Sie haben sich vorgestern mit meiner Frau unterhalten.»

«Ah!»

Jetzt kam Bewegung in Marius' Gestalt.

«Es sind, das muss ich sagen, Tage voller Überraschungen. Mein lieber Freund Parsifal!»

Merz kniff die Augen zusammen und sah zwischen den beiden Männern hin und her.

«Ich gestehe, dass ich viel über unser Gespräch nachgedacht habe, mein Freund», erklärte der Moderator. «Unser *einziges* Gespräch, wie ich bedauerlicherweise sagen muss. Ich war doch zu neugierig, welche Lehren du aus unserer Unterredung gezogen hast und ob es dir gelungen ist, einen Weg zu finden, mit der Situation umzugehen, die dich so sehr belastet hat. Ob es dir geglückt ist, dich, wenn ich das so sagen darf, mit einem Schlag aus ihr zu befreien. – Nun ...»

Ein überdeutlicher Blick zu Merz.

«Offenbar ist das der Fall.»

Tage voller Überraschungen.

Marius war nicht der Einzige, der gerade eine Überraschung erlebte.

Joachim Merz begriff sofort. Marius führte keine Gespräche. Nicht einfach so, wenn man nicht zu den wenigen Privilegierten gehörte, die aus bestimmten Gründen zu ihm Zugang hatten.

Wenn Marius mit Dennis – mit *Parsifal* – gesprochen hatte, dann hatte dieses Gespräch auf dem Weg stattgefunden, auf dem sämtliche Normalsterblichen Kontakt mit Marius aufnahmen.

Mit einem Mal fügten sich die Puzzleteile ineinander.

Darum hatte der Fernsehmann die Verbindung zwischen Hannah und Merz auf der Stelle herstellen können: Hannahs eigener Ehemann hatte in der Sendung angerufen.

Darum war es vermutlich auch bei dem Streit zwischen Hannah und Dennis gegangen, der sich inzwischen angeblich in Wohlgefallen aufgelöst hatte.

Wäre Dennis Friedrichs einer seiner Mandanten gewesen, hätte Merz ihm in diesem Moment in aller Verbindlichkeit mitgeteilt, dass er sich einen anderen Anwalt suchen durfte.

Das hatte weniger mit Wut zu tun, mit persönlicher Kränkung oder irgendeiner anderen unkontrollierten Emotion. Nein, einem Mandanten, der ihn nicht ins Vertrauen zog, konnte Joachim Merz schlicht nicht helfen. Auch ihm, dem eigenen Anwalt, mussten die Klienten ihre dunkelsten Geheimnisse anvertrauen.

Doch Dennis war nicht sein Mandant.

Die Mandantin, mit der er unausgesprochen einen Vertrag geschlossen hatte, hieß Hannah Friedrichs.

Wir sehen uns. Das war das Letzte, was er unten an der Schranke zu ihr gesagt hatte.

Joachim Merz pflegte seine Versprechen zu halten.

«Tage voller Überraschungen», wiederholte der Moderator murmelnd. Seine Hände legten sich nebeneinander auf den Tisch, bereit für die Live-Sprechstunde.

* * *

Mietskasernen aus rotem Backstein säumten die Lesserstraße am Rande von Wandsbek.

Der fahle Sonnenuntergang begann eben aus den Straßen zu weichen, doch die Laternen am Gehweg tauchten die Häuserschlucht in künstliches Licht.

Albrecht beobachtete die Lage über einen Monitor im Innern des Führungsfahrzeugs, eines umgebauten VW-Busses.

In verschiedenen Zivilfahrzeugen waren jetzt mehr als zwei Dutzend seiner Beamten in Sichtweite des Objekts versammelt.

Die Wohnsiedlung schien nahezu menschenleer. Vor einigen Minuten war eine Gruppe männlicher Jugendlicher aus einem der Nachbarhäuser gekommen, hatte die Straße überquert und war sonst wohin verschwunden.

Jetzt schlich eine alte Dame mit ihrem Hund vorbei, einer dieser speziell für alte Damen entwickelten winzigen Spezialzüchtungen. Der Kontrast zur Statur des Frauchens wirkte bizarr.

Am Eingang zur Souterrainwohnung rührte sich nichts.

Zu früh am Abend? Zu spät? Auf St. Pauli ging das Nachtleben um diese Uhrzeit erst richtig los. Doch was hieß das schon? Das Grauen, das in dieser so absolut durchschnittlichen Wohnsiedlung zu Hause war, ließ sich nicht vergleichen mit dem Treiben auf der berühmtesten Amüsiermeile der Welt.

Waren die Vögel längst ausgeflogen?

Damit hatten die Beamten rechnen müssen. Seit gestern

Abend überboten die Medien einander mit wahnwitzigen Vermutungen über die Gründe für die Aktionen gegen die Firma des Konsuls.

Das Beunruhigendste war, wie nahe diese Vermutungen der Wahrheit kamen.

Doch hinter den Fenstern der Wohnung brannte Licht, und mehrfach hatten die Beobachter erkennen können, dass sich dort etwas bewegte.

Das Zielobjekt war jedenfalls nicht leer. Doch diente es noch immer dem Zweck, den Wienand geschildert hatte?

Albrecht wollte sich sicher sein, bevor er das Kommando zum Zugriff gab.

«Chef?»

Lehmann wies auf einen der anderen Monitore.

Der Hauptkommissar musste sich einen Moment lang orientieren, sich die Positionen der einzelnen Kameras vergegenwärtigen.

Der Monitor zeigte ein Haus rechts vom beobachteten Objekt, Richtung Friedrich-Ebert-Damm. Ein Sportwagen war in eine der freien Haltebuchten gebogen. Zwei Männer stiegen aus, die über irgendetwas zu lachen schienen. Einer der beiden gab dem anderen einen Klaps auf die Schulter.

Zielstrebig gingen sie auf das Nachbargebäude zu, auf den Eingang, von dem Wienand den Ermittlern berichtet hatte.

Keiner von beiden war Kevin Merfeld. Albrecht hatte die Akte des Kleinkriminellen eingesehen, bevor er nach Wandsbek aufgebrochen war. Merfeld sah man seine Profession auf den ersten Blick an.

Bei diesen beiden Männern war das nicht der Fall. Diese Gesichter hätten in ein Straßencafé gepasst oder in einen Golfclub. Irgendwohin, wo erfolgreiche junge Leute Spaß miteinander hatten.

«Können die wirklich da hinwollen?», flüsterte Lehmann. «Die beiden sind höchstens Mitte dreißig.»

«Was hatten Sie erwartet?», knurrte Albrecht. «Herunterge-kommene alte Kerle mit Schnauzer und Trenchcoat?»

Er schüttelte den Kopf. Hätte man den Menschen ihre kriminellen Verwicklungen so simpel ansehen können, wäre die polizeiliche Ermittlungsarbeit überflüssig gewesen.

Und für diese Art von Verbrechen brauchte es mehr als kriminelle Energie. Oder möglicherweise weniger als das. Wenn überhaupt, würden diese beiden jungen Männer das, was sie gerade vorhatten, als Kavaliersdelikt betrachten.

Denn auf seine Weise war es tatsächlich ein Delikt von Kavalieren. Von Männern mit Geld.

Angespannt beobachtete Albrecht, wie die beiden die Treppe zum Souterrain hinunterstiegen, gut gelaunt, als wären sie auf dem Weg zu einem Angelausflug.

Das Führungsfahrzeug hatte verdeckte Mikrophone auf den Hauseingang gerichtet. Dennoch kam im Innern des Wagens nicht mehr als ein Gemurmel an.

Eine Tür wurde geöffnet, doch sie war von der Straße aus nicht einsehbar. Sie schloss sich wieder. Die beiden jungen Männer waren nicht mehr zu sehen.

«Zugriff in fünf Minuten», murmelte Albrecht.

Auf frischer Tat, dachte er.

Er wagte nicht abzuschätzen, wie groß der erweiterte Kundenkreis dieses dunkelsten Geschäftszweigs von Sieverstedt Import/Export sein mochte.

Doch zumindest zwei dieser Kunden würden die kommende Nacht in der Obhut der Ermittlungsbehörden verbringen.

* * *

«Gestern?»

Marius war ehrlich erstaunt.

Merz kannte den Moderator gut genug, um zwischen ehrlicher

Überraschung und seinen einstudierten Fernsehgesten unterscheiden zu können.

«Gestern Abend», wiederholte er ruhig. «Vielleicht zehn Minuten, nachdem wir beide uns voneinander verabschiedet hatten. Kurz bevor das Unwetter losging.»

Marius schien einen Moment zu zögern, schüttelte dann aber den Kopf.

«Nein, sie war nicht hier. Selbst wenn sie diesmal nicht mit mir hätte sprechen wollen, sondern mit jemandem von den Schülern oder sonst wem. Genauso wenn sie angerufen hätte ... Das hätte ich erfahren.»

«Und doch wollte sie hierher», murmelte Merz. «Und ich bin mir sicher, dass sie zu Ihnen wollte.»

«Nun ...» Der Moderator legte die Hände ineinander, und der Anwalt bemerkte sofort die Veränderung in seinem Tonfall. «Ich gebe zu, dass ich Kommissarin Friedrichs nicht besonders gut kenne, aber auf mich machte sie den Eindruck eines Menschen, den eine große *Flexibilität* auszeichnet.»

Eine winzige Kunstpause, gerade lang genug, um sich wie beiläufig erst Dennis und dann dem Anwalt zuzuwenden.

Merz war mit Marius' Freude an sadistischen kleinen Scherzen vertraut. Doch er glaubte zu spüren, wie Dennis an seiner Seite die Zähne zusammenbiss.

«Wobei ich selbstverständlich nur von ihrer Bereitwilligkeit spreche, das Gespräch über den verstorbenen Felix vor laufender Kamera zu führen», erklärte Marius, nachdem er sicher sein konnte, dass seine zweideutige Botschaft angekommen war. «Vermutlich wäre doch nicht jede Beamtin bereit gewesen, solche unkonventionellen Wege zu gehen. Was spricht dagegen, dass sie ihr Vorhaben auch diesmal überdacht hat?»

Was dagegen sprach?

Merz schüttelte den Kopf.

Marius hatte Hannah nicht gesehen, nicht gestern Abend.

Hatte die Veränderung nicht gesehen, die eisige Entschlossenheit, die bei ihrem ersten Besuch am Ehestorfer Heuweg noch nicht da gewesen war.

«Marius?», ertönte es plötzlich schnarrend aus dem Lautsprecher.

Dennis zuckte zusammen.

«Noch eine Minute bis zum Beginn der Sendung.»

Der Moderator nickte in Richtung Kamera. Verstanden.

«Nun», sagte er, an die Besucher gewandt. «Ich fürchte, dass ich Ihnen in diesem Fall wirklich nicht helfen kann. Ich kann nur vermuten, dass Frau Friedrichs vielleicht einfach ein wenig Abstand brauchte. Zeit, um sich über ihre Situation klarzuwerden. Andererseits schätze ich sie nicht als einen Menschen ein, der sich diese Zeit mitten in einer laufenden Ermittlung nimmt. Aber ich biete Ihnen gerne an, mich in der Sendung an sie zu wenden.»

«An wen?», knurrte Dennis. «An *Helena*?»

Dieses eine Mal musste Merz ihm recht geben.

Falls Hannah tatsächlich aus eigenem Antrieb verschwunden war, weil sie Abstand brauchte, war ein Aufruf in Marius' Sendung das Letzte, das sie dazu bewegen würde, mit ihm oder Dennis Kontakt aufzunehmen.

Falls sie dagegen *nicht* aus eigenem Antrieb verschwunden war …

Es war dunkel im Raum. Die beiden anderen Männer konnten nicht sehen, wie Joachim Merz in seinem Stuhl zusammensank.

Das Spiel war aus.

Nein, er war kein Vabanquespieler, und doch hatte er den ganzen Einsatz auf diesen Moment, auf das Gespräch mit Marius gesetzt.

Hannah war nicht hier.

Dennis und er hatten alle ihre Möglichkeiten ausgereizt. Jede weitere Minute konnte eine Minute zu viel sein. Es gab keine harmlose Erklärung.

Sie mussten das Kommissariat informieren. Wenn Dennis weiterhin den Versuch machte, sich dagegen zu wehren, musste Merz im Alleingang handeln. Sie durften nicht länger warten.

«Noch zehn Sekunden», tönte Folkmars Stimme aus dem Lautsprecher.

Merz machte Anstalten, sich zu erheben.

«Moment ...» Eine kurze Geste von Marius.

Merz verstand. Ein paar Sekunden noch. Wenn die Sendung erst im Gange war, war es unauffälliger möglich, den Raum zu verlassen.

Ein schwacher, bewegter Lichtschimmer erwachte im Rücken der Besucher. Ein Kontrollmonitor. Irgendwann einmal hatte Marius dem Anwalt die aufwendige Farbfiltertechnik erläutert, die es ihm erlaubte, das Geschehen auf diesem speziellen Bildschirm zu verfolgen.

«Fünf, vier, drei, zwei, eins ...»

Unter dem Tisch wechselte eine Diode von Rot auf Grün.

Marius legte die Hände übereinander, jetzt voll auf die Kamera konzentriert.

«Ich begrüße euch, meine Freun...»

Der Moderator brach ab und beugte sich ruckartig nach vorn.

Im selben Moment erklang eine andere Stimme: blechern, künstlich, roboterhaft.

«Vergib mir, Marius, aber leider bin ich gezwungen, dich zu unterbrechen. Du hast etwas vergessen.»

«Was im Himmel ...» Der Moderator hatte sich halb erhoben, so weit, dass ein Teil seines kalkweißen Gesichts in die Lichtbahn des Spots geriet.

Merz war schon auf den Beinen.

Der Monitor!

Er spürte, wie sich seine Kehle zusammenschnürte.

* * *

Die Anweisung zum Zugriff erfolgte um einundzwanzig Uhr vierundvierzig.

Jörg Albrecht verfolgte die Vorgänge über die Monitore des Führungsfahrzeugs und begleitete sie mit einer Reihe von Flüchen.

Es gab eine Reihe polizeilicher Dienstanweisungen, gegen die er einen ausgeprägten Widerwillen hegte. Die Direktive, die ihn als Leiter des Einsatzes zum Zuschauen verdammte, stand ganz weit oben auf dieser Liste.

Er hatte sich nur bemühen können, im Vorfeld alle Möglichkeiten und Unmöglichkeiten in seine Erwägungen einzubeziehen.

Zur Straße hin ließ sich das Mietshaus mühelos absichern. Das Souterrain hatte einen separaten Zugang von außen, sodass auch für die Bewohner in den weiter oben gelegenen Wohnungen keine Gefahr bestand. Zur Vorsicht hatte Albrecht einen seiner Männer in den Hausflur abgestellt.

Das größte Problem stellte die rückwärtige Seite des Gebäudes dar. Von der Straße aus unsichtbar, gab es dort eine kleine Parkanlage, einen Spielplatz, dahinter Kleingärten. Unübersichtliches Terrain, auf hundert Wegen zugänglich, sowohl von den angrenzenden Gebäuden als auch von zwei der Nachbarstraßen aus.

Albrecht hatte entschieden, dass der Zugriff von dieser Seite, durch den Hintereingang, erfolgen sollte. Auf der Straßenseite würde sich währenddessen Faber mit vier Beamten bereithalten, falls einer der Täter versuchen sollte, auf diesem Weg zu fliehen.

Albrecht rechnete fest damit, dass es dazu kommen würde.

Einundzwanzig Uhr vierundvierzig.

Er betrachtete ein verwackeltes Bild, das den Hinterkopf des jungen Lehmann zeigte und über dessen Schulter hinweg eine Metalltür, von der der Lack blätterte.

Die Faust des Hauptmeisters hieb auf das Metall.

«Kriminalpolizei! Öffnen Sie die Tür!»

Stille.

Lehmann hob erneut den Arm.

In diesem Moment geschah es. Das unverwechselbare Geräusch eines Schusses. Kurz, heftig, dumpf.

Albrecht begriff sofort, dass es nicht über die Lautsprecher gekommen war.

«Was zum …»

Seine Augen huschten über die Monitore:

Lehmann trat einen Schritt von der Tür zurück und richtete die Waffe auf das Schloss.

Die Beamten, die sich auf der Straße verborgen hatten, näherten sich jetzt im Laufschritt der Treppe zum Souterrain.

Ein neuer, dumpfer Knall.

Wo wurde geschossen?

Die Beamten duckten sich, doch unübersehbar stand keiner von ihnen unmittelbar unter Feuer.

Zur Hölle mit der Direktive!

Albrecht stieß die Hecktür auf.

Das Licht der Straßenlaternen. Rufe seiner Beamten.

Kälte biss in seine Lungen nach der verbrauchten, überwärmten Luft im Fond des Fahrzeugs.

Ein neuer Schuss, im selben Moment ein Schrei.

Eine Fensterscheibe zersplitterte in der untersten Etage des Hauses, schräg links über dem Eingang.

Ein Stockwerk *über* dem Souterrain.

Eine Gestalt wurde sichtbar, eine geduckte Silhouette, die sich auf die Fensterbank schob und – sprang.

Sie landete auf allen vieren auf dem Rasen und hechtete hoch.

«Stehen bleiben!»

Albrecht konnte nicht sagen, wie die Dienstwaffe in seine Hand gekommen war. Wie lange war es her, dass er mit der Pistole geübt hatte? Zu lange.

Im nächsten Moment schien die Zeit stehenzubleiben. Die Ereignisse folgten zu rasch aufeinander, als dass Albrecht in der Lage gewesen wäre, sie in eine logische Reihenfolge zu bringen.

Der Mann war vielleicht sechs Meter entfernt, auf der anderen Straßenseite. Albrecht sah ein mattes Funkeln von Metall. Sein Finger schloss sich um den Abzug.

Der Rückstoß der Waffe trieb ihm Tränen in die Augen. Verschwommen sah er, wie die Silhouette einen ungeschickten Schritt zurückmachte.

Dann hörte er den Schrei.

Zwei Monate später würde der abschließende Untersuchungsbericht zu dem Ergebnis kommen, dass der Kriminalhauptkommissar in einer Notwehrsituation in Ausübung des Dienstes gehandelt hatte. Dass er zudem keine Möglichkeit gehabt hatte, den Schuss exakter zu platzieren, und es demnach ein Unglücksfall gewesen war, dass die Kugel, nachdem sie die Milz perforiert hatte, schließlich in Kevin Merfelds Rückenmark stecken geblieben war.

In diesem Moment wusste Jörg Albrecht nichts von diesen Dingen.

Genauso wenig wie er von dem einundvierzigjährigen Beamten der uniformierten Polizei wusste, der in diesen Sekunden auf der Innentreppe des Hauses an seinem Blut erstickte. Oder von der zweiundsiebzigjährigen Mieterin in der Wohnung oberhalb des Souterrains, die die kommenden sechs Wochen mit einem Schulterdurchschuss im Alsterdorfer Klinikum verbringen würde, um anschließend ein Zimmer in einem Pflegeheim zu beziehen.

Es hätte auch keinen Unterschied gemacht in diesem Augenblick, wie es auch im Nachhinein nur einen Teil der Schuld von seinen Schultern nehmen konnte.

Später, als dieser Moment wieder und wieder zu ihm zurückkam.

Der Moment, in dem er einen Menschen getötet hatte.

Doch, nein, in diesem Augenblick wusste er nichts davon.

«Chef!» Faber stürmte auf ihn zu. «Chef! Sind Sie in Ordnung?»

Albrecht nickte, sonst war er zu keiner Bewegung fähig.

Zwei Beamte, die sich einige Häuser weiter in Reserve gehalten hatten, eilten zu der Gestalt, die sich stöhnend auf dem Rasen wand.

«Chef …» Wieder Faber.

«Sie sollen die Vordertür sichern!», blaffte Albrecht ihn an.

Faber zuckte zurück.

Doch die Anweisung war überflüssig, wie sich zeigte.

Lehmann und den Beamten am Hintereingang war es in diesen Sekunden gelungen, den rückwärtigen Zugang zu öffnen.

Im Souterrain wurde kein Widerstand geleistet. Neben den beiden Kunden, die als Allererstes nach ihrem Anwalt verlangten – Joachim Merz –, war lediglich eine vierundsechzig Jahre alte Dame aus Weißrussland in der Wohnung, die nur gebrochen Deutsch sprach.

Und die Kinder.

Albrecht gab seinen Beamten einige Minuten Zeit, das Souterrain zu sichern, und beobachtete währenddessen die Sanitäter, die sich um Merfeld kümmerten. Er beobachtete sie, doch es gelang ihm, diese Beobachtungen nicht an sich heranzulassen.

Er durfte nicht. Nicht zu diesem Zeitpunkt.

Schließlich tauschte er einen Blick mit Faber, der widerwillig nickte.

Albrecht spürte den Oberkommissar hinter sich wie einen Schatten, als er die Treppe in das halb unter der Erde gelegene Stockwerk hinabstieg.

Ein kleiner Flur, von dem mehrere Türen abzweigten. Eine von ihnen stand offen. Die beiden Kunden wurden erkennungsdienstlich behandelt, ihre Gesichter waren weiß wie die Wand.

«Welch ein Ende», murmelte Albrecht. «Für einen Angelausflug.»

Eine der anderen Türen öffnete sich.

Der Hauptkommissar hob die Augenbrauen. Kempowski. Ihm war nicht klar gewesen, dass der untersetzte Beamte, der bei der Auffindung von Falk Sieverstedts Leichnam dabei gewesen war, auch diesen Einsatz begleitet hatte.

«Die Mädchen?», fragte Albrecht.

Kempowski nickte knapp. «Unverletzt. Alle sieben.» Er machte eine winzige Pause, bevor er weitersprach. «Zumindest körperlich.»

Erst in diesem Moment fiel die Last von Albrechts Schultern. Er musste sich an der Wand abstützen.

Kempowski führte ihn zu einer weiteren Tür und ließ ihn einen kurzen Blick in ein kleines Zimmer werfen, das komplett mit Matratzen ausgelegt war.

Die Mädchen. Eine Psychologin war bereits bei ihnen. Blicke, die Albrecht streiften, aber auf eine Weise, die ihn dazu brachte, auf der Stelle die Augen abzuwenden.

Es waren nicht die Blicke von Kindern. Es waren die Blicke von Menschen, die zu viel gesehen hatten.

Sie sind am Leben, dachte Albrecht.

Das war es, was er für diese Kinder hatte tun können. Alles andere, wenn es zu heilen war ...

«Chef!»

Das war Lehmann, der aus einer anderen Tür stürzte. Und im Blick des jungen Beamten stand ein Ausdruck, bei dem in Albrechts Kopf die Alarmglocken schrillten.

«Was ist passiert?»

Lehmann schüttelte den Kopf. «Das müssen Sie selbst sehen.»

Er war schon wieder verschwunden. Mit gerunzelter Stirn ging Albrecht ihm nach.

Er kam in eine Wohnküche, auf dem Tisch standen eine

Schnapsflasche und eine offene Chipstüte. Hier musste Merfeld gewartet haben, während die Kunden mit den Kindern ...

Auf einer Anrichte stand ein Fernsehapparat.

Er war eingeschaltet.

* * *

«Nein», flüsterte Dennis Friedrichs. «*Nein!*»

Seine Hand umklammerte die Lehne von Marius' Stuhl.

Die drei Männer im Studio starrten auf den Kontrollmonitor, einen Bildschirm mit einer Diagonale von weniger als zwanzig Zentimetern. Unterhalb des Richtmikrophons war er in die Wand eingelassen, damit der Moderator die Wirkung seiner Gesten in Echtzeit prüfen konnte.

Doch das Bild zeigte nicht den winzigen abgedunkelten Studioraum mit Marius und seinen Besuchern.

Der Raum auf dem Monitor war ebenfalls dunkel, so dunkel, dass seine Dimensionen nicht abzuschätzen waren, doch ein heller Spot, sehr viel greller als derjenige auf Marius' Schreibtisch, schnitt ein einzelnes Objekt aus der Finsternis.

Hannah war vollständig bekleidet.

Merz konnte selbst nicht mit Sicherheit sagen, warum ihn diese Feststellung erleichterte.

Vielleicht weil sie das absolut Einzige war, das in diesem Moment Anlass zur Erleichterung gab.

Hannah lag auf einer Apparatur, die an eine Mischung aus Ruheliege und Zahnarztstuhl erinnerte und dann doch wieder ganz anders wirkte: hart, kalt, schmerzhaft, matter Stahl überall. Hannahs Augen wurden von einem breiten Streifen aus dunklem Material verdeckt. Gurte spannten sich über die Brust der jungen Frau, ihre Hüften, ihre Beine. Ihre Hände waren an den Leib gefesselt, auf eine Weise, die ihr nur wenige Zentimeter Bewegungsfreiheit ließ.

Doch sie machte keine Anstalten, diese Freiheit zu nutzen.

«Sie ...» Dennis, flüsternd. «Bitte. Bitte! Sie ist doch nicht ...» Merz kniff die Augen zusammen.

Bildete er es sich nur ein, oder konnte er erkennen, wie ihre eingeschnürte Brust sich fast unmerklich hob und senkte?

«Nein.» Marius räusperte sich. «Sie atmet.»

Er ist blind, dachte Merz. Und doch nimmt er Dinge wahr, die für uns nahezu unsichtbar sind.

Die Hände des Moderators lagen flach auf dem Tisch. Anscheinend verschwendete er keinen Gedanken an eine wohl berechnete Geste in diesem Moment.

Er ist nicht weniger überrascht als wir, dachte Merz.

Doch es war mehr als Überraschung in Marius' Reaktion. Es war das schiere Entsetzen.

Dieses Bild, dieser Vorgang in *seiner* Sendung.

Auf dem Flur erklang Gepolter. Unvermittelt wurde die Tür aufgerissen.

«Meister!»

Das Licht aus dem Korridor war im ersten Moment so grell und stechend, dass selbst Merz die Augen zusammenkniff.

Marius stieß einen erstickten Schrei aus.

«Meister!»

Merz erkannte die Silhouette sofort. Es war Sören, der Schüler, der sich am Morgen mit dem Harvester abgequält hatte. Erschrocken schlug der junge Mann die Tür hinter sich zu.

«Meister! Verzeih mir, ich ...»

Marius presste die Fäuste auf die Augen und gab ein unterdrücktes Stöhnen von sich.

Sören kam um den Tisch herum und streckte ungeschickt die Hände nach dem Moderator aus.

«Geh ... weg!», brachte Marius gepresst hervor.

«Meister, verzeih mir! Dieses Bild ... Siehst du ... Hast du diese Bilder ...»

«Himmel!»

Ein ganz anderer Umriss erschien in der Tür, massiger, größer. Und undeutlicher sichtbar. Das Licht auf dem Flur war verloschen.

Folkmar.

«Junge, was hast du gemacht?»

«Ich wollte ihm nicht weh tun.» Sören hörte sich an, als würde er im nächsten Moment in Tränen ausbrechen. «Hast du die Bilder gesehen, Folkmar? Das ist *Helena*! Hast du die Bilder ...»

«Geh raus!», knurrte der Techniker. «Sag Frau von Merkatz Bescheid. Und das Licht bleibt aus!»

«Aber Marius ...»

«Ich kümmere mich um Marius», brummte Folkmar.

Der junge Mann zwängte sich an ihm vorbei zur Tür. Im nächsten Moment waren nur noch seine Schritte zu hören, die sich wie auf der Flucht entfernten.

«Meister?», fragte Folkmar leise. «Kannst du mich hören?»

Marius gab ein Geräusch von sich, gurgelnd, undeutlich. Ein Geräusch, das ein Ja sein konnte. Schweiß stand auf seiner Stirn. Er stützte sich schwer auf den Tisch, kaum bei Bewusstsein, und rang mühsam um Atem.

Mit zusammengekniffenen Augen sah Joachim Merz zwischen dem Moderator und dem Bildschirm hin und her.

«Gehen diese Bilder über den Sender?», fragte er in Richtung Folkmar.

«Meister ...» Der Techniker blickte auf. «Wie? Ja. Da ist jemand in unser System eingedrungen, aber ...»

Merz' Augen saugten sich an dem Anblick fest.

Er wusste nicht, was diese Bilder zu bedeuten hatten.

Doch sie zeigten Hannah, und sie zeigten sie auf eine entwürdigende, kaum zu ertragende Weise.

Er wusste nicht, ob Marius mit seiner Einschätzung recht hatte. Wusste nicht, ob Hannah bei Bewusstsein war. Und ob ihr, wenn sie wach war, klar war, dass die Bilder ihres fixierten Körpers in diesem Moment in Hunderttausende von Wohnzimmern übertragen wurden.

Sicher war er sich nur in einem: *Wenn* sie wusste, dass diese Bilder gesendet wurden, gab es keinen schlimmeren Albtraum für die Hannah Friedrichs, die er kannte.

«Schalten Sie das ab!», wandte er sich an Folkmar. «Nehmen Sie uns vom Sender!»

«Was?» Blinzelnd sah der Techniker zu ihm auf. Die Augen waren das einzig Weiße in seinem dunklen Umriss.

«Sie müssen die Sendung abbrechen! Sehen Sie nicht, was hier vorgeht? Sofort!»

«Ich ...» Unsicher schaute der Techniker zu Marius.

Merz konnte nicht erkennen, ob der Moderator nickte. Wie er aussah, hatte er noch immer Mühe, sich auf dem Stuhl zu halten.

Doch offenbar rang sich Folkmar zu einer Entscheidung durch.

«Moment», murmelte er.

Er quetschte sich neben dem Tisch durch und machte sich an der Wand zu schaffen. Merz legte die Stirn in Falten. Dort stand ein Computer, irgendeine Art von technischer Bedieneinheit, die er bis zu diesem Moment nicht wahrgenommen hatte. Folkmar schob sich dahinter und griff in die Tastatur.

«Moment, ich ...»

«Das würde ich nicht tun.»

Folkmar fuhr zusammen.

Die unbekannte Stimme, die Roboterstimme, kam aus den Monitorboxen, die den Sendeton wiedergaben.

Er kann uns hören!, fuhr Merz durch den Kopf.

Er biss die Zähne zusammen. Der Unbekannte hörte sie, doch das durfte keinen Unterschied machen. Um Hannahs willen mussten sie dieses Spiel abbrechen.

«Das würde ich nicht tun», wiederholte die Stimme. Kalt, blechern.

Keinerlei Modulation in dieser Stimme. Wie eine Maschine.

«Ich zeige euch diese Bilder, weil ich ihr eine Chance geben möchte. Eine Chance, Marius doch noch ihre Seele zu öffnen. Falls ihr die Übertragung beendet, bin ich gezwungen, diesen Eingriff selbst vorzunehmen. Auf meine Weise.»

* * *

Jörg Albrecht umklammerte das Smartphone mit dem winzigen Display mit beiden Händen.

Lehmann hatte ihm das Gerät gereicht.

Lehmann, der jetzt am Steuer saß und sämtliche Geschwindigkeitsbeschränkungen brach, während sie durch die nächtliche Hansestadt in Richtung Autobahn rasten.

Blaulicht und Martinshorn waren eingeschaltet.

Albrecht starrte auf das Bild.

Es veränderte sich nicht.

Alles, was zu hören war, waren Stimmen, die unterdrückt hin und her murmelten.

Männerstimmen, einige von ihnen kannte Albrecht.

Marius, der bisher nur wenige, gepresste Silben von sich gegeben hatte.

Friedrichs' Ehemann.

Und Joachim Merz.

Albrecht hatte keine Ahnung, was die verfluchte Beulenpest von einem Anwalt mit der ganzen Sache zu tun hatte. Doch gleichzeitig erkannte er, wie richtig seine Entscheidung gewesen war, Hannah Friedrichs wegen Merz' Verwicklung von dem Fall abzuziehen.

Wie richtig – und wie verhängnisvoll.

Er hatte seine Ermittlung und gleichzeitig Hannah Friedrichs schützen wollen, hatte ihr Routineangelegenheiten zugewiesen.

Wie war es möglich, dass ausgerechnet sie, die einzige seiner

Beamten, die nicht mehr am Fall war, sich jetzt in der Hand seines Täters befand?

Seines Täters?

Albrecht starrte auf das Bild.

Friedrichs war auf einer Liege fixiert. Sie hatte minimale Bewegungsfreiheit, doch so, wie sie präpariert war, hatte er nicht die Spur eines Zweifels, worauf die Absicht des Täters abzielte.

Falls ihr die Übertragung beendet, bin ich gezwungen, diesen Eingriff selbst vorzunehmen.

Öffne deine Seele!

«Das ist unmöglich!», flüsterte Albrecht.

Das Bild war so deutlich gewesen. Jedes Detail hatte gepasst. Die kleinen Mädchen. Die Fotos. Motiv und Tathergang.

Dass der Konsul sich erschossen hatte, war der *Beweis*, dass Albrecht recht gehabt hatte, wo sie nach Falk Sieverstedts Mörder zu suchen hatten.

Doch hielt dieser Beweis einer Überprüfung tatsächlich stand?

Im selben Augenblick, in dem die Beamten gegen die Villa auf dem Falkenstein, das Gelände am Dradenauhafen und weitere Objekte der Firma vorgegangen waren, hatte Friedrich Sieverstedt begriffen, dass Albrecht über die Mädchen informiert war.

Was er um jeden Preis hatte verhindern wollen, war eingetreten. Deshalb hatte er zur Schrotflinte gegriffen.

Doch bewies das, dass er den Tod seines Sohnes zu verantworten hatte?

«Mein Gott», murmelte Albrecht.

Der Täter hatte absolut nichts mit den Sieverstedts zu tun.

Sondern mit Marius, dem die Anrufer ihre Seelen öffneten.

Aber warum Hannah Friedrichs?

Sein eigenes Mobiltelefon klingelte. Albrecht fingerte das Gerät aus der Anzugtasche, ohne die Augen vom immer gleichen Bild auf Lehmanns Smartphone zu nehmen.

Der Hauptmeister bog soeben mit überhöhter Geschwindigkeit in den Kreisverkehr auf der Sievekingsallee, in dem die A24 begann.

«Ja?», knurrte der Hauptkommissar.

«Chef!» Es war Winterfeldt. Albrecht hatte bereits kurz mit dem Revier gesprochen und wusste, dass man auch dort das Programm auf Kanal Sieben verfolgte. Eine Fahndung nach Hannah Friedrichs' Nissan lief bereits. «Chef, ich hatte hier gerade einen Anruf von einem Gerichtsmediziner. Langen. Detlef Langen. Ich weiß nicht, ob Sie den kennen ...»

«Dr. Langen? Sagt mir nichts. Was wollte er?»

«Doktor ist er nicht, sagt er. Aber er hatte gestern mit Hannah zu tun. Also, mit Kommissarin Friedrichs. Jetzt hat er sie wohl im Fernsehen gesehen, und da fiel ihm ein, dass sie gestern zusammen eine Leiche hatten, in Duvenstedt. Einen Selbstmord. Und dass Hannah ... dass sie wohl irgendwie seltsame Fragen gestellt hat.»

Albrechts Augenbrauen zogen sich ganz langsam zusammen.

«Selbstmord?», fragte er. Er erinnerte sich an den Fall, den er aus der Ablage gezogen hatte, zusammen mit einer Ermittlung, die nach den Antonioni-Brüdern roch.

«Genau», antwortete Winterfeldt. «Er meinte, Hannah ... Kommissarin Friedrichs ... wäre ihm irgendwie skeptisch vorgekommen. Weil die Schlinge wohl seltsam gesessen hätte und es daraufhin zu massiven Blutungen in den Augen gekommen wäre. Zu Pe... Pene...»

«Petechien», flüsterte Albrecht.

Sein Kopf dröhnte.

Petechien. Blutungen in den Augen, wie sie auch Falk Sieverstedts Körper aufgewiesen hatte. Blutungen, die im Fall des Jungen so massiv gewesen waren, dass sie die Spuren der Lobotomie verdeckt hatten.

Doch Albrecht erinnerte sich an Dutzende von Fällen, bei denen die Augen der Toten vergleichbare Blutungen gezeigt hatten.

Ein Zusammenhang? Waren diese Spuren Hinweis genug?

Sie *waren* Hinweis genug – aufgrund der simplen Tatsache, dass sich Friedrichs jetzt in der Hand des Täters befand!

Doch hatte dieser Hinweis für Friedrichs ausreichen können?

«Da fehlt noch etwas», murmelte er.

«Chef?»

Albrecht schüttelte sich. «Haben wir Friedrichs' Protokoll?» Tippen am anderen Ende.

«Nein.» Überrascht. Dann, plötzlich: «Nein, stimmt: Sie ist gestern noch mal am Revier gewesen, nachdem sie ihre Fälle erledigt hatte. Aber sie ist wohl nicht reingegangen, hat also auch keine Berichte geschrieben. Hansen meinte, sie wäre ...» Der Computermann brach plötzlich ab.

«Winterfeldt?»

«Sie wäre irgendwie seltsam gewesen», sagte der junge Beamte leise. «Als sie von der konzertierten Aktion gegen die Sieverstedts gehört hat. Fast, als ob sie ...»

«Fast, als ob sie eine ganz andere Spur hatte», flüsterte Albrecht. «Winterfeldt! Finden Sie heraus, wer gestern in Duvenstedt vor Ort war. Die uniformierten Kollegen, die den Fall aufgenommen haben. Was genau hat Friedrichs dort erfahren? Mit wem hat sie gesprochen? Die Petechien allein sind zu wenig. Es muss noch etwas geben, von dem wir nichts wissen. Und sprechen Sie mit Hansen. Er soll sich an jedes Detail von gestern Abend erinnern. Hat sie gesagt, wo sie hinwollte?»

Getippe. Winterfeldt machte sich Notizen.

«Rufen Sie Martin Euler an», fuhr Albrecht fort. «Er soll sich die Leiche aus Duvenstedt vornehmen und sie auf eine Lobotomie prüfen.»

«Jetzt gleich?»

«Jetzt gleich», bestätigte Albrecht. «Die Nachfrage bei den uniformierten Kollegen genauso.» Er zögerte. Mit seinem nächsten Gedanken nahm er möglicherweise etwas vorweg, doch wenn der Täter Friedrichs hatte, mussten sie nach jedem Strohhalm greifen. «Wer ist im Moment bei Ihnen auf dem Revier? Matthiesen? Seydlbacher? Sind Hansen und Jelinek schon zurück?»

«Ja. Sie sind vor einer halben Stunde mit Nolting zurückgekommen – dem Kollegen von Wienand. Er sitzt jetzt in der Arrestzelle.»

«Gut.» Albrecht begann sich die Nasenwurzel zu massieren. «Jeder verfügbare Mann soll sich an die Selbstmorde der letzten Wochen, nein, der letzten Monate setzen. Suchen Sie Verbindungen – Verbindungen zu Marius. Hat einer der Toten bei Second Chance angerufen? Schauen Sie die Akten durch, sprechen Sie mit den Angehörigen!»

«Mitten in der Nacht? Und was tun wir, wenn einer von ihnen dort angerufen hat?»

Albrecht holte Luft. «Die Toten, bei denen wir eine Verbindung zu Marius herstellen können, werden exhumiert.»

«Was?»

«Sie haben gehört, was ich gesagt habe. Unser Täter ist in zwei Fällen aktiv geworden: Falk Sieverstedt und Hannah Friedrichs. Höchstwahrscheinlich in dreien: der Selbstmord in Duvenstedt. Doch es könnten noch wesentlich mehr sein, und mit jedem dieser Opfer wachsen unsere Chancen. Die Kontakte der Opfer in den Tagen und Stunden vor ihrem Tod. Das Muster. Das Muster, das uns zum Täter führen kann. Zu Friedrichs.»

«Wenn Sie denken ...»

«Ich denke. Die ganze Zeit. Die Streifen, die ich auf Marius' Anwesen beordert habe, sind schon unterwegs?»

«Müssten in diesen Minuten eintreffen. Sie haben eine Beschreibung von Hannahs Nissan und die Autonummer. Wenn der Wagen irgendwo auf dem Gelände ist, finden sie ihn.»

«Der Wagen ist wichtig», betonte Albrecht. «Doch es würde mich wundern, wenn wir ihn ausgerechnet auf dem Gelände finden sollten. Wo auch immer die Bilder von Hannah aufgenommen werden: Bei Marius im Studio jedenfalls nicht.» Ihm kam ein neuer Gedanke. «Die Sympathisanten, Winterfeldt. Die Kollegen sollen sich alles vornehmen, was sich da oben vielleicht noch rumdrückt. Demonstranten, Gesinnungsgenossen. Haben Sie diesen Organisator, Silvio Weismann, überprüft?»

«In unseren Datenbanken nicht zu finden, Vorstrafen hat er also nicht. Aber er ist Zahnarzt.»

Albrecht stutzte. Sollte er einmal zu häufig auf diesen Berufsstand geflucht haben in Gedanken an Hannes Jork, den Wunderdentisten?

«Das sind die Schlimmsten», murmelte er. «Durchleuchten Sie den Mann! In seinem Beruf hatte er jedenfalls Zugang zu Sedativa, und Betäubungsmittel hat er gebraucht, um seine Opfer ruhigzustellen. Auch dieser Stuhl, auf dem Friedrichs sitzt, könnte aus einer Praxis stammen. Prüfen Sie alles, was Sie finden können, beim Rest der Bagage genauso!» Er zögerte. «Winterfeldt? Ich hab's mir überlegt. Übergeben Sie alles an Matthiesen. Sie selbst kommen in die Schwarzen Berge.»

«Jetzt? Unsere Wagen sind alle in Wandsbek.»

«Jetzt», knurrte Albrecht. «*Mitten in der Nacht*. Ehestorfer Heuweg 92. Ich habe noch nicht begriffen, was in diesem Studio los ist, aber wenn ich annähernd richtigliege, begreift man es dort genauso wenig, und auf jeden Fall hat es mit der Technik zu tun. Nehmen Sie sich ein Taxi und sagen Sie dem Taxifahrer, er soll so schnell wie möglich fahren! Wenn Sie Strafbescheide kriegen, zahlt das Revier.»

Er beendete das Gespräch ohne jedes weitere Wort.

Mit quietschenden Reifen wechselte Lehmann die Autobahn. Stadtauswärts.

* * *

Hannah rührte sich nicht.

Merz war sich jetzt sicher, dass sie bei Bewusstsein war. Er konnte die Bewegungen ihrer Brust erkennen, die sich unter dem schnürenden Korsett der Gurte hob und senkte.

Hektisch. Nicht mit den tiefen, langsamen, kaum erkennbaren Atemzügen einer Schlafenden oder Bewusstlosen.

Sie war wach. Doch sie versuchte ihren Entführer zu täuschen.

Merz bezweifelte, dass ihr das gelingen würde, wenn er selbst das Manöver schon auf dem winzigen Bildschirm durchschaute.

Über dem Monitor blinkte eine lange Reihe düsterer Dioden, und mit jeder Sekunde schienen es mehr zu werden.

«Was haben diese Lichter zu bedeuten?», wandte er sich an Folkmar.

Der Techniker blickte blinzelnd auf. Seit die roboterhafte Stimme des Entführers verklungen war, hatte er kopfschüttelnd abwechselnd auf seine Bedieneinheit und den Bildschirm gestarrt.

«Anrufer», murmelte er und begann auf seinem Apparat zu tippen. «Freunde von draußen. Himmel! So viele auf einen Schlag habe ich noch nie erlebt! Meister?»

Marius hing in seinem Stuhl.

Nach Sörens Verschwinden hatte es keine drei Minuten gedauert, bis Merkatz in der Tür gestanden hatte. Sie war nach wenigen Sekunden wieder verschwunden, um den Arzt zu alarmieren.

«Keine ... Anrufe», brachte Marius hervor. «Wir müssen ...»

«Helena hat euer Gespräch einfach abgebrochen.»

Bei der seltsam unmodulierten, technischen Stimme, die absolut unvorhersehbar aus den Lautsprechern ertönte, überkam selbst Merz eine Gänsehaut.

«Das war sehr unfreundlich von ihr. Doch ich weiß, wie großzügig und geduldig du mit den Anrufern bist, Marius. Sie könnten ja immer noch Freunde werden. Helena ist auf einem anderen Weg zu dir gekommen als die anderen, wirst du sagen. Was, wenn ihr gar nicht klar war, wie viel du

361

für die Menschen tun kannst? Vielleicht sollte sie also doch noch eine zweite Chance bekommen. Sprich mit ihr, und wir werden sehen, ob sie sie verdient.»

Der Anwalt warf einen Blick über die Schulter.

Der Moderator hatte noch immer Mühe, sich im Stuhl zu halten.

«Marius ist krank», sagte Merz in Richtung Monitor. «Er kann jetzt kein Gespräch führen.»

«Was wissen Sie schon über Marius? Der Meister ist so viel stärker als wir alle. Er kann mit ihr sprechen, und er wird mit ihr sprechen. Nicht wahr, Meister?»

«Ich ...» Mühsam stützte sich Marius auf den Tisch. «Gib mir einige Minuten, und ich werde ...»

«Ich werde warten, Marius, doch ich werde nicht unbegrenzt warten. Mit dem Ende der Sendung endet auch Helenas Chance, sich zu bewähren. Und ich kann dich sehen, Meister, und weiß, wie es dir ergeht.»

Er hört uns, dachte Merz, während er weiter den Monitor betrachtete. Und er sieht uns.

Er wechselte einen Blick mit Folkmar, der fast unmerklich nickte.

«Was soll ich machen?», fragte der Techniker. «Er sitzt irgendwo im System. Wenn ich ihn rauswerfe ...»

Der Anwalt schüttelte entschieden den Kopf. Solange die Übertragung lief, blieb Hannah am Leben.

Die Stimme hatte gedroht, den Eingriff selbst vorzunehmen, falls sie die Verbindung trennten. Selbst Hannahs Seele zu öffnen.

Er wollte sich nicht vorstellen, wie das aussehen sollte.

Doch er war Joachim Merz.

Und in Kreuzverhören konnte er zu einer Form auflaufen, die schon manchem Staatsanwalt den Schweiß auf die Stirn getrieben hatte, wenn er überzeugt gewesen war, den Prozess bereits in der Tasche zu haben.

Er sah in die Kamera.

«Du willst Marius doch nicht etwa drohen?», fragte er. «Mein Freund?»

Keine Antwort.

Merz schüttelte traurig den Kopf. «Es gefällt mir gar nicht, wenn ich das Gefühl habe, dass jemand versucht, Marius zu drohen.»

«Ich drohe ihm nicht.»

Keine Modulation. Wie eine Maschine.

Irgendeine Art von Sprachverzerrer, dachte Merz. Er verstand nicht genug von Technik, um das Prinzip zu durchschauen. Aber das war auch unwichtig.

«Du drohst ihm nicht?» Er hob die Augenbrauen. «Und doch willst du ihn zu etwas zwingen, das er niemals beabsichtigt hat? Diese Frau – Helena – war aus ganz anderen Gründen bei ihm. Weder hatte sie vor, ihm ihre Seele zu öffnen, noch hat Marius das von ihr erwartet. Er hat sie gehen lassen ...» Merz zögerte.

«Oh», sagte er. «Ich weiß überhaupt nicht, wie ich dich ansprechen soll. Ich heiße Joachim. Willst du mir deinen Namen sagen, mein Freund?»

«Ich heiße Justus.»

Merz warf einen kurzen Blick zu Marius.

Dem Moderator gelang ein schwaches Kopfschütteln. Anscheinend kannte er den Namen nicht.

Merz fuhr sich über die Lippen.

Das wäre auch zu einfach gewesen. Entweder hatte der Mann niemals in der Sendung angerufen, oder er hatte sich einen zweiten, zusätzlichen Namen zugelegt.

Justus. Der Gerechte.

Womöglich war das sogar sein echter Name.

Nein, das war unwahrscheinlich bei einem Menschen, der sich solche Mühe mit der Tarnung gab.

Er konnte ja nicht einmal sagen, ob die Stimme einem Mann oder einer Frau gehörte.

«Ich kenne Marius' Güte.»

Diesmal zuckte Merz zusammen.

«Ich weiß, wie sehr er leidet, wenn die Anrufer ihn unfreundlich behandeln und seine Güte ausnutzen. Ich drohe Marius nicht. Ich beschütze ihn. Ich bin Justus. Ich bin die Gerechtigkeit.»

«Gerechtigkeit?», fragte Merz. «Ah ja. Und was tut die Gerechtigkeit?»

Justus kam nicht zum Antworten.

In diesem Moment wurde die Studiotür aufgerissen.

* * *

«Sie tötet», sagte Jörg Albrecht.

Eine Harpyie von Redaktionsassistentin hatte Lehmann und ihn an der Eingangstür in Empfang genommen und sie mit Zeter und Mordio überschüttet.

Albrecht hatte das Gemecker nicht zur Kenntnis genommen, sondern stur auf den winzigen Monitor des Smartphones geblickt und den Dialog im Studio verfolgt. Wenigstens den Weg hatte die Frau ihm gewiesen, im letzten Moment allerdings auf dem Korridor das Licht ausgeschaltet, bevor er den Studioraum betreten konnte.

Doch selbst das hatte ihn nicht aufhalten können.

Hinter dem Schreibtisch saß eine Gestalt wie ein atmender Leichnam: Das war offenbar Marius, der Moderator.

Hannah Friedrichs' Ehemann hing in einer Ecke und sah nicht wesentlich lebendiger aus. Eingezwängt von einer Batterie elektronischer Geräte, kauerte ein ratloser Techniker.

Im Zentrum des Raumes stand Merz.

Der Anwalt hatte sich vor der Kamera aufgebaut und starrte den Hauptkommissar aus zusammengekniffenen Augen an.

Albrecht schob sich an ihm vorbei.

«Sie tötet», sagte er in die Kamera. «Das ist alles, wozu Ihre

Gerechtigkeit in der Lage ist. Richtig, Justus? Das Urteil steht von Anfang an fest. Ein Freispruch wird nicht in Betracht gezogen, mildernde Umstände stehen nicht zur Debatte. Wenn Sie sich Ihr Opfer ausgesucht haben, gibt es keinen Prozess mehr, sondern nur noch das Urteil, und das Urteil lautet Tod. Sie sind kein Richter, Justus. Sie sind ein Henker.»

«Sie haben recht.»

Albrecht war noch längst nicht fertig, aber die gleichförmige Stimme, nun in voller Lautstärke aus den Boxen, brachte ihn zum Verstummen.

Die Stimme. Aber mehr noch das, was sie sagte.

«Sie haben vollkommen recht. Das Urteil steht von Anfang an fest, weil nicht ich es bin, der das Urteil fällt. Marius hat diesen Leuten eine zweite Chance geboten, und sie haben entschieden, sie nicht zu nutzen. Vielleicht sollte ich mich also besser als Werkzeug der Gerechtigkeit bezeichnen. Das Urteil haben sie alle selbst über sich gesprochen.»

«Sie ... alle?»

Albrecht drehte sich um.

Die schattenhafte Gestalt hinter dem Schreibtisch richtete sich auf.

Friedrichs hatte von der Krankheit des Moderators erzählt, und aus dem Sermon der Assistentin hatte er entnehmen können, dass ein Arzt unterwegs war. Marius war krank, unübersehbar – so unübersehbar das möglich war bei einem Menschen, den der Hauptkommissar nur als undeutlichen Umriss wahrnahm.

Doch offenbar kehrten seine Kräfte zurück.

«Sie alle», beantwortete Jörg Albrecht seine Frage. «Falk Sieverstedt, ein junger Fotograf von dreiundzwanzig Jahren. Jasmin Vedder, sechzehn, Schülerin. Wer noch, Justus? Sagen Sie es mir?»

«Sind Sie nicht gerade dabei, es herauszufinden?»

Die Worte troffen vor Hohn, und doch wurde nichts davon aus dem Tonfall deutlich: aseptisch, ohne jede menschliche Färbung.

Wie stellte ein Wesen dieser Welt das an?

«Er spricht überhaupt nicht.»

Alle blickten auf. Selbst Friedrichs' Ehemann. Selbst der Techniker.

Hauptmeister Winterfeldt stand in der Tür.

Der Taxifahrer musste sämtliche Geschwindigkeitsrekorde gebrochen haben. Albrecht sah einen großen Packen Strafbescheide auf das PK Königstraße zukommen.

Fasziniert trat der Computermann in den Raum, in dem es mittlerweile ziemlich eng wurde. Der junge Lehmann wich einen Schritt zurück, musste sich jetzt halb hinter den Techniker quetschen

«Das ist ein Vocoder», murmelte Winterfeldt. «Besser als jeder Sprachverzerrer. Bei einem Verzerrer muss man immer damit rechnen, dass die andere Seite es schafft, die Manipulationen rückgängig zu machen, sodass am Ende wieder die ungefilterte Stimme herauskommt. Bei einem Vocoder ist das unmöglich, weil es gar keine Stimme gibt.»

«Aber wir hören sie doch, die Stimme», bemerkte Lehmann.

«Natürlich hören wir sie. Aber sie wird künstlich erzeugt», erklärte Winterfeldt. «Man gibt den Text über eine Tastatur ein, und das Programm moduliert sie zu Worten. Die Technik an sich ist steinalt, schon siebzig oder achtzig Jahre, aber die allermeisten Vocoder sind begrenzt in ihrer Leistungsfähigkeit, schon durch den Umfang der Vokabeln, der unterschiedlichen Möglichkeiten, sie zu kombinieren und ...» Er schüttelte den Kopf. «Ich hab noch nie was gesehen ... also gehört ... das so echt klingt.»

Albrecht sah zwischen seinen beiden Beamten hin und her. Und traf eine Entscheidung.

Mit einer raschen Bewegung tauchte er zwischen Merz und dem Mikrophon hindurch und schob Winterfeldt mit sich auf den Korridor.

«He, was ...»

Albrecht tastete nach dem Lichtschalter.

Knochige Finger schlossen sich um sein Handgelenk.

«Haben Sie Marius nicht gesehen? Lassen Sie das Licht aus!»

Ein schemenhafter Umriss im düsterkalten Blau der Leuchtstoffröhren. Es war die Assistentin.

«In Ordnung», knurrte Albrecht. «Und Sie entfernen sich jetzt bitte! Ich habe mit meinem Mitarbeiter zu reden. Und sorgen Sie dafür, dass niemand diesen Teil des Gebäudes betritt, ausgenommen der Arzt.»

«Sie können mir nicht …»

«In einer laufenden Ermittlung kann ich alles», sagte er kalt.

Ihre Haltung versteifte sich. Wenn das noch möglich war. Doch nach einer Sekunde machte sie auf dem Absatz kehrt, und ihre klackernden Absätze entfernten sich.

«Winterfeldt!»

«Chef?» Tastende Bewegungen in der unvollkommenen Dunkelheit.

«Wir mussten da raus», brummte Albrecht. «Der Täter hört jedes Wort, das da drin gesprochen wird. Und offenbar sieht er auch, was die Zuschauer da draußen nicht mehr zu sehen kriegen. Habe ich das richtig verstanden?», fragte er. «Die Stimme, die wir gehört haben, scheidet für die Identifizierung aus?»

Der Computermann nickte. «Sie wird durch den Vocoder erzeugt. Der Täter könnte genauso gut stumm sein. Er muss nur tippen können.»

«Oder sie», murmelte Albrecht und sah in die Richtung, in der die Assistentin verschwunden war. Mertens, Merkel, etwas in der Art.

Medusa.

Er schüttelte den Kopf.

«Der Täter muss irgendwie die Übertragung infiltriert haben», erklärte der Hauptkommissar. «Er hat das Bild ausgetauscht und die Ansicht des Studios durch den Blick auf Friedrichs ersetzt. Haben Sie irgendeine Ahnung, wie er so etwas anstellen könnte?»

«Das ...» Winterfeldt breitete die Arme aus. Er schien nicht recht zu wissen, was er mit ihnen anfangen sollte, wenn kein Rechner in der Nähe war. Sein eigenes Gerät trug er in einer Tasche über der Schulter. «Das lässt sich aus der Ferne unmöglich sagen. Garantiert hat das System hier tausend Sicherungen, aber ich habe keinen Schimmer, wie das genau funktioniert. Also das System selbst, aber auch die Art, wie er eingedrungen ist. Er könnte einen Virus, also einen Computervirus ...»

«Schon mal gehört», unterbrach ihn Albrecht. «Sie brauchen also Zugang zu diesem System?»

Er spähte in den Raum.

Die künstliche Stimme schwieg für den Moment.

Merz hatte sich wieder vor der Kamera postiert. Der Techniker war von seinem Platz hinter den Bedieneinheiten aufgestanden und hatte vorsichtig den Arm um Marius gelegt.

«Wahrscheinlich muss ich nicht zwingend auf *diesen* Platz», sagte Winterfeldt. «Das wäre wohl auch ungeschickt, wenn er mich über die Kamera die ganze Zeit im Blick hätte. Ich müsste mich selbst in das System einhacken und ...»

«Lehmann!», zischte Albrecht und winkte dem zweiten seiner Beamten.

Unwahrscheinlich, dass der Hauptmeister die Geste sah, aber offenbar hörte er seinen Vorgesetzten und kam zur Tür.

Albrecht biss die Zähne zusammen. «Bringen Sie Merz mit!», knurrte er.

Die Silhouetten der beiden Gestalten näherten sich und traten auf den Flur.

«Chef?»

«Hier sind wir!»

Albrecht wich vorsichtshalber einen Schritt zurück. Die unverhoffte Begegnung am Rande des Dahliengartens war ihm noch in unguter Erinnerung.

«Lehmann, geben Sie dem Techniker da drin Bescheid, dass

Winterfeldt Zugriff zum Computersystem braucht. Aber seien Sie vorsichtig. Justus darf nichts davon mitbekommen.»

Der junge Beamte nickte. Die Stachelfrisur war im Halblicht ansatzweise zu erkennen.

Albrecht begann sich die Nasenwurzel zu massieren.

Winterfeldt hatte achtundvierzig Stunden gebraucht, um einen popeligen Laptop zu durchleuchten.

Wie lange konnte es dauern, bis er die Sicherungssysteme der Übertragung durchschaut hatte, und die Abfangschaltung, die diese Übertragung gekapert hatte, noch dazu?

Unmöglich rechtzeitig, dachte der Hauptkommissar.

Unmöglich rechtzeitig für Friedrichs.

Lehmann entfernte sich. Merz sah den Hauptkommissar abwartend an.

So weit das zu erkennen war.

«Was haben Sie hier zu suchen?», knurrte Albrecht.

«Oh?» Der Anwalt hob die Augenbrauen. Albrecht sah es nicht, doch er *wusste*, dass er in diesem Moment in gespielter Verwirrung die Augenbrauen hob. «Ich dachte, Sie wollten etwas von mir?»

Albrecht senkte die Stimme. «Ich gehe davon aus, dass Sie eine recht genaue und im Großen und Ganzen zutreffende Vorstellung haben, was ich von Ihnen halte, Merz. Und Sie sollten sich besser erst gar keine Hoffnungen machen, dass sich das mit dem heutigen Tag ändern wird. Doch ich werde Ihnen jetzt eine ganz klare und simple Frage stellen: Liegt Ihnen etwas an Hannah Friedrichs?»

Albrecht konnte erkennen, wie sich Merz' Haltung veränderte.

«Ja», sagte Merz. Und dieser Tonfall war neu.

Albrecht nickte knapp.

«Gut», sagte er. «Wenn Sie nämlich ein Interesse daran haben, dass Hannah Friedrichs am Leben bleibt, sollten Sie mir erzählen, was Sie wissen und was Sie und der Ehemann hier zu suchen haben.»

Zwischenspiel VI

Ich höre sie.

Jedes einzelne Wort.

Ich höre die Stimmen: *seine* Stimme, die keine wirkliche Stimme ist.

Marius und Folkmar und Joachim Merz.

Und Dennis. Mein Gott, Dennis!

Am Anfang habe ich Mühe gehabt, ihn überhaupt zu erkennen, so zerstört und rau, und doch bin ich mir sicher, dass er es ist.

Und Jörg Albrecht.

Ich weiß nicht, wie viel Zeit vergangen ist. Marius ist auf Sendung, also muss es Abend sein, doch ich kann unmöglich erraten, um den Abend welchen Tages es sich handelt.

Mein Kopf fühlt sich an wie in Watte gepackt. Ich habe Mühe, meinen Körper zu spüren, doch gleichzeitig scheint jedes meiner Glieder vor Schmerzen zu schreien.

Irgendetwas ist mit mir.

Es muss das Wasser sein.

Ich kann nicht sagen, wann es geschehen ist.

Nachdem ich begriffen hatte, dass ich gefangen bin, gefesselt und ausgeliefert, habe ich geweint, bis keine Tränen mehr kamen, meine Augen ausgetrocknet waren wie meine Kehle.

Bis ich überzeugt war, in den nächsten Minuten sterben zu müssen.

In diesem Moment muss ich eingeschlafen sein.

Das Nächste, an das ich mich erinnern kann, ist ein Gegenstand, der zwischen meine Lippen geschoben wird: ein Strohhalm, nein, dünner als ein Strohhalm.

Doch der Reflex ist stärker als alles andere. Wasser! Köstliches, klares Wasser! Ich verschlucke mich, mehr als einmal, als ich gierig an diesem dünnen, winzigen Schlauch sauge wie an einer Nabelschnur, dem Einzigen, das mich noch mit dem Leben verbindet. Spüre, wie die Flüssigkeit durch meine Kehle rinnt, den Magen füllt, der sekundenlang schmerzhaft protestiert.

Wasser.

Und mehr als Wasser.

Und eben in dem Moment, in dem ich das begreife ... in dem ich begreife, dass etwas in dieses Wasser gemischt worden ist, etwas Betäubendes ...

Eben in diesem Moment muss ich wieder eingeschlafen sein.

Er ist hier! Das ist mein erster Gedanke, als ich wieder aufwache.

Er ist hier. Zumindest ist er hier gewesen.

Doch ich habe keine Erinnerung, kein Gefühl, dass da jemand bei mir gewesen ist, kein Geruch, den ich mit einem Menschen in Verbindung bringen könnte, kein Geräusch gedämpfter Atemzüge.

Und doch muss er hier gewesen sein, mich betrachtet, den Schlauch mit der Flüssigkeit an meine Lippen geführt haben.

Ist er immer noch hier im Raum? Ich höre seine Stimme, wenn er mit Marius und den anderen spricht, doch sie ist verzerrt, hört sich nicht menschlich an. Ich höre sie durch einen Filter, wie auch die Männer im Studio sie hören, und ich weiß, dass sie aus Lautsprechern bei mir ankommt wie alle anderen Stimmen auch.

Irgendwo vor mir steht ein Bildschirm, ein Fernseher, und das Programm von Kanal Sieben ist eingeschaltet.

Ich höre alles.

Jedes einzelne Wort.

Und ich weiß, dass nicht ich allein diese Worte höre.

Sondern viele, viele Menschen.

Wie hoch sind die Einschaltquoten von *Second Chance* an einem gewöhnlichen Wochentag?

Heute Abend, denke ich, werden sie in Höhen schnellen, von denen Marius bisher nur träumen konnte.

Diese Menschen hören die Worte, und sie sehen ...

Ich ahne es, weiß es. Nur so sind die Reaktionen der Männer im Studio zu erklären.

Sie sehen *mich*, hier in meinem Gefängnis, live auf den Fernsehschirmen.

Ich kann nicht sagen, was außer mir zu sehen ist, im Hintergrund des großen leeren Raumes voller Hall. Sogar von mir selbst kann ich mir nur ein ungefähres Bild machen.

Ich bin vollständig bekleidet; so viel kann ich spüren. Ebenso wie ich spüre, dass irgendetwas in meinem Schritt ... etwas das brennt und sticht ...

Ein Katheter. Die Flüssigkeit, die mein Körper aufnimmt, muss irgendwie wieder verschwinden.

Er muss mich dort ... muss mich dort *berührt* haben!

Ich weigere mich, das Bild in meinem Kopf Gestalt annehmen zu lassen. Doch seltsamerweise bin ich mir sicher, dass er bei diesem Vorgang keinerlei perverse Lust empfunden hat. Nein, das spielt keine Rolle für ihn.

Er hat mir das eine erspart: Sie können es nicht sehen, die hunderttausend Augen vor den Fernsehschirmen, oder wie viele es sein mögen.

Nein, ich bin nicht nackt.

Und doch spielt das keine Rolle.

Ich bin mehr als nackt. Hilflos, wehrlos ihren Blicken ausgesetzt.

Und ich weiß, was mich erwartet.

Er hat mich betäubt. Doch das war nur der erste Schritt.

Falk Sieverstedt.

Jasmin Vedder.

Öffne deine Seele!

zehn

Albrecht drückte die Taste mit dem kleinen roten Telefon und beendete das Gespräch mit dem Revier.

Die Kollegen waren informiert. Die Frage war, welchen Wert diese Informationen jetzt noch besaßen.

«Verflucht!», knurrte er.

Merz – und der Ehemann. Das absonderlichste Gespann unter der Sonne.

Einmal in ihrem Leben hatten sie gemeinsame Sache gemacht – und sich den wahnsinnigsten nur denkbaren Zeitpunkt ausgesucht.

Es gab keine kranke Oma.

Hannah wurde in Wahrheit bereits seit mehr als vierundzwanzig Stunden vermisst, und Merz selbst war es gewesen, der sie als Letzter gesehen hatte: am Hintereingang des Anwesens, nur wenige hundert Meter von Albrechts jetzigem Standort entfernt.

Die Kommissarin war auf dem Weg zu Marius gewesen, hatte ihn aber niemals erreicht – es sei denn, sämtliche Bewohner des Anwesens hätten sich kollektiv zur Lüge entschlossen. Doch auch ihr Nissan war nicht auf dem Gelände, wie Albrecht soeben erfahren hatte.

Nein, Entführer und Opfer mussten sich irgendwo draußen befinden.

Und Justus' Identität …

Am Ende des dunklen Korridors öffnete sich eine Tür.

«Hallo?»

«Wenn Sie der Mediziner sind, kommen Sie her!», knurrte Albrecht.

«Na… natürlich.» Undeutliche Bewegungen in der Finsternis, ein feuchter Händedruck. «Heinrich Warnecke. Ich bin der behandelnde Arzt.»

«Albrecht», brummte Albrecht. «Von der Kripo. Sie waren gestern Nacht hier auf dem Anwesen?»

«Wie? Ja. Die Zufahrt war dicht, und durch das Unwetter hatte ich keine Möglichkeit …»

«Schon klar. Wer war noch hier? Die volle Besatzung? Die ganze Nacht über?»

«Ja?» Es klang wie eine Frage. «Äh, ja. Alle, die auf dem Anwesen wohnen. Folkmar und ich haben uns so gut eingerichtet wie möglich.»

«Und die Demonstranten?»

Warnecke blinzelte verwirrt. «Marius hat ihnen Zimmer gebucht, glaube ich. Also draußen. Aber … Herr Albrecht, ich bin zu einem Notfall gerufen worden. Ist der Meister im Studio?»

Der Meister.

Noch ein Jünger.

«Korrekt», sagte Albrecht. «Warten Sie hier!»

«Aber …»

Der Hauptkommissar legte keinen Wert darauf, sich anzuhören, ob es möglicherweise medizinisch geboten erschien, dass sich der Moderator nicht vom Fleck rührte.

Er hatte mit dem Mann einige Worte zu wechseln, wenn Warnecke mit ihm fertig war.

Außer Hörweite des Entführers.

«Herr Soppeldt? Der Arzt ist jetzt hier.»

Die Gestalt hinter dem Tisch schien ganz kurz zusammenzuzucken.

«Marius», murmelte der Fernsehmann. «Einfach Marius.»

Der Techniker machte Anstalten, sich hinter seiner Rechnerbatterie zu erheben.

«Sie bleiben bitte an Ihrem Platz! – Marius?»

Höflich hielt Albrecht dem Moderator den Arm entgegen.

«Danke.» Unsicher auf den Beinen, stützte Marius sich an der Schulter des Hauptkommissars ab. «Die erste Tür links, bitte», sagte er leise. «Dort ist einer meiner Ruheräume.»

Warnecke hatte sie bereits geöffnet.

Dunkelheit. Hier fehlte selbst die matte Lichtleiste.

Albrecht übergab den Moderator an den Arzt und blieb selbst auf dem Flur.

Vierundzwanzig Stunden.

Was hätte er in diesen vierundzwanzig Stunden tun können, wenn er nur geahnt hätte, dass Friedrichs vermisst wurde!

Doch was hätte das für einen Unterschied gemacht? Solange er davon überzeugt gewesen war, dass der Konsul für den Tod seines Sohnes verantwortlich war, hätte er vermutlich auch wegen Hannahs Verschwinden in dieser Richtung ermittelt.

Wenn er es nicht überhaupt mit ihrem Privatleben in Verbindung gebracht hätte.

Ihr Privatleben: Merz. Hätte Merz so bereitwillig Auskunft gegeben, wenn er selbst in die Sache verwickelt war? Unwahrscheinlich. Die Mannschaft auf dem Revier war jedenfalls in diesem Moment dabei, sein Alibi für den Vorabend zu prüfen.

«Herr Albrecht?» Er sah eine schemenhafte Bewegung im Innern des Ruheraums.

Der Hauptkommissar trat durch die Tür.

«Zum Glück war es wohl lediglich ein vorübergehender Anfall», murmelte Warnecke und betrachtete die Skala seines Blutdruckgeräts. «Sein Kreislauf ist jetzt stabil.»

Es musste sich um eine Sonderanfertigung handeln. Das einzige Blutdruckgerät der Welt, das mit einer Neonskala ausgestattet war, die auch die letzten Reste von Helligkeit reflektierte.

«Er könnte also ein Gespräch führen?», fragte Albrecht.

Der Mediziner sah auf.

«Marius ist geschwächt», sagte er leise. «Sie können sich

nicht ausmalen, was für ein Schock das plötzliche grelle Licht für ihn gewesen sein muss. Auf keinen Fall darf er sich jetzt noch mehr aufregen.»

«Ich danke Ihnen, Doktor.» Mit einer nachdrücklichen Geste löste der Moderator die Hand des Arztes von seinem Puls. «Aber es geht mir gut. Es muss mir gut genug gehen, wenn eine Freundin meine Hilfe braucht.»

Es ging ihm gut. Albrecht hatte nicht den geringsten Zweifel.

Auf der Stelle erkannte er den salbungsvollen Tonfall wieder, in dem derselbe Mann vor der Kamera verkündet hatte, dass er es sich nicht erlauben dürfe, um den verblichenen Falk Sieverstedt zu trauern.

Ein Märtyrer im Einsatz.

Nur das Publikum war diesmal kleiner.

«Sie haben also vor, auf das Angebot Ihres Freundes Justus einzugehen?», erkundigte sich Albrecht mit neutraler Stimme.

Der Moderator drehte sich langsam um.

«Hauptkommissar ... Albrecht, nehme ich an.»

Albrecht neigte stumm den Kopf.

«Das Schicksal Ihrer Mitarbeiterin scheint Ihnen sehr am Herzen zu liegen, wenn Sie unter diesen Umständen hier sind», bemerkte Marius. «Nach den Presseberichten des heutigen Tages hätte ich eher erwartet ...»

«Ich ermittle seit achtundvierzig Stunden wegen des Todes von Falk Sieverstedt. Der Täter hat sich gerade live in Ihrer Sendung vorgestellt.»

«Natürlich.» Diesmal war es Marius, der den Kopf neigte.

Albrecht verzog den Mundwinkel. Zwei Duellanten, dachte er, die versuchten, die Kräfte des anderen einzuschätzen.

Der Doktor sah von einem zum anderen wie ein überforderter Ringrichter, hob dann aber hilflos die Schultern.

«Falls irgendetwas ist ...», wandte er sich an Marius. «Falls Sie mich noch brauchen: Ich kann hierbleiben.»

Albrecht drehte sich zu ihm um. «Nicht in diesem Teil des Gebäudes bitte.»

Einen Moment lang schien Warnecke widersprechen zu wollen, packte dann aber schicksalsergeben seine Instrumente zusammen und verschwand mit einem gemurmelten Gruß.

Albrecht wartete, bis sich die Schritte entfernt hatten.

«Justus ist also einer Ihrer *Freunde*?», fragte er.

Marius hatte sich vollständig zu ihm umgewandt und legte die Hände übereinander in den Schoß.

«Sie haben gehört, wie er sich vorgestellt hat, Hauptkommissar. Ich bemühe mich, meine Freunde mit Namen anzusprechen, die mir für den Betreffenden geeignet erscheinen. Ein *Justus* war bisher nicht darunter.»

«Weil Sie diese Rolle für gewöhnlich selbst ausfüllen, nehme ich an. Und das Urteil sprechen.»

Mit einer beherrschten Geste schüttelte Marius den Kopf.

«Ich urteile nicht, Hauptkommissar. Ich bemühe mich zu helfen. Doch leider muss ich in einigen Fällen erkennen, dass meine Hilfe ...» Er unterbrach sich. Einen Moment lang kam etwas durch, das Albrecht für echt hielt. «Das ... das Mädchen, das auf dem Reiterhof Urlaub machen wollte, ist ...»

Albrechts Schweigen war Antwort genug.

«Und Sie glauben, dass er ... dass Justus ...?»

Wieder sagte Albrecht kein Wort. Details seiner Ermittlung gingen den Mann nichts an.

Und schließlich verstand er auch so.

«Mein Gott», murmelte Marius. «Dieses Mädchen war nichts als ein dummes Kind. Ist Ihnen klar, wie viele Sechzehnjährige ich jede Woche in der Leitung habe? Was diese Kinder ihren Familien antun? Sie wollen nicht sterben. Sie wollen nur, dass ihnen jemand zuhört.»

«Und das haben Sie getan?»

Die Gestalt des Moderators straffte sich. «Das habe ich,

Hauptkommissar. Für meine Anrufer gibt es einige simple Regeln. Wir lügen nicht. Wir vermeiden Kraftausdrücke. Wir halten unsere gemeinsam getroffenen Vereinbarungen ein. Und wir nehmen Rücksicht auf andere Freunde, die ihre eigenen Probleme mit sich tragen. Der erste Schritt ist, dass sie lernen zu begreifen, dass sie nicht der Mittelpunkt der Welt sind und dass ich jedem einzelnen Anrufer nur einen kleinen Teil meiner Zeit widmen kann. Und genau das war das Problem dieses Mädchens. Sie konnte nur sich selbst sehen.»

«Also haben Sie aufgelegt.»

Ein Seufzen. «Ihr war nicht zu helfen.»

«Offenbar», bemerkte Albrecht.

Schweigen.

Schließlich: «Sie sind nicht so dumm, mich für den Wahnsinn irgendeines Menschen verantwortlich zu machen, der sich einbildet ...»

«Kann ich das nicht?», fragte der Hauptkommissar. «Dieser Mann behauptet, Ihr Werkzeug zu sein. Entweder er öffnet Hannah Friedrichs den Schädel, oder Sie tun es, jeder auf seine Weise. Sagen Sie mir, warum ich Sie gewähren lassen sollte.»

«Aus einem ganz simplen Grund», erklärte Marius ruhig. «Wenn sie mit mir spricht, wird sie leben. Die Seele dieses Mannes mag verwirrt und zerstört sein, doch glauben Sie mir: Ich habe Erfahrungen, auch mit solchen Seelen. Möglicherweise können wir nicht immer nachvollziehen, wie sie denken und fühlen, doch von ihrem Standpunkt aus ist ihr Handeln immer logisch und immer fair. Ja, er konnte den Eindruck gewinnen, dass ich Falk Sieverstedt und das Mädchen in Duvenstedt aufgegeben hätte – und einige andere Anrufer dazu. Aber Hannah Friedrichs? Sie hat ihre Chance, Hauptkommissar. Ihre Prüfung wartet erst noch auf sie. Wenn sie sich bewährt, hat er gar keine andere Möglichkeit, als sie gehen zu lassen. Sie muss nichts anderes tun, als sich an unsere Regeln zu halten.»

«Und Sie würden selbstredend fürchterlich leiden, wenn Ihnen zur besten Sendezeit ein derartiges Opfer vor die Flinte getrieben wird.»

«Glauben Sie?» Marius legte den Kopf auf die Seite. «Nein, so dumm ist keiner von uns beiden. Warum sollte ich leugnen, dass Frau Friedrichs mich reizt? Auf andere Weise selbstverständlich, als unser verehrter Dr. Merz sich von ihr angesprochen fühlt. Sie ist mit Sicherheit eine vielschichtige Persönlichkeit, und ich habe keinen Zweifel, dass sie voll und ganz in ihrer Arbeit aufgeht. Doch gleichzeitig ist da eben auch dieses Element ...» Der Moderator hob die Hände. «Sagen wir: Sie ist eine Herausforderung?»

«Hannah Friedrichs' Leben steht auf dem Spiel!»

«Sehen Sie? Und genau das ist ein gewohntes Bild für mich. Jede Woche, Hauptkommissar, jeden *Tag* spreche ich mit Menschen, deren Leben auf dem Spiel steht. Ob durch eigenes Verschulden oder die Macht der Umstände. Sie haben ihren Weg verloren – und ich zeige ihnen den Weg. Haben Sie die Menschen hier auf dem Anwesen gesehen? Die Demonstranten draußen auf der Straße? Diese Menschen waren verzweifelte Menschen – und was sind sie jetzt?»

Ferngesteuert, dachte Albrecht. Von einem Kerl, bei dem er sich keineswegs sicher war, ob er im landläufigen Sinne mehr bei Verstand war als der Täter.

Und doch konnte er Marius in einem einzigen Punkt nicht widersprechen.

Diese Menschen *lebten*.

Bei Justus dagegen wartete nur der Tod auf seine Opfer. In dem Moment, in dem sie es gewagt hatten, sich Marius' Spiel zu widersetzen, hatten sie ihr Urteil gesprochen. Die Lobotomie selbst war dabei nicht mehr als eine Art grausiger Signatur ihres Henkers.

Die Strafe war der Tod. Und wie die Dinge lagen, gab es

nur einen Menschen, der ihn von Hannah Friedrichs abwenden konnte.

Marius.

* * *

Unbehaglich sah Albrecht dem Moderator nach.

Hatte er eine Wahl gehabt?

Letztendlich nicht. Er hatte Marius darauf eingeschworen, auf Zwischentöne zu achten, wenn er mit Justus sprach, unerwartete Fragen zu stellen, kurz: das gesamte Instrumentarium an Manipulation aufzufahren, das dem Fernsehmenschen zu Gebote stand.

Sie brauchten Hinweise. Hinweise auf die Identität des Entführers.

Der Moderator hatte ohne Zögern eingewilligt, doch Albrecht machte sich keine Illusionen: Marius' *Herausforderung* hieß nicht Justus, sondern Hannah Friedrichs.

Oder *Helena*. Zumindest war Hannahs richtiger Name bislang nicht gefallen, und Albrecht konnte nur beten, dass das auch so blieb.

Zeit, dachte er. Zumindest Zeit konnte Marius ihnen erkaufen, während die Kollegen auf dem Revier die Akten durchsahen und ein Spurensicherungsteam, das Albrecht an den rückwärtigen Zugang des Geländes beordert hatte, die Stelle untersuchte, an der Merz der Kommissarin begegnet war.

Und die Demonstranten, ihre Personalien, ihre Alibis. Es waren nicht mehr sonderlich viele, die heute Abend an der Hauptzufahrt gewartet hatten. Bei Sonnenschein und achtundzwanzig Grad demonstrierte es sich dann doch wesentlich behaglicher.

Albrecht hatte aufgehorcht, als ihm Matthiesen am Telefon mitgeteilt hatte, dass auch Silvio Weismann nicht mehr dabei war.

Er hatte die Worte des Dentisten nicht vergessen, gesprochen vor laufender Kamera. Dieselbe Argumentation, dieselbe Verteidigung des grundgütigen, weltfremden Moderators, der an sich selbst zuletzt dachte und den die Heerscharen seiner Freunde vor der Unbill dieser Welt beschützten.

Genau wie Justus. Das Werkzeug der Gerechtigkeit.

War Weismann Justus? Oder zumindest sein Verbündeter?

Letzteres war unwahrscheinlich. Nur äußerst selten fand sich eine ganze Gruppe von Wahnsinnigen zu einer Wahnsinnstat zusammen, und Justus hatte bisher nur von sich allein gesprochen.

Weismann. Oder die üppige Dame, der das *Second-Chance*-T-Shirt am Leibe geklebt hatte wie eine Wurstpelle. Oder wusste der liebe Gott, wer!

Jeder der Menschen von der Kundgebung kam in Frage oder irgendein namenloser Fan, der bisher noch gar nicht in Erscheinung getreten war.

Kein Hinweis auf den Täter, nirgends.

Es sei denn, der Hauptkommissar erhielt einen Hinweis aus unerwarteter Richtung.

Der Raum, in dem sich Winterfeldt einquartiert hatte, war nur wenige Schritte entfernt: eine Art Rumpelkammer, vollgestopft mit Technik.

«Bericht», murmelte Albrecht. «Wie weit sind Sie gekommen? Können Sie erkennen, was hier abläuft?»

Winterfeldt drehte sich um. Sein Gesichtsausdruck sprach Bände. «Wie ich befürchtet habe. Justus sendet von der IP des Studios.»

Albrecht sah ihn an. «Und? Was heißt das?»

Winterfeldt biss sich auf die Lippen. «Sie wissen, was das Internet ist?»

«Wollen Sie mich beleidigen?»

«Aloha.» Winterfeldt begann eine seiner Haarsträhnen um die Finger zu zwirbeln. «Also, stellen Sie sich vor: Da sind zig Millionen Rechner, und die sind alle gleichzeitig im Internet unterwegs. Die muss man irgendwie auseinanderhalten, schon rein technisch, damit ein Computer mit einem bestimmten anderen Kontakt aufnehmen, auf Daten zugreifen kann, die wieder auf einem anderen Rechner liegen. Deshalb bekommt jeder einzelne Computer eine bestimmte Nummer, sobald er sich mit dem Internet verbindet: die IP-Adresse.»

«Anhand derer man ihn identifizieren kann.»

«Genau. Theoretisch zumindest. Diese Adressen verändern sich zwar, aber es gibt Möglichkeiten ...» Winterfeldt sah Albrechts Gesicht und winkte ab. «Wenn man will, kriegt man das trotzdem raus», schloss er.

«Und Sie haben die Nummer des Täters?»

Winterfeldt nickte und holte Luft. «Ja. Wie gesagt: theoretisch. Es ist die Nummer – die IP-Adresse – des Studios.»

Albrecht trat einen Schritt zurück. «Er ist hier?»

«So sieht es aus.» Winterfeldt hob die Hand. «Und ganz genauso meine ich das: *So sieht es aus.* Es gibt eine Menge technischer Möglichkeiten, wie man solche Vorgänge manipulieren kann. Sie können zum Beispiel Ihren gesamten Datenverkehr über Proxys laufen lassen: Dann sprechen Sie den fremden Computer, von dem Sie etwas wollen, nicht direkt an, sondern lassen die Daten über zehn, zwölf, zwanzig andere Rechner laufen, bevor sie ...»

«Rechner mit anderen Adressen?»

«Natürlich. Rechner irgendwo in der Welt. Alle hintereinander. Unter Umständen wird das Ganze dann etwas langsamer, aber gleichzeitig ist es fast unmöglich, rauszukriegen, von wo das Signal ursprünglich ausgeht. Unmöglich, rauszukriegen, dass Sie *Sie* sind. Also, dass Sie Ihr Rechner sind.»

Albrecht nickte nachdenklich. Mensch oder Rechner. Wenn man Winterfeldt war, machte das vermutlich keinen grundlegenden Unterschied.

«Und das tut der Täter?», fragte er.

«Er tut es zum Teil», erklärte der Computermann. «Wirklich entscheidend ist, dass die Adresse, mit der er hier ankommt, die Adresse des Studios ist. So kann er dem Rechner, von dem aus der Stream – also die Sendung – an das Fernsehnetz übermittelt wird, weismachen, dass er hier ist, also innerhalb des Netzwerks, das die Übertragung steuert. Auf diese Weise hat er Zugriff auf sämtliche Funktionen und kann das Videosignal – also die Kamera, die auf das Studio gerichtet ist – durch das Bild ersetzen, das er jetzt einspeist.»

«Hannah Friedrichs.»

«Genau.»

«Aber Sie können nicht sagen, woher es kommt.»

Unglücklich hob Winterfeldt die Schultern. «Von hier», murmelte er. «Wie gesagt. Zumindest theoretisch.»

«Aber in Wirklichkeit von sonst wo. Mit Zwischenstation in Neu-Delhi und auf den Fidschi-Inseln.»

«So ungefähr. Diese Zwischenstationen versuche ich jetzt ausfindig zu machen. Ungewöhnlich ist allerdings die Kombination aus dem Proxy-Element und der Fernsteuerung. Ich bin mir selbst noch nicht klar, wie er das ...»

«Wann werden Sie sich klar sein?»

Winterfeldt musste nicht antworten.

* * *

Joachim Merz zog sich einen Schritt von der Tür zurück und beobachtete, wie Marius wieder hinter seinen Tisch glitt. Der Lichtspot war die ganze Zeit in Position geblieben und fing noch immer nichts als seine Hände ein.

Marius wirkte jetzt wieder kräftiger. Warnecke hatte ihm offenbar helfen können. Vermutlich hatte auch Albrecht mit ihm gesprochen.

Natürlich hätte der Anwalt bei dieser Unterhaltung gerne

Mäuschen gespielt. Doch es war sinnlos, seine Energie auf Dinge zu verschwenden, die er nicht ändern konnte.

Er hatte keine persönliche Abneigung gegen Albrecht. Wie er es erlebt hatte, gehörte der Hauptkommissar zu den Beamten, die ihren Dienst aus Überzeugung versahen, ewig auf der Suche nach der Gerechtigkeit oder – in Albrechts Fall – der Wahrheit.

Dass ihrer beider Interessen regelmäßig kollidierten, wenn der Anwalt sich für seine Mandanten engagierte, lag in der Natur der Sache.

Doch er konnte akzeptieren, dass sie dieses eine Mal an einem Strang zogen. Die Ermittlungen allerdings waren Sache des Kommissariats, und Albrecht würde den Teufel tun, ausgerechnet Merz daran zu beteiligen.

Joachim Merz' Sache war Hannah Friedrichs.

Marius bewegte sich leicht auf seinem Stuhl.

«Es scheint dir besser zu gehen, Meister. Du bist nun bereit, das Gespräch zu führen?»

Merz biss die Zähne zusammen. Das war der Moment, den er gefürchtet hatte.

Marius nickte in Richtung Kamera, veränderte seine Haltung und hob die rechte Hand.

«Justus, mein Freund, ich fürchte, dass zunächst einmal wir beide uns unterhalten sollten, bevor ich mit irgendjemandem spreche.»

«Wir beide? Oh nein, Meister. Wir beide müssen uns nicht unterhalten. Du hast mir bereits geholfen, viele, viele Male schon.»

Merz tauschte einen Blick mit dem jungen Beamten Lehmann. Ein angedeutetes Nicken. Der Täter hatte eine Information über seine Identität gegeben.

Der Anwalt konnte nicht glauben, dass das aus Versehen geschehen sein sollte.

Er fühlt sich dermaßen sicher, dachte Merz, dass er gar kein Geheimnis daraus machen muss.

«Dann lass mich dir noch einmal helfen, Justus», hakte der Moderator ein. «Sosehr ich deine ... Initiative zu schätzen weiß, kann ich mir doch nicht vorstellen, dass es *dieser* Weg gewesen sein soll, auf den ich dich gewiesen habe. Es stimmt, auch mich macht es traurig, wenn Anrufer nicht mutig nach der Chance greifen, die ich ihnen biete. Und doch ist es ihre freie Entscheidung, sie auszuschlagen. Ihre Strafe ergibt sich von selbst, wenn sie sich von unserer Freundschaft ausschließen, von der Erkenntnis und dem Weg, den ich ihnen weisen könnte. Es ist absolut nicht notwendig ...»

«Du bist ein weiser Mann, Meister.» Die Stimme war emotionslos, nach wie vor, doch vor allem war sie eines: laut. Marius verstummte. **«Und ein großer Lehrer. Doch du hast lange, lange Zeit nicht mehr da draußen gelebt und weißt nicht, wie die Leute sind. Sie sind dumm, Marius. Schrecklich dumm. Wenn ich nicht einschreite, erkennen sie überhaupt nicht, dass die Strafe sie trifft. Ich, Justus, das Werkzeug deiner Gerechtigkeit.»**

«Das mag sein ...»

«Das ist so. Und es ist sinnlos, noch eine Minute länger darüber zu reden. Um mich musst du dir keine Sorgen machen. Um keinen deiner wahren Freunde und Schüler. Unsere Aufgabe besteht jetzt darin, zu prüfen, ob diese Frau eine zweite Chance verdient oder nicht. Ihre Seele zu öffnen – auf deine oder auf meine Weise. Eine dritte Möglichkeit gibt es nicht. Wenn diese Frau, die sich Helena genannt hat ...»

«*Ich* habe sie Helena genannt», betonte Marius, während er seine Haltung um eine Winzigkeit veränderte. «Wie du weißt, spreche ich keinen unserer Freunde mit dem Namen an, den er da draußen führt. Diese Namen tun hier bei *Second Chance* nichts zur Sache.»

«Gewiss, Meister. Aber diese Frau kommt selbst von draußen. Sie ist nicht zu dir gekommen, weil sie deinen Rat und deine Hilfe gesucht hätte oder dich um eine zweite Chance bitten wollte. Sie ist gekommen, um dich auszunutzen wegen einer ganz anderen Sache. Verdient sie dafür den

Schutz, den du den Freunden und Anrufern gewährst? Nein, das tut sie nicht.»

«Ich ...»

«Du verdienst ihn nicht!», unterbrach ihn Justus, jetzt offenbar nicht mehr an Marius gewandt. «Du verdienst ihn nicht, Kriminalkommissarin Hannah Friedrichs!»

* * *

Ruhelos ging Albrecht in dem winzigen Technikraum auf und ab.

Auf einem der Monitore konnte er die Vorgänge im Studio verfolgen: ein Irrer im Kampf gegen einen anderen Irren.

Er war sich nach wie vor nicht sicher, welcher von beiden für die Allgemeinheit gefährlicher war, aber es war jedenfalls der Irre Nummer zwei – Justus –, der Leib und Leben von Hannah Friedrichs in der Hand hatte.

Nun hatte er auch noch ihren Namen verkündet.

Das würde es für Hannah noch einmal schwerer machen, in Zukunft mit der Situation umzugehen, in der ein paar hunderttausend Menschen sie auf dem Bildschirm gesehen hatten.

Gesetzt den Fall, dass sie diese Situation überlebte.

«Kommen Sie voran?», wandte er sich an Winterfeldt.

Der Computermann blickte blinzelnd auf. «Fidschi-Inseln. Haben Sie das vorhin nur geraten?»

«Ich habe meine lichten Momente», murmelte Albrecht. «Machen Sie hier weiter, Winterfeldt! Ich muss noch einmal mit dem Revier sprechen, so weit weg von diesem Bunker wie nur möglich. Auf dem Wege werde ich mir diese Assistentin vorknöpfen, oder wen ich sonst zu fassen kriege. Justus mag irgendwo da draußen sitzen, aber hier laufen genug Leute rum, die dieselbe Gehirnwäsche hinter sich haben. Ich will wissen, wie sie denken.»

«Glauben Sie, dass sie das tun? Denken?»

Albrechts Brummen war Antwort genug.

Er trat hinaus auf den abgedunkelten Flur. Von rechts, aus Richtung Studio, war unterdrücktes Gemurmel zu hören.

Albrecht wandte sich nach links und tastete sich voran, bis er auf Widerstand stieß.

Die Tür öffnete sich im selben Moment, in dem er sie berührte.

Er hatte die Bibliothek, die den gesamten Eingangsbereich des Gebäudes einnahm, beim Hereinkommen nur aus dem Augenwinkel wahrgenommen. Zu sehr war er auf die ewig gleiche Szene auf dem winzigen Bildschirm des Smartphones vertieft gewesen.

Jetzt trat er an eines der deckenhohen Regale und strich mit den Fingern über die Bücherrücken. Abendländische Philosophie, ein Regal weiter die fernöstlichen Gegenstücke. Und auf der Rückseite ...

Der junge Mann sah auf und blinzelte. «Oh.»

«Jörg Albrecht», stellte sich Jörg Albrecht vor. «Von der Kriminalpolizei.»

«Oh.» Der junge Mann schlug das Buch, in dem er gelesen hatte, zu. Albrecht konnte den Titel nicht erkennen.

Das Gesicht seines Gegenübers nahm einen irgendwie betretenen Ausdruck an. «Waren Sie beim Meister?», fragte der junge Mann. «Geht es ihm besser?»

«Er hält sich wacker», brummte Albrecht. «Wenn Sie's genau wissen wollen: Er ist gerade im Fernsehen.»

Der Junge biss sich auf die Lippen und nickte.

«Ich heiße Sören.»

«Ein Schüler?», fragte Albrecht mit einem Nicken auf das Buch. «Hausaufgaben?»

Jetzt brachte der junge Mann ein Lächeln zustande. «Wir würden es nicht so bezeichnen. Aber wie Sie es vermutlich verstehen: ja. Suchen Sie noch immer nach Ihrer Kollegin?»

«Falls sie in den letzten zwei Minuten nicht hier vorbeigekommen ist: ja.»

Wieder biss sich Sören auf die Unterlippe. Ein betrübter Ausdruck trat auf sein Gesicht. «Das tut mir leid. Wenn es einen Weg gibt, wird Marius ihn finden.»

Albrechts Gesichtsausdruck musste sich verändert haben, denn der Junge fuhr fort.

«Ich kann mir vorstellen, was Sie von uns denken, Herr Albrecht. Von all dem hier. Alle denken so, bevor sie uns kennenlernen. Auch ich habe so gedacht. Aber das hier ist keine ... Kommune, oder wie man so etwas früher genannt hat. Wir sind hier, um zu lernen. In der besten Bedeutung des Wortes.»

«Ich gehe davon aus, dass es Marius ist, der Ihren Lehrplan gestaltet?»

Sören schüttelte den Kopf. «So etwas gibt es überhaupt nicht. Sehen Sie, hier finden Sie die unterschiedlichsten Schriften. Aristoteles, Konfuzius, Augustinus ... Was Sie wollen. Große Philosophen und Lehrer. Natürlich auch Marius. Und natürlich auch ganz andere Sachen: Technik, Naturwissenschaften. Doch niemand wird gezwungen, ein bestimmtes Buch zu lesen. Einige von uns haben sich sogar entschieden, überhaupt nicht zu lesen. Auch das ist in Ordnung.»

«Und was tun Sie dann hier?»

Sören hob die Schultern. «Wir leben. Gemeinsam. Wir arbeiten, draußen auf den Feldern und im Wald. Wir reden miteinander. Zweimal in der Woche gibt es ein Zusammensein mit dem Meister und einigen ausgewählten älteren Gefährten, das unter einem bestimmten Thema steht. Auch dort gibt es keine Verpflichtung zu erscheinen, doch ich kenne niemanden, der sich das entgehen lassen würde. Wir kommen aus so vielen Richtungen, haben so viele unterschiedliche Ideen – und Marius käme nie auf die Idee, uns etwas auszureden. Jeder hat seinen eigenen Weg. Marius hilft uns lediglich, ihn zu finden.»

Albrecht nickte stumm. Ein Wohltäter der Menschheit.

Ein Wohltäter allerdings, der auch selbst gern die eine oder andere Wohltat in Empfang nahm – angefangen mit diesem eindrucksvollen Gebäude.

«Es geht um das Wachstum», erklärte Sören. «Das Wachstum der Persönlichkeit. Wahrscheinlich sind deshalb so viele junge Leute hier. Weil unsere Persönlichkeit noch nicht ausgeformt ist, wir noch nicht vorgeprägt sind durch Strukturen, die uns in unserem Denken einengen. Ich stelle es mir sehr viel schwieriger vor, wenn man erst später im Leben auf Marius stößt. Doch was muss das für eine Erfahrung sein, wenn man schon ein ganzes Leben hinter sich hat, draußen ... wie Dr. Warnecke ... oder Folkmar. Und dann findet er zu uns und zu diesen Dingen hier?»

Sören schob das Buch ins Regal zurück.

Albrecht legte den Kopf schief und las den Titel. Schopenhauer.

«Kaum vorstellbar», murmelte er und straffte sich. «Haben Sie meine Mitarbeiterin kennengelernt?», fragte er.

Sören wiegte den Kopf hin und her. «Wahrscheinlich wollen Sie wissen, ob wir sie gestern gesehen haben, ja?»

Albrecht kam nicht zum Antworten.

«Nein», erklärte Sören. «Ich habe auch einige der anderen gefragt, aber gestern ist sie eindeutig nicht noch einmal hier gewesen. Wir haben sie nur ein einziges Mal kurz gesehen: vorgestern, als Frau von Merkatz sie zu Marius geleitet hat.»

«Gehört das zu Frau von Merkatz' Aufgaben?», hakte Albrecht ein. «Dieses Geleiten?»

Sören lächelte nachsichtig. «Nein, natürlich nicht. Schon weil wir nur ganz, ganz selten Besuch von draußen haben. Also fremden Besuch. Frau von Merkatz ist einfach die älteste Gefährtin des Meisters. Sie kennt ihn sehr lange und ...»

«Seine ...» Albrecht hob die Hand zu einer vagen Bewegung. «... Gefährtin?»

Sörens Miene verhärtete sich auf der Stelle. «Das gehört mit Sicherheit nicht zu den Fragen, die wir uns hier stellen.» Doch sofort wurde sein Gesichtsausdruck wieder weicher. «Betrachten Sie uns als eine Art Familie, Herr Albrecht. Würden Sie sich solche Fragen über Ihre Eltern stellen?»

Der Hauptkommissar hätte erwidern können, dass schon die Tatsache seiner Existenz dazu geführt hatte, dass eine solche Frage niemals akut geworden war. Doch er verzichtete darauf, bedankte sich für die Auskünfte und verließ das Gebäude durch die Glastür, die sich von selbst öffnete, als er auf sie zuging.

Er hörte einen leisen Piepton und spürte durch die Schuhsohlen die Struktur des Bodenbelags. Zweifellos eine Orientierungshilfe für Marius.

Er legte den Kopf in den Nacken.

Dunkle Wolken jagten über den Himmel. Hamburg war nicht mehr als eine Ahnung von Licht über den Wipfeln. Ein Abend, an dem sich womöglich sogar Marius hätte vor die Tür wagen können.

Er dachte über die neuen Informationen nach. Freunde. Gefährten.

In welchem Maße war der Moderator Herr im eigenen Haus? Wie groß war die Gruppe der alten Getreuen, die sich regelmäßig zu den Sitzungen einfand?

Albrecht schüttelte den Kopf.

Das war unerheblich, was die Frage der Identität des Täters anbetraf.

Justus hatte davon gesprochen, dass Marius ihm schon bei verschiedensten Gelegenheiten geholfen hätte. Doch in der Regel leistete der Moderator seine fragwürdige Hilfestellung am Telefon.

Damit gab es nicht den Hauch eines Beweises, dass der Täter das Gelände überhaupt schon einmal betreten hatte.

Friedrichs war am Vorabend mit ihrem Mann verabredet gewesen, aber niemals erschienen. Zu diesem Zeitpunkt hatte sie sich also bereits in der Hand des Täters befunden.

Justus hatte mehr als vierundzwanzig Stunden gewartet, bevor er sich über den Sender gemeldet hatte.

Täter und Opfer konnten in diesem Moment überall sein.

* * *

«Hannah?»

Keine Antwort.

«Hannah, meine Freundin?»

Marius' Hände lagen flach nebeneinander auf dem Tisch, die Handflächen nach oben gerichtet.

Merz und Dennis hatten die Besucherstühle hinter ihn gezogen, sodass sie den Kontrollmonitor im Blick hatten. Ebenso Lehmann.

Folkmar saß ohnehin im toten Winkel und justierte seine Kontrollen, machte hin und wieder eine Eingabe auf der Tastatur, um gleich darauf aufs Neue in brütendem Schweigen zu versinken.

Sinnlos, dachte Merz. Genau wie die Bemühungen des Polizei-Technikers, der zwei Zimmer weiter saß.

Joachim Merz wusste gerade eben genug über Computerkriminalität, um sich keinen Illusionen hinzugeben.

Die Übertragung aus dem Anwesen in den Schwarzen Bergen war doppelt und dreifach gesichert. Wenn es Justus gelungen war, in dieses System einzudringen, würde er sich nicht innerhalb von ein oder zwei Stunden aufspüren lassen, bevor die Sendung zu Ende war. Und mehr Zeit hatten sie nicht.

«Hannah?» Marius blieb ganz ruhig. «Ich weiß, dass du mich hören kannst. Ich versichere dir, dass es nur in deinem Interesse ist, wenn wir beide ein Gespräch miteinander führen.»

Stille, doch ...

Merz kniff die Augen zusammen.

Eine winzige Veränderung war auf dem kleinen Bildschirm zu

sehen. Die Hände der Gefesselten öffneten sich langsam und schlossen sich wieder.

«Ich …»

Eine einzige Silbe, doch Merz spürte, wie eine Faust seine Kehle freigab.

«Ich … höre.»

Hannahs Stimme klang verwaschen. Unsicher, als müsste sie sich auf jedes Wort konzentrieren.

Betäubt, dachte der Anwalt. Mit Sicherheit hatte sie sich nicht freiwillig auf diesen Folterstuhl fesseln lassen.

«Sehr gut», kommentierte Marius und faltete die Hände ineinander. «Ich freue mich, liebe Hannah, dass wir nun doch die Gelegenheit bekommen, unser Gespräch fortzusetzen, das bei unserer letzten Begegnung so abrupt unterbrochen wurde.» Die Hände lösten sich voneinander und wurden auf der Tischfläche abgelegt. «Zugegeben, ich hätte mir dafür andere Umstände gewünscht.»

«Marius.»

Der Moderator zuckte leicht zusammen.

«Justus, mein Freund.» Vorwurfsvoll wandte sich Marius' Silhouette in Richtung Kamera. «Bei allem Verständnis für dein Engagement in dieser Sache: Mein Gespräch musst du mich schon selbst führen lassen. Auf *meine* Weise.»

Schweigen. Sekundenlang. Nur Folkmar war zu hören, der auf seiner Tastatur Befehle eingab. Sinnlos.

«Ja, Meister.»

Ohne Modulation, aber doch irgendwie kleinlaut.

«Famos.» Die Finger falteten sich wieder ineinander. «Liebe Hannah, ich möchte mich für diese Unterbrechung entschuldigen. Du erinnerst dich sicherlich an unsere letzte Begegnung und an das, was ich dir damals gesagt habe: Meine Freunde kommen für mich an allererster Stelle. Wenn einer meiner Freunde ein Problem hat, nehme ich mir alle Zeit der Welt für ihn. Ich denke, wir dürfen davon ausgehen, dass du ganz unübersehbar ein Problem hast.»

Wieder konnte Merz beobachten, wie sich ihre Hände öffneten und schlossen.

«Was ... willst du hören?» Angestrengt. Müde. Unsagbar müde.

«Was ich hören will? Meine Liebe, was glaubst du? Die Wahrheit selbstverständlich. Wenn wir nicht ehrlich zueinander sind, kann ich dir nicht helfen.» Er holte Luft. «Kannst du dir vorstellen, dass ich nachempfinden kann, wie du dich gerade fühlst?»

Schweigen. Doch es war ein sehr deutliches Schweigen.

«Das solltest du aber», erklärte Marius. «Denn die Situation, in der du dich befindest, ist eine Situation, in die fast jeder von uns irgendwann einmal kommt: Gefangen zu sein, auf die eine oder andere Weise. Sich nicht freimachen zu können von den Dingen, die uns fesseln, uns die Luft zum Atmen nehmen. Natürlich präsentiert sich das Bild in der Regel nicht in einer solchen, nun, Unmittelbarkeit wie in deinem Fall, aber ich bin mir sicher, dass viele unserer Freunde, die diese Sendung nun verfolgen, nämlich ...»

Er brach ab und warf einen Blick zur Seite, zu Folkmar.

«Ja?» Der Techniker sah auf.

«Nämlich?», fragte Marius auffordernd.

«Oh.» Tippen. «Ungefähr 1,5 Millionen im Moment», erklärte Folkmar. «Auf der Basis unserer repräsentativen Beispielhaushalte. Tendenz steigend.»

«Eineinhalb Millionen, liebe Hannah. Hast du das gehört? Das dürfte ein Rekord sein. Siehst du? Du bist nicht allein.»

Die Gefesselte verzichtete auf einen Kommentar. Zweifellos eine gute Wahl.

«Was entscheidend ist, Hannah ...» Marius lehnte sich ein Stück nach vorn, hielt sein Gesicht aber aus der Lichtbahn des Spots. «Viele von diesen eineinhalb Millionen Menschen werden verstehen, wie du dich fühlst. Viele von ihnen waren schon einmal an dem Punkt, an dem du dich jetzt befindest. An dem Punkt, an dem sie das Gefühl hatten, dass es keinen Weg mehr gibt. Doch das stimmt nicht. Der Weg ist die ganze Zeit da. Sie können ihn nur nicht mehr sehen. Dabei müssen sie nur ihre Augen öffnen!»

«Nicht ...» Hannah räusperte sich. «Nicht ganz einfach im Moment.»

«Im übertragenen Sinne», erklärte Marius geduldig. «Ihre Seele, Hannah. Wir haben uns vor zwei Tagen über eine solche Situation unterhalten. Der Punkt, an dem sich etwas in unser Leben drängt und uns in unseren Grundfesten erschüttert. Ein Mensch, habe ich zu dir gesagt. Sehr häufig ist es ein Mensch. Doch im Grunde ist das gar nicht so entscheidend. Wichtig ist, dass uns die veränderte Situation zum Nachdenken bringt. Uns dazu zwingt, Dinge, die wir unser Leben lang für selbstverständlich gehalten haben, zu hinterfragen. Warum sind wir, wie wir sind? Haben wir uns bewusst dafür entschieden? Das ist in den seltensten Fällen so. Vielmehr handelt es sich um Verhaltensmuster, die wir in einer Zeit angenommen haben, an die wir uns kaum bewusst erinnern können. – Wie sah das als Kind bei dir zu Hause aus?»

«Verflucht.»

Merz brauchte einen Moment, um die Stimme einzuordnen.

Sie war nicht aus den Lautsprechern gekommen.

Der Sprecher saß direkt neben ihm.

Dennis starrte geradeaus. Das tat er im Grunde die ganze Zeit. Seitdem die Übertragung begonnen hatte, hatte er die Augen nicht von dem winzigen Monitor genommen.

Joachim Merz war absolut in der Lage, die Symptome eines Schocks zu erkennen, wenn er sie vor sich sah.

Erst jetzt schien sich Dennis allmählich aus der Lähmung zu befreien, in die er beim Anblick der gefesselten Hannah gesunken war.

«Verflucht», murmelte er. «Er hat ihren echten Namen genannt. Um wie viel wetten wir, dass ihre Eltern in diesem Moment vor dem Fernseher sitzen?»

Merz nickte düster.

«Als Kind?», fragte Hannah mit rauer Stimme. «Was ... Was willst du jetzt hören?»

Merz glaubte zu erkennen, wie sie versuchte, den Kopf ein Stück zu heben.

«Das habe ich dir bereits erläutert, Hannah», erklärte der Moderator freundlich. «Die Wahrheit. Du bist Kriminalpolizistin. Für eine Frau ist das nach wie vor ein ungewöhnlicher Beruf. Wie bist du dazu gekommen? Denke zurück! Versuch dich zu erinnern! Wann genau ist dieser Gedanke zum ersten Mal gekommen: Ich möchte Kriminalpolizistin werden? Ich bin mir sicher, dass dieser Zeitpunkt sehr viel weiter zurückliegt, als du vielleicht im ersten Moment glaubst.»

Schweigen.

«Lass dir Zeit.» Marius legte die Hände übereinander. «Denke gründlich nach. Beweg dich zurück – zurück in der Zeit.»

Schwere Atemzüge.

Der Anwalt konnte auf dem Bildschirm kein Mikrophon erkennen. Wahrscheinlich war es irgendwo an der Apparatur untergebracht, an der Hannah festgeschnallt war wie auf dem elektrischen Stuhl.

«Als ...» Sie holte Luft. «Als Kind ...»

«Ja?»

«Wir hatten natürlich alle diese wilden Ideen, meine Freundinnen und ich. Was wir ... was wir werden wollten. Schauspielerin. Maskenbildnerin. Mee... Meeresbiologin. Was man sich eben ... eben so vorstellt.»

«Kriminalpolizistin?»

Ein Zögern. «Will das nicht ... jedes Kind irgendwann?»

«Oh, das kommt auf das Kind an, würde ich sagen. Natürlich,

Polizist steht sicherlich hoch im Kurs. Oder Astronaut. Bei den Jungen. Heute mag sich das ein wenig geändert haben, doch damals, in den achtziger Jahren? Bei den Mädchen?» Die Hände wurden angehoben, sodass sich die Fingerspitzen berührten. «Prinzessin? Wolltest du jemals Prinzessin werden?»

«Ich ... Das ist kein Ausbildungsberuf, denke ich.»

«Das weißt du heute», betonte Marius. «Aber mit acht, mit sechs, mit fünf Jahren? Was war dein Vater von Beruf?»

«Mein ...»

«Kein Polizist?»

«Nein, das nicht ...»

Merz hob die Augenbrauen. Musste sie nachdenken, welchen Beruf ihr eigener Vater ausgeübt hatte?

«In der ... Verwaltung. Bei der Bahn. Er hat Streckenpläne erstellt und ... solche Sachen.»

«Verstehe.» Marius' Hände lösten sich voneinander. Die Fingerspitzen der Rechten pochten kurz auf die Tischfläche. «Nicht eben der Stoff, aus dem Mädchenträume sind.»

«Es war ein sicherer Job! Meine Eltern hatten gebaut, und er ...»

«Du musst ihn nicht verteidigen, Hannah. Ich verstehe vollkommen.»

«Ich verteidige ihn gar nicht. Ich ...»

Merz drehte den Kopf zur Seite und beobachtete Dennis.

Hannahs Ehemann schob den Unterkiefer vor. «Mein Schwiegervater ist der langweiligste Mensch der Welt», murmelte er. «Solide bis zum Abwinken. Trotzdem: Manchmal wäre ich froh über so einen Job.»

Merz hob die Augenbrauen.

Dennis sah ihn kurz an. «Sicheres Geld», erklärte er.

«Marius.»

Dennis zuckte zusammen.

Im Grunde zuckten alle zusammen.

«Marius, erinnerst du dich, dass Hannah dir ihre Seele öffnen soll?»

Der Moderator rührte sich nicht. Dann legte er langsam eine Hand auf die andere.

«Lieber Justus, erinnere ich mich richtig, dass du mich so fürchterlich gut kennst, weil ich dir – nach deiner eigenen Aussage – verschiedenste Male geholfen haben soll?»

«Das ist richtig.»

«Habe ich ...» Eine Spur Schärfe stahl sich in die Stimme des Moderators. «Habe ich dir, vorausgesetzt, du hast dich kooperativ verhalten, zu irgendeinem Zeitpunkt das Messer auf die Brust gesetzt? Habe ich dich gezwungen, mir ein Wissen zu offenbaren, das du überhaupt noch nicht besitzen konntest, weil wir auf dem Weg in deine Seele überhaupt noch nicht an diesen Punkt vorgedrungen waren?»

Schweigen.

Noch schärfer. «Habe ich das getan, Justus?»

«Nein.»

«Das hätte mich auch gewundert.» Marius klang sehr zufrieden. Doch sofort schlug er wieder einen ganz anderen Ton an. «Vor allem aber: Sollte ich versäumt haben, dir die Bedeutung des Respekts zu vermitteln, den wir alle vor anderen Seelen, anderen *Freunden* haben müssen? Den Respekt vor dem eigenen Weg, den jeder unserer Freunde zu gehen hat, mutig und entschlossen und auf eigenen Füßen? Habe – ich – das – getan?»

Schweigen.

Marius wartete, doch eben, als er wieder zum Sprechen ansetzte, ertönte ein Knirschen aus den Lautsprechern.

Auf dem Bildschirm bewegte sich etwas. Im ersten Moment war nicht zu erfassen, was vorging.

Hannah stöhnte auf, doch abrupt brach der Laut ab.

Die Gurte, die sie auf den Stahl der Liege pressten, und die Fesseln um ihre Arme schnürten sich enger, fester. Plötzlich waren stählerne Platten zu sehen, die sich von beiden Seiten ihren Schläfen näherten, zentimeterweise, bis sie ...

«Justus!», zischte Marius scharf.

Knirschend kam das Räderwerk zum Stillstand.

Hannah bewegte sich nicht mehr.

«Mutig und entschlossen, Meister. Ich gebe unserer Freundin Hannah einen zusätzlichen Anreiz, sich mutig und entschlossen auf den richtigen Weg zu machen. Und schnell, Meister. Schnell. Der Anreiz lässt sich beliebig verstärken.»

* * *

Jörg Albrecht warf einen letzten Blick in den Nachthimmel.

Dann holte er sein Handy aus der Tasche und drückte auf die Kurzwahltaste für das Revier.

«Mmmm... Moment.» Matthiesen.

Albrecht wartete, während sein Mitarbeiter – wie er vermutete – sein Franzbrötchen herunterwürgte.

«So.» Erleichtert. «Ich hatte mir vorhin am Einkaufszentrum einen Happen rausgeholt. War die einzige Pause heute.»

«Gesegnete Verdauung. Was haben Sie für mich?»

«Moment.» Papiergeraschel. «Euler und dieser Langen haben sich die Leiche von Jasmin Vedder noch einmal vorgenommen.»

«Und?»

Matthiesen wurde ernster. «Wie erwartet. Das Mädchen wurde vor seinem Tode lobotomiert. Sonst keine Anzeichen von ... Moment ...»

«Von unmittelbarer körperlicher Gewalt», vollendete Albrecht.

«Richtig. Ganz genauso steht das hier. Martin Euler meint, seiner Einschätzung nach sei das Muster dasselbe wie bei Falk Sieverstedt. Und jetzt kommt's ...»

«Das Mädchen hat kurz vor seinem Tod bei Marius angerufen.»

Zwei Sekunden Schweigen, dann: «Woher wissen Sie das?»

«Von Marius. Wie haben Sie es erfahren?»

«Moment…» Blättern. «Hannah hatte einen Hinweis. Ein Kollege von den Uniformierten, der in Duvenstedt vor Ort war. Udo oder Uwe Tietgen. Ich kann das nicht ganz entziffern. Max Faber hat das geschrieben. Die Mutter des Mädchens hat ausgesagt, dass ihre Tochter in der Woche vor ihrem Tod bei Marius angerufen hat. Er muss sich wohl ziemlich übel aufgeführt haben. Hat dem Mädchen die Selbstmordgedanken nicht abgenommen.»

Albrecht nickte mit zusammengebissenen Zähnen.

«Gewogen», sagte er. «Und für zu leicht befunden. Marius begnügt sich damit, den Hörer aufzulegen. Doch Justus ist das nicht genug.»

«Wo er das Mädchen finden konnte, wusste er», merkte Matthiesen an. «Wenn er die Sendung verfolgt hat. Dort hat Jasmin erzählt, dass sie in den Ferien auf dem Hof sein würde. Allerdings fragt sich dann noch immer, woher Justus wusste, dass Hannah Bescheid wusste.»

Albrecht kniff die Augen zusammen. «Warum?»

«Woher er wusste, dass sie ihm auf der Spur war», erklärte Matthiesen. «Dass sie die Verbindung zwischen Jasmin Vedder und Marius hergestellt hatte – und ihm. Sie konnte zwar nicht untersuchen lassen, ob bei Jasmin eine Lobotomie vorgenommen wurde, aber der Zusammenhang muss ihr ja nun deutlich geworden sein, wenn sie dachte, dass Sie … ich meine: dass wir alle auf der falschen Spur waren mit den Sieverstedts.»

«Natürlich», murmelte Albrecht. «Sie stellt die Verbindung her. Sie fährt zum Revier, um mit mir zu reden, aber ich bin im selben Moment dabei, die Sieverstedt-Verbindung auszuheben, von der sie weiß, dass sie für Falks Tod nicht verantwortlich ist. Also macht sie sich auf den Weg, um mit dem einzigen Menschen zu reden, von dem sie sich in diesem Moment Unterstützung verspricht: Marius.»

Albrecht brach ab.

Er hatte es gewusst! Er hatte gewusst, dass es seine Schuld war, seine Verantwortung!

«Sie fährt in die Schwarzen Berge», sagte er leise. «Und an der Schranke trifft sie auf den Anwalt, spricht kurz mit ihm, und dann ...»

«Oh», unterbrach Matthiesen. «Das wäre das Nächste gewesen: Die Spurensicherung hat was gefunden, direkt an der Schranke. Die Reifenabdrücke sind nicht mehr genau zu erkennen, da ist der Harvester rüber, aber am Wegrand haben sie Fußspuren gefunden: Damenschuhe, Größe 39 – müsste hinkommen bei Hannah. Und Herrenschuhe, wohl eher Stiefel.»

«Merz?»

«Können Sie sich den in Stiefeln vorstellen?»

Albrecht zögerte. «Nein», murmelte er.

«Die Kollegen wollten nicht von einem echten Kampf sprechen, aber offenbar hat es eine Art Rangelei gegeben, und dann ...»

«Ja?», fragte Albrecht angespannt.

«Die Stiefelabdrücke führen weg, von den Damenschuhen keine Spur mehr. Er muss Hannah getragen haben. Leider lässt sich nicht genau sagen, wo die Abdrücke hinführen, aber ziemlich sicher nicht den Berg hoch. Nicht auf das Anwesen.»

Albrecht stieß den Atem aus. «Also kennen wir jetzt zumindest den Ort der Entführung. Und die Tatzeit vermutlich ebenfalls: Zwischen fünf und halb sechs ist Merz auf sie gestoßen. Hannah hatte keinen Grund, sich länger an diesem Punkt aufzuhalten. Der Täter muss quasi unmittelbar darauf erschienen sein.»

Er zögerte einen Moment, nickte dann aber zu sich selbst.

«Allerdings glaube ich nicht, dass es Friedrichs' Entdeckung in Duvenstedt war, durch die sie für ihn zum Ziel geworden ist. Ihm geht es darum, Hannah Friedrichs zu bestrafen, weil sie sich geweigert hat, Marius ihre Seele zu öffnen. Möglicherweise weiß er gar nicht, dass sie ihm auf der Spur war.»

«Aber wie hat er sie dann ...»

«Genau das», murmelte Albrecht, «ist die große Frage. Wie hat er sie gefunden? Und diese Frage ist die einzige, die uns in diesem Moment zum Täter führen kann. Weil wir sie nämlich nicht beantworten können.»

«Ich fürchte, ich verstehe gerade nicht.»

«Sokrates», erklärte der Hauptkommissar. «Sokrates lehrt, dass wir nur die Fragen stellen können, die auch eine Antwort haben. Diese Frage aber hat keine Antwort. Unser Täter konnte nicht wissen, dass ich Hannah Friedrichs von der Ermittlung abziehen würde, sie daraufhin auf die Duvenstedt-Spur stoßen und ich obendrein in genau diesem Moment die Aktion gegen die Sieverstedts eröffnen würde, sodass Hannah aus ihrer Perspektive gar nichts anderes übrig blieb, als bei Marius ihr Glück zu versuchen. Er konnte nicht wissen, dass sie am Rande des Anwesens auftauchen würde, also konnte er auch nicht dort nach ihr suchen.»

«Aber das würde bedeuten ...»

«Genau», murmelte Albrecht düster. «Das würde bedeuten, dass er überhaupt nicht nach ihr gesucht hat, sondern durch Zufall auf sie gestoßen ist. Weil er sich nämlich bereits an Ort und Stelle befand.» Er holte Luft. «Gleichzeitig aber war das Gelände die gesamte Nacht hindurch von der Außenwelt abgeschnitten. Wer sich also heute Nacht auf dem Anwesen aufgehalten hat, ist auszuschließen. Dieser Personenkreis ist im Übrigen identisch mit den Personen, die sich auch jetzt hier aufhalten und die so oder so nicht in Frage kommen, weil der Täter sich ja von außen Zutritt zum System verschafft. Unter dem Strich bleiben damit nur ...»

«Die Demonstranten», flüsterte Matthiesen.

«Oder irgendjemand, von dem wir schlicht noch nichts wissen», fügte der Hauptkommissar hinzu. «Doch das bezweifle ich. Wie weit sind Sie mit Silvio Weismann?»

«Oh ...» Blättern. «Wir haben recherchiert, was auf die Schnelle möglich war. Marco Winterfeldt fehlt uns natürlich, aber bei Ihnen ist er jetzt sicher wichtiger. Also: Weismann lebt allein, im selben Haus in Osdorf, in dem sich auch seine Praxis befindet. Im Moment ist sie geschlossen, er hatte also die Möglichkeit, auf der Kundgebung dabei zu sein, ohne seine Sprechzeiten zu vernachlässigen. Allerdings ...» Blättern, noch einmal. «Wir haben inzwischen eine Reihe von Aussagen zusammen – von den Demonstranten, die bis vorhin noch draußen unterwegs waren. Als das Unwetter losging, hat Marius anscheinend dafür gesorgt, dass seine Anhänger in Pensionen in der Nähe einquartiert wurden – das Telefonnetz war da noch in Ordnung. Doch niemand kann sagen, wo Weismann geblieben ist. Wie es aussieht, war er schon gar nicht mehr dabei. Und seitdem ...»

«Zur Fahndung ausschreiben», gab Albrecht Anweisung. «Sofort. Wichtiger Zeuge und so weiter. Sie kennen das Prozedere, und die Leute kennen es auch. Sie wissen, was das bedeutet.» Er zögerte. «Und doch ...», murmelte er.

«Hauptkommissar?»

Albrecht schüttelte den Kopf. «Ich bin mir nicht sicher», sagte er langsam. «Alles scheint zu passen. Das Motiv, die Mittel, die Gelegenheit. Wir wissen, dass er hier war. Doch genau das erscheint widersinnig. Er setzt diese Vocodertechnologie ein. Er verwischt seine Spur. Aber wenige Stunden vor der Entführung stellt sich derselbe Mann, der bereits mindestens zwei Taten begangen hat, vor die Fernsehkamera und macht sich in höchstem Maße verdächtig?»

«Da haben Sie recht», sagte Matthiesen nachdenklich. «Allerdings konnte er ja nicht wissen, dass ihm Hannah in die Hände fallen würde. Also hatte er das, was er jetzt gerade abzieht, nicht geplant.»

«Jedenfalls nicht für diesen Zeitpunkt», stimmte Albrecht zu. «Wobei er mit Sicherheit eine Art Liste führt, wer als Opfer in

Frage kommt. Doch so oder so: Dass wir den Taten früher oder später auf die Spur kommen würden, musste er einkalkulieren. Und unter diesen Umständen ist es unverständlich, warum er sich derartig exponieren sollte. Doch ob der Name Weismann passt oder nicht: Wir haben eine Gruppe von Verdächtigen, eine große Gruppe allerdings. Doch ihre Gesichter sind in Fernsehberichten dokumentiert, und sie waren gestern hier vor Ort. Unser Täter ist einer von denen, die jetzt nicht mehr vor Ort sind, sondern irgendwo anders.» Albrecht brach ab.

«Hauptkommissar?»

Albrecht antwortete nicht, sondern lauschte seinem letzten Satz nach.

«Nein», sagte er leise. «Er ist nicht *irgendwo*.»

«Aber wenn er Hannah gestern Abend entführt hat, hatte er einen ganzen Tag lang Zeit, sie *irgendwo* hinzubringen!»

«Das ist richtig.» Albrecht nickte, für Matthiesen natürlich unsichtbar. Die einzige Zeugin war eine Fledermaus, die soeben ihr Tagesversteck unter dem Gebälk des alten Herrenhauses verließ. «Doch denken Sie einmal nach: Falk Sieverstedt ist zum letzten Mal in seinem Elternhaus lebend gesehen worden. Vierundzwanzig Stunden später wurde er nur wenige Kilometer entfernt im Dahliengarten tot aufgefunden. Jasmin Vedder ist auf dem Gehöft in Duvenstedt gestorben. Genau dort, wo sie auch die Ferien verbracht hat.»

«Ja?»

«Wäre es nicht schon logistisch Unsinn, die Opfer Hunderte von Kilometern zu verschleppen?», fragte Albrecht. «Dann den Eingriff vorzunehmen und sie zum Sterben zurück nach Hamburg zu bringen? Nein», murmelte er. «Er ist hier.» Passenderweise fuhr ihm in diesem Moment ein eisiger Windstoß in den Nacken. «Seine Folterkammer, in der er die Lobotomien vornimmt, ist ganz in der Nähe. Irgendwo in Hamburg.»

«Immer noch groß genug.»

«Sie sagen es», brummte Albrecht. «Mit anderen Worten: Wir wissen, dass wir nichts wissen. Was wissen wir inzwischen über die zurückliegenden Selbstmorde?»

«Ah!»

Schon bei der Betonung dieser einen Silbe schöpfte Albrecht neue Hoffnung.

«Da könnten wir was haben», erklärte Matthiesen. «Wobei anscheinend fast die Hälfte der Hamburger Selbstmörder vorher irgendwann mal bei Marius angerufen hat. Aber ich habe hier eine Silke Lewandowsky – *Constanze* für Marius –, in Scheidung lebend, Alkoholproblem. Marius hatte ihr offenbar geholfen, trocken zu werden, aber dann ist sie rückfällig geworden, was sie ihm auch gleich gebeichtet hat. Daraufhin hat er den Kontakt abgebrochen. Drei Wochen später war sie tot.»

«Der Strick?»

«Der Gasherd. Das Interessante ist, dass der Untersuchungsbericht ausdrücklich Petechien in der Hornhaut des Augapfels vermerkt.»

«Und?», fragte Albrecht angespannt.

«Na ja. Die Frau war Alkoholikerin, und wie es aussah, hat sie sich noch mal ordentlich was gegönnt, bevor sie den Gashahn aufgedreht hat. Da erschienen die roten Augen nicht so überraschend.»

«Wann ist die Frau gestorben?»

Blättern. «Kurz vor Weihnachten.»

«Dann sollte Euler auf jeden Fall noch was erkennen können», murmelte Albrecht. «Jetzt müssen wir nur noch einen Richter finden, der die Exhumierung anordnet.»

«Schon geschehen. Paragraph 87, Absatz 4, Satz 1 der StPO. Bei Gefahr im Verzug genügt ein Staatsanwalt. Van Straaten hat Überstunden gemacht.»

Albrecht konnte sich nicht erinnern, dass ihm die Nachricht über die bevorstehende Bergung eines Leichnams jemals mit dermaßen beglückter und selbstzufriedener Stimme vorgetragen worden war.

«Faber durchleuchtet bereits den Hintergrund der Toten», fuhr Matthiesen ernster fort. «Kontakte in den Tagen vor ihrem Tod. Und wir haben noch ein oder zwei andere Kandidaten: eine Lehrerin aus Poppenbüttel und ...»

«Sehr gut», unterbrach ihn Albrecht.

Er war dankbar für die Energie, die seine Mitarbeiter entwickelten. Dennoch, selbst wenn Martin Euler noch heute Nacht auch bei Silke Lewandowsky eine Lobotomie bestätigen konnte: Er glaubte nicht daran, dass sich auf diesem Wege kurzfristig Erkenntnisse über Justus' Identität gewinnen ließen. Nicht rechtzeitig für Hannah Friedrichs.

«Was haben Sie sonst noch?», fragte er.

«Sonst?» Deutlich kühler. «Ach ja. Der Alois. Da geht es um den Kastenwagen, erinnern Sie sich? Das Fahrzeug, das diese Bürgerwehr am Sonntagabend am Dahliengarten fotografiert hat, ungefähr zu der Zeit, als Falk Sieverstedt ins Bassin gelegt wurde.»

«Ja?»

«Ein oder zwei von den ... na ja ... Gästen im Volkspark waren gestern Abend ja ganz hin und weg von unserem Aloisius.» Matthiesen dämpfte die Stimme. «Aber sprechen Sie ihn bloß nicht drauf an, da wird er ungemütlich. Jedenfalls sind von einem von ihnen bei dem Großeinsatz die Personalien aufgenommen worden, und Alois hat noch einmal ein Gespräch mit ihm geführt. Offiziell diesmal. Und siehe da: Der Mann hat den Kastenwagen doch schon einmal gesehen. Allerdings nicht am Volkspark, sondern draußen in Wedel. Da gibt es wohl auch so einen Treffpunkt für entsprechendes Publikum.»

Albrecht nickte und sah auf die Uhr. Eindeutig eine der Spuren, die ins Nichts führten, während sich im Studio in diesen Sekunden die Ereignisse überschlagen konnten.

Im Studio – und an dem Ort, an dem Täter und Opfer sich aufhielten.

«Also doch jemand von der Stammkundschaft», sagte er abschließend. «Demnach hat der Wagen vermutlich nichts mit uns zu tun.»

«Na ja …»

Etwas in Matthiesens Stimme ließ ihn aufhorchen.

«Ja?»

«Sie kennen Alois doch. Irgendwie will er noch nicht richtig mit der Sprache raus. Er will sich da noch was ansehen … irgendwas mit einer Frau oder …»

Albrecht legte die Stirn in Falten. «Ich kann mich nicht entsinnen, in den Berichten über den Volkspark jemals etwas über Frauen gelesen zu haben.»

«Im Volkspark nicht, aber in Wedel schon. Aber da müssen Sie Alois fragen, oder besser warten, bis er selbst …»

«Wenn sich etwas Entscheidendes tut, informieren Sie mich auf der Stelle», schärfte Albrecht seinem Mitarbeiter ein. «Ich bin jetzt wieder im Studio … oder nebenan, bei Winterfeldt.»

«In Ordnung.»

Albrecht beendete das Gespräch.

Nichts ist in Ordnung, dachte er.

Der Sturm war zu neuer Macht erwacht. Bogenlampen beleuchteten die Parkflächen vor Marius' Hauptquartier und erfassten einen Teil des Waldsaums, wo sich abgebrochene Zweige türmten.

Ich übersehe etwas, dachte Albrecht. Etwas Entscheidendes.

Die unsichtbare Ebene der Ermittlung, jene Ebene, auf der sich die entscheidenden Zusammenhänge wie von selbst miteinander verknüpften. Das Wurzelwerk, das sich tentakelgleich in sämtliche Richtungen ausstreckte, unter der trügerischen Wasseroberfläche eines Bassins im Dahliengarten oder hier, zu Füßen der mächtigen alten Eichen und Buchen der Schwarzen Berge: unterirdisch und unsichtbar.

Weit ausgreifend, und doch in dem einen entscheidenden Punkt zusammenführend: beim Täter. Seinem Versteck. Dem Ort, an dem er Menschen ihre Erinnerung und ihre Persönlichkeit nahm, bevor er ihnen auch das Letzte raubte.

Ihr Leben.

Irgendwo draußen, aber nicht sonst wo.

Nicht im Innern des Anwesens, aber doch nicht weit entfernt. Irgendwo in Hamburg. Irgendwo ganz in der Nähe. Weismann – oder einer seiner Gesinnungsgenossen. Ein Demonstrant, ein Sympathisant …

Der Raum war begrenzt, die Personengruppe ebenso.

Und doch viel zu groß, um rechtzeitig für Hannah Friedrichs die Identität und den Ort zu klären.

Trotz allem aber spürte Albrecht, dass er bereits über sämtliche entscheidenden Informationen verfügte. Er wusste alles, was er wissen musste, und war doch unfähig, die Zusammenhänge herzustellen.

«Ich übersehe etwas», flüsterte er.

* * *

«Das waren fünfzehn Minuten.»

Die Männer im Studio zuckten zusammen.

Sie waren nur noch zu dritt: der Moderator – und die beiden Männer in Hannah Friedrichs' Leben.

Lehmann hatte sich zu einer Besprechung mit seinem Vorgesetzten verzogen, und Folkmar wollte irgendein technisches Manöver unternehmen, um den Täter innerhalb des Systems dingfest zu machen.

Merz hatte keine Zweifel, dass es von vornherein zum Scheitern verurteilt war.

«Ich denke, das genügt», verkündete die Nicht-Stimme aus den Lautsprechern. «Unsere Freundin Hannah sollte sich nun ausreichend von ihrer Überraschung erholt haben, um euer Gespräch mutig und entschlossen fortzusetzen, Meister.»

Marius holte Atem. Merz glaubte eine Anspannung in seiner Haltung wahrzunehmen, die vorher nicht da gewesen war.

«Gut», sagte der Moderator knapp. «Doch zuvor möchte ich, dass wir beide etwas klarstellen, Justus, ein für alle Mal: Ich bin bereit, mich weiter mit Hannah zu unterhalten. Aber es kann nur in deinem Interesse sein, in unserem *gemeinsamen* Interesse, dass das, was wir von unserer Freundin erfahren, auch die Wahrheit ist. Nicht irgendetwas, das sie uns erzählt, weil sie Angst vor einem neuen *Anreiz* hat.»

«Schließt das eine das andere aus, Meister?»

Nur die Wortstellung ließ den Satz zur Frage werden. Die mechanische Stimme war unfähig, sich zum Ende zu heben.

«Angst ist Gift für die Konzentration», erklärte Marius. «Vor allem aber verleitet sie zum Lügen. Nein, mein Freund, das wollen wir doch nicht, oder?»

Schweigen.

«Nun gut, ich denke, das darf ich als Zustimmung werten. Dann also ans Werk. Liebe Hannah, du hast uns zugehört, nehme ich an?»

Merz kniff die Augen zusammen.

Eine minimale Regung war auf dem Folterstuhl zu erkennen.

«Dann möchte ich dir etwas versprechen: Wenn du mir auf alle meine Fragen Antwort gibst, so klar und so rasch wie möglich, wird im Gegenzug unser Freund Justus seine Finger stillhalten. Und zwar sowohl was seine mechanischen Spielereien anbetrifft …» Die folgenden Worte etwas deutlicher betont: «Als auch jedwede unaufgeforderten Zwischenbemerkungen. Ich kann mir nicht vorstellen, dass Justus mir zumuten würde, mein Wort zu brechen.»

Schweigen, das diesmal auch Merz als gutes Zeichen wertete.

«Hannah ...» Mit einer bedächtigen Geste strich Marius über sein Notizheft. «Wir haben uns vorhin über die Dinge unterhalten, die dich zu dem Menschen gemacht haben, der du bist. Eine Frau, die mit beiden Beinen im Leben steht – unter normalen Umständen jedenfalls. Für gewöhnlich weiß ich natürlich nichts über die Lebensumstände, wenn ich neue Freunde kennenlerne, aber in deinem Fall ist das anders. Ich darf also zusammenfassen, was wiederum unseren Freund Justus erfreuen wird, weil es ihm etwas von seiner kostbaren Zeit spart.»

Exakt im Zentrum des Lichtspots legte er die Hände übereinander.

«Fangen wir also an: Du hast den Beruf, den du dir dein ganzes Leben lang gewünscht hast, und ich habe selbst erlebt, dass du ihn ernst nimmst. Du wohnst in einem schmucken Häuschen, und du hast einen Ehemann, der zwar auch nicht viel aufregender ist als dein Herr Vater, aber wenn man lange genug auf ihm rumtrampelt, hat er immerhin einen beachtlichen rechten Haken.»

Beide Hände wurden gehoben. Mit der Rechten bog er nacheinander Daumen, Zeigefinger und Mittelfinger der Linken in die Höhe.

«Perfekt, möchte ich sagen», stellte Marius fest. «Was will man mehr?»

Schweigen.

Der Moderator wartete mehrere Sekunden, bevor er sich eine Winzigkeit nach vorn beugte.

«Genau das, liebe Hannah, ist es, was ich von dir wissen möchte: Was willst du mehr? Was ist es, das dich so unglücklich macht, dass du mit offenen Augen davon träumst, deine Fesseln mit tollwütig gefletschten Zähnen zu zerbeißen? Was ist es, das dir in deinem Leben so schrecklich fehlt?»

* * *

Kälte durchrieselt meinen Körper.

Was ist es, das dir in deinem Leben so schrecklich fehlt?

Ich beiße die Zähne zusammen.

Hunderttausende von Menschen vor den Fernsehern. Nein, eineinhalb Millionen hat Folkmar gesagt, Tendenz steigend.

Menschen, die mich kennen. Alte Schulfreundinnen, Nachbarn in Seevetal, die Verkäuferin in der Bäckerei und der Postbote.

Und meine Eltern.

Ich spüre neue Tränen in meinen Augen und versuche sie zurückzuzwingen.

Ich *weiß*, dass meine Eltern in diesem Moment vor dem Fernseher sitzen und gehört haben, wie ich über sie gesprochen habe.

Oder was Marius aus meinen Worten gemacht hat.

Wie er die Wahrheit erfasst hat. Zumindest den größten Teil von ihr.

Mein Vater ist immer ein Mann gewesen, dem die Familie alles bedeutet hat. Er hat dieser Familie, meiner Mutter und mir, etwas bieten wollen: das Häuschen in Escheburg vor allem, in einer sehr viel besseren Gegend, als sich ein kleiner Bahnangestellter eigentlich leisten konnte – solange er sich nicht fast mit Gewalt um jede Überstunde riss.

Ja, mein Vater hat einfach nur für seine Familie leben wollen. Und doch habe ich ihn als Kind fast nie zu Gesicht bekommen.

Ist das der Grund, aus dem ich Kriminalpolizistin geworden bin?

Nein. Das eine hat mit dem anderen nichts zu tun.

Es ist Marius' neue Frage, die ins Zentrum zielt.

Was ist es, das dir in deinem Leben so schrecklich fehlt?

Ich kann diese Frage nicht beantworten.

Denn nicht nur meine Eltern hören mir zu.

Dennis sitzt mit im Studio.

Aus dem Fernseher, von dem ich weiß, dass er nur wenige Schritte vor mir steht, dringt in diesen Sekunden nur Gemurmel, doch ich glaube seinen Blick zu spüren, der bis in ...

Ja, der bis in meine Seele dringt.

Nein, ich kann nicht antworten.

«Hannah?» Das ist wieder Marius. «Kannst du mich hören?»

Meine Kiefer pressen sich aufeinander.

Ich muss etwas sagen. Solange ich rede, bleibe ich am Leben.

Doch Marius wird spüren, wenn ich Ausflüchte mache. Justus wird es spüren.

Doch die Wahrheit ...

Ich höre ein Klirren. Schmerzhaft. Metall auf Metall.

Es ist nicht aus den Lautsprechern gekommen.

Er ist hier!

«Du musst zugeben, Meister, dass Hannah ihre Chance gehabt hat.»

Ich erstarre.

Die kalte, maschinenhafte Stimme, die keine Stimme ist, doch dazu nun ein anderes Geräusch, leise, kaum zu hören.

Tippen. Finger, die eine Tastatur bedienen.

Hat mein benebelter Kopf diese Laute bisher einfach nicht wahrgenommen? Hat sich Justus bis eben in einem Nebenraum aufgehalten?

Das spielt keine Rolle.

Es ist das andere Geräusch, das Geräusch, das ich kurz vorher gehört habe, das meine Glieder zu Eis erstarren lässt.

Metall auf Metall: ein Gegenstand, der auf einem Stahltablett bereitgelegt wird.

Martin Euler hat sich nicht festlegen wollen, wie das Werkzeug ausgesehen hat, das durch Falk Sieverstedts Augenhöhle ins Innere seines Schädels gedrungen ist. Es könnte ein Schraubenzieher gewesen sein, hat Albrecht erzählt, eine Art Eispickel, oder oder oder ...

In diesem Moment ist dieses Werkzeug nur noch wenige Meter von mir entfernt.

«Ich muss sagen, dass mir deine Voreiligkeit immer weniger gefällt, mein lieber Justus», ertönt Marius' Stimme aus dem Lautsprecher. Klingt sie wie immer, oder ist jetzt etwas anderes dabei, ein Zittern, eine Spur von Hektik? «Ich habe nicht den Eindruck, dass du beurteilen kannst, ob Hannah überhaupt in der Verfassung ist, meine Frage zu beantworten. Ob sie auch nur bei Bewusstsein ...»

Der Schmerz kommt völlig unvorbereitet.

Grell, schrill, blind machend.

Wie zwei glühende Stricknadeln, die von links und rechts in meine Schläfen gestoßen werden.

Ich bäume mich auf, ein Schrei entfährt meiner Kehle. Doch im selben Moment ist es schon wieder vorbei.

Mein Atem geht stoßweise, Schweiß steht auf meiner Stirn.

«Nur zum Verständnis, Meister: Es hat sich soeben um keinen neuen Anreiz gehandelt, sondern um eine Demonstration. Wie wir feststellen, ist unsere Freundin Hannah durchaus bei Bewusstsein.»

Ich höre das Tippen jetzt deutlicher. Er muss näher an mich herangekommen sein.

Dieses Tippen: Ist *das* sein Sprechen, seine Stimme?

Der Eindruck einer Bewegung.

Und im selben Moment presse ich die Lider zusammen.

Licht, grelles Licht, das sich in meinen Kopf brennt.

Er hat mir die Binde von den Augen gerissen.

Justus' Stimme dringt wie durch einen Nebel zu mir: **«Der Stromstoß, den ich ihr verabreicht habe, lag bei zehn Prozent der Spannung, die für gewöhnlich zur Vorbereitung einer Lobotomie eingesetzt wird. Auch hier lässt sich die Spannung übrigens stufenlos verstärken.»**

Ich brauche Sekunden, bis ich mich an die unvertraute Helligkeit gewöhne.

Nahezu mein gesamtes Gesichtsfeld wird von einer Großleinwand eingenommen, auf die ein Bild projiziert wird.

Ein Bild, das mich zeigt, jetzt, in diesem Augenblick. Ich bewege die rechte Hand in ihrer Fessel, um es zu prüfen, und die überdimensionierte, an den Folterstuhl gefesselte Hannah macht die Bewegung mit.

Es ist das Bild, das in diesem Moment über die Fernsehschirme flimmert: Ich erkenne das Logo von Kanal Sieben oben in der rechten Ecke.

Ein scharf begrenzter Spot erfasst die Apparatur, auf der ich fixiert bin. Alles außerhalb davon ist unsichtbar.

Justus ist nicht zu sehen. Nicht einmal ein Schatten.

Ist er schon wieder verschwunden?

«Hannah.» Marius' Stimme hat jetzt eindeutig einen Klang angenommen, wie er in seiner Show nur sehr, sehr selten zu hören ist. Ich muss an eine Sendung vor ein oder zwei Jahren denken, als er zwei Stunden lang mit einer jungen Mutter gesprochen hat, die ihn vom Dach des neuen Spiegel-Gebäudes in der Hafencity angerufen hatte. Eine der Selbstmordkandidatinnen, die er ernst genommen hat.

Zu Recht. Kaum dass der Akku ihres Handys leer war, ist sie gesprungen.

«Erinnerst du dich an das, was ich dir über Falk Sieverstedt erzählt habe, Hannah? Er musste eine Entscheidung treffen. All die Dinge aufgeben, die ihm letztlich nicht besonders viel bedeutet haben. Nur so konnte er die Chance auf das eine bekommen, das ihm wirklich wichtig war. So eine Chance hast auch du jetzt. Denn was könnte mehr bedeuten – als dein Leben? Öffne deine Seele, Hannah! Was ist es, das dir so schrecklich fehlt?»

«Ich …» Die Worte wollen nicht aus meinem Mund. «Ich kann nicht», flüstere ich.

Ich *will* leben. Um fast jeden Preis will ich leben.

Doch nicht um *diesen* Preis.

Nicht, wenn es bedeutet, dass ich Dennis ...

«Ich kann antworten», sagt eine raue Stimme.

Es ist die Stimme meines Ehemanns.

* * *

«Ich kann antworten.»

Ruckartig drehte Merz den Kopf.

Die Besucherstühle waren bequem gepolstert und hatten sogar Armlehnen. Dennis Friedrichs' Finger krampften sich um diese Lehnen wie bei jemandem, den seine Begleiter gegen seinen Willen in die Achterbahn gezerrt hatten.

«Oh?»

Auch Marius drehte den Kopf.

Seltsamerweise kam von Justus kein Widerspruch, zumindest im Moment nicht.

Doch die Männer im Studio hatten jetzt bereits zwei Mal erlebt, dass der Entführer nicht mit Worten reagiert hatte, sondern auf ganz andere, unvorhersehbare Weise.

Hannah war geschwächt, das war unübersehbar. Merz hatte erhebliche Zweifel, dass der Mann in der Lage oder auch nur willens war, seine Anreize so vorsichtig zu dosieren, dass sie nicht in Gefahr geriet, ganz gleich wie das Spiel um ihre Seele am Ende ausging.

Marius hatte offenbar denselben Gedanken.

«Eine interessante Entwicklung», murmelte der Moderator. «Eine Entwicklung allerdings, die keineswegs einzigartig ist in der Geschichte von *Second Chance*», betonte er. «Viele Freunde werden sich an unseren Freund Castor und seinen Lebenspartner Pollux erinnern, die vor einigen Jahren regelmäßig am Telefon zu Gast waren. Gemeinsam. Oder an Gawain, unseren lieben Freund Gawain, der einen harten Weg in die Selbständigkeit zu gehen hatte, hinaus aus der elterlichen Wohnung. Damals habe ich auch Gespräche mit Esmeralda geführt, seiner Mutter. – Wenn wir unseren Freund Parsifal ...» Ein Nicken zu Dennis. «... nun also hinzuziehen, um die Seele unserer Freundin Hannah zu öffnen, sind wir weit davon entfernt, irgendeines der Gesetze von *Second Chance* zu brechen.»

Marius legte die Hände auf dem Tisch ab.

Keine Reaktion.

Nicht von Justus.

«Nicht Parsifal.» Dennis stand auf und zog seinen Stuhl näher an den Tisch, bis er auf einer Höhe mit Marius saß und der Lichtspot zwei Finger seiner rechten Hand erfasste.

Das machte im Grunde keinen Unterschied, da das Fernsehbild keinen von beiden zeigte, sondern nach wie vor die gefesselte Hannah. Es war die Geste, die zählte.

«Ich heiße Dennis Friedrichs», sagte Dennis. «Ich bin Immobilienmakler. Und Hannahs Ehemann. Wir leben in Seevetal.»

«Dennis!» Hannahs raue Stimme kam aus den Lautsprechern. «Dennis, bitte, tu dir das nicht an ...»

«Ich liebe dich.» Dennis räusperte sich. «Jetzt wünschte ich mir, ich hätte dir das öfter gesagt. Oder nicht nur öfter, sondern vor allem ...»

«Lass dir Zeit, lieber Dennis!» Marius gab sich gar keine Mühe, seine Genugtuung zu verbergen. «Wie es mir scheint, nimmst du ein großes Opfer auf dich für die Frau, die du liebst, und das sollte ...»

«Ich heiße Joachim Merz.»

Dennis und der Moderator fuhren herum.

Merz stand auf, trug seinen Stuhl ebenfalls an den Tisch und ließ sich an Marius' anderer Seite nieder.

«Ich bin Anwalt und an und für sich kein sonderlich impulsiver Mensch. Doch auch ich liebe Hannah, und wenn dieses Gespräch die einzige Möglichkeit ist, dass sie am Leben bleibt: Ich bin dabei.»

«Nun ...» Ob diese Geste berechnet war, ließ sich unmöglich sagen. Aber ihre Bedeutung war leicht zu erraten: Marius rieb sich zufrieden die Hände. «An dieser Stelle betreten wir nun tatsächlich Neuland. Doch ob ich mich nun mit zwei oder mit drei Freunden unterhalte, macht letztlich keinen so großen Unterschied. Unsere Regeln ...» Ein Blick Richtung Kamera. «... stehen dem auf keinen Fall entgegen.»

Er zog sich ein Stück aus dem Spot zurück und stützte das Kinn auf die Handflächen. «An dieser Stelle würden wir die Sendung für gewöhnlich für einige Produktinformationen unserer Sponsoren unterbrechen. Großzügigerweise haben sie jedoch Verständnis gezeigt für die besondere Situation dieses Abends, und dafür möchte ich ihnen ausdrücklich danken. Wir alle, meine Freunde ...» Seine weit ausholende Armbewegung schloss die Gemeinde vor den Fernsehern ein. «Wir alle erleben heute einen besonderen Abend. Wir erleben, welchen Weg Menschen bereit sind zu gehen – aus Liebe.»

* * *

«Ich glaube, mir wird gerade schlecht», bemerkte Albrecht düster.

Als Justus sich wieder zu Wort gemeldet hatte, hatten die Beamten ihre improvisierte Abstimmung in der mit Technik vollgestopften Rumpelkammer unterbrochen.

Der Hauptkommissar sah seine beiden jungen Mitarbeiter an. Winterfeldt zwirbelte eine Haarsträhne, Lehmann kaute auf der Unterlippe.

«Na ja», murmelte Lehmann. «Aber wenn er ihnen wirklich helfen kann und es hinterher allen dreien besser geht, wäre das doch gar nicht so übel, oder?»

«Ich für meinen Teil wäre bereits zufrieden, wenn am Ende alle Beteiligten noch am Leben sind», knurrte Albrecht. «Wie weit sind Sie jetzt, Winterfeldt?»

Der Computermann stieß sich mit den Füßen vom Boden ab und rollte mit dem Drehstuhl hinüber zu seinem Laptop, den er an die Systeme des Studios gekoppelt hatte.

«Wir kommen voran», erklärte er. «Das Programm, mit dem er über die Proxys gegangen ist, kenne ich sogar. Eigentlich ein Wunder, dass er sich da von der Stange bedient hat. Zwei Stationen noch, dann müssten wir ihn haben. Es sei denn, er wechselt im letzten Moment.»

«Wechseln?»

Winterfeldt nickte. «Die einzelnen Computer, über die die Proxyverbindung nacheinander läuft. Viele solcher Programme tun das sogar automatisch alle paar Sekunden. Dann würden wir ihn vermutlich auf diese Weise nie kriegen. Aber für ihn kommt das ziemlich sicher nicht in Frage. Solche automatischen Proxys sind elend langsam – man weiß ja nie, an was für Rechner man da zwischendurch gerät. Er braucht schon was Besseres, wenn er das Videosignal von Hannah hochladen will und das, was er redet, noch dazu.»

«Im Moment redet er allerdings gar nicht», warf Lehmann ein.

«Im Moment kann er ja auch hochzufrieden sein», knurrte Albrecht.

Sein Handy klingelte. Er zog das Gerät aus der Tasche und sah auf dem Display die Nummer des Reviers.

«Ja?»

«Hauptkommissar!» Es war Matthiesen.

Albrecht wusste auf der Stelle, dass etwas Entscheidendes geschehen war.

«Wir haben Hannahs Nissan!» Der Beamte verschluckte sich beinahe. «Auf einem Schrottplatz in Hausbruch, nur ein paar Kilometer von Ihnen entfernt! Und Sie ahnen nicht, was daneben steht!»

«Der Kastenwagen aus dem Volkspark.»

Schweigen. Albrecht hasste diese Sorte Kunstpausen.

«Besser. Falk Sieverstedts aufgemotzter Audi!»

Albrecht sah über die Schulter. «Lehmann!»

Er ließ sich die Adresse geben und sah zu, wie sich der junge Beamte mit eiligen Schritten entfernte.

Er hatte es gewusst. Hausbruch war der Stadtteil, in dem der Ehestorfer Heuweg in die Schwarzen Berge abzweigte.

Justus befand sich ganz in der Nähe, und es *musste* eine Beziehung zu Marius geben. Eine persönliche Beziehung. Wenn der Entführer ein Wildfremder war und nie ein Wort mit dem Moderator gewechselt hatte, hätte er sich all den Aufwand mit dem Vocodersignal sparen können.

Doch nach wie vor blieb die wahrscheinlichste Möglichkeit, dass die Stimme eben aus Telefonaten mit Marius bekannt war. Oder von einem pathetischen Auftritt vor den Fernsehkameras.

Aber warum dann diese räumliche Nähe? Warum *dermaßen* nahe, auch der Fundort des Wagens, kaum einen Steinwurf vom Gelände entfernt? Hatte der Nissan einfach schnell verschwinden müssen, nachdem der Entführer Hannah in seine Gewalt gebracht hatte?

«Aber warum der Audi?», murmelte Albrecht. «Warum steht Falk Sieverstedts Audi in Hausbruch?»

* * *

«Du glaubst also, mir meine Frage beantworten zu können, mein Freund Dennis?»

Mein Gott, Dennis.

Noch immer pocht mein Schädel im Nachhall der grellen Schmerzen, die sich in meine Schläfen gebohrt haben. Fluoreszierende Bilder auf meinen Augen, für die ich beinahe dankbar bin, weil sie mich ablenken von den Bildern und Vorstellungen in meinem Kopf.

Dennis. Wie muss sich Dennis fühlen, jetzt, in diesem Moment?

Ich kenne meinen Ehemann. Auch wenn wir viel zu wenig miteinander reden, viel zu viel zwischen uns unausgesprochen bleibt: Ich kenne ihn.

In der Sendung anzurufen, aus der Sicherheit unseres Hauses unter dem Schutz des Namens Parsifal und ein, zwei Gläschen Jack Daniels – das ist *eine* Sache.

Aber das hier?

Das Bild auf dem gigantischen Monitor zeigt nach wie vor mich. Ich kann Dennis nicht sehen, aber mit einem Mal kommt er mir nackt vor, ja, auf genau dieselbe Weise nackt wie ich. Ausgeliefert.

Er liefert sich aus. Für mich.

Und ich weiß, wie viel schwerer ihm in dieser Situation jedes einzelne Wort fallen muss, ohne jede Deckung.

Millionen Menschen hören seine Worte, vor den Fernsehern.

Doch ich weiß, dass das nicht das Schlimmste ist für ihn.

Ich höre zu.

«Wie lange seid ihr verheiratet, Dennis?», erkundigt sich Marius. «Hannah und du?»

«Sechs Jahre», sagt mein Ehemann leise, und ich weiß, dass er es genauer sagen könnte, sehr viel genauer.

Sechs Jahre, einen Monat und neunzehn Tage.

«Sechs Jahre. Ich entsinne mich, dass du mir davon erzählt hast, vor ein paar Wochen, als du noch Parsifal warst. Eine glückliche Ehe, hast du mir berichtet, *zumindest am Anfang.*»

Die letzte Bemerkung versetzt mir einen Stich.

Hat Dennis das zu ihm gesagt? *Zumindest am Anfang?*

«Verrätst du mir, wie ihr beide euch kennengelernt habt?», erkundigt sich Marius.

«Im ...» Dennis räuspert sich. «In einem Café in Altona.»

«Oh?» Marius klingt erfreut. «Also ein Klassiker sozusagen.

Du hast also in diesem Café gesessen, und zufällig siehst du diese Frau, die dir gefällt, und sprichst sie an? Du lädst sie auf einen Kaffee ein?»

«Ja. So ähnlich.»

«Einen Espresso? Entschuldige, Dennis, aber ich muss so neugierig sein, sonst kann ich Hannah und dir – und Dr. Merz – nicht helfen.»

Meine Hände sind gefesselt. Mein Tod ist vielleicht nur noch Minuten entfernt, und ich habe keinen Schimmer, wo ich mich überhaupt befinde – womöglich ein paar hundert Kilometer von den Männern im Studio entfernt. Doch in diesem Moment habe ich eigentlich nur einen einzigen Wunsch: aufzustehen und dieses Monster kaltblütig zu ermorden.

«Da können schon winzige Kleinigkeiten wichtig sein», erklärt Marius geduldig. «Und selbstverständlich ...» Sein Tonfall verändert sich. «Und selbstverständlich ist dir klar, dass du bei der Wahrheit bleiben musst. Der vollständigen Wahrheit. Ich erkenne es sofort, wenn du mir etwas anderes erzählst als die Wahrheit.»

Dennis holt Luft. «Ich ... Ich ...»

Ich schließe die Augen.

Dennis' Unfähigkeit, über die Dinge zu reden. Zu den Dingen zu *stehen*. Selbst wenn es keine Katastrophen sind, sondern ... Alltäglichkeiten.

Doch auch manche Alltäglichkeiten sind sehr, sehr private und persönliche Alltäglichkeiten. Dinge zwischen ihm und mir, die niemanden etwas angehen. Keine eineinhalb oder mehr Millionen von Menschen.

«Ich ...» Er kämpft. Ich höre und spüre sein Zittern und ...

Ich ertrage es nicht mehr.

«Da war ...» Ich hole Luft. «... eine Anzeige.»

«Oh?» Marius klingt verblüfft. Doch da ist ein Ton in seiner Verblüffung, der nicht echt ist.

Er hat es gewusst. Gewusst, dass er mich auf diese Weise zum Sprechen bringen kann.

Ich richte mich in meinem Folterstuhl auf, so weit das möglich ist. Die neue, engere Verschnürung schneidet in meine Haut.

«Dennis hatte eine Kontaktanzeige aufgegeben», sage ich leise. «In einer Zeitung.»

«Ah.» Marius klingt jetzt höchst erfreut. «Auch das ist ein Klassiker. Eine *besondere* Zeitung?»

«Was soll das heißen?» Dennis' Protest kommt heftig wie ein Peitschenknall.

«Nun ...» Marius klingt ganz unschuldig. «Es gibt doch die unterschiedlichsten Zeitungen, in denen man solche Anzeigen findet. Wochenblätter, Tageszeitungen, Magazine, in denen es um *besondere* Wünsche ...»

«Es war das *Abendblatt*! Was glaubst du, was wir ...»

«Ah ja.» Marius klingt fast bedauernd. «Also doch nicht ganz so aufregend. Trotzdem: Hast du damals häufiger solche Anzeigen gelesen, Hannah?»

«Ich ...», murmele ich schwach. «Ich wüsste nicht, dass das verboten wäre.»

«Aber gewiss nicht! Was wäre dagegen einzuwenden, wenn doch sogar eine *zumindest am Anfang* so glückliche Ehe daraus entstanden ist! Dann war Dennis' Anzeige vermutlich nicht die erste, die dich angesprochen hat?»

«Nein.»

«Könntest du vielleicht etwas ausführlicher werden?»

Tief atme ich aus und spüre plötzlich nur noch Erschöpfung. Schwäche. Gleichgültigkeit beinahe. Wenn es nur um mich ginge, würde ich mir einfach nur wünschen, dass es endlich vorbei wäre.

«Hin und wieder», gestehe ich. «Aber es war nie das Richtige.»

«Ah ja. Und was heißt ‹Das Richtige›? Was war es bei Dennis, das dich aufmerksam gemacht hat? *Aufstrebender Jungmakler, fami-*

lienorientiert, sucht weibliches Gegenstück, gerne aus dem Ermittlungsdienst?»

«Nein.» Wie soll ich es auf einen Ausdruck, einen Satz, ein Wort bringen? Dieses Gefühl, das ein *Wow!* war, aber doch so viel mehr? «Ich hatte das Gefühl, dass er Phantasie hat. Dass er ...» Wieder ein schwerer Atemzug. «Dass er eben nicht 08/15 war oder ... Es ... Es hat eben gekribbelt.»

«Verstehe.» Lang gezogen. «Nicht 08/15, sondern ... Darf ich raten? Wild, gewagt, leidenschaftlich? In dieser Richtung?»

«Ja.»

«Verstehe. Und du, Dennis? Vermutlich hattest auch du bereits einige einschlägige Treffen hinter dir, bei denen es nur zum Smalltalk gereicht hat oder im Höchstfall zu einer wilden, gewagten Nacht auf verschwitzten Laken?»

Keine Antwort.

«Bei Hannah war das anders?», hakt Marius nach. «Liebe auf den ersten Milchkaffee?»

Nein, ich kann Dennis nicht sehen. Und doch habe ich das Bild ganz deutlich vor mir, wie er in seinem Besucherstuhl erstarrt ist.

Übertrieben stößt Marius den Atem aus. «Lieber Dennis, ich bin dir außerordentlich dankbar, dass du dich bereit erklärt hast, unsere Mission zu unterstützen. Aber ich muss dich leider darauf aufmerksam machen, dass ich mich nur äußerst bedingt unterstützt fühle, wenn du auf meine Fragen nicht antwortest. Also: Liebe? Milchkaffee?»

«Schwarz», knurrt Dennis abrupt. «Da wusste ich, dass sie die Richtige ist.»

«Nein, wirklich?» Marius klatscht begeistert in die Hände. «Dennis, du bist wirklich ein Mann, mit dem man Spaß haben kann, *zumindest am Anfang!* Unsere Freundin Hannah hat also sündig schwarzen Kaffee getrunken, und es hat auf der Stelle gefunkt. Und es war wild, ja?»

«Ja.»

«Gewagt und leidenschaftlich?»

«Ja, verdammt! Willst du noch die einzelnen Stellungen wissen?»

«Bitte nicht vor dreiundzwanzig Uhr. Und dann habt ihr geheiratet, und danach? Pfft? Ofen aus?»

«Wir haben ein Haus gekauft. In Seevetal.»

«Ah ja. Hübsche Gegend. Nicht ganz billig, nehme ich an?»

«Es liegt in Seevetal.»

Ein Geräusch. Ein, zwei Mal trommeln Marius' Finger vorwurfsvoll auf den Tisch.

«Nicht ganz billig also», stellt er fest. «Finanzielle Probleme demnach, das ist Gift für jede junge Liebe. Nichts fühlt sich schlimmer an, als wenn man der Frau, die man liebt, nicht alle Wünsche erfüllen kann, auf die dieses wundervolle Wesen selbstverständlich Anspruch hat.»

«Wir arbeiten beide», sagt Dennis, und jetzt ...

Ich halte den Atem an. Etwas verändert sich an ihm. Er wird leiser, konzentrierter. Es fühlt sich an ... Es ist kaum zu beschreiben, aber es fühlt sich an, als würde er näher an mich heranrücken.

«Und wir reißen uns beide den Hintern auf», sagt er leise. «Für das Haus. Für unser Leben. Und dieses Leben ist gut, so wie es ist, und wenn ich mir tausend Mal wünschen würde, dass wir mehr Zeit füreinander hätten. Denn die Zeit, die wir tatsächlich haben, ist ...»

Marius unterbricht ihn nicht. Ich kann spüren, wie er ihn aufmerksam betrachtet.

«Die Zeit, die wir haben, haben wir ganz und gar», sagt Dennis. «Und dann sind wir nicht nur sie und ich, sondern wir sind *wir*. Unser Leben, das wir uns zusammen aufgebaut haben, und das ...» Noch leiser. «Das will ich um keinen Preis verlieren. Ich ...»

Ich spüre seinen Blick und weiß, dass er in diesem Moment auf die Kamera gerichtet ist, die heute keine Bilder nach außen überträgt.

Dieser Blick ist nur für mich.

Oh, Dennis. Ich verdiene dich nicht!

«Ich will dich nicht verlieren, Hannah.»

«Chapeau», murmelt Marius. «Das nenne ich stark. Das nenne ich vor allem *ehrlich*. So wünsche ich mir meine Freunde.» Einen Moment muss er sich sammeln, bevor er wieder ansetzt.

«Liebe also. Liebe, meine Freunde, kann zuweilen den schwersten Anfechtungen widerstehen. Romeo und Julia haben sich selbst vom Hass ihrer versammelten Sippschaften nicht unterkriegen lassen. Andererseits sind sie bekanntlich nie so weit *ge*-kommen, sich darüber zu streiten, wer das Geschirr abspülen oder den Müll raustragen muss. Wann bist du abends so zu Hause, Dennis?»

«Halb sieben. Spätestens um sieben.»

«Oh, das klingt ja gar nicht so schlecht. Und dann machst du ein romantisches Feuerchen im Kamin für deine Liebste? Rotwein auf dem Tigerfell und ...»

«Du weißt, dass das Blödsinn ist.»

Schweigen. Schließlich ein Seufzen.

«Richtig, Dennis. Ich weiß, dass das Blödsinn ist. Und warum weiß ich das so genau? Weil wir exakt dieselbe Geschichte heute Abend schon einmal gehört haben, von Hannah nämlich. Wie war das noch in diesem wunderhübschen Häuschen, das sich ihr braver Herr Vater von seinem kargen Streckenplanerstellerlohn abgeknapst hatte? Das Haus ist da – der Herr des Hauses aber glänzt durch Abwesenheit. Und wild und leidenschaftlich ... Ach, kalter Kaffee.»

«Das ...» Die Lichter vor meinen Augen werden einen Moment lang greller. Ich spüre, wie die Wirklichkeit mir entgleitet.

Die Betäubung. Die Folter. Die unglaubliche Situation.

Das kann nicht wirklich sein. Wir reden über Dinge, die ... Ich habe keine Worte dafür.

Und eineinhalb Millionen Menschen hören zu!

«Das ist nicht wahr», bringe ich hervor.

«Nicht?» Marius klingt lauernd. «Unser Freund Dennis bringt also *nicht* jeden Abend Arbeit mit nach Hause und arbeitet so lange, dass du ihn manchmal morgens halb ohnmächtig am Küchentisch findest? Nein, natürlich nicht. Sobald du nach Hause kommst, fegt er seine Akten und Immobilienexposés vom Tisch, packt dich an den Hüften, fesselt dich an die Tischbeine und ...»

«Ja!» Ein plötzlicher Husten schüttelt mich, meine Hände ballen sich zu Fäusten. «Du wirst es nicht glauben, aber genau das ist sogar vorgekommen.» Leiser. «Ein oder zwei Mal.»

«Oho.» Der Moderator schnalzt mit der Zunge. «Gewagt, gewagt. Und wann?»

Schweigen.

Ein tiefer Seufzer. «Wie vermutet also. Leider, leider wie vermutet.»

Wieder verstummt er. Und diesmal weiß ich, dass es endgültig ist.

Es ist durchgestanden. Dennis hat gesprochen. Eine Schwäche ergreift von mir Besitz, die fast keine Grenzen kennt.

Doch etwas hindert mich. Ich kann nicht vollständig davonschwimmen, in diese Schwäche, die einer Ohnmacht nahekommt.

Mein Ehemann hat seine Seele geöffnet.

Marius scheint mit dem Ergebnis zufrieden zu sein, und tatsächlich hat Dennis sehr viel mehr gesagt, als wir beide miteinander aussprechen könnten.

Und doch ist da etwas ... Ich versuche danach zu greifen, doch ...

Ich kann es nicht denken. Nein, nicht jetzt, nicht hier.

Jetzt daran zu denken würde bedeuten, alles in Frage zu stellen. Alles, was ich bin und fühle, alles, was wir beide, Dennis und ich, sind. Selbst wenn ich das hier überleben sollte: Ich könnte nicht wieder zurückkommen.

Zu uns.

Zu mir.

Wieder ich selbst sein und weiterleben, als wäre alles in Ordnung, nur weil *das hier* vorbei ist.

Hat Marius meine Schwäche erkannt?

Hat er erkannt, wie schwer mein Gleichgewicht erschüttert ist?

Dann nützt er den Moment meiner größten Schwäche gnadenlos aus.

«Und in diesem Vorstadtidyll voll biederer Streb- und Sittsamkeit ...», erklärt er gut gelaunt. «In diesem freundlichen Szenario erscheint nun *dieser* Mann: Dr. Joachim Merz.»

* * *

Jörg Albrecht massierte sich die Nasenwurzel. Er spürte, dass er der Auflösung ganz nahe war, nur noch wie durch einen Schleier von der Wahrheit getrennt, hauchdünn und doch absolut undurchdringlich.

Der Täter war in der Nähe. Irgendwo in der Stadt. Sämtliche Taten, von denen sie zu diesem Zeitpunkt wussten, waren im Großraum Hamburg verübt worden.

Hannah Friedrichs hatte er sogar unmittelbar an den Grenzen von Marius' Anwesen in seine Gewalt gebracht.

Das war logisch, wenn er zu den Unterstützern gehörte, die sich an der Hauptzufahrt zusammengerottet hatten. Ebenso wie es logisch war, den Nissan möglichst schnell loszuwerden: auf einem Schrottplatz zu Füßen der Schwarzen Berge.

Aber warum den Audi? Wo Falk Sieverstedt entführt worden

war, war nach wie vor unbekannt. Sein Körper war jedenfalls am anderen Elbufer gefunden worden, im Dahliengarten. In einer vollkommen anderen Ecke der Stadt.

Warum stand der Audi in Hausbruch? Warum so nahe an Marius' Gelände?

Albrecht fuhr sich über die Lippen.

«Winterfeldt, dieses Virus, oder was das für ein Programm ist, mit dem Justus das System steuert: Wenn ich annähernd richtig informiert bin, funktioniert das heute nicht mehr so, dass er hier einbrechen und sich am Rechner zu schaffen machen müsste, oder?»

Der Computermann schüttelte den Kopf. «Nein, in der Regel nicht. Das wäre sicher auch möglich, wäre das Sicherste und Schnellste, aber da gibt es ganz andere Möglichkeiten. Winzige Programme, die sich über das Internet einschleichen, und mit denen Sie ...»

«Ich dachte, das Programm wäre ungeheuer komplex?»

«Winzige Programme, die das System infiltrieren und andere, sehr viel kompliziertere Programme nachladen. Wenn er den Fuß mal in der Tür hat, kriegen Sie ihn nicht wieder raus. Und ich habe nicht die Spur einer Ahnung, was er alles ins System geschleust hat. Deshalb muss ich so höllisch vorsichtig sein, dass er mich nicht sieht.»

«Er könnte Sie *sehen*?»

Winterfeldt nickte. «Dass jemand hier am Rechner sitzt, ja. Folkmar wollte vorhin noch mal was ganz anderes versuchen. Ich hatte da nämlich überlegt ... also eigentlich hatten wir zusammen überlegt, oder, nein, eigentlich hatte er überlegt ... Also, dass man versuchen könnte, sozusagen umgekehrt vorzugehen, verstehen Sie?»

«Kein Wort.»

Der Computermann verdrehte die Augen. «Wir könnten versuchen, Justus' Rechner zu kapern. Wir kennen ja einige der Programme, die er verwendet, und jedes dieser Programme hat Schwachstellen. Aber dazu ...»

Er wurde abgelenkt.

Einer der Monitore in einer ganzen Batterie verstaubter Bildschirme zeigte das Bild, das zu diesem Zeitpunkt eigentlich hätte über den Sender gehen sollen: das Studio von *Second Chance*, erhellt von einem einsamen Scheinwerferspot, der jetzt die schemenhaften Umrisse von Marius, Merz und Dennis Friedrichs einfing.

In diesem Moment schob sich ein Schatten durchs Bild und ließ sich hinter das Rechnerterminal im Studio gleiten.

«Wir werden gleich wissen, ob's geklappt hat», murmelte Winterfeldt.

Sekunden später nickte er knapp.

«Hat nichts gebracht, schreibt Folkmar. Er war in der technischen Zentrale – die ist noch mal woanders untergebracht hier im Gebäude. Wir hätten nämlich eine zweite Leitung gebraucht, wieder mit ausreichend Bandbreite. Wenn wir's von hier aus versuchen, und Justus kriegt das mit ... Ich denke, das wollen wir uns besser gar nicht vorstellen.»

Albrecht nickte ruckartig. Nein, das wollte er tatsächlich nicht.

Winterfeldt tippte etwas auf seiner Tastatur. Die Bildschirmanzeige veränderte sich. Kryptische Zahlenkolonnen, leichengrüne Verlaufskurven, die in hektischem Rhythmus auf und ab tanzten wie der Takt eines vorgeschädigten Herzens.

«Gleich haben wir's», murmelte er. «Wenn Justus jetzt nicht unterbricht, sind wir ...»

Der Computermann verstummte.

«Winterfeldt? Hat er die Übertragung unterbrochen?»

Der junge Mann schüttelte mechanisch den Kopf.

Albrecht warf einen Blick auf den Hauptmonitor. Hannah Friedrichs, nach wie vor, und es war eindeutig kein Standbild. Albrecht konnte die Bewegung erkennen, mit der Hannah die nahe an ihrem Körper fixierten Finger öffnete und schloss.

«Was haben Sie denn?», drängte er.

«Also ...» Der junge Mann schüttelte den Kopf, wieder und wieder. «Ich hab schon vieles gesehen, aber *das* ...»

Ein äußerst unangenehmes Gefühl ergriff von Jörg Albrecht Besitz, als er an die Seite des jungen Mannes trat.

* * *

Marius wandte sich um.

Merz sah ihn ruhig an.

Diesen Eindruck musste es auf den Moderator machen.

Doch Joachim Merz war nicht ruhig. Nicht in seinem Innern.

Hannah und ihr Mann hatten viel von sich preisgegeben.

Doch die Friedrichs mochten erzählen, was sie wollten: Möglicherweise würden die Nachbarn eine Weile hinter vorgehaltener Hand über sie tuscheln – eine Weile, die sich durchaus bis zum Renteneintritt hinziehen konnte. Doch Dennis Friedrichs würde dadurch nicht eine Eigentumswohnung weniger vermitteln, und Hannahs erotische Erfahrungen lagen vermutlich auch nicht dermaßen außerhalb der Norm, dass sie damit für den Dienst bei der Kriminalpolizei untragbar wurde.

Nein, was die Nachbarn miteinander trieben, war immer nur begrenzt interessant.

Die Nachbarn standen nicht im Licht der Öffentlichkeit.

Anders als Joachim Merz.

«Nun ...» Marius schien sich zu sammeln.

Wenn er einen Rest Verstand hat, erinnert er sich daran, dass ich auch *sein* Anwalt bin, dachte Merz.

«Ich gehe davon aus, dass Sie in einer etwas anderen Welt leben als die Eheleute Friedrichs, Dr. Merz», bemerkte Marius. «Zum Beispiel sind Sie häufig im Fernsehen zu Gast.»

Merz zuckte die Achseln. «Da sind wir schon zu zweit, nicht wahr?»

Der Moderator machte eine Handbewegung: Treffer akzeptiert.

«Nun, ich bin eher der Gastgeber, aber richtig. Verraten Sie mir, wie lange Sie unsere Freundin Hannah schon kennen?»

Merz zögerte. «Drei Jahre», sagte er. «Im Oktober.»

«Das wissen Sie so genau?»

Merz nickte stumm.

«Und seit drei Jahren haben Sie beide ... Darf ich sagen: ein Verhältnis?»

«Das dürfen Sie nicht.»

«Oh? Und warum nicht?»

«Weil es nicht wahr ist.»

Marius betrachtete ihn.

Sag mir, dass ich lüge, dachte Merz. Sag's mir auf die gebrochene Nase zu.

«Aber Sie leugnen nicht, dass Sie mit Hannah ... intim waren?»

Merz holte Luft. «Nein, das leugne ich nicht.»

«Und wann zum ersten Mal?»

«Vor drei Jahren. Im Oktober.»

«Aha. Und seitdem ...»

«Reden wir von Hannahs Seele, Marius? Oder reden wir über Bettgeschichten?»

Wieder diese Handbewegung, aber unwilliger diesmal.

«Wir reden über beides», erklärte der Moderator. «Nachdem wir zu erahnen beginnen, was es ist, das Hannah in ihrem Leben fehlt, stellt sich die Frage, was sie so offensichtlich in Ihnen gefunden hat. Würden Sie das, was Sie beide verbindet, demnach als Bettgeschichte bezeichnen?»

«Nicht ...» Merz zögerte. «Nicht ausschließlich», sagte er. «Nur zum geringen Teil.»

Er musste auf seine Worte achtgeben. Er war entschlossen, nicht zu lügen, und in mehr als einer Beziehung hatte er nicht gelogen.

Was zwischen ihnen geschehen war, hatte sich nur zum ganz geringen Teil im Bett abgespielt.

Ohne dass er die Augen hätte schließen müssen, konnte er Hannahs Körper vor sich sehen, nackt, bloß und verletzlich auf dem Boden seiner Wohnung in Rotherbaum. Ihr Duft, ein Duft, in dem Verlangen und Furcht sich mischten. Oder den Park in Braunschweig, als sie nicht länger hatten an sich halten können, nicht mehr den Weg ins Hotel geschafft hatten. Laute von Lust, ja, und Schmerz.

Unter den Sternen.

Doch das war nur die eine Dimension.

Die andere Sache war, dass Hannah es einfach verdient hatte, dass er die Wahrheit sagte.

«Ich würde es als Liebe bezeichnen», sagte er.

Ein dumpfer Laut war zu hören, als Dennis seinen Stuhl zurückschob, aufstand und sich zwei Schritte vom Tisch entfernte.

Der Moderator warf einen Blick über die Schulter. Er sah mehr in der Dunkelheit als jeder andere, und offenbar stellte ihn zufrieden, was er sah.

Nein, Dennis würde den Raum nicht verlassen.

«Als Liebe?», hakte Marius nach. «Das müssen Sie mir erklären. Was bedeutet Hannah Friedrichs für Sie?»

Der Anwalt schloss die Augen.

«Sie war eine Herausforderung. Am Anfang. Sie ist eine sehr starke Frau. Ich habe in meinem Leben ...» Er holte Luft. «Ich hatte viele Frauen», sagte er. «Aus bestimmten Gründen ist das nicht schwierig für mich, und damit bedeutet es keine Herausforderung mehr. Vielleicht ist es eine typisch menschliche Regung, dass wir immer um das kämpfen, das sich schwer erreichen lässt.»

Marius nickte. «Dinge, die selten sind, ziehen uns an. Dinge, die nicht jeder hat. Gold, Edelsteine, ein Ferrari. Eine Yacht, ein Privatflieger, eine Schönheitskönigin zur Frau. Unser Bild in der Zeitung.»

Jetzt war es Merz, der eine wegwerfende Bewegung machte.

«Gut», schränkte der Moderator ein. «Das Bild in der Zeitung ist in Ihrem Fall nichts Besonderes. Hannah dagegen schon?»

Merz' Augen wanderten zum Monitor.

Hannah konnte sich nur wenige Zentimeter bewegen, ihr Gesicht war verquollen.

Natürlich war sie hübsch, selbst in diesem Moment noch. Auf eine ganz andere, tiefere, geheimnisvollere Weise als eine föhngewellte Blondine, an deren Seite Joachim Merz sein Gesicht einmal mehr in der Klatschpresse hätte bewundern können, wenn das sein eigentlicher Antrieb gewesen wäre. Auf eine Weise, die die Leser solcher Blätter womöglich gar nicht erfassen konnten.

Aber das war nicht das Entscheidende.

«Wie gesagt.» Merz sah den Moderator an. «Am Anfang war es ihre Stärke. Ich habe gespürt, dass wir ... gleichwertig sind. Ein Kampf, in jeder Beziehung, und ich kann Kämpfen schwer aus dem Weg gehen. Und auf eine Weise ...»

Wieder musste er an ihren Körper denken, ausgeliefert und bloß, zu seinen Füßen.

«Auf eine Weise habe ich diesen Kampf gewonnen. Wobei sie es mir in dieser Beziehung leicht gemacht hat, doch ...» Er schüttelte den Kopf.

«Ja?»

Merz sog die Luft ein. «Sie ist echt», sagte er. «Das ist sie mehr als alles andere. Ja, wir haben gespielt, und doch war es mehr als das. Es ist einfach ...»

Wieder betrachtete er den Monitor.

Hannah in ihren Fesseln. Gerade weil die Szene auf gespenstische Weise Ähnlichkeit hatte mit dem, was sie beide miteinander erlebt hatten, wünschte er sich in diesem Augenblick nichts mehr, als Justus mit bloßen Händen den Kopf abzureißen.

«Ich weiß nicht, was es ist», sagte er leise. «Aber ich spüre, dass ich nie wieder zur Ruhe kommen werde, wenn ich es nicht herausfinde.»

Stille.

Merz spürte Dennis' Präsenz in seinem Rücken: äußerste Anspannung. Ihn in dieser Weise von seiner Frau sprechen zu hören, musste mehr sein, als er ertragen konnte.

Selbst Folkmar hatte seine Tipperei aufgegeben, seitdem er in den Raum zurückgekehrt war.

Marius nickte nachdenklich.

«Das sind, zugegeben, eindrucksvolle Aussagen.» Er betrachtete die Kamera. «Hast du gehört, was diese beiden Männer gesagt haben, Hannah?»

Sein Tonfall hatte sich verändert.

Merz selbst verfolgte die Show nur sporadisch, doch er wusste, dass dem Moderator durchaus unterschiedliche Tonlagen zur Verfügung standen. Marius konnte auch echten Respekt zum Ausdruck zu bringen – wenn er ihn empfand.

«Diese beiden Männer haben viel, sehr viel für dich gewagt, Hannah. Sie haben Dinge ausgesprochen, die die meisten Menschen in ihren Seelen verschließen. Und dieses Wagnis sind sie nicht etwa unter dem Schutz eines unbekannten Namens eingegangen, wie wir es hier in der Sendung gemeinhin halten, nein: Jeder Mensch auf der Straße, dem sie morgen begegnen, oder übermorgen oder im nächsten Jahr – jeder Mensch wird diese Geheimnisse kennen. Das Geheimnis ihrer Liebe. Zwei Männer, Hannah, die dich lieben, jeder von ihnen auf seine Weise.»

Er legte die Hände ineinander.

«Ich hatte dir die Frage gestellt, was es ist, das dir in deinem Leben so schrecklich fehlt. Nun, ich möchte bezweifeln, ob du selbst es exakter hättest auf den Punkt bringen können, als diese beiden Männer es getan haben. Sie lieben dich, und ich zweifle keinen Augenblick daran, dass auch du sie liebst: alle beide, jeden von ihnen auf eine eigene Weise. Denn jeder dieser beiden steht für eine Seite von dir, ohne die du nicht die Frau wärst, die du bist.»

Ein Blick nach links.

«Du kannst Dennis wählen, die Sicherheit, das Leben, das ihr euch gemeinsam aufgebaut habt mit dem hübschen Haus in Seevetal. Aber sei gewiss: Wann immer du in diesem hübschen Haus aus dem Fenster schaust, wirst du dich daran erinnern, dass irgendwo da draußen etwas ist, das mehr ist, wild und gefährlich. Ein Mann, nach dem sich unzählige Frauen verzehren, der sich selbst aber nach dir verzehrt.»

Ein Blick nach rechts.

«Oder aber du kannst ebendiesen Mann wählen. An seiner Seite wirst du ein Leben führen, in dem du zum Nachdenken wahrscheinlich gar nicht mehr kommst: wild, gewagt, leidenschaftlich. Cocktailpartys mit den oberen Zehntausend, Sektempfänge und Vernissagen und ein ständiger Kampf, wie Dr. Merz es so hübsch ausgedrückt hat, ob im Bett oder als Freiluftveranstaltung. Aber wenn ...» Er löste die Hände voneinander und hob den Zeigefinger. «Aber wenn du zum Nachdenken kommst: Wirst du leben können mit der Erinnerung an das, was du verloren hast?»

Er legte die Hände flach auf den Tisch, die Handflächen nach oben.

«So oder so, Hannah: Du wirst etwas gewinnen und etwas verlieren. Und gleichzeitig wirst du wissen, dass einer dieser beiden Männer einfach nur verloren hat. Und doch erinnerst du dich, was ich dir über unseren Freund Felix gesagt habe: Er musste sich entscheiden, wie wir alle uns entscheiden müssen, irgendwann in unserem Leben. Jetzt, in diesem Moment, stehst du an dieser Stelle.»

Die Hände wurden wieder ineinandergelegt.

«Oder sitzt oder liegst in diesem Fall.»

Hannah ließ sich flach zurückfallen.

«Das ... das ist nicht dein Ernst.»

Marius antwortete nicht.

Merz biss die Zähne zusammen.

Der Moderator pokerte. Er war sich nicht sicher, ob das der jungen Frau klar war, aber der Anwalt erfasste den Gedankengang vollkommen:

Justus hatte nicht all diesen Aufwand getrieben, um Hannah am Ende gehen zu lassen.

Er wollte sie sterben sehen, wie all seine anderen Opfer gestorben waren.

Ein Opfer: Das war das Entscheidende.

Wenn Hannah von sich aus ein Opfer brachte, dessen gewaltige Dimensionen Marius absolut zutreffend geschildert hatte, nur dann würde sich Justus unter Umständen beeindrucken lassen. Nur dann würde er akzeptieren, dass sie tatsächlich ihre Seele geöffnet hatte.

Nur dann hatte sie möglicherweise die Spur einer Chance.

Merz – oder Dennis.

Eine Entscheidung.

«Ich ...» Hannahs Stimme war weniger als ein Flüstern. «Ich *kann nicht.*»

«Du ...»

Marius unterbrach für einen Moment, als sich Folkmar ausgerechnet diesen Moment aussuchte, sich an der Kamera vorbei aus dem Raum zu schieben.

Der Moderator zögerte und schien für einen Moment zur Tür zu schauen, schüttelte sich dann aber kurz.

«Du hast keine Wahl», betonte er und griff gleichzeitig nach seinem Notizblock. «Deine einzige Wahl besteht darin, dass du die Wahl zwischen diesen beiden Männern hast.»

Er machte eine kurze Notiz, schaute dann wieder beschwörend in die Kamera.

«Alle beide lieben dich», betonte er. «Alle beide kennen dich. Welches ist Hannahs Lieblingswein, Dennis?»

Dennis hob die Augenbrauen. «Lambrusco. Aus den Abruzzen.»

«Welches ist ihr Lieblingsparfüm, Dr. Merz?»

Verwirrt sah der Anwalt ihn an.

Hannahs Duft war dezent – fast immer. Ausgenommen in den Nächten, in denen er sie für sich allein gehabt hatte.

«Sun», sagte er irritiert. «Von Jil Sander.»

Marius nickte.

«Du siehst», sagte er und schob mit einer beiläufigen Bewegung sein Notizbuch beiseite. «Sie kennen dich so gut, wie du dich selbst kennst.»

Das Notizbuch ...

Merz kniff die Augen zusammen.

Marius schob es ihm so deutlich entgegen: Er konnte nicht anders.

Er riss die Augen auf, als er las: *Folkmar riecht geradezu penetrant nach Sun von Jil Sander.*

Eine Sekunde lang war er unfähig, sich zu rühren.

Dann war er mit einem Satz an der Tür.

elf

Zahlenkolonnen rasten über den Bildschirm. Die dünne grüne Linie oszillierte in einem hektischen Takt.

«Nun machen Sie schon endlich den Mund auf!», knurrte Albrecht. «Was ist los mit der Verbindung?»

Er warf einen Blick auf den Monitor der Live-Übertragung. Marius war mitten in einer bizarren dreifachen Seelenöffnung mit Friedrichs, ihrem Ehemann und dem Anwalt.

Winterfeldt schüttelte den Kopf und hörte gar nicht wieder damit auf.

«Ich dachte, ich kenne diesen Proxy-Mechanismus», murmelte er. «Aber er muss vollkommen anders funktionieren, als ich geglaubt habe.»

«Sie sind am Ende der Kette, und Sie haben Justus trotzdem nicht?»

«Nein.» Immer neues Kopfschütteln. «Ja, doch. Ich bin am Ende, aber ... Sehen Sie sich das doch an: hier.»

Ein angeknabberter Fingernagel tippte auf einen Punkt weit oben auf dem Bildschirm.

«Das ist unsere IP. Also diejenige des Studios.»

Eine zehnstellige Zahl. Albrecht nickte. «Und?»

«Hier unten sehen Sie die unterschiedlichen Stationen, über die das Signal gelaufen ist: Rechner auf Zypern, auf den Fidschi-Inseln, zwei Mal in den USA, zwischendurch zurück nach Deutschland, dann wieder nach Übersee, aber am Ende ...» Wieder der Fingernagel. «Hier.»

Albrecht kniff die Augen zusammen. «Die Nummer ist identisch», murmelte er. «Wie Sie gesagt haben: Er sendet von unserer Adresse.»

Der Hauptkommissar hatte nicht damit gerechnet, dass diese Schüttelei noch heftiger werden konnte.

Aber sie konnte.

«Ich habe gesagt: Es sieht *aus*, als ob er von unserer Adresse sendet», korrigierte Winterfeldt. «Daraufhin bin ich auf den Proxy-Mechanismus gestoßen und ihm bis ans Ende gefolgt. Und wohin komme ich: zu *unserer* Adresse.»

«Und das ist nicht normal?»

Ein Stoßseufzer. «Herr, schmeiß Hirn vom Himmel!»

«Hauptmeister!», sagte Albrecht scharf. «Ganz ruhig!»

«Sorry», murmelte Winterfeldt und riss sich zusammen, sichtbar um Geduld bemüht. «Nein, das ist nicht normal. Ich hätte bei dem Rechner ankommen müssen, auf dem er in Wahrheit unterwegs ist. Aber das kann nicht ...»

Ganz langsam drehte Jörg Albrecht den Kopf zum Hauptmonitor.

Der Ton war leise gestellt. Marius hatte sein Experiment offenbar beendet und zählte Friedrichs ihre Alternativen auf – die beiden Alternativen, die rechts und links des Moderators saßen.

Der Techniker Folkmar war nichts als ein Schatten ganz am Bildrand.

«Justus muss den Mechanismus irgendwie gedoppelt haben», hörte Albrecht Winterfeldts Stimme. «Von seinem Rechner über die Proxys hierher, und dann noch einmal im Kreis. Obwohl ich keine Ahnung habe, wie das funktionieren kann.»

«Ich schon», flüsterte Albrecht. «Justus spricht nicht, richtig?»

«Wie? Ja, richtig. Die Vocoder-Software. Wer das entwickelt hat, muss ein technisches Genie sein.»

Der Computermann war Albrechts Blick gefolgt.

«Er spricht nicht», sagte der Hauptkommissar leise. «Jedenfalls muss er dazu nicht den Mund aufmachen. Er muss lediglich tippen. Dieser Mann dort tippt in einer Tour. Er tippt sogar, während wir im Raum sind – und niemand denkt sich etwas dabei.

Und gleichzeitig hören wir Justus' Stimme. Als wir uns aber alle in den Raum gedrängt haben, hat ihm Lehmann fast auf dem Schoß gesessen», murmelte er. «Und siehe da: Justus verstummte. Lehmann konnte ihm auf die Finger sehen.» Er zögerte. «Allerdings hat er auch vor einigen Minuten mit Marius gesprochen, als er gar nicht im Raum war.»

«Das ...» Winterfeldt starrte auf den Monitor. «Nein, das hat nichts zu bedeuten. Im System schwirren ein halbes Dutzend mobile Endgeräte rum. Er kann ganz einfach mit dem iPad, aber ... Folkmar?»

«Ein technisches Genie?»

Nervös begann der Computermann an einer Haarsträhne zu knabbern.

«Er hält den Laden hier seit Jahren allein am Laufen. Hat er mir selbst erzählt. Aber dieser Justus klingt kein Stück nach Folkmar. Nicht die Stimme jetzt, sondern wie er spricht. Die Ausdrucksweise und ...»

«Was muss das für eine Erfahrung sein», murmelte Albrecht. «Wenn man schon ein ganzes Leben hinter sich hat, draußen ... wie Doktor Warnecke ... oder Folkmar. Und dann findet er zu uns und zu diesen Dingen hier?»

«Hä?»

«Etwas, das mir ein junger Mann erzählt hat.» Albrecht schüttelte den Kopf. «Schopenhauer», knurrte er. «Der Irrationalismus.»

«Hä?»

«Die Leute hier im Haus kommen uns vielleicht vor wie normale Menschen. Aber das sind sie nicht. Jeder von ihnen hat eine Gehirnwäsche bei Marius hinter sich, gegen die sich eine Lobotomie wie ein Besuch beim Friseur ausnimmt.» Er schüttelte den Kopf. «Rufen Sie Lehmann! Er soll auf der Stelle zurückkommen, mit sämtlichen verfügbaren Männern. Wir müssen ...»

Er kniff die Augen zusammen.

Auf dem Monitor quetschte sich ein Schatten an der Kamera vorbei.

Marius, Merz und Dennis Friedrichs waren nach wie vor an Ort und Stelle.

«Verdammt!»

Albrecht sprang auf und war mit drei Schritten auf dem Flur. In der Dämmerung des Korridors konnte er einen Umriss in der Tür des Studios erkennen.

Aber nein, nicht Folkmar. Zu groß für Folkmar. Folkmar war schon verschwunden. Es war Merz.

«Stehen bleiben!»

Albrecht stolperte den dunklen Gang entlang und griff nach seiner Dienstwaffe.

Zum zweiten Mal an diesem Tag.

«Stehen bleiben, sage ich!»

In der Studiotür erschien ein neuer Umriss.

Der Zusammenprall trieb ihm die Luft aus den Lungen.

Friedrichs' Ehemann war mehr als zehn Jahre jünger als er und wesentlich besser in Form. Albrecht klammerte sich an den Türrahmen, während Dennis Friedrichs an ihm vorbeihechtete, Merz hinterher.

Und Merz war hinter Folkmar her.

«Verdammt!»

«Ah, Hauptkommissar Albrecht!»

Albrecht kniff die Augen zusammen.

Marius machte hinter seinem Lämpchen eine auffordernde Geste.

Der Moderator war nicht mehr als eine Silhouette, doch irgendetwas an ihm war – *bezwingend*? War das das richtige Wort?

Jörg Albrecht war nicht der Mann, der sich zu irgendetwas verleiten ließ, doch zumindest sah er genauer hin.

«Erinnern wir uns noch einmal, was unsere Freundin Hannah ausmacht», sagte Marius im Plauderton in Richtung Kamera.

Doch seine Haltung passte nicht zu diesem Ton.

«Das Häuschen in Seevetal und ein kreuzbraver, fleißiger Ehemann – das ist die eine Seite ihres Wesens. Die Sehnsucht nach dem wilden, leidenschaftlichen Abenteuer eine zweite. Die beiden Herren, die diese unterschiedlichen Facetten verkörpern, haben offenbar gerade beschlossen, auf die altmodische Weise miteinander auszutragen, welche dieser Seiten den Sieg davonträgt.»

Albrecht starrte ihn an.

Glaubt er, was er da redet?

«Was selbstverständlich nichts daran ändert, dass die Entscheidung bei dir liegt, liebe Hannah. Vor allem aber ergeben selbst diese so unterschiedlichen Facetten nur einen kleinen Teil des Menschen, der du in Wahrheit bist. Denn in Wahrheit, mehr als alles andere, bist du – eine Polizeibeamtin. Das war dein tiefster, dein sehnlichster Wunsch, schon als kleines Kind. Und ich behaupte, dass es einen Menschen gibt, einen einzigen Menschen, der diese Facette besser kennt als jeder andere: dein Vorgesetzter und väterlicher Freund – Hauptkommissar Jörg Albrecht.»

Väterlicher Freund?

Albrecht starrte den Moderator an.

Ein einladendes Nicken.

Nein. Nicht einladend, es war eher ein Befehl.

Ein Nicken zum Tisch.

Dort lag etwas. Marius' Notizbuch.

Zögernd trat der Hauptkommissar näher.

Folkmar riecht geradezu penetrant nach Sun von Jil Sander.

Verwirrt sah Albrecht den Mann an.

«Du scheinst einen beachtlichen Eindruck auf die Männer in deinem Leben zu machen, Hannah», fuhr Marius im Plauderton fort, während er das Notizbuch beiläufig wieder an sich zog und rasch etwas schrieb. «Dass sie offenbar bereit sind, dir in diesem Moment beizustehen, deine Seele zu öffnen – und auch ihre eigene.»

Das Notizbuch wurde wieder beiseitegeschoben.

Folkmar = Justus. Merz + Dennis verfolgen ihn. Er darf nicht wissen, dass er durchschaut ist. Spielen Sie mit!!!

Der letzte Satz war doppelt unterstrichen.

Albrecht starrte abwechselnd auf den Moderator und den Bildschirm.

Hannah Friedrichs, hilflos und gefesselt.

Er sah ihren Blick.

Und musste an den Blick eineinhalb Tage zuvor denken, als er ihr eröffnet hatte, dass sie von der Ermittlung abgezogen war.

Der Ermittlung, in der sich in diesem Moment die Ereignisse überschlugen.

Er war der Leiter dieser Ermittlung. Der Täter war flüchtig, verfolgt vom Ehemann des letzten Opfers und einem Prominentenanwalt.

Albrecht *musste* hinterher. Alles andere war unverantwortlich.

Wenn Isolde Lorentz noch nach etwas suchte, das ihm endgültig das Genick brechen würde, war dies die ideale Vorlage.

Schwer ließ sich Albrecht auf den Stuhl sinken, auf dem eine Minute zuvor noch Joachim Merz gesessen hatte.

Es fühlte sich richtig an.

* * *

«Stehen bleiben, sage ich!»

Nicht für einen Lidschlag zog Joachim Merz in Erwägung, der Anweisung Folge zu leisten.

Der Korridor lag im Dunkeln, nur die matt dämmernden blauen Bodenleisten gaben Orientierung.

Der Anwalt hastete voran. Irgendwo in der Finsternis vor sich hörte er Schritte, die er sich möglicherweise nur einbildete.

Schritte auch hinter ihm, deutlicher allerdings, und dermaßen polterig, dass es nur Dennis Friedrichs sein konnte.

Was war mit Albrecht? Hannahs Chef musste aufgegeben haben.

Merz starrte in die Dunkelheit und hoffte auf einen verräterischen Lichtschimmer, irgendein Zeichen, an welcher Stelle der Techniker eine Tür öffnen und den lang gestreckten Flur verlassen würde.

Nichts.

Folkmar.

Es war direkt vor ihren Augen geschehen, in so viel mehr als einer Beziehung, die ganze Zeit.

Die Stimme war ein automatisierter Prozess, der auf Tastendruck erklang.

Merz verfluchte sich. Verfluchte sie alle, am allermeisten den Moderator. Folkmar hatte ihnen allen, selbst Marius etwas vorgespielt.

Und jetzt?

Marius forderte Hannah auf, sich zwischen Merz und Dennis zu entscheiden.

Und Hannah: *Ich ... Ich kann nicht.*

Mit diesem einen Satz hatte sie ihr Urteil gesprochen.

Justus konnte in Aktion treten als Werkzeug der Gerechtigkeit.

Wieder lauschte Merz. Waren die Schritte noch vor ihm?

Der Techniker konnte nicht weit sein.

Der Gebäudekomplex war verwinkelt und unübersichtlich. Merz hatte bei seinen Besuchen nur einen Bruchteil der Räume zu sehen bekommen.

Doch zwischen dem Augenblick, in dem auf dem Monitor eine Hand aus der Dunkelheit nach der Binde gelangt und sie Hannah vom Kopf gerissen hatte, und dem Moment, in dem Folkmar ins Studio zurückgekommen war, hatten nur wenige Minuten gelegen.

Hannah war hier! Irgendwo hier!

«Merz!», rief Dennis, ein ganzes Stück hinter ihm. Merz würde den Teufel tun und auf ihn warten.

«*Merz!*» Atemlos – und wesentlich lauter.

Der Anwalt fluchte unterdrückt.

Wenn Folkmar tatsächlich noch vor ihm war, würde er dieses Geschrei irgendwann mitbekommen.

Er blieb stehen.

Im nächsten Moment rammte ihn ein Berg aus der Dunkelheit und riss ihn fast von den Füßen.

«Merz!» Diesmal flüsterte Dennis. «Wo wollen Sie hin?»

«Folkmar ist Justus», zischte der Anwalt. «Hannah ist irgendwo hier im Haus.»

Dennis keuchte auf. Doch er stellte keine Fragen. Wenigstens das.

Die beiden Männer horchten in die Schwärze.

Keine Schritte. Weit entfernt vielleicht ein dumpfes Murmeln, doch das konnte ebenso gut aus ihrem Rücken kommen. Marius – und Albrecht?

Merz tastete sich voran. Der blaue Leuchtstreifen zog sich nach links um eine Ecke. Unmöglich zu sagen, an welcher Stelle des Gebäudes sie sich befanden, doch natürlich konnte es nicht endlos geradeaus gehen.

Türen? Ja, auf der rechten Seite. Nicht eigentlich zu sehen, nur zu erahnen.

Doch vor ihnen war etwas anderes.

Merz streckte die Hand nach hinten und hielt Dennis zurück.

«Unten am Boden», flüsterte er.

Ein Lichtschimmer, nicht länger blau, sondern weiß oder gelblich, dabei schmal wie eine Messerklinge.

«Ich reiße die Tür auf», wisperte der Anwalt. «Direkt dahinter werfe ich mich nach links, Sie sich nach rechts. Wenn er eine Waffe hat, kann er uns nicht beide erwischen.»

«In Ordnung.» Dennis klang angespannt.

Merz holte Luft und griff nach dem Türdrücker.

Er stieß die Tür auf. Gleißendes Licht empfing sie nach der Dunkelheit auf dem Flur. Merz hastete nach links und ...

Ilse von Merkatz starrte den beiden Männern entgegen.

Sie war nicht allein.

Stahlrohrstühle standen im Halbkreis, besetzt mit einem halben Dutzend Schülern.

Die Abendrunde, im kleinen Kreis, wenn Marius nicht selbst dabei war.

Hektisch sah der Anwalt sich um. Er kannte den Raum: das Kaminzimmer, Boden und Wände aus gebrannten Ziegeln. Eine Leinwand neben der Feuerstelle zeigte die laufende Sendung.

Der Raum hatte mehrere Zugänge.

Der Techniker war nirgends zu sehen.

«Ist Folkmar hier durchgekommen?»

Merkatz musterte ihn von oben herab.

«Dr. Merz, Ihr Verhalten nimmt allmählich Formen an ...»

«Folkmar ist Justus. In diesem Moment ist er dabei, einer Kriminalbeamtin den Schädel aufzubohren, weil sie es gewagt hat, eine Frage von Marius nicht zu beantworten. Hier, in Marius' Haus. Glauben Sie, dass die Show nächste Woche noch ausgestrahlt wird?»

Die Assistentin starrte ihn an, zu keiner Reaktion in der Lage.

Anders als die Schüler.

«Dort!» Sören sprang auf. «Die zweite Tür!»

Merz war schon halb durch den Raum.

«Wo geht es da hin?», fragte Dennis in seinem Rücken.

«Die Technik und ... Sollen wir mitkommen?»

«Nein.» Der Anwalt riss die Tür auf und wartete, dass Dennis sie passiert hatte. «Geben Sie den Polizisten Bescheid, wo wir sind!»

Hinter Hannahs Ehemann warf er die Tür ins Schloss.

Der neue Korridor war beleuchtet, wenn man bei den Funzeln

an der Decke von Beleuchtung sprechen wollte. Rauputz an den Wänden, der Boden aus groben Dielen.

Eindeutig kein Bereich des Gebäudekomplexes, den Marius und sein Gefolge regelmäßig nutzten.

Die Technik.

Damit war Folkmar der Einzige, der häufiger hier unterwegs war.

Die beiden Männer wechselten einen Blick. Merz erkannte, dass Dennis denselben Gedanken hatte.

Der Gang zog sich ein Stück geradeaus, teilte sich dann.

Rechter Hand war eine Metalltür. Ohne Zögern griff Merz nach der Klinke.

Abgeschlossen.

Er biss die Zähne zusammen.

Wenn Folkmar diesen Weg genommen und hinter sich verrammelt hatte, war es hier zu Ende. Keine Chance mehr.

Es blieb nur der Weg nach links.

Es war kalt in den fensterlosen Gängen. Die Luft roch abgestanden. Merz hätte in diesem Moment einiges für Marius' Fähigkeiten gegeben, die Spur eines Menschen an seinem Geruch verfolgen zu können.

Geradeaus war eine neue Tür, nein, keine Tür. Poliertes Metall.

Wie angewurzelt blieb der Anwalt stehen.

«Das ist ein Aufzug», murmelte Dennis überrascht. «Irgendwie seltsam, oder? Hat das Gebäude nicht nur ein einziges Obergeschoss?»

«Ja.» Merz räusperte sich. «Aber dort sind die Schüler untergebracht. Ich kann mir nicht vorstellen, dass Marius extra für sie ...»

«Dann muss es also ...»

Dennis streckte die Hand aus und betätigte den einzigen sichtbaren Knopf.

Mit einem unterdrückten Ächzen glitt die Stahlwand zur Seite.

Die Luft, die ihnen aus der Aufzugskabine entgegenströmte, roch kaum anders als draußen auf dem Gang, höchstens eine Spur ...

Der Anwalt zog die Nase kraus. Der Geruch von Verwesung? Nein, es war etwas anderes, ein Geruch ...

Ein Fahrstuhl.

Ganz langsam stellte sich eine Gänsehaut auf seinen Armen auf.

«Es riecht nach Erde», sagte Dennis. «Ein Fahrstuhl nach unten. Tief nach unten.»

Widerwillig beugte der Anwalt sich vor und musterte das Bedienfeld. Drei beleuchtete Tasten: 0, 13, 17.

«Da fehlt was», murmelte Hannahs Ehemann.

Unter normalen Umständen hätte Merz das Bedürfnis verspürt, ihn zu dieser unerhört scharfsinnigen Beobachtung zu beglückwünschen.

Doch es waren keine normalen Umstände.

Ein Ruck ging durch die Stahlwand.

Merz fuhr zurück, doch Dennis bewegte lediglich die Hand in der Türöffnung, und schon glitt die Wand in die geöffnete Position zurück.

«Eine Lichtschranke», erklärte er. «Kommen Sie?»

Joachim Merz starrte in den engen Kasten aus Metall. Wie ein Sarg aus Eisenblech.

Ein Sarg, der sie in die Tiefe befördern würde, tief unter die Erde. Eng, kalt, dunkel, erstickend. Ausweglos.

«Sie sind dort unten», sagte er leise. «Das ist das Einzige, was einen Sinn ergibt. Der Folterstuhl, das Videosystem: Nur dort hat Folkmar all das vorbereiten können, ohne dass jemand auf dem Anwesen etwas davon mitbekommen hat.»

«So sieht es aus.» Dennis nickte grimmig. «Kommen Sie?»

Merz starrte in die enge, viel zu enge Kabine. Es war kein geräumiger Aufzug wie in öffentlichen Gebäuden. In den Winkeln und Ecken wucherte Rost.

«Folkmar kontrolliert die Technik», murmelte er. «Er wird den Aufzug gesichert haben. Es kann ihm nicht entgehen, wenn wir einsteigen.»

«Nein», stimmte Dennis zu. «Doch was bleibt uns übrig?» Er zögerte. «Merz? Ist irgendwas nicht in Ordnung?»

Der Blick des Anwalts ging in den Aufzug, zuckte zu Dennis.

«Nein. Doch. Alles ...» Der Boden schien zu schwanken, als er die Kabine betrat. «Alles in Ordnung», flüsterte er.

* * *

Wieder höre ich es: ein Klirren von Metall auf Metall.

Und mein Körper erstarrt zu Eis.

Es ist nicht still in meinem Gefängnis. Die Stimmen aus dem Studio dringen durch Lautsprecher zu mir.

Marius spricht mit Albrecht.

Doch nichts davon hat *diesen* Klang, das spröde Klirren, mit dem Justus sein Lobotomiewerkzeug bereitlegt.

Ich habe dieses Geräusch erwartet, seit Minuten schon.

Was ist es, das dir in deinem Leben fehlt?

Ich habe geschwiegen. Schon das hätte mein Todesurteil sein können.

Doch die beiden Männer in meinem Leben sind über ihren Schatten gesprungen und haben ihre Seelen geöffnet, und noch immer bin ich wie betäubt nach ihren Worten.

Und doch ist alles umsonst gewesen.

Marius hat von mir gefordert, mich zwischen den beiden zu entscheiden, und ich bin unfähig, die Antwort zu geben, die meine Rettung sein könnte, falls es tatsächlich eine Rettung gibt.

Doch nicht einmal zum Schein kann ich nach dem Strohhalm greifen, der sich mir entgegenstreckt.

Würde ich *Dennis* oder *Joachim* sagen, und sei es nur zum Schein ... könnte ich damit tatsächlich mein Leben retten?

Auf keinen Fall würde ich meine *Seele* retten.

Denn ganz gleich wie die Antwort ausfallen würde: Einem dieser beiden Männer, die heute Abend so viel für mich gewagt haben, würde ich einen angespitzten Pflock ins Herz stoßen.

Verdammt pathetisch, Friedrichs. Eigentlich gar nicht deine Art.

Aber zumindest ein ganz guter Moment, um damit anzufangen.

Er wird mich töten, so oder so. Ich weiß es.

Selbst wenn der Tod seiner Opfer für ihn bisher nicht im Mittelpunkt gestanden hat. Wenn ihr scheinbarer Selbstmord lediglich die tödliche Spur des Stahls, der durch die Augenhöhle in ihr Hirn gedrungen ist, verdecken sollte. Selbst wenn ihm klar ist, dass es hier nichts mehr zu verdecken gibt, nachdem das ganze Land sein grausiges Spiel an den Fernsehschirmen verfolgen konnte.

Er wird nicht auf halber Strecke stehen bleiben.

Er ist wahnsinnig, durch und durch wahnsinnig, und ganz gleich, was Marius zu vermuten scheint, ganz gleich, was ich sagen würde, um mein Leben zu retten: Justus wird immer eine Möglichkeit finden, meine Prüfung für gescheitert zu erklären. Nicht anders als bei Falk. Nicht anders als bei Jasmin Vedder.

Wer nicht einmal mit einem Schulmädchen Mitleid hatte, soll Mitleid haben mit *mir*?

Doch wenn ich schon sterben muss, soll zumindest keiner der beiden Männer, die so viel für mich getan haben, mit dem Gefühl zurückbleiben, dass ich mich gegen ihn entschieden habe.

Tapfer, Friedrichs! Echt tapfer.

Doch das ist es nicht. Ganz und gar nicht.

Wenn ich tatsächlich Mut hätte, hätte ich in dem Augenblick, in dem Dennis mit seiner Geschichte scheinbar am Ende war ...

Nein. *Nein!* Der Gedanke ist so nahe, so dicht unter der Oberfläche. Und doch niemals ausgesprochen.

Ich darf ihn nicht aussprechen, darf ihn nicht einmal *denken.*

Denn wenn ich doch am Leben bleibe ...

Schritte.

Meine Gedanken kommen zum Stillstand. Ich lausche. Atemlos lausche ich in die Finsternis.

Justus hält sich im Dunkeln. Auf der Leinwand, die die Szene überdimensioniert wiedergibt, ist nichts zu erkennen.

Dort bin nur ich, und trotz anderthalbfacher Größe sehe ich winzig aus.

Ich bin zu klein, denke ich. Zu schwach.

Vielleicht ist es ganz richtig, wenn es dieses Ende nimmt. Oder zumindest logisch.

Ich bin zu wenig. Jeder dieser beiden Männer hat mehr verdient als mich.

Aber ich will leben!

Ich bäume mich in meinen Fesseln auf, reiße an ihnen, mit aller Kraft, die mir zu Gebote steht.

Mein einziger Lohn sind neue Schmerzen: Luft, die mit einem ungesunden Ächzen aus meiner Brust entweicht, als ich mich in die Gurte presse, meine Handgelenke, die längst aufgeschürft sind, wund gescheuert von den Fesseln.

Ich weiß, dass es sinnlos ist.

Diese Fesseln werden halten, selbst wenn sie bei Justus' bisherigen Opfern nicht mehr als eine zusätzliche Sicherheitsvorkehrung waren. Diese Opfer waren betäubt, als er den Eingriff vorgenommen hat. Bei Jasmin Vedder hat Detlef Langen nicht die Spur einer Gegenwehr, nicht den geringsten Hinweis auf Gewalteinwirkung gefunden.

Detlef Langen, der über der Leiche des Mädchens geweint hat.

Ob Martin Euler ihn hinzuziehen wird, wenn alles vorbei ist?

Ob er auch über meinem Körper weinen wird?

* * *

«Hannah weigert sich, deine Frage zu beantworten, Marius. Es ist bereits die zweite Antwort, die sie verweigert.»

Allmählich begannen sich Albrechts Augen an die Dunkelheit zu gewöhnen. Zumindest den Umriss des Moderators konnte er erkennen.

Und dieser Umriss hatte sich verändert.

Marius saß kerzengerade aufrecht, aufs äußerste konzentriert.

Keine Spur mehr von der Leichtfertigkeit, mit der er die Plauderei mit Dennis Friedrichs und dem Anwalt bestritten hatte.

Albrechts Hinterkopf pochte. Seit fünf Minuten massierte er den Punkt an seiner Nasenwurzel, doch das einzige Ergebnis war, dass seine Nase nun im selben Rhythmus mitpochte.

Merz und der Ehemann – waren sie dem Täter gefolgt? Marius hatte dem Hauptkommissar einen zweiten Zettel zugeschoben: Offenbar vermutete er Folkmars Versteck im Keller. Doch hatte der Techniker selbst seine Folterkammer überhaupt schon erreicht? Winterfeldt hatte von mobilen Endgeräten gesprochen, mit denen er von jedem Punkt des Geländes aus die Signale seiner Stimme an die Lautsprecher senden konnte.

Auf dem Bildschirm war nichts zu sehen als Friedrichs, in sich zusammengesunken. Vor einigen Minuten hatte sie sich kurz in ihren Fesseln aufgebäumt, doch nun schien sie resigniert zu haben.

Einzig ihre kaum sichtbaren Atemzüge bewiesen, dass sie noch lebte.

«Sie weigert sich», bestätigte der Moderator in Richtung Kamera. «Das ist richtig. Doch du weißt so gut wie ich, mein Freund, dass der Weg in die menschliche Seele ein verworrener, ein dorniger und …»

«Bei anderen Freunden hast du weniger Geduld gehabt.»

«Auch das ist richtig.» Marius hob die Hand. «Doch wir wissen beide, dass unsere Freundin Hannah eine besondere Herausforderung darstellt! Hast du sie mir nicht gerade deswegen auf diesem Wege zugeführt, mein Freund? Wir denken ähnlich, Justus. Wir beide haben die besondere Herausforderung erkannt, die es erforderlich macht, den Zugang zu ihrer Seele aus jeder nur denkbaren Richtung zu suchen, jedes Element gebührend zu würdigen. Erst wenn sie ihre Seele vollständig erkannt hat …» Die Stimme wurde gehoben. «Erst dann kann sie auch die Frage beantworten, vor der sie gegenwärtig noch zurückschreckt: Dennis Friedrichs – oder Joachim Merz.»

«Es fällt schwer, sich vorzustellen, dass ihr Beruf etwas mit dieser Frage zu tun haben soll.»

«Siehst du?» Marius schlug mit der Hand auf den Tisch. «Siehst du, mein Freund? Genau diesen Gedanken würden die allermeisten Menschen an dieser Stelle haben. Nicht aber wir, Justus. Nicht du und ich und unsere Freunde. Nicht wir, die wir *wissen*. Nur selten sind die Dinge so, wie sie auf den ersten Blick erscheinen. In unserer Seele sind sie miteinander verwoben, und es erfordert alle Sanftmut und alle Beharrlichkeit, um uns diese Verbindungen bewusst zu machen.»

«Beharrlichkeit, Meister, ja. Aber deine Sanftmut ist zu oft ausgenutzt worden von Menschen, die es nicht verdient haben. Ich werde es nicht länger hinnehmen, wie sie missbraucht wird. Ich bin Justus, das Werkzeug deiner Gerechtigkeit. Für alle deine Freunde, für jeden Anrufer existieren Regeln, die für uns alle gelten. Auch für dich selbst, Meister. Wir lügen nicht. Wir fluchen nicht. Und wir halten uns an die Vereinbarungen, die wir miteinander getroffen haben.»

Marius öffnete den Mund, doch die Stimme sprach schon weiter.

«Der Ehemann. Der Liebhaber. Nun der Polizist. Kannst du mir mit Sicherheit zusagen, dass er der Letzte sein wird, den du auf diese Weise befragst? Dass Hannah uns im Anschluss an diese Befragung Rede und Antwort stehen wird – auf sämtliche Fragen, die du im Verlaufe dieses Abends aufgeworfen hast? Kannst du das versprechen?»

«Das lässt sich zu diesem Zeitpunkt nur schwer …»

«Kannst du das versprechen?»

Das Pochen in Albrechts Hinterkopf verstärkte sich.

«Ja», sagte Marius hastig. «Ja. Das verspreche ich.»

«Dann soll Hannah diese letzte Chance bekommen. Der Polizist soll dir antworten. Jetzt.»

Albrecht spürte, wie Marius an seiner Seite einatmete.

«Gut», murmelte der Moderator. «Gut …»

Langsam drehte er sich in Albrechts Richtung.

Sie sind bereit? Er sprach die Frage nicht aus. Sie sprach aus seiner Haltung.

Albrecht nickte fast unmerklich.

Marius holte Luft. «In unserer Gesellschaft verbringen Menschen den größten Teil ihres Lebens an ihrem Arbeitsplatz, Hauptkommissar Albrecht. Und von unserer Freundin Hannah wissen wir bereits, dass sie die Tätigkeit auf dem Kommissariat nicht als Last empfunden hat, sondern als Berufung. Als den eigentlichen Kern ihres Lebens. Sie, der Sie dieses Kommissariat leiten und Hannah Friedrichs' wichtigster Ansprechpartner sind, in sämtlichen Lebenslagen, privat wie beruflich …»

Albrechts Augenbrauen wanderten in Richtung Haaransatz.

«Wie würden Sie Ihr Verhältnis beschreiben, Hauptkommissar? Ihr Verhältnis zu Ihrer wichtigsten Mitarbeiterin?»

«Unser Verhältnis?»

«Glauben Sie, dass Hannah ein Vorbild in Ihnen sieht?», half der Moderator. «Als Ermittler? Als Mensch? Eine moralische Autorität? Ist es vielleicht sogar möglich, dass sie in Ihnen, der fast eine Generation älter ist als sie, ein wenig jenen Vater sieht, der in den prägenden Jahren ihres Lebens so oft durch Abwesenheit glänzte? Wir haben ja bereits herausgearbeitet, dass sich zumindest eine Seite ihres Wesens zu autoritären Figuren hingezogen fühlt. Könnte es sein, dass solche Strukturen – selbstverständlich auf einer *vollkommen* anderen Ebene als bei Dr. Merz – auch im Verhältnis zu Ihnen eine Rolle spielen?»

Albrecht hätte den Mann zerquetschen können, schon für den Tonfall, in dem er seine obskuren Vermutungen vortrug.

Doch das würde nichts ändern.

So widerwärtig die Vorstellung auch war: Marius wollte helfen.

Nur aus einem einzigen Grund hielt sich Justus noch zurück: ein Blick in die menschliche Seele? Eine Hilfe für den jeweiligen Menschen, der Marius um Rat fragte?

Pustekuchen!

Justus wartete auf eine Show – auf ein Seelenmassaker.

Und es gab zwei Möglichkeiten, wie dieses Massaker stattfinden konnte. Entweder nach Justus' Methode oder nach der Methode, mit der sein angebeteter Meister seit Jahren arbeitete.

Eine Vernichtung der Seele. Nichts durfte verborgen bleiben. Selbst das, was ein Mensch als innerste Geheimnisse in den dunkelsten Tiefen seines Geistes hütete, kaum selbst anzublicken wagte, musste ins grelle Licht gezerrt und den Blicken der gaffenden, geifernden Meute preisgegeben werden.

Und Justus, dem Richter. Dem Werkzeug der Gerechtigkeit.

Solange dieser Prozess im Gange war, hielt er still.

Endete er, wartete nur noch der Tod auf Hannah Friedrichs.

Eine Show, dachte der Hauptkommissar. Bieten wir ihm eine Show.

«Unser Verhältnis ...» Er räusperte sich. «Unser Verhältnis in den letzten Jahren würde ich als gut und kollegial bezeichnen. Vertrauen. Das Verhältnis zu meinen Mitarbeitern war immer von Vertrauen geprägt. Einer konnte sich auf den anderen verlassen, und natürlich konnten sich auch alle auf mich verlassen. Darauf, dass ich keinem von ihnen etwas aufbürden würde, das zu leisten ich nicht auch persönlich bereit bin.»

«Sie meinen ...», hakte der Moderator ein. «Überstunden? Nachtdienste? Unangenehme ... Aufgaben? Das Überbringen von Todesnachrichten?»

Albrecht nickte, besann sich im selben Moment aber darauf, dass die Fernsehzuschauer ihn lediglich hören konnten.

«Auch das», sagte er. «Und tausend Dinge mehr. Ich habe immer Vertrauen in die Professionalität meiner Mitarbeiter gehabt und darin, dass sie sich nicht von unangebrachten Gefühlen oder ... persönlichen Verwicklungen leiten lassen würden. Und dasselbe Vertrauen konnten sie auch in mich haben.»

Er holte Luft.

«Bis gestern», sagte er. «Gestern habe ich dieses Vertrauen missbraucht.»

* * *

Für gewöhnlich verspürte Joachim Merz einen gewissen Stolz auf seinen körperlichen Allgemeinzustand.

Rund um die Alster in weniger als siebenundzwanzig Minuten – doch das war etwas, das er für sich allein tat und von dem nur wenige Menschen wussten. Wenn er dagegen zu einem Gerichtssaal im siebten Stock die Treppen wählte und dabei oft genug noch vor seinen Begleitern, die den Aufzug genommen hatten, oben eintraf, waren ihm anerkennende Blicke sicher.

Und doch gab es noch einen weiteren Grund.

Merz verabscheute Aufzüge und jede Art von engen Räumen, die er nicht ohne weiteres verlassen konnte.

Im Alltagsleben gelang es ihm in der Regel, diesen unerfreulichen Umstand beiseitezudrängen. Meistens war er ihm gar nicht richtig bewusst.

Anders allerdings in diesem Augenblick, als sich der Fahrstuhl ruckend in Bewegung setzte.

Ein kratzendes, schabendes Geräusch ertönte. Der Antriebsmechanismus war zu laut, viel zu laut. Das einzige Licht kam von einer in die Deckenverkleidung eingelassenen, unruhig flackernden Glühlampe.

Merz spürte den Blick von Hannahs Ehemann auf sich.

«Ist wirklich alles in Ordnung?»

Merz antwortete nicht.

Der Aufzug bewegte sich unwillig. Dennis hatte die Siebzehn gedrückt, die tiefste Ebene.

Eine Erschütterung ging durch die Kabine. Der Anwalt stolperte und stützte sich an der Wand ab.

Im Bedienfeld leuchtete die Dreizehn auf, ohne dass die Türen sich öffneten.

Nervös huschte sein Blick über die stählernen Wände. Aber es gab nichts, um sich daran festzuhalten. Nicht einmal für die Augen.

Ein Rucken, noch heftiger als zuvor.

Im nächsten Moment glitten die Türen mit einem vernehmlichen Schaben zur Seite.

Der Geruch, den sie schon beim Einstieg wahrgenommen hatten, war jetzt viel deutlicher, fast betäubend. Es roch nach Erde.

Das funzelartige Licht aus der Aufzugskabine reichte kaum zwei oder drei Meter weit, wurde von einer Wand verschluckt, die keine echte Wand war.

Merz machte einen Schritt aus der Kabine, wie ein Seemann, der nach monatelanger Fahrt unsicher an Land taumelt.

Doch es war kein Land.

Es war eine neue, eine andere Enge und Dunkelheit.

Mühsam holte er Atem.

Luft. Es gab Luft hier unten. Sie schmeckte stickig, dünn, auf eine schwer zu beschreibende Weise ekelhaft. Als wäre ganz in der Nähe irgendwas gestorben.

Hannah.

Nein, Unsinn. Hannah war vor wenigen Minuten noch am Leben gewesen, und sie konnte unmöglich in so kurzer Zeit ...

Denk nicht an *dich*! Du kannst es nicht sehen, aber wo immer du bist, dieser Gang führt irgendwohin.

Zu Hannah.

Denk an Hannah!

Zögernd begann sich seine Atmung zu beruhigen, doch er spürte, dass er nur eine Handbreit von einer neuen Panik entfernt war, einer neuen ...

«Merz?»

Er blickte auf. Dennis stand über ihm.

Merz konnte sich nicht erinnern, wann er in die Hocke gesunken war, die Hand in die morsche Wand gekrallt, das ...

«Holz», murmelte er heiser, kam ächzend wieder hoch. «Uraltes Holz.»

Dennis betrachtete ihn aus zusammengekniffenen Augen. «Haben Sie Platzangst?»

«Ich ...»

Merz schüttelte den Kopf. Er brauchte alle Kraft, um nicht auf der Stelle wieder durchzudrehen und keuchend in den viel zu engen, rostigen Aufzug zu flüchten, der ihm nicht weniger Angst bereitete als die Enge hier unten, das morsche Gebälk, die Dunkelheit.

Er hatte nicht die Kraft, es zu leugnen.

«Ja», murmelte er. «Aber es ... Es geht gleich wieder.»

«Okay?»

Die Enge war rings um sie, doch mit äußerster Willensanstrengung löste Merz die Finger von der Bretterwand und stand auf.

«Kein Problem», murmelte er.

«So schlimm ist es gar nicht, glaube ich.» Dennis griff in seine Hosentasche und zog etwas daraus hervor. Ein Lichtkegel erhellte plötzlich die Dunkelheit.

«Immer ganz nützlich», murmelte er. «Wenn ich mich in einem neuen Objekt umsehen muss, das wir vielleicht in den Katalog aufnehmen wollen.»

Merz kniff die Augen zusammen und sah, dass es sich um

einen Kugelschreiber handelte, dessen hinteres Ende eine Taschenlampe war.

Er sah einen schmalen Gang, der Boden übersät mit Dingen, über deren Herkunft er nicht nachdenken wollte.

Der Lichtpunkt wanderte die Wände entlang, dann über die Decke.

Sie war niedrig, ebenfalls aus Holz. Merz hätte sie mit ausgestreckter Hand berühren können.

Doch um nichts in der Welt würde er das tun. Morsche Bohlen. Er entdeckte fingerbreite Lücken und Risse und konnte nicht begreifen, was das Erdreich überhaupt daran hinderte, in den unterirdischen Gang einzudringen.

Ein Gang.

«Das Bergwerk», flüsterte Merz.

Dennis sah ihn fragend an.

«Ein *Bergwerk*? Mitten in Hamburg?»

«Nein.» Mit der Zunge fuhr sich Merz über die Lippen: rau und spröde, sein Mund noch immer wie ausgetrocknet. «Nein, nicht mitten in Hamburg. Aber in den Schwarzen Bergen ist zwischen den Kriegen Kohle abgebaut worden. Nur ein paar Jahre lang. Man hat die Mine wohl schnell wieder aufgegeben, nachdem man ...»

Er brach ab, und einen Moment lang kam ein Lachen aus seinem Mund, das sich selbst in seinen eigenen Ohren irre anhörte.

«Nachdem man auf der ursprünglichen Sohle, auf dreizehn Metern Tiefe, nichts mehr gefunden hat, hat man es noch einmal probiert: auf siebzehn Metern diesmal. Aber auch das ohne Erfolg. Ich dachte, die Stollen wären seit Jahrzehnten eingestürzt, aber ...»

Wieder brach er ab.

«Mein Gott», murmelte er.

«Merz?» Dennis klang alarmiert.

«Alles in Ordnung.» Diesmal stimmte es tatsächlich. Seine

Gedanken überschlugen sich. Er hatte keine Zeit für Angst. «Die Kellerräume sind Marius' Zuflucht, wenn er krank ist.»

«Marius geht hier runter?» Dennis sog den Atem ein. «Er *weiß* von Folkmar, von …»

«Nein», murmelte Merz. «Das kann ich mir nicht vorstellen. Er hat mich irgendwann mal eingeladen, mir seine Räume anzusehen, aber …»

Dennis hob die Augenbrauen.

«Wir hätten den Aufzug nehmen müssen», erklärte Merz. «Einen anderen Aufzug, aber eben doch …» Er schüttelte den Kopf. «Wahrscheinlich sind die einzelnen Abschnitte voneinander getrennt. Ich kann mir nicht vorstellen, dass sich Marius *hier* drin, aber …» Er holte Luft. «Es gab einen Ausgang. Das hat jetzt nichts mit Marius zu tun, aber früher konnte man die Mine von den Bergen aus betreten. Der Zugang ist angeblich längst eingestürzt, aber das Gleiche gilt ja angeblich für die Stollen. Wenn nun auch der Eingang noch existiert …»

«Hannah», flüsterte Dennis. «Alle haben uns erzählt, dass sie das Gelände niemals betreten hat. Wie auch? Der Sturm hatte die Zufahrt blockiert. Aber wenn es einen dritten Zugang gibt, der nicht zum Anwesen führt, sondern *hierher*?»

Langsam drehte er sich einmal im Kreis. Der Lichtkegel fing unterschiedliche Abschnitte des bröckelnden Stollens ein.

«Folkmar kann an der Schranke auf sie gestoßen sein», sagte er leise. «Durch Zufall womöglich. Er hat sie betäubt, hier reingeschleppt, und anschließend konnte er jederzeit wieder raus und in aller Ruhe ihren Wagen wegbringen.»

Merz nickte ruckartig. So musste es gewesen sein.

Doch heute Nacht würde Folkmar diesen Weg nicht wählen.

Nicht, solange Hannah am Leben war.

Dennis hob die Taschenlampe. Vom Fahrstuhl aus zog sich der Stollen nach links und rechts. Er leuchtete in die eine, dann in die andere Richtung.

Auf beiden Seiten war zu erkennen, dass sich der Gang nach einigen Schritten verzweigte.

Die Männer schwiegen, lauschten in die Dunkelheit.

Nichts. Nur ein unterdrücktes Rascheln. Merz hatte keinen Zweifel, dass die verfallenen Gänge noch andere Bewohner hatten als Justus und seine Gefangene.

«Vielleicht ist er gar nicht bei ihr», murmelte Dennis. «Wenn er den Kontakt mit dem Studio über ein Mobilgerät hält, kann er überall sein.»

Merz nickte stumm. Folkmar konnte hinter der nächsten Ecke auf sie warten – in dieser oder in der anderen Richtung.

Und er konnte sich nicht vorstellen, dass der Mann unbewaffnet war, nach allem, was er getan hatte.

Dennis setzte sich in Bewegung – nach links.

Merz warf einen letzten Blick in die verrostete Aufzugkabine. Elektrizität. Die flackernde Glühlampe in der Deckenverkleidung. Eine Zuflucht. Mit einem Mal wirkte der Aufzug wie eine Zuflucht.

Alles andere hier unten war …

Dennis und die Taschenlampe waren bereits mehrere Schritte entfernt.

Eilig folgte Merz dem Lichtpunkt.

Bei jedem Schritt hörte er ein Knirschen unter seinen Füßen: wie trockenes Laub. Doch es gab kein Laub in einem unterirdischen Stollen.

Der Lichtstrahl in Dennis' Fingern zitterte, tastete über die Wände und den Boden. Wo er zu sehen war, bestand er aus demselben altersschwachen Bretterwerk wie der Rest der Gänge.

Mit einem raschen Schritt trat Hannahs Ehemann auf die erste Kreuzung.

Kein Folkmar.

Hastig glitt das Licht in die einzelnen Gänge. Auf der rechten Seite traf es nur ein paar Meter entfernt auf einen Berg aus niedergebrochenem Erdreich, dazwischen die Überreste der Holzverkleidung – eine chaotische Ansammlung zerborstener Dielen wie das Skelett einer Riesenechse, die in ihrer Zuflucht verendet war.

Die anderen Richtungen waren frei – und schienen sich nur wenige Schritte entfernt erneut zu verzweigen.

«Er ist uns höchstens ein paar Minuten voraus», murmelte der Anwalt. «Doch in diesem Gewirr kann er überall sein. Hundert Meter entfernt oder …»

«Oder unmittelbar hinter Ihnen», sagte eine mechanische Stimme. «Direkt in Ihrem Rücken, Dr. Merz.»

* * *

Mein Herz klopft zum Zerspringen.

Mein verzweifelter Ausbruch hat etwas verändert. Ich spüre, dass die Verschnürung an meinem linken Handgelenk etwas lockerer sitzt als zuvor. Mit einem geschickten Manöver könnte ich die Hand womöglich freibekommen und …

Aber das ist sinnlos. Zu diesem Zeitpunkt ist das sinnlos. Justus macht keine Anstalten, sich mir zu nähern, obwohl ich sein Tippen höre, wenn er seinen Sprachcomputer bedient.

Er ist hier im Raum.

Doch er hat keinen Grund, sich mir zu nähern. Seine Maschinerie gehorcht auf Knopfdruck. Erst wenn er die Entscheidung getroffen hat, den grauenhaften Eingriff vorzunehmen, wird er an mich herankommen.

Doch mit Sicherheit wird er mich vorher per Elektroschock betäuben.

Es ist zum Verzweifeln.

Und doch hat die Verzweiflung einem anderen Gefühl Platz gemacht.

Beschämung?

Albrechts Stimme klingt ganz entschieden nicht wie eine Maschine, und doch ist sie kaum wiederzuerkennen. Leise, konzentriert, zerbrechlich zugleich.

Und hypnotisch beinahe.

Ich kann nur beten, dass sie Justus genauso gefangen nimmt wie mich.

«Gestern habe ich Hannah Friedrichs' Vertrauen enttäuscht», sagt Albrecht. «Und damit das Vertrauen aller meiner Mitarbeiter. Und ich weiß, dass ich keine Möglichkeit habe, diesen Fehler wiedergutzumachen.»

«Es gibt immer eine Möglichkeit, Hauptkommissar», bemerkt Marius begütigend.

Ich sehe ihn bildlich vor mir, den Blick, den Albrecht ihm zuwirft.

«Nun ...» Das Achselzucken ist aus Marius' Stimme zu hören. «Erzählen Sie?»

Albrecht räuspert sich. «Ich habe Hannah Friedrichs gestern Vormittag vom Sieverstedt-Fall abgezogen. Dem Sieverstedt-Fall, dessen Dimensionen wir noch nicht kannten, in dem aber zumindest eine Spur hierher zu Ihnen lief und damit ...»

«Zu meinem getreuen Anwalt», vollendet Marius.

Wie ich sie hasse, diese aufgesetzte gute Laune!

«Hannah und die beiden Herren haben Ihnen die Zusammenhänge ja erläutert», murmelt Albrecht. «Unter den gegebenen Umständen war meine Entscheidung absolut vertretbar, um nicht zu sagen zwingend. Unter keinen Umständen dürfen wir uns in einer derartigen Ermittlung auch nur dem Hauch eines Verdachts aussetzen, dass einer unserer Mitarbeiter in der Sache womöglich befangen ist. Und doch habe ich genau das getan.»

Ein Knarren. Vermutlich beugt sich Marius in seinem Stuhl nach vorne.

Wieder sehe ich das Bild deutlich vor mir, obwohl die große Leinwand – und damit die Übertragung des Senders – nur mich zeigt.

Es ist so deutlich in meinem Kopf. Und ich bin mir sicher, dass es sich auch in den eineinhalb Millionen Köpfen – oder wie viele es inzwischen sein mögen – vor den Fernsehern einnisten wird.

Marius und sein Studiogast, der Leiter von Hamburgs wichtigstem Kriminalkommissariat, der in diesem Moment nicht allein die Ermittlungsakten öffnet, sondern weit mehr als das.

Seine Seele.

«Weil ich selbst in dieser Ermittlung weit befangener bin, als Hannah Friedrichs es jemals sein könnte», sagt er leise.

«Hannah?», spricht er mich plötzlich direkt an.

Der Klang seiner Stimme in diesem Moment verursacht mir Gänsehaut auf den Armen.

«Ja?», flüstere ich.

«Hannah, ich möchte mich bei Ihnen entschuldigen, und ich bete, dass Sie diese Entschuldigung am Ende werden akzeptieren können, trotz allem, was geschehen ist.»

«Ich ... ich werd's versuchen», murmele ich.

«Hören Sie mir erst zu!» Er räuspert sich. «Sie haben mich Sonntagnacht nach Blankenese begleitet. Ich habe Ihnen zunächst nicht erzählt, dass mir die Sieverstedts bereits bekannt waren, weil ich Ihre Sicht auf die Familie hören wollte. Die Sicht eines ... gewöhnlichen Hamburgers.»

«Kein Problem.»

«Dass mir die Familie vertraut war, müssen Sie dann aber spätestens begriffen haben, als wir uns mit der Konsulin unterhalten haben. Und in Wahrheit ... In Wahrheit ist es tatsächlich vor allem Elisabeth Sieverstedt, die mir ...» Ein deutliches Luftholen. «Vor fünfzehn Jahren habe ich die Ermittlungen in einem komplizierten Fall geleitet: Konsul Sieverstedt war verschiedene Male bedroht worden, und die Schritte, die die Täter unternahmen, ließen keinen Zweifel, dass es sich nicht um leere Drohungen handelte. Wir haben daher gewisse Vorkehrungen getroffen. Wie solche Schritte aussehen, wissen Sie ja selbst ...»

Ich versuche ein Nicken, so gut es meine Verschnürung zulässt.

Von Richtmikrophonen bis zur Rund-um-die-Uhr-Überwachung gibt es viele Möglichkeiten. Unter Umständen sogar so, dass derjenige, der beschützt werden soll, das überhaupt nicht mitbekommt.

«Jedenfalls bekam ich einen gewissen Einblick, auch in das Leben der Konsulin.» Wieder holt er Luft. «Sie war eine faszinierende Frau, schon damals. Zerbrechlich und doch sehr, sehr stark zugleich. Eine Frau mit Haltung. Die Art, wie sie ihre Situation ertrug ...»

«Sie meinen: die Drohungen?»

«Nein. Nicht nur ... Sie wurde ...»

Er verstummt.

«Nein», murmelt er. «Nein. Es tut mir leid, mehr, als ich überhaupt aussprechen kann. Wenn es allein um mich ginge, aber ...»

«Hauptkommissar?», mischt Marius sich ein. «Als leitender Ermittler müssen Sie doch sicher häufig vor Gericht aussagen. Meines Wissens gibt es da doch diese Formulierung: die Wahrheit, die ganze Wahrheit und nichts als die Wahrheit.

Nun, unser Freund Justus könnte zu Recht darauf hinweisen, dass wir uns auch gegenwärtig in einem juristischen Verfahren befinden. Schuldig oder unschuldig – die guten, alten Polaritäten. Tod oder Leben. Es ist nur ein schmaler Grat, der sie voneinander trennt, Hauptkommissar: die Wahrheit.»

Albrecht gibt ein Geräusch von sich, das vollständig ohne Worte auskommt.

Es ist ein Schnauben.

Dieser Mann ist Jörg Albrecht. Nur aus diesem Grund kann es kein tief in der Kehle unterdrücktes Schluchzen sein.

«Ihr Mann hat sie geschlagen», sagt er leise. «Was mit dem eigentlichen Gegenstand unserer Ermittlung nichts zu tun hatte. Doch ich wusste es, und ich konnte nicht ... ich konnte nicht darüber hinwegsehen. Als Ermittler nicht und auch nicht als Mann. Ich ... Wir kamen uns näher, und ...»

«Justus?» Wieder ist es Marius, der sich zu Wort meldet. Unwillkürlich entsteht ein Bild in meinem Kopf, das mit Sicherheit nicht der Wahrheit entspricht, und doch hört er sich ganz genauso an: wie ein Kinozuschauer, der mit einer Popcorntüte in der Hand Jörg Albrechts Lebensbeichte verfolgt.

Unverstellter Voyeurismus.

Wie die Millionen vor den Fernsehern.

«Meister?»

«Ich wollte nur überprüfen, ob du uns auch zuhörst, mein Freund.»

Eine Sekunde lang bin ich abgelenkt.

Marius hat recht: Ist es nicht merkwürdig, dass von Justus kaum ein Wort zu hören ist, während er doch gerade einen neuen Sieg zu feiern hat, nun, da selbst Albrecht, der letzte Mensch, bei dem ich mir das hätte vorstellen können, seine Seele öffnet?

Und doch höre ich ihn tippen. Bedient er noch andere Funktionen mit seiner Tastatur? An meinem Folterstuhl spüre ich keine Veränderungen.

Aber wenn diese Vorgänge weder mit mir zu tun haben noch mit den Männern im Studio: womit dann?

«Hauptkommissar?», wiederholt Marius.

Sofort ist der Gedanke wieder verschwunden.

«Meine ...» Ich kann spüren, welche Kraft Jörg Albrecht jedes Wort kostet. «Meine Ehe stand damals auf der Kippe. Es gab kaum noch etwas Verbindendes zwischen uns. Ich wusste, dass meine Frau einen anderen Mann hatte ... schon damals.»

Diese kleine Anmerkung hat einen anderen, besonders bitteren Ton.

«Und ich ... Es war keine bewusste Entscheidung, doch gleichzeitig fühlte ich mich frei, selbst eine andere, eine neue Beziehung einzugehen. Eine ...»

«Sie wollen sagen ...» Marius.

«Wenn Sie mir mit Verhältnissen und Bettgeschichten kommen, breche ich Ihnen den Kiefer.»

«Sie wollen sagen, dass Sie seit fünfzehn Jahren eine außereheliche Beziehung mit der Mutter des Opfers unterhalten haben?»

«Das habe ich.» Ein tiefes Ausatmen. «Allerdings nur für einige Monate, in denen wir uns aber in einem Maße nahegekommen sind ... Scheidungen wurden ein Thema, ein gemeinsames Leben. Doch dann ...»

«Ja?»

«Meine ... Meine Frau eröffnete mir, dass sie schwanger sei. Gleichzeitig hatte der Konsul keine neuen Drohungen erhalten. Vermutlich hatten die Täter unsere verstärkten Überwachungsmaßnahmen bemerkt und waren eingeschüchtert worden. Die Operation konnte abgebrochen werden.»

«Verstehe. Und damit auch die Operation Elisabeth Sieverstedt.»

Albrecht antwortet nicht.

Ich ahne, dass er um seine Fassung ringt.

«Ich musste mich entscheiden», sagt er leise. «Wo meine Verantwortung lag. Wem ich Loyalität schuldete. Und die Antwort stand nicht in Frage. Das ungeborene Kind – meine Tochter Clara. Welche Verfehlungen auch immer ihre Eltern sich hatten zuschulden kommen lassen: Dieses Kind traf keine Schuld. Ich beendete die Beziehung zu Elisabeth und kehrte zu meiner Frau zurück.»

«Und lebten glücklich bis an ihr Ende», murmelt Marius.

Es hört sich an, als ob er nur mit sich selbst redet, doch ich kenne den Moderator inzwischen gut genug, um zu wissen, wie er solche Bemerkungen einsetzen kann.

Und tatsächlich:

«Wenn da nicht einige Unerfreulichkeiten wären», bemerkt er. «Richtig? Genau wie Ihre Ehe ist damals auch die Ehe der Sieverstedts nicht auseinandergegangen. Ich frage mich, ob die Schläge aufgehört haben. Hinzu kommt nun der Umstand, dass wir das gewaltsame Ableben unseres Freundes Felix zu beklagen haben. Ich frage mich, was für ein Gefühl es für Sie gewesen sein muss, ihr auf einmal wieder gegenüberzustehen, dieser Frau, die Sie damals Knall auf Fall verlassen haben – und sei es aus noch so ehrenwerten Motiven. Ich frage mich ...»

«Ihnen ...» Scharf fällt Albrecht ihm ins Wort. «Ihnen schulde ich keine Erklärung. Meine Erklärung schulde ich Hannah Friedrichs.»

Schwer holt er Luft. «Hannah, können Sie mich verstehen, und sei es nur ein ganz klein wenig? Ich musste unter allen Umständen an dieser Ermittlung dranbleiben. Friedrich Sieverstedt hatte Macht, weit über seinen wirtschaftlichen Einfluss hinaus. Wenn der Konsul in den Tod seines Sohnes verwickelt war, musste jemand die Ermittlungen leiten, der sich von ihm nicht einschüchtern lassen würde. Und es war gut, dass ich das getan habe. Trotz allem. Wir haben sieben kleine Mädchen aus einer Hölle retten können, in der sie ...»

Er spricht nicht weiter.

Ich selbst suche nach Worten.

Bei mir will er sich entschuldigen?

Mit einem Mal habe ich das Gefühl, dass ich, wenn überhaupt, ganz, ganz hinten auf seiner Liste kommen müsste.

Elisabeth Sieverstedt, die er in einer ganz eigenen Hölle zurückgelassen hat und deren Leiden er nun in die Öffentlichkeit zerrt.

Seine Kinder, seine Exfrau.

Sie alle sitzen jetzt womöglich vor dem Fernseher und bekommen seine Seelenbeichte mit.

Und wissen, dass ein paar Millionen anderer Menschen sie ebenfalls mitbekommen.

Und das alles *meinetwegen*.

Um mein kleines, kümmerliches Leben zu retten.

Und bei mir will sich Jörg Albrecht entschuldigen?

Jörg Albrecht, der wieder und wieder darum gerungen hat, das Richtige zu tun, und auf alle und jeden Rücksicht genommen hat – nur auf sich selbst nicht.

Und der es jedes Mal nur noch schlimmer gemacht hat.

Wenn er nur den Mund aufgemacht hätte! Wenn er nur geredet hätte!

Der Gedanke zuckt durch meinen Kopf, als hätte Justus ohne Vorwarnung den Elektroschocker ausgelöst.

Könnte es sein, dass ich diesem Mann sehr viel ähnlicher bin, als ich wahrhaben möchte?

* * *

Merz stolperte zurück und stieß gegen Dennis, der einen überraschten Laut von sich gab.

Für den Bruchteil einer Sekunde wurde Merz geblendet, dann gab es ein leises Geräusch und ...

Dunkelheit.

«Verdammt!», zischte Dennis.

Dunkelheit. Schwärze. Von allen Seiten.

Wo war oben, wo war unten? Schwindel im Kopf des Anwalts, eine plötzliche Übelkeit.

Die Wände, der Stollen: Er konnte sie nicht mehr sehen und glaubte doch zu spüren, zu wissen, wie sie enger wurden und enger und ...

«Verflucht, Merz! Machen Sie sich nicht in die Hose! Das verdammte Ding ist mir runtergefallen. Helfen Sie mir suchen!»

«Justus ist hier», flüsterte Merz. «Haben Sie ihn nicht gehört?»

Etwas berührte seinen Oberschenkel.

Mit einem Keuchen sprang der Anwalt beiseite.

Ein Schrei.

«Verdammt! Gehen Sie von meinen Fingern!»

Merz stolperte einen Schritt weiter, bis er gegen die Wand stieß. Das mürbe Holz zerbröselte zwar unter seinem panischen Griff, aber es war doch ein Halt, ein fassbarer Halt.

«Bleiben Sie mir wenigstens aus dem Weg», knurrte Dennis. «Justus ist nicht hier. Genauso wenig wie er im Studio ist. Das ist seine Höhle hier unten, vollgestopft mit Technik, selbst wenn wir sie nicht sehen können. Lautsprecher. Mikrophone. Kameras.»

Merz blieb stehen. In seinen Ohren hämmerte der Puls, wie er es selbst im Endspurt um die Außenalster nie erlebt hatte. Sein Herz überschlug sich.

Der Anwalt hatte über Paniken gelesen. Nachdem ihm bewusst geworden war, dass sein Problem mit Fahrstühlen und engen Räumen eindeutig kein Problem war, das alle Menschen hatten, hatte er sich über das Thema informiert.

Er mochte keine Überraschungen, in einem Rechtsverfahren nicht und auch nicht im Leben.

Er hatte sich über die Symptome einer Panikattacke kundig gemacht: Schwindel, Schweißausbrüche, Übelkeit, Herzrasen – eventuell mit Aussetzern –, Todesangst. Das Bild war eindeutig.

Die Gegenmaßnahmen ...

Bleiben Sie in der Situation, in der Sie sich befinden, und die Panik wird in den allermeisten Fällen nach etwa zehn Minuten langsam abebben.

Zehn Minuten!

In den allermeisten Fällen!

Merz' Atem ging stoßweise.

Reglos stand er an Ort und Stelle in der Dunkelheit, die Hand in die Wand gekrallt.

Du bist nicht in Gefahr! Logisch betrachtet bist du nicht in Gefahr!

Doch er musste feststellen, dass seine Fähigkeit, die Dinge logisch zu betrachten, an diesem Punkt an ihre Grenzen stieß.

Er musste es durchstehen. Eine Wahl hatte er nicht.

Er musste es durchstehen – auch für Hannah. Irgendwie und letztendlich auch für Hannah.

Denk nach! Sprich mit Dennis! Du musst deinen Kopf beschäftigen!

«Dennis?»

«Verflixt!» Hannahs Ehemann kroch noch immer über den Boden. «Ich kann die Lampe nicht finden!»

«Vie...» Merz räusperte sich. «Vielleicht ist es besser, wenn wir sie gar nicht wiederfinden», sagte er leise.

«Hä?»

«Ohne Licht kann er uns nicht sehen, und wir haben eher eine Chance ...»

«Ohne Licht können auch *wir* nichts sehen! In einem halb eingestürzten Labyrinth von Stollen. Glauben Sie ernsthaft, auf diese Weise kommen wir ... Ah!»

Der Lichtpunkt war winzig. Trotzdem: Für einen Moment kniff Merz die Augen zusammen.

Umständlich kam Dennis wieder hoch.

«Sie sehen ziemlich übel aus», bemerkte er.

Merz betrachtete sein Gegenüber, dessen Hände und Knie geschwärzt waren vom Kohlenstaub der aufgegebenen Mine.

«Ich denke, das gilt für uns beide», murmelte er.

Ein Geräusch.

Ein Rascheln, ein Rieseln, ein ...

Hektisch schwenkte Dennis den Lichtstrahl hin und her.

Er starrte in den Stollen, der sich geradeaus fortsetzte.

Feiner Staub, der im Licht tanzte, jetzt größere, körnige Brocken, und auf einmal ...

«Der Gang stürzt ein!», brüllte Dennis. «Kommen Sie!»

Er packte Merz am Arm und wandte sich nach rechts.

Nicht zurück zum Aufzug.

«Das ist Justus», keuchte der Anwalt. «Er will uns ...»

«Wenn das hier ein ehemaliges Bergwerk ist, sind die Gänge

schachbrettartig angelegt!», knurrte Dennis. «Und er wird sich nicht selbst den Ausweg versperren. Und ich glaube, dass er ihn in Wahrheit auch uns nicht versperren will!»

«Uns?»

Doch Dennis gab keine Antwort.

Stolpernd hasteten die beiden Männer voran.

Hinter ihnen ein Tosen und Dröhnen. Eine Wolke von dunklem Staub füllte die Luft. Neue Geräusche waren zu hören, doch Merz wusste nicht, ob sie von links oder von rechts kamen.

Nach Sekunden hatte er keine Orientierung mehr. Er sah nur Dennis' undeutlichen Umriss vor sich und den Schimmer der Taschenlampe.

Jeder Atemzug stach in seinen Lungen.

Er hatte Angst. Angst um Hannah, Angst um sein Leben.

Jetzt hatte er allen Grund dazu.

* * *

Jörg Albrecht schwieg.

Er fühlte sich vollständig leer, vollständig erschöpft, doch auf eine wundersame Weise war es keine unangenehme Erschöpfung.

Es fühlte sich an … Ja, als wäre eine schwere Last von seiner Seele gefallen.

Am Ende hatte Marius keinen Versuch mehr unternommen, ihn zu unterbrechen.

Zumindest das war ihm demnach gelungen: Selbst dem Meister der Manipulation fiel keine Frage mehr ein, mit der er weiter in den Tiefen seiner Seele stochern konnte.

Der Moderator hatte sich zu Albrecht umgedreht, und der Hauptkommissar hatte den Eindruck, dass die Augen, bei denen er sich nicht sicher war, was sie überhaupt wahrnahmen, ihn mit einer Art von Respekt betrachteten.

Doch dann wandte Marius sich wieder um in Richtung Kamera, ohne ein Wort gesagt zu haben.

«Nun, Hannah, ich bin mir sicher, dass du uns sehr genau zugehört hast. Ich behaupte, dass wir alle das getan haben. Hannah?»

Die Gefesselte richtete sich auf, so weit ihre Fesseln das zuließen.

Albrecht sah, wie sie den Mund öffnete und ihre Lippen sich bewegten.

Doch kein Ton war zu hören.

«Hannah?», fragte Marius noch einmal.

«Du kannst sie nicht mehr hören.» Eine halbe Sekunde Schweigen. **«Und jetzt kann auch sie dich nicht mehr hören.»**

Die beiden Männer im Studio beugten sich vor, in einer einzigen Bewegung.

«Dann stell die Verbindung augenblicklich wieder her!», verlangte Marius scharf. «Ich kann Hannah unmöglich helfen, wenn ich nicht mit ihr reden kann.»

«Richtig, Meister.»

Schweigen.

«Richtig, Meister», wiederholte die Stimme. **«Du kannst ihr nicht mehr helfen. Es war gut, dass du mit dem Hauptkommissar gesprochen hast und er die Gelegenheit bekam, uns seine Seele zu öffnen. Vielleicht kann er wirklich einmal ein Freund werden. Aber für Hannah kannst du nichts mehr tun.»**

«Das ist Unsinn!», zischte Marius. «Und das weißt du. Wir sind eben im Begriff, den entscheidenden Schritt zu gehen. Jetzt, da sie begriffen hat, warum Hauptkommissar Albrecht gehandelt hat, wie er handeln musste, ist der Weg für sie frei geworden, selbst …»

«Der Weg.» Justus unterbrach ihn. **«Du bist Marius. Du weist uns den Weg. Doch was geschieht, wenn wir den Weg gegangen sind, so weit er für dich sichtbar war, und er sich zwischen den fernen Hügeln verliert?»**

«Dann zeige ich euch einen neuen Weg!» Der Moderator klang plötzlich nervös. «Hinaus aus den Hügeln. Zu neuen Feldern und Wäldern und ... Ufern. Zu neuen Wegen.»

«Hast du nicht vorhin gesagt, dass du meinen Weg überhaupt nicht billigst?»

«Ich habe gesagt, dass ich ...»

«Du bist am Anfang gewesen, Meister. Du hast so vieles erkannt. Und doch hast du noch immer Angst vor der Größe deiner eigenen Ideen. Du bist ein Seher, doch hast nicht du selbst uns gelehrt, dass es unterschiedliche Menschen gibt, unterschiedliche Wege? Menschen, die sehen, und Menschen, die handeln. Ich bin Justus. Ich bin die Gerechtigkeit. Der Dank, den ich und den wir alle dir schulden, ist größer, als ich jemals in Worte fassen könnte. Doch nun muss ich meinen Weg gehen, dessen Ende nur ich allein sehen kann.»

«Nein! Justus!»

Schweigen.

«Justus!» Sehr viel lauter.

Mit einem Knurren riss Albrecht sein Mobiltelefon aus der Tasche und wählte Lehmanns Mobilnummer.

«Ja?»

Die Verbindung war schlecht, im Hintergrund hörte Albrecht ein Knacken und unterdrückte Flüche mehrerer Stimmen.

«Wo sind Sie, Lehmann?»

«Fragen Sie mich ... Leichteres.» Ein Knurren. «Zufahrt ... gesperrt. ... irgendwo ... Gebüsch. Irgendwo unterhalb des Anwesens. Wir sehen die Lichter, aber das ist ein verdammtes ...»

Albrecht beendete die Verbindung.

«Winterfeldt!», brüllte er. «Wir gehen in den Keller!»

* * *

Ich habe ihn tippen hören.

Seine raschen Finger auf der Tastatur.

Doch seitdem Albrecht seine Beichte abgeschlossen hat, ist kein Wort mehr zu hören.

Nicht von Justus. Von seiner Stimme, die keine Stimme ist.

Und nicht von den Männern im Studio.

Die Erkenntnis kommt wie ein Eimer kaltes Wasser: Nun bin ich wirklich allein.

Allein mit ihm.

Es ist ein neuer Schock, als eine hünenhafte Gestalt in mein Blickfeld kommt.

Ich bin Folkmar. Ich mache die Technik.

Auf einen Schlag kommt die Erinnerung zurück. Unsere erste Begegnung, aber auch der Moment an der Schranke, kurz nachdem Merz sich verabschiedet hat. Folkmar, der wie aus dem Nichts mit seinem Geländewagen aufgetaucht ist.

Das Gesicht eines freundlichen Opas.

Selbst jetzt sieht er nicht unfreundlich aus.

Ich habe eine Reparaturwerkstatt in Hausbruch – seit sieben Jahren. Aber meine Arbeit hier darf ich immer noch machen.

Die Gänsehaut, die sich auf meinem Körper bildet, bringt eine Kälte mit sich, wie ich sie noch nie erlebt habe.

Genau das ist es, was er tut: seine Arbeit.

Er ist Justus. Er ist die Gerechtigkeit.

Wenn Marius – sein Meister – einen seiner Freunde verstoßen hat, vollstreckt Folkmar das Urteil.

Ich kann mir nicht vorstellen, dass er Freude an der Grausamkeit hat. Nein, die Apparatur, auf der er mich fixiert hat, ist kalt, hart und herzlos, und doch spüre ich ein weiches Kissen unter meinem Kopf.

Aber er hat mich mit Fesseln und Elektroschocks traktiert!

Nein, nicht, um mir weh zu tun.

Im Gegenteil: Er hat versucht, mir einen Anreiz zu geben. Einen zusätzlichen Anreiz, Marius meine Seele zu öffnen und doch noch eine echte Freundin zu werden.

Er betrachtet mich, und fast gegen meinen Willen richte ich meinen Blick auf sein Gesicht.

Alles ist besser, als die nadelspitze, bleistiftdünne Lanzette anzusehen, die er in den von Einmalhandschuhen verhüllten Fingern hält.

«Du hattest so viele Chancen», sagt er traurig. «Ich sollte wirklich richtig böse auf dich sein. Du durftest vor seine Augen treten, mit ihm sprechen, ganz allein, ohne die Prüfungen, denen sich die Schüler unterziehen müssen, bevor sie auch nur zu einer Abendrunde zugelassen werden. In all seiner Liebe hat er dir seine Hand entgegengestreckt – und du hast sie ausgeschlagen.»

«Ich …» Ich richte mich auf, so gut es geht. «Ich war nicht hier, weil ich irgendein Problem hatte. Mein Problem war unsere Ermittlung.»

«Ich habe dir Glück gewünscht», sagt er leise. «Ich habe so sehr für dich gehofft. Und heute Abend … Er hat sich einen ganzen Abend für dich Zeit genommen. Aber du hast geschwiegen.»

«Justus!» Marius' Stimme überschlägt sich.

Folkmar muss die Lautsprecher wieder freigeschaltet haben. Wäre ja auch schade, wenn die Millionen von Zuschauern da draußen den entscheidenden Akt nicht mitbekommen würden, nachdem er sich solche Mühe gegeben hat.

«Justus, warum sprichst du nicht mehr mit mir? Wir sind doch auf einem guten Weg! Wir müssen nur noch …»

Folkmar reagiert nicht mehr darauf.

Mit einem traurigen Gesichtsausdruck hebt er ein kleines Gerät von der Größe eines Smartphones und drückt mit dem Daumen der freien Hand auf die Bedienfläche.

Etwas bewegt sich am Rand meines Gesichtsfelds.

Die stählernen Platten links und rechts von meinen Schläfen, von denen auf Knopfdruck die betäubende Energie der Elektroschocks ausgeht, rücken näher, noch näher. Ich spüre ihre Kälte, spüre …

«Würdest du die Augen offen lassen?», fragt er mich freundlich. «Es geht wirklich einfacher, wenn du sie offen lässt.»

«Hannah!»

Mein Herz überschlägt sich. Das ist Dennis! *Dennis!*

Meine Gedanken rasen. Wie hat er mich hier gefunden? Wo *bin* ich hier überhaupt? War Dennis nicht vor ein paar Minuten noch im Studio?

Rasche Schritte. Jemand ist bei ihm. Merz?

«Halt!»

Sie bleiben sofort stehen, noch außerhalb meines Blickfelds.

Demonstrativ hebt Folkmar seine Fernbedienung.

«Schön, dass ihr doch noch gekommen seid, Parsifal. Aber du solltest wirklich keinen Schritt näher kommen. Das hier ist jedes Mal der schwierigste Teil. Da kann man echt eine Menge falsch machen.»

«Du willst ihre Seele öffnen?»

Das Blut braust in meinen Ohren, sodass ich Dennis kaum verstehen kann, und doch lege ich die Stirn in Falten und horche den Worten nach.

Sie sind *anders.*

Anders, als ich erwartet hätte.

Nicht nervös und unsicher, aufs äußerste angespannt wie vorhin in der Übertragung, sondern konzentriert und ruhig.

Zu ruhig?

Nein, nicht zu ruhig.

Es geht in diesem Moment um mein Leben, und doch ist es ein Ton, den ich kenne. Eine Ruhe, zu der einzig und allein dieser Mann in der Lage ist. *Mein* Mann. In genau den Momenten, in denen rundherum die Welt zusammenbricht.

Wie an dem Abend, an dem ich auf dem Weg nach Hause den Porsche unseres Nachbarn zwei Häuser weiter gerammt habe, der friedlich am Straßenrand stand. Ich, eine Polizeibeamtin!

Wie in der grauenhaften Nacht um vier Uhr früh, als meine

Mutter völlig aufgelöst anrief, nachdem mein Vater mit Verdacht auf einen Schlaganfall ins Krankenhaus eingeliefert worden war.

Eine Insel der Ruhe, wenn die Wellen zusammenschlagen.

Ein Leuchtturm, ein Fels in der Brandung.

«Wie ich das verstanden habe, läuft es darauf doch hinaus?», erkundigt sich Dennis.

Ich höre seine Schritte, langsamer jetzt, fast schlendernd, und im nächsten Moment tritt er in mein Blickfeld und stellt sich zwischen mich und mein eigenes überdimensioniertes Bild auf der Leinwand.

Er sieht fürchterlich aus, bedeckt mit schwarzem Staub und kaum zu erkennen. Und doch bin ich so froh wie noch nie zuvor in meinem Leben, ihn zu sehen.

Folkmar verfolgt misstrauisch seine Bewegungen, doch als Dennis keine Anstalten macht, ihm zu nahe zu kommen, greift er nicht ein.

Mein Mann steht fünf Meter entfernt – viel zu weit, um ihm mit einer raschen Bewegung Fernbedienung oder Lobotomiewerkzeug aus der Hand zu schlagen.

Dennis betrachtet mich, und auch in seinem Blick liegt diese Ruhe, die ich kenne und doch bis heute nicht begreifen kann.

Folkmar dreht sich langsam zu ihm um.

Mein Herz beginnt zu rasen. Hastig prüfe ich, ob ich meine Hand bewegen kann, und ja ... Ja! Ich könnte sie freibekommen, aber er ist viel zu weit weg. Ich kann ihn nicht erreichen.

Dennis! Mein Blick ist flehend. Dennis, hilf mir!

Noch immer ist sein Blick auf mich gerichtet. Vielleicht die winzigste Andeutung eines Nickens.

In diesem Augenblick tritt der zweite Mann in meinem Leben an seine Seite.

Es ist seltsam, aber in diesem einen Moment kommt Joachim Merz mir irgendwie blass vor unter der Staubschicht, die auch ihn bedeckt, unruhig auf jeden Fall. Seine Augen gehen suchend hierhin, dorthin ... Merz ist es gewohnt, alle Möglichkeiten zu bedenken, und ich spüre, wie er die unterschiedlichen Chancen abwägt, berechnet. Unentschlossen.

«Richtig», bemerkt Folkmar jetzt. «Das ist meine Absicht. Ich habe mir erlaubt, dir und Dr. Merz einen kleinen Anreiz zu geben dort in den Stollen, damit ihr euch in die richtige Richtung bewegt. Es ist nämlich wichtig, dass ihr dabei seid. Weil ihr etwas lernen sollt. Erinnert ihr euch an Marius' Worte? Jeder Mensch hat seinen eigenen Weg, und für jeden Menschen kommt irgendwann der Moment der Entscheidung. Der Moment, in dem er wählen kann, ob er es wagt, diesen Weg zu beschreiten, oder ob er aus Feigheit oder Schwäche davor zurückschreckt. Oder falscher Rücksicht. Echte Freunde beschreiten diesen Weg, mutig und entschlossen. Diejenigen aber, die sich verweigern ...»

Seine Stimme hebt sich. «Ich bin Justus. Ich bin das Werkzeug der Gerechtigkeit, und ich zeige euch die Konsequenzen, wenn ihr es wagt, den Rat des Meisters gering zu schätzen und euch diesem Weg zu verweigern.»

Er bricht ab und betrachtet mich kurz. Ich lese echtes Bedauern in seinem Blick.

«Wirklich, ich hätte mir gewünscht, dass es anders gekommen wäre, gerade für sie. Doch am Ende hat sie sich alle Zugänge zu ihrem Weg verbaut.»

Er dreht sich zurück zu Dennis.

«Aber ihr werdet sehen: Ich bin kein grausamer Mensch. In Wahrheit wird sie kaum etwas spüren. Ich bin Justus, und meine Aufgabe ist die Gerechtigkeit, Parsifal, nicht die Strafe.»

«Und ich bin Dennis», sagt mein Ehemann ruhig. «Nicht Parsifal. Dennis – und Hannah. Ich bin hier, weil diese Frau *meine* Frau ist, die ich geheiratet habe, sodass wir nicht mehr Dennis und Hannah sind, sondern *wir*. Du kannst sie nicht töten, ohne mich ebenfalls zu töten.»

«Ich habe keinen Grund, dich zu töten, Dennis. Ich töte nicht,

solange die Gerechtigkeit es nicht von mir fordert. Du wirst
sehen: Du wirst weiterleben. Du ...» Ein Nicken zu Merz. «Und
Sie auch, Dr. Merz. Obwohl Sie beide glauben, ohne Hannah
nicht leben zu können. Sie glauben das nur, weil Sie Ihre eigenen
Seelen noch nicht kennen.»

«So?» Dennis hebt eine Augenbraue und kommt einen halben
Schritt näher.

Doch diesmal hebt Folkmar auf der Stelle drohend die Fernbedienung.

Dennis bleibt stehen.

«Wir haben nicht nur eine Seele», sagt er leise. «Hannah und
ich haben eine zweite, eine gemeinsame. Ich kenne ihre Seele, sie
ist offen für mich, und wir müssen nicht darüber reden. Wir ...»

Mit einem Mal verändert sich etwas.

«Und doch haben wir zu wenig geredet.» Jetzt ist es kaum
noch ein Flüstern. Sein Blick findet den meinen, und alles, was
wir jetzt sagen, findet nicht über Worte statt, sondern über Blicke, über ... Dinge, die nicht ausgesprochen werden können, es
sei denn in solchen Momenten.

«Ich habe mir zu wenig Zeit für dich genommen», flüstert
Dennis. «Auch nachdem ich es dir versprochen hatte. Dir versprochen hatte, dass alles anders wird. Wir beide haben darum
gekämpft, doch über das Kämpfen und die vielen Gedanken ...
um das Haus, um die Arbeit und die Termine ... um das Geld ...
Gedanken, ob du es wirklich so spürst wie ich oder in Wahrheit
mit ... mit ihm ...»

Ganz kurz streift sein Blick Merz, der diesmal still ist, vielleicht weil er spürt, dass er hier nicht sprechen darf, weil dies ein
Moment zwischen Dennis und mir allein ist und selbst Justus, ja,
selbst Justus unwichtig geworden ist.

«Wir zwingen uns, uns die Zeit zu nehmen», sagt Dennis.
«Und damit machen wir alles nur noch schlimmer, weil diese er-
zwungene Zeit nicht uns gehört, solange wir nicht wirklich re-

den. Solange unausgesprochen bleibt, was in unseren Köpfen ist, weil wir dieses bisschen Zeit nicht zerstören wollen. Diese Gedanken in unseren Köpfen, unseren Seelen ... diese Worte, die herauswollen, aus ...»

Er bricht ab, wird noch leiser.

«Jedenfalls aus meinem Kopf.» Nun muss ich die Worte tatsächlich von seinen Lippen lesen. «Auch wenn ich schreckliche Angst habe, weil ich spüre und ahne ... oder doch nur glaube, es zu spüren, dass du ...»

Seine Brust hebt und senkt sich. Er nimmt alle seine Kraft zusammen.

«Ich liebe dich, Hannah. Du bist alles in meinem Leben. Wir haben uns ein Haus geleistet, das wir wahrscheinlich nicht halten können, obwohl wir beide zehn, zwölf, vierzehn Stunden ackern, jeden Tag. Und doch, obwohl ich weiß, dass wir viel zu wenig Zeit haben, obwohl ich weiß, dass du ganz kurz vor dem großen Schritt stehst, Erste Stellvertreterin auf dem Revier, trotz allem ist da das eine, das ich mir mehr wünsche als alles andere im Leben. Das eine, das mir, das uns ...»

Es ist ein Schmerz.

Ein Schmerz ganz tief innen. Verbirgt sich die Seele hinter der Stirn? Lässt sie sich durch Manipulation an den Augenhöhlen erreichen?

Der Schmerz des Ungesagten, nicht einmal mir selbst Eingestandenen, füllt meinen gesamten Körper, will ihn zerreißen, ihn platzen lassen wie eine Blase, die dem unerträglichen Druck nicht länger standhalten kann.

Was ist es, Hannah? Was ist es, das dir in deinem Leben so schrecklich fehlt?

«Ein Kind!», flüstere ich. «Obwohl ich weiß, dass es unmöglich ist aus zehntausend Gründen und mehr ... Ein Kind, das ...»

Folkmar zuckt herum.

In seinen Augen liegt mehr als Überraschung. Es sind so viele

Dinge auf einmal, dass ich sie in diesem Augenblick nicht fassen kann.

Ich kann nicht sagen, ob es eine Schockreaktion ist oder etwas anderes. Ob er es eigentlich nicht *gewollt* hat. Ob er fair sein, sich bei allem Wahnsinn doch an seine eigenen Prinzipien halten und mich gehen lassen wollte.

Seine Hand hebt sich zitternd. Sein Daumen schwebt über dem Display.

Dennis und Merz, die sich anspannen, sich in Bewegung setzen, doch im selben Moment trifft mich der Schmerz mit voller Wucht.

Der Schmerz der elektrischen Entladung schießt auf voller, tödlicher Stärke aus nächster Nähe in meine Schläfen.

Der Schmerz, der alles auslöscht, binnen Sekunden.

Schwärze.

Doch es ist eine Schwärze, die nicht auf einen Schlag kommt, sondern langsam von *außen* nach *innen* wandert und mir Zeit lässt für Empfindungen.

Erleichterung. Dankbarkeit. Trauer.

Gefunden. Erkannt.

Und nun wird es niemals geschehen.

Doch dann, ganz zuletzt, ein ganz anderer Eindruck:

Folkmar, die Zähne aufeinandergebissen, die Fernbedienung, auf die sich der Daumen presst, zitternd in seiner Hand und sein Gesicht ...

Im nächsten Moment ist da kein Gesicht mehr, kein Kopf mehr, sondern Blut ... Blut ...

Und der dröhnende, berstende Hall des Schusses, der sich in der Schwärze bricht.

Und das Letzte, was ich wahrnehme:

«Zwei», flüstert Jörg Albrecht. «Zwei an einem Tag.»

zwölf – Donnerstag, 27. Juni und später

Blutdruck bei neunzig zu sechzig, weiter fallend. Der Herzton wird schwächer!»

«Geben Sie noch einmal Adrenalin!»

Die Notärztin wirkte beherrscht. Doch die Hektik lag über der gesamten Situation in dem unterirdischen Raum.

Albrecht konnte sie spüren. Und doch war sie ganz weit weg.

Zwei an einem Tag. Er hatte an diesem Tag zwei Menschen getötet. Den Zuhälter aus der Lesserstraße und Folkmar.

Bitte, dachte er. Bitte, lass es wenigstens nicht umsonst gewesen sein. Lass Hannah leben.

Sein Blick wanderte erst zu Merz, dann zu Friedrichs' Ehemann. Beide Männer rangen um Fassung.

Mit routinierten Bewegungen setzte die Rettungsassistentin eine Kanüle an den vorbereiteten Zugang und injizierte eilig den Wirkstoff.

Keine Reaktion.

Jedenfalls konnte Albrecht keine Reaktion beobachten.

Hannah lag bereits auf der Transportliege, reglos, angeschlossen an flimmernde und piepende Apparate. Ihr Gesicht hätte einem Leichnam gehören können – einem entstellten Leichnam. Die Hitze des Elektroschocks hatte über ihren Schläfen sämtliche Haare weggesengt, die Haut darunter blutige Blasen geworfen.

Um diese oberflächlichen Verletzungen hatte sich das Rettungsteam überhaupt noch nicht kümmern können, das weniger als zwölf Minuten nach der Alarmierung auf dem Parkplatz vor Marius' Anwesen eingetroffen war.

«Hundert zu fünfundsechzig», murmelte die Assistentin. «Das Adrenalin schlägt an.»

Die Notärztin nickte, so knapp, dass es kaum zu erkennen war.

«Wird sie ...» Dennis Friedrichs' Stimme war ein heiseres Krächzen. «Kommt sie durch?»

Die Ärztin antwortete nicht.

«Können wir los?», kam es von der Assistentin.

Wieder ein Nicken.

Eine Bestätigung – aber keine Prognose.

* * *

Albrecht konnte nicht mit Sicherheit sagen, wie viel Zeit vergangen war.

Die Türen der Intensivstation hatten sich mehrfach geöffnet, doch keinem von ihnen wurde Zutritt zu der Patientin gewährt – nicht einmal dem Ehemann.

Hannahs Zustand sei weiterhin kritisch, aber für den Augenblick stabil.

Nein, über neurologische Komplikationen könne man noch keine Aussage treffen.

Es war eine so grauenhafte Ironie:

Justus war nicht mehr dazu gekommen, den Eingriff bei Hannah vorzunehmen. Aber was, wenn nun der Elektroschock exakt dieselben – oder schlimmere – Auswirkungen hatte? Wenn Hannah überlebte, aber auf die rein vegetativen Funktionen beschränkt blieb, für den Rest ihres Lebens an Apparate angeschlossen, hilflos in einem Schlaf dahindämmernd, aus dem es kein Erwachen mehr gab?

Albrecht wollte nicht darüber nachdenken, ob es am Ende ein Fehler gewesen war, dass er die Waffe auf den Täter gerichtet hatte.

Ein Fehler in jeder nur denkbaren Beziehung. Menschlich.

Ob womöglich ein rascher Tod das Beste gewesen wäre, was Hannah unter diesen Umständen ...

«Hauptkommissar?»

Blinzelnd sah er auf.

Max Faber stand vor ihm, mit einer Pralinenschachtel unter dem Arm. Die Farbe des geringelten Schleifchens konnte in diesem Moment keine anderen Assoziationen auslösen als Blut.

Hinter ihm stand Seydlbacher, in der Hand einen Blumenstrauß.

«Wie geht es Hannah?», fragte Faber vorsichtig.

Mit dem Kopf wies Albrecht wortlos auf die übrigen Wartenden: den Ehemann, Merz und die Eltern, die vor einer Weile völlig aufgelöst eingetroffen waren.

Stellen Sie sich hinten an.

Er sprach es nicht aus, doch an der Art, wie seine Mitarbeiter die Zähne zusammenbissen, erkannte er, dass sie verstanden.

«Zefix!», murmelte Seydlbacher.

Schweigend nickte der Hauptkommissar zu den beiden Plastikstühlen an seiner Seite.

Die Beamten ließen sich nieder, Seydlbacher direkt neben Albrecht.

Zwei oder drei Minuten lang herrschte Schweigen.

Dann räusperte sich Faber.

«Also ...» Er zupfte an seinem Kragen. «Was wir Ihnen sagen wollten, Hauptkommissar: Wir haben die Sendung natürlich gesehen. Und was Sie da erzählt haben. Also, dass Sie meinen, Sie hätten unser Vertrauen missbraucht, und dass Sie da mit zweierlei Maß gemessen hätten und ... Also, was wir eigentlich nur sagen wollten, nicht nur Alois und ich jetzt, sondern wir alle ...»

Seydlbacher hob die Schultern und sah den Hauptkommissar an.

«Ja mei.»

Albrecht blinzelte.

Doch damit schien alles gesagt zu sein.

Er betrachtete die beiden.

«Danke», murmelte er.

Wieder Schweigen. Doch diesmal war es kürzer.

Faber holte Luft. «Allerdings ist da noch was, das Ihnen nicht gefallen wird», sagte er zögernd. «Alois?»

Der Beamte aus Süddeutschland langte in seinen Lodenjanker und zog einen Umschlag hervor.

«Klaus Matthiesen hat Ihnen, glaube ich, erzählt, dass Alois sich noch einmal mit seinem Bekannten aus dem Volkspark unterhalten hat. – Mach nicht so ein Gesicht, Alois! Dein Bekannter ist er nun mal ... Also: der Kastenwagen, den die Bürgerwehr am Abend von Falk Sieverstedts Tod im Volkspark fotografiert hat. Wie sich gezeigt hat, ist dieser Wagen mehrfach gesehen worden, zwar nicht im Volkspark, aber an anderen entsprechenden Örtlichkeiten, wo jetzt nicht genau dieses Publikum unterwegs ist, sondern eher ...» Ein tiefes Ausatmen. «Zeig's ihm einfach, Alois.»

Der Umschlag wurde dem Hauptkommissar entgegengestreckt.

Mit gerunzelter Stirn nahm Albrecht ihn entgegen, öffnete die Lasche und nahm die Fotos heraus.

Er blätterte sie durch, und seine Hände wurden eiskalt.

«Aber das ergibt doch keinen ...»

«Sehen Sie sich das allerletzte an», sagte Faber leise. «Ich glaube, dann verstehen Sie.»

Das tat Jörg Albrecht.

Und endlich, endlich begriff er.

* * *

Es war ein Déjà-vu.

Nacht lag über der Villengegend auf dem Falkenberg.

Bevor Albrecht das Eppendorfer Klinikum verlassen hatte, hatte er sich ein letztes Mal an einen der behandelnden Ärzte gewandt: Ja, Hannah Friedrichs war für den Augenblick außer Lebensgefahr. Nein, eine langfristige Prognose schließe das ausdrücklich nicht ein, und über die neurologischen Komplikationen sei bis auf weiteres keine Aussage möglich.

Dennis Friedrichs und die anderen waren geblieben, auch Albrechts Mitarbeiter.

Sie wussten, dass er gehen musste.

Ein einzelner Streifenwagen hielt vor dem Anwesen der Sieverstedts. Albrecht hatte in den vergangenen Tagen einmal zu oft erlebt, wie rasch die Volksseele der vermeintlich so kühlen Hamburger überkochen konnte. Er hatte kein Risiko eingehen wollen, falls Gerüchte über den widerwärtigen Nebenerwerb von Sieverstedt Import / Export durchsickern sollten.

Doch sonst war alles wie zweiundsiebzig Stunden zuvor.

Positionslichter zogen auf der nächtlichen Elbe ihre Bahn.

Die Villa lag in Dunkelheit, ausgenommen die Fenster der Bibliothek im zweiten Stock.

Jörg Albrecht bog in die Einfahrt.

Das vergitterte Tor öffnete sich, als er sich näherte.

Madeleine, die Hausangestellte, stand in der Eingangstür und grüßte ihn mit einem stummen Nicken.

Er stieg die Treppe aus dunklem Tropenholz hinauf, folgte dem Flur zur Bibliothek.

Die Zimmertür stand offen und ließ den Widerschein der Flammen auf das Parkett fallen.

Sie saß auf demselben samtbezogenen Sofa wie drei Tage zuvor und blickte ihm entgegen.

Sie war ganz in Weiß, wie bei jeder Begegnung, seitdem sie sich wiedergesehen hatten. Auf die Sonnenbrille hatte sie heute verzichtet, sodass sich die Male von Friedrichs Schlägen, schon verblassend, auf ihrer Haut abzeichneten.

«Du hast auf mich gewartet», sagte er.

Sie neigte den Kopf, langsam und konzentriert, und wies auf den Sessel ihr gegenüber.

Drei Meter trennten sie voneinander, und Jörg Albrecht wusste jetzt, dass er sie nie wieder überwinden würde.

Schwer ließ er sich niedersinken, betrachtete sie.

Aufrecht. Stark.

Sie hatte niemals schöner ausgesehen.

«Du wirst es mir erzählen», stellte er fest.

Sie erwiderte schweigend seinen Blick und holte eine Zigarettenschachtel hervor.

Eine Zigarettenspitze. Elisabeth führte sie zwischen die Lippen und hielt den Rauch sekundenlang in den Lungen, bevor sie die Wolke in die Luft steigen ließ.

«Du willst wissen, ob es mit dir zu tun hatte?», fragte sie.

Er dachte einen Moment lang nach. «Ich würde lügen, wenn ich das abstreiten würde.»

Sie sah ihn an. «Und ich würde lügen, wenn ich dir eine eindeutige Antwort geben würde.» Ihr Blick löste sich von ihm, verlor sich in den Flammen des Kamins. «Um ehrlich zu sein, kann ich mich kaum noch an das Gefühl erinnern. Das Gefühl, nachdem du damals gegangen bist. Im Grunde war ja doch nur alles wieder wie zuvor. Die Schläge. Die Kränkungen. Die ...» Für einen Moment wurde ihre Stimme unsicher. «Die Angst. Aber vielleicht waren es auch zu viele Gefühle auf einmal. Enttäuschung. Wut. Hoffnungslosigkeit. Es schien keinen Ausweg zu geben.»

«Und wie hast du deinen Ausweg entdeckt?» Es gelang ihm nicht vollständig, die Bitterkeit aus der Frage herauszuhalten.

«Oh.» Für einen Moment klang sie amüsiert, zog dann aber unvermittelt an ihrer Zigarette, als ob sie die Regung überspielen müsste. «Würdest du mir glauben, wenn ich dir sage, dass es mit

Friedrich zu tun hatte? Das hatte es nämlich tatsächlich. Friedrich war der misstrauischste und vorsichtigste Mensch, den du dir vorstellen kannst. Aber das weißt du ja. Doch zumindest war er berechenbar», sagte sie leise. «Auf seine Weise. Ich kannte die Stimmungen, in denen er …» Sie fuhr sich mit dem Finger über die verunstaltete Wange.

«Meine einzige Chance war, diese Stimmungen vorauszusehen und ihm aus dem Weg zu gehen», murmelte sie. «Doch Friedrich war vorsichtig. Er ließ sich nicht in die Karten schauen – oder in die Akten. Und natürlich waren seine Stimmungen abhängig von der Geschäftsentwicklung. Nun, was soll ich sagen? Holger Retzlaff war nicht so vorsichtig.»

«Ihr …» Albrecht räusperte sich. «Ihr beide hattet …»

Jetzt stieß sie tatsächlich ein Geräusch aus, das ein Kichern sein musste.

Jörg Albrecht wurde plötzlich bewusst, dass er diese Frau niemals hatte kichern oder gar lachen hören.

«Oh, Jörg. *Wenn Sie mir mit Verhältnissen und Bettgeschichten kommen, breche ich Ihnen den Kiefer!* Du bist so ehrenhaft, aber so schrecklich steif. Ob ich mit ihm im Bett war? Natürlich war ich das. Retzlaff war ein Mann, und das war der einfachste Weg. Frag mich, was er sich davon versprochen hat, über das Offensichtliche hinaus. Vielleicht eine bessere Ausgangsposition, wenn Friedrich einmal tot war. Doch das war mir egal. Wichtig war, dass er unvorsichtig wurde. Er ließ seine Aktentasche einfach auf dem Stuhl liegen, wenn wir uns irgendwo im Hotel trafen und er hinterher duschen ging.»

Sie nahm einen tiefen Zug.

«Und irgendwann habe ich etwas entdeckt, das beim besten Willen nicht mit Sieverstedt Import / Export zusammenhängen konnte: Fotos. Nicht solche wie die von Falk, sondern … Wie sagt man? Expliziter.»

«Die Mädchen? Zusammen mit Kunden?»

Sie nickte. «Nicht diese Mädchen selbstverständlich, die im März erst angekommen sind. Das Geschäft läuft schon länger. Und ein Teil des Geschäftes besteht darin, dass man die Kunden irgendwann darauf aufmerksam macht, dass ihre Abenteuer auf Fotos festgehalten sind. Übrigens keine Erpressung, Jörg. Wir haben niemals zusätzliches Geld verlangt. Wir wollten sie lediglich daran erinnern, dass wir auf derselben Seite stehen.»

«Wir?»

«Wärst du hier, wenn du das nicht wüsstest? Ich habe Holger Retzlaff mit den Fotos konfrontiert. Natürlich hat er Ausflüchte gemacht und ... Aber das ist ermüdend. Das Ergebnis kennst du: Wir wurden Partner.»

Albrecht sah sie an. Er konnte nicht anders.

Sie redete ganz freimütig.

Öffne deine Seele!

Er erinnerte sich an das Gefühl bei Marius im Studio. Euphorie beinahe. Es war ein unglaubliches Gefühl, befreiend, diese Dinge auszusprechen, die man so lange in seiner Seele begraben hatte.

Und doch scheuen wir davor zurück, dachte er. Wieder und wieder. Denn wir sind nicht frei, die Dinge auszusprechen. Dieser eine Moment der Ehrlichkeit nämlich zieht unabsehbare Konsequenzen nach sich: für uns selbst, doch nicht für uns allein.

«Und warum?», fragte er leise.

Zum ersten Mal trat eine Regung in ihren Blick, die sie nicht berechnet haben konnte: Verwirrung.

«Warum? Ist das dein Ernst? Ich war an Friedrich gekettet. Wir hatten einen Ehevertrag. Wenn ich ihn jemals verlassen hätte, hätte ich den Jungen niemals wiedergesehen. Und nicht das allein: Ich hätte vor dem Nichts gestanden. Ohne Geld, ohne Existenz. Das war die einzige Möglichkeit für mich, überhaupt ...»

«Auf dem Rücken der Kinder.»

Und wieder eine neue Zigarette.

«Siehst du das so? Die meisten Leute werden das so sehen. Aber was hätte sie erwartet in ihrem Land? Auch dort hätten sie gearbeitet, so jung, wie sie waren. Härter wahrscheinlich als hier. Seitdem ich mit im Geschäft war, habe ich aufgepasst, dass ein Teil des Geldes für die Mädchen beiseitegelegt wurde. Nicht viel, aber immerhin. Die Ersten von ihnen haben inzwischen angefangen zu studieren. Ich weiß, dass unser Geschäft gegen die Gesetze verstößt, aber kannst du mir ins Gesicht sagen, dass wir etwas *Böses* getan haben?»

Das konnte er nicht.

Er konnte es nicht, weil er in diesem Moment überhaupt keine Worte hervorbringen konnte.

Sie glaubte wirklich, was sie da sagte.

Er räusperte sich und brauchte Sekunden, um seine Kehle wieder freizubekommen.

«Kann ich davon ausgehen, dass du geständig sein wirst?», sagte er.

Sie schaute ins Feuer.

«Macht das einen Unterschied? Wenn du hier bist, hast du Falks Fotos und …»

Albrecht verschluckte sich.

«*Falks* Fotos?»

In der Innentasche seines Anzugs steckten die Aufnahmen, die der Bekannte eines Bekannten von Alois Seydlbachers Bekanntem in Wedel gemacht hatte. Auf dem allerletzten Foto war bei mehrfacher Vergrößerung Elisabeth Sieverstedt zu identifizieren: auf dem Beifahrersitz des weißen Kastenwagens, während sich draußen die Kunden mit zweien der Kinder amüsierten.

«Die Fotos von seinen Speichersticks.» Sie klang verwirrt. «Sie müssen bei der Kameraausrüstung gelegen haben. Wenn ihr Falks Wagen habt …»

«Falk hat dich fotografiert? Mit den Kindern?»

Sie schwieg.

«Das ganze Bild», flüsterte Jörg Albrecht. «Ich bekomme niemals das ganze Bild.»

Er schüttelte sich.

Es war so klar, so logisch. So unvorstellbar logisch, wenn die einzelnen Puzzleteile an Ort und Stelle lagen.

Das ganze, vollständige Bild hatte eben nicht allein den Konsul zeigen dürfen, der den Jungen sein Leben lang gedemütigt hatte.

Falks Vater war ein Scheusal gewesen, doch wenn es eines gab, das man dem Mann zugutehalten musste, dann war es der Umstand, dass er zumindest niemals aus seinem Herzen eine Mördergrube gemacht hatte.

Mochte seine Seele schwarz sein wie die Nacht: Er hatte sie niemals verschlossen.

Anders als Elisabeth, diese stolze, standhafte Frau, die eben doch noch eine andere Seite hatte. Und ohne diese Seite wäre das Bild unvollständig gewesen, das ganze grauenhafte Bild vom Verfall einer Familie.

Die Wahrheit.

Der Rest waren Details, fast unwichtig im Vergleich.

Doch auch sie waren Teile des vollständigen Bildes seiner Ermittlung.

«Falk und dein Mann waren tot», sagte er. «Aber Retzlaff lebte. Nach Friedrichs Tod hast du deine Chance gesehen, richtig?»

Ein Nicken. «Was sollte ich mich an den nächsten Mann binden? Ich gab dir die Fotos, die ich herausgesucht hatte. Aufnahmen, auf denen ich selbst zu sehen war, waren natürlich nicht dabei. Was du tun würdest, war absehbar. Für Friedrich galt das ebenso. Er hatte genug dunkle Geschäfte laufen. In dem Moment, in dem ihr gegen die Geschäftszentrale vorgegangen seid, wusste er, dass es vorbei war. Retzlaff ... Zugegeben, Retzlaff hat mich überrascht. Er wollte sich absetzen, aber nur zusammen mit mir. Er hat mich angerufen, erinnerst du dich? Kurz bevor *du* mich angerufen hast, gestern Vormittag.»

«Das Einkaufszentrum», murmelte Albrecht. «Das Telefonat im *Bella Napoli.*»

«Leider musste ich ihm mitteilen, dass ich nichts mehr für ihn tun konnte.»

Albrecht sah sie an.

Ich sehe sie zum ersten Mal, dachte er. Zum allerersten Mal.

Geräusche klangen aus dem Eingangsfoyer herauf.

Seine Beamten waren da.

Mit einem entschuldigenden Nicken stand er auf.

Elisabeth Sieverstedt hob die Schultern und griff wieder nach ihren Zigaretten.

Albrecht trat zur Tür. «Wir sind ...»

Ein winziges, diskretes Geräusch.

Er fuhr herum, im selben Moment, in dem der Schuss fiel.

Albrecht starrte auf das Sofa.

Und begriff, dass Elisabeth Sieverstedt in diesem einen Punkt seine Erwartungen bestätigt hatte.

In ihrer leblosen Hand lag eine kleine, silberne Pistole.

* * *

«Eine Kaution hat man noch nicht festgesetzt», schloss Jens Bertram. «Aber Katzenbach senior hat schon angekündigt, dass er zahlen wird. Sie kennen das ja. Er zahlt immer, ganz gleich, was sein Junge anstellt.»

Merz nickte wortlos.

Er hatte sich in den hintersten Winkel des Wartebereichs zurückgezogen, um das Telefonat mit seinem Juniorpartner zu führen.

Schließlich war einer der Männer, die seinen Mandanten und dessen Geschäftsfreund in der Lesserstraße festgesetzt hatten, mit im Raum: Oberkommissar Faber.

Wobei sich Merz im Moment gar nicht sicher war, was er dem Beamten überhaupt hätte verheimlichen sollen.

In einer Ecke des Wartebereichs flimmerte ein Fernseher. Die Sender überschlugen sich mit Sensationsmeldungen über die Gründe für das Vorgehen gegen Sieverstedt Import / Export. Die dramatischen Vorgänge in den Schwarzen Bergen waren das Einzige, was diese Meldungen noch in den Schatten stellte.

Die Aussichten für Katzenbach junior waren kohlrabenschwarz. Der Prozess war verloren, noch bevor er begonnen hatte. Eine Bewährungsstrafe? Illusorisch, selbst mit einem der renommiertesten Anwälte der Stadt an der Seite des Angeklagten.

Und Joachim Merz hasste aussichtslose Prozesse. Wenn dem Beschuldigten Sittlichkeitsvergehen vorgeworfen wurden, wurde es noch unerfreulicher.

In einem solchen Prozess blieb dem Anwalt im Grunde nur die Wahl zwischen Hölle und Fegefeuer.

Er konnte sich nichtsdestotrotz für seinen Mandanten die Beine ausreißen, aber dann war die schlechte Presse vorprogrammiert, die ihn im übelsten Fall mit dem Kinderschänder in einen Topf werfen würde.

Oder er konnte auf halber Kraft arbeiten, was Merz schon als solches widerstrebte. Außerdem würde sich das in Windeseile bei seinen hochkarätigen Klienten herumsprechen. Wenn es hart auf hart kam, war auf Joachim Merz kein Verlass, würde es dann heißen.

Aussichtslose Prozesse waren deprimierend.

«Ich verstehe», murmelte Merz. «Auf jeden Fall dürfte uns eine langwierige Sache ins Haus stehen.»

«Ich bin schon dabei, die einzelnen Vorgänge rauszusuchen», kam es aus dem Telefon. «Die Anhörung wegen der Fünfzehnjährigen heute Morgen, den Vergleich von neulich und alles, was vorher war. Haben Sie alles morgen früh auf dem Tisch.»

Merz sah auf die Uhr über der Tür des Wartebereichs. Viertel vor zwei.

«Gut», murmelte er. «Sehr gut.» Er holte Luft. «Jens? Ich habe mir etwas überlegt. Ich glaube, dass Sie diesen Prozess führen sollten.»

Schweigen. Zwei Sekunden ungefähr.

«Ich?» Heiser. «Ganz allein?»

«Sie, Jens. Wir arbeiten jetzt seit mehr als drei Jahren zusammen, und bei den großen, aufsehenerregenden Prozessen habe ich Sie viel zu lange in den Hintergrund gedrängt. Dabei habe ich längst absolutes Vertrauen in Sie, und ich habe das Gefühl, dass Sie einen richtig großen Prozess einfach einmal verdient haben. Eine Chance, sich einen eigenen Ruf aufzubauen. Eine Reputation.»

«Wirklich?»

«Ja», bestätigte Merz mit fester Stimme. Aus dem Augenwinkel sah er die Kriminalbeamten. Der dicke Bayer neben Faber blickte kurz auf. «Sie haben mein volles Vertrauen, Jens!»

«Danke.» Ganz leise. «Ich werde Sie nicht enttäuschen, Dr. Merz.»

«Da bin ich mir ganz sicher», versprach der Anwalt. «Und jetzt machen Sie erstmal Feierabend. Ab morgen warten große Dinge auf Sie.»

Er legte auf.

Aussichtslose Prozesse waren deprimierend.

Doch zuweilen ergaben sich Möglichkeiten, ihnen aus dem Weg zu gehen.

Er ließ das Handy in die Tasche gleiten.

Seine Stimmung veränderte sich auf der Stelle.

Seit mehr als zwei Stunden kämpften die Ärzte um Hannahs Leben.

Faber und sein Kollege saßen Seite an Seite, mit Blumenstrauß und Pralinenschachtel, die Familie hatte sich zu einem kleinen Grüppchen zusammengedrängt.

Dennis hatte einen Arm um die Schultern der Mutter gelegt, die sich immer wieder mit einem Taschentuch über die Augen fuhr. Am Gesicht des Vaters war äußerlich keine Regung abzulesen, doch Merz konnte sehen, wie er abwechselnd seine Handflächen knetete.

Eine Familie, vereint in der Sorge um den Menschen, den sie liebte.

Merz hatte bereits entschieden, dass es kein geeigneter Moment war, sich den Eltern offiziell vorzustellen.

Er war allein. Das Telefonat mit Jens Bertram war notwendig gewesen, aber eben auch ein Versuch, sich abzulenken von seiner eigenen Sorge.

Hannah.

Für ihn hatte nie in Frage gestanden, was sie ihm bedeutete. Und falls das nicht so gewesen war, war auch das in Ordnung. Dann hatte er etwas gelernt. Wie bei allem, das für einen Menschen wichtig war, wurde die wahre Bedeutung einem erst wirklich bewusst, wenn man Gefahr lief, es zu verlieren.

Doch wie konnte man etwas verlieren, das man niemals besessen hatte?

Unmerklich schüttelte der Anwalt den Kopf.

Sie hatten an diesem Abend einen Kampf erlebt, und einer der Verlierer stand bereits fest: Justus, das Werkzeug einer monströsen Gerechtigkeit.

Doch Joachim Merz glaubte, auch den Namen des zweiten Verlierers zu kennen.

Ein Kind! ... Obwohl ich weiß, dass es unmöglich ist aus zehntausend Gründen und mehr ...

Ein Kind? Das war nichts, über das er sich in seinem Leben jemals den Kopf zerbrochen hatte – schon in Ermangelung einer auch nur theoretisch geeigneten Partnerin.

Aber mit Hannah? Nun gut, wenn es ihr so wichtig war, dann eben auch ein Kind. Wenn er länger darüber nachdachte, erschien die Vorstellung gar nicht mehr so fremdartig.

Allerdings war wohl absehbar, dass der Gedanke zumindest im Moment verschwendete Energie war.

Die Glastüren zur Intensivstation öffneten sich.

Sofort waren alle Anwesenden auf den Beinen, Dennis und die Eltern ganz vorn. Merz hielt sich mit den beiden Beamten im Hintergrund.

Es war der behandelnde Arzt, der die Notfallmedizinerin abgelöst hatte.

«Bitte ...» Hannahs Mutter. «Bitte sagen Sie uns, dass sie ...»

Der Mediziner warf einen Blick in die Runde. «Wer gehört hier zu wem?»

Dennis sah ganz kurz über die Schulter. «Wir gehören alle zu ihr», sagte er. «Die Familie.» Ein Blick auf Merz und die Beamten. «Und gute Freunde.»

Das Gesicht des Anwalts blieb ausdruckslos.

Der Arzt holte Luft. «Die Patientin hat heute Abend schwere Verletzungen davongetragen. Ich mache kein Geheimnis daraus, dass ihr Zustand in den vergangenen Stunden mehrfach äußerst kritisch war. Doch Ihre Frau ist stark.» Es war Dennis, den er ansah. «Sie hat einen starken Willen. Gerade bei Verletzungen, die eine neurologische Komponente aufweisen, kann das entscheidend sein. Sie hat einen langen Weg vor sich, und ich kann Ihnen nicht versprechen, dass sie wieder vollständig die Frau werden wird, die Sie kennen, doch für den Moment», er lächelte schwach, «ist sie über den Berg.»

Die Mutter brach in Tränen aus und warf sich an die Brust ihres Mannes, der ihr unbeholfen den Rücken tätschelte. Im nächsten Moment bezog sie Dennis in die Umarmung ein.

«Dürfen wir ...», begann Oberkommissar Faber.

«Es tut mir leid, aber an Besuch ist noch nicht zu denken.»

Der Beamte nickte verständnisvoll. «Würden Sie ihr dann ...» Zögernd hielt er dem Arzt die Pralinenschachtel hin.

«Tut mir leid, aber auch das ist auf der Intensivstation nicht möglich.»

Wieder nickte Faber, im Begriff, die Pralinen in der Tasche zu verstauen.

«Do!» Der Bayer drückte dem Arzt plötzlich seinen Blumenstrauß in die Hand. «Für eich alle! Des habt's guad gmacht! – Max!» Ein Stupser mit dem Ellenbogen.

Mit bedauernder Miene packte der glatzköpfige Beamte die Pralinen wieder aus und drückte sie dem Arzt in die Hand.

Der Mediziner bedankte sich und versprach, ihnen gegen Morgen noch einmal Nachricht zu geben. Allerdings seien in den nächsten Stunden keine Veränderungen zu erwarten. Er rate ihnen, nach Hause zu gehen und sich auszuschlafen.

Die beiden Beamten beherzigten den Rat auf der Stelle.

Merz nickte Dennis kurz zu und wollte sich gerade zum Gehen wenden, als dieser ihn aufhielt.

«Joachim?»

Sein Vorname aus *diesem* Mund: Es fühlte sich an, als hätte er auf Alufolie gebissen.

«Ja?» Ausdruckslos sah er Hannahs Ehemann an.

Die Eltern hatten sich wieder zu ihren Stühlen zurückgezogen, saßen dort Hand in Hand, murmelnd ins Gespräch vertieft.

«Ich möchte Ihnen danken.»

Merz biss die Zähne zusammen, nickte knapp und wortlos.

«Dass Sie mir geholfen haben», fügte Dennis überflüssigerweise hinzu.

Der Anwalt betrachtete ihn. «Wenn ich tatsächlich geholfen habe, habe ich Hannah geholfen. Bitte melden Sie sich, falls sich etwas ändert. Wenn es Ihnen recht ist, werde ich sie in den nächsten Tagen hier einmal besuchen.»

Dennis schien einen Moment zu zögern, nickte dann aber. «Über Besuch von Freunden freuen wir uns immer.»

Merz lagen viele Dinge auf der Zunge.

Doch es waren sinnlose Dinge.

«Genießen Sie – die Zeit», sagte er, wandte sich um und verließ den Raum.

Er hasste aussichtslose Prozesse.

In bestimmten Situationen aber war es schlicht das Klügste, eine Streitsache für den Moment verloren zu geben.

Sich geordnet zurückzuziehen. Nachzudenken. Kräfte zu sammeln.

Für die Revision.

* * *

Ein winziges Grüppchen.

Drei Wochen später glitt Jörg Albrechts Blick über die Reihen seiner im Besprechungsraum versammelten Mitarbeiter.

Wenn man von Reihen sprechen wollte bei sieben Personen.

Doch zumindest bei Hannah Friedrichs' Stuhl konnte er sich Hoffnungen machen, dass er nicht auf ewige Zeit verwaist bleiben würde.

Er war zwei Mal im Eppendorfer Klinikum gewesen. Hannah hatte Mühe mit dem Sprechen. Große Mühe. Die Bestätigung, dass sie seine Entschuldigung angenommen hatte, hatte sie ihm eher durch Gesten und Blicke vermitteln können.

Doch die Ärzte klangen weiterhin optimistisch.

Es war nicht umsonst gewesen. Was zählte da der ganze Rest?

Doch einiges.

Er nickte, wie zu sich selbst.

«Ich möchte heute Abend eine erste Zwischenbilanz ziehen», erklärte er. «Die Ermittlungen in unseren beiden Fällen laufen zwar weiterhin, aber ich gehe davon aus, dass wir die wichtigsten Fakten auf dem Tisch haben.»

Wobei es ein Wunder war, dachte er, dass sie es nicht mit *drei* offenen Verfahren zu tun hatten, eines davon die Dienstaufsicht versus Jörg Albrecht.

Doch offenbar reichte eine fünfzehn Jahre zurückliegende *Bettgeschichte* mit der Mutter eines Mordopfers nicht aus für einen Verdacht der Befangenheit. Zumal Albrecht schließlich gerade gegen die Sieverstedts vordringlich ermittelt hatte.

Was noch auf ihn wartete, war die Entscheidung über den Umstand, dass er an einem einzigen Tag zwei Menschen getötet hatte.

Er würde sie akzeptieren, ganz gleich, wie sie ausfiel.

«Was die Verstrickungen der Sieverstedts im Kinderhandel anbetrifft, ist diese Bilanz schnell gezogen», begann er. «Um es kurz zu machen, entsprachen die Aussagen, die Elisabeth Sieverstedt vor ihrem Tod gemacht hat, der Wahrheit. Die Speichersticks mit Falk Sieverstedts Aufnahmen konnten in seinem Audi sichergestellt werden, und in der Tat zeigen sie das ganze Bild: die Konsulin und Retzlaff, die mit dem weißen Kastenwagen einschlägige Örtlichkeiten angefahren haben, um der zahlenden Kundschaft eine Auswahl von Kindern anzubieten. Was sich auf diesen Fotos allerdings nicht feststellen lässt, ist die Identität der Kunden. Falk Sieverstedt kam es, wie es scheint, tatsächlich ausschließlich auf seine Mutter an. Und was den Konsul anbetrifft...»

Sein Blick ging zu Klaus Matthiesen, der hilflos die Schultern hob. «Nichts. Es sieht wirklich so aus, als wäre er am Kinderhandel nicht beteiligt gewesen. Allerdings hatte er auch so genug unsaubere Geschäfte am Laufen, auf die wir jetzt mehr oder weniger durch Zufall gestoßen sind. Grund genug, dass er sich die Flinte genommen hat, als wir mit Blaulicht angerückt sind, war das allemal.»

Albrecht neigte stumm den Kopf.

Die Wahrheit, dachte er. Wer in der Tragödie um den Untergang des Hauses Sieverstedt nun eigentlich der Schurke gewesen war, ließ sich unmöglich sagen.

«Danke», murmelte er. «Ein echtes Opfer gab es allerdings auf jeden Fall unter den Sieverstedts: den Sohn. Hauptmeister Winterfeldt, Sie haben uns die Vorgänge zusammengestellt.»

«Aloha!», begann Winterfeldt geradezu vergnügt. Der Computermann musste bereits auf seinen Auftritt gewartet haben. «Ich hab da am Laptop was vorbereitet, damit wir ...»

«Mir reicht es aus, wenn Sie erzählen. Bitte.»

Der junge Beamte sah ihn aus großen Augen an, klappte dann aber mit Leidensmiene seinen Rechner zu.

«Gut», sagte er und betrachtete seine Zettelwirtschaft. «An der Identität des Täters gibt es natürlich keinen Zweifel. Nachdem wir in den letzten Wochen die letzten beiden Jahrgänge von *Second Chance* durchkontrolliert haben und auch die Ergebnisse von Martin Eulers Obduktionen jetzt vorliegen, sieht es so aus, dass wir ihm mindestens fünf Opfer zuschreiben können ... also ... *müssen*, meine ich. Mit Falk Sieverstedt, ohne Hannah.» Er begann aufzuzählen. «Jasmin Vedder, das Mädchen vom Reiterhof. Silke Lewandowsky, die alkoholkranke Mutter. Lutz Pelling, ein Monteur, der seine Freundin verprügelte, bis sie ihn verlassen hat. Und Verena Tzschichl, eine Lehrerin aus Poppenbüttel. Wie es aussieht, hat sie nur bei Marius angerufen, weil ihr langweilig war so alleine. Das war ihr Fehler. Da muss er einen besonders üblen Tag gehabt haben.»

«Wie ist Folkmar jeweils vorgegangen?»

«Oh ... Das war im Grunde ganz simpel. Er saß in der Zentrale und konnte die eingehenden Anrufe verfolgen. Marius hat sich meistens geweigert, mit Leuten zu sprechen, die ihre Rufnummer unterdrückt haben, also war es ganz einfach, die Namen zuzuordnen. Dann musste er nur noch auf eine Gelegenheit warten, an die Leute ranzukommen, und danach wird es wohl immer dasselbe gewesen sein: Er hat eine Lobotomie vorgenommen und die Sache dann wie einen Selbstmord aussehen lassen. Beziehungsweise wie einen Mord im Fall von Falk. Dass die Leute irgendwie neben der Spur waren, war in ihrem Umfeld bekannt. Irgendjemand hat immer mitgekriegt, dass sie bei Marius angerufen hatten. Die Lobotomie wurde jeweils durch die Petechien verdeckt – wer sollte also misstrauisch werden?»

Albrecht nickte stumm.

Und doch hatte der Täter nicht vorgehabt, auf ewig im Verborgenen zu bleiben. Der Versuchsaufbau im ehemaligen Bergwerksstollen war lange vorbereitet worden. Irgendwann, daran bestand kein Zweifel, hatte Folkmar seinem Meister zeigen wollen, wohin sein Weg als Werkzeug der Gerechtigkeit ihn geführt hatte.

Und in Hannah hatte er die ideale Kandidatin gefunden.

«Damit bleibt nur noch eine Frage offen», sagte er. «Und zwar der Anfang. Für uns. Warum der Dahliengarten?»

«Stimmt.» Winterfeldt nickte. «Das ist knifflig, und im Grunde sind wir da auf Vermutungen angewiesen. Also, wie ich mir das zusammenreime: Folkmar ist Falk eine Weile lang gefolgt. Wahrscheinlich hat er das bei allen Opfern so gemacht – auf dem Hof in Duvenstedt hat er sich zwei Tage vorher sogar mit den Herbergseltern unterhalten. Er hat Falk beobachtet und mitgekriegt, dass er abends viel unterwegs war, an ziemlich einschlägigen Locations. Falk war natürlich dem weißen Kastenwagen auf der Spur, aber das konnte Folkmar nicht wissen. Er sieht nur Falk, der sich zwischen die Büsche duckt und Fotos macht, und für ihn ist die Sache klar: Falk ist ein Spanner, und irgendwann wird er mal richtig Ärger kriegen mit den Leuten, die er da ständig fotografiert. Der bekannteste Treffpunkt für solche Leute ist der Volkspark rund um den Dahliengarten. Damit war auch das ganz logisch.»

«Ganz logisch», murmelte Albrecht. «Wenn wir die Zusammenhänge einmal kennen. Wenn uns klarwird, an welchem

Punkt wir diese Ermittlung gepackt haben: an dem einen einzigen Punkt, an dem die Wurzeln unter der Wasserfläche aufeinandertreffen und sich zwei Fälle vermeintlich zu einem verbinden.»

Er warf einen letzten, langen Blick in die Runde.

Sie verstanden ihn. Und wenn sie ihn nicht verstanden, spürten sie doch, was er ihnen zu sagen versuchte.

Und das war beinahe ebenso gut.

«Und nun», sagte er, «möchte ich Sie anlässlich meiner Rückkehr etwas verspätet zu einem kleinen Umtrunk in mein Büro einladen.»

Sekundenlang genoss er einfach nur den Ausdruck auf den Gesichtern seiner Mitarbeiter.

Er würde niemals ein Vorgesetzter werden, wie ihn gruppendynamische Seminare auf dem Reißbrett entwarfen.

Doch er stellte fest, dass es ihm ein nicht unbeträchtliches Vergnügen bereitete, die Kollegen in einem gänzlich unerwarteten Moment zu überraschen.

Die Idee war auf jeden Fall ausbaufähig.

* * *

«Im Schatten der ... Zedernschooo-nung ... stehen Du-tzende von ... Busch-wind-rös-chen auf der ... Wische.»

Ich fluchte innerlich.

Mit einem Lächeln legte mir die Therapeutin die Hand auf den Arm.

«Das war sehr, sehr gut, Hannah. Sie haben sich unglaublich verbessert seit letzter Woche. Regen Sie sich nur nicht so auf. Geben Sie sich Zeit.»

Wütend starrte ich auf das Blatt.

Der Satz war ganz klar. Seine Aussage. Ich hatte sofort ein Bild im Kopf: schattige, duftende Zedern und davor eine saftige grüne Wiese voller winziger, sternförmiger weißer Blüten.

Jedes Wort hatte seine Bedeutung, und auch die Bedeutung insgesamt war klar – und das war vor ein oder zwei Wochen ganz entschieden noch nicht so gewesen.

Aber wenn ich den Satz vorlesen sollte, kostete das noch immer eine irrsinnige Kraft, und wenn ich nicht höllisch aufpasste, schien sich meine Zunge zu verknoten, schien irgendwas *wegzurutschen*. Irgendwo in meinem Kopf.

Ich betastete meine Schläfen. Ein weicher Flaum begann dort nachzuwachsen. Die verschorften Stellen waren kaum noch zu spüren.

Von außen sah ich vielleicht noch nicht wieder aus wie früher, aber wenigstens hatte ich nicht mehr das Gefühl, vor meinem Spiegelbild schreiend davonlaufen zu müssen.

Das wirklich Schlimme war *in meinem Kopf*.

Hätten mir die ernsten Worte der Ärzte ein Trost sein sollen? Was durch den unsachgemäßen Elektroschock alles hätte passieren können? Eine Lähmung des Atemzentrums wäre möglich gewesen, oder ich hätte den Rest meines Leben als tobsüchtige Irre zubringen können.

Der Elektroschock hätte viel weitere Hirnareale in Mitleidenschaft ziehen können als selbst die denkbar schlampigste Lobotomie. Das Unheimlichste an der ganzen Sache war möglicherweise, dass beide Behandlungsmethoden in der Vergangenheit zum Instrumentarium der Psychiatrie gehört hatten, zum Teil heute noch gehörten.

Die Risiken mochten heute minimal sein – solange der Therapeut wusste, was er tat.

Komplexe Gedankengänge. Ich biss die Zähne zusammen. Alles funktionierte. Nur das Sprechen …

«Ich denke, wir machen dann Schluss für heute.» Die Therapeutin lächelte mich an und packte ihre Unterlagen zusammen. Einige Arbeitsblätter ließ sie mir da – zum Üben. «Wirklich, Sie machen ganz, ganz tolle Fortschritte.»

Wir gaben uns die Hand, sie stand auf, und zwei Sekunden später war ich wieder allein in meinem Zimmer in der Reha-Klinik.

Mir war ja klar, dass die Frau sogar recht hatte.

Zufrieden war ich trotzdem nicht.

Wie hätte ich auch zufrieden sein können?

Mir war bewusst, dass die eigentliche Herausforderung erst noch auf mich wartete.

Damit zu leben, dass im Grunde jeder Mensch, den ich kannte, miterlebt hatte, wie Dennis, Merz, Jörg Albrecht und ich selbst meine Seele geöffnet hatten. Wer nicht live am Fernseher dabei gewesen war, sah sich eben die Konserven auf YouTube an.

Das Erlebnis zu verdauen, die Stunden der Gefangenschaft in den Stollen unter Marius' Hauptquartier.

Und die Erkenntnis. Das, was zwischen Dennis und mir gesagt worden war.

Ein Kind.

Der Gedanke, die Sehnsucht, die so tief in mir geschlummert hatte, dass ich unfähig gewesen war, sie auszusprechen.

Ich hatte es nicht gewagt.

In unserer Lage: das Haus, die Jobs. Ich hatte einfach gewusst oder doch ganz fest geglaubt zu wissen, dass der Gedanke für Dennis der reine Wahnsinn war. Und damit hatte ich ihn mir selbst verboten, ohne zu ahnen, dass Dennis denselben Gedanken hatte – nur in umgekehrter Richtung.

Dennis und ich. Ein Kind. Gerade weil wir beide uns so verzweifelt ein Kind gewünscht hatten, waren wir beide unfähig gewesen, den Gedanken auszusprechen.

Ich stand auf.

Das Laufen machte fast keine Probleme mehr. Hin und wieder wurde mir ganz kurz etwas schwindlig, und ich musste mich abstützen, aber auch das kam inzwischen nur noch selten vor.

Dennis war seit heute Mittag hier in der Klinik, wie immer

zum Wochenende. Als sich die Therapeutin angekündigt hatte, hatte er sich wie üblich kurz verabschiedet.

Ich wusste, dass er mit einem kleinen Mädchen auf der Kinderstation Freundschaft geschlossen hatte und wusste, wo ich ihn finden würde.

Ich öffnete die Tür und trat auf den Korridor.

Das Personal war dabei, den Kaffee vorzubereiten.

Lächelnd nickte ich den Schwestern zu, ging in Richtung Foyer – und kniff plötzlich die Augen zusammen.

Ich hatte seit Wochen keine Halluzinationen mehr gehabt!

Aber da stand er, Sören führte ihn am Arm. Der Tag war bedeckt, doch die Schritte vom Parkplatz bis hierher mussten trotzdem die Hölle für ihn gewesen sein.

Trotz der mächtigen dunklen Brille, hinter der Marius' Gesicht fast unsichtbar war.

Flüsternd formten meine Lippen seinen Namen. Eigentlich hätte ich stolz auf mich sein sollen, dass ich ihn trotz der Verblüffung richtig aussprach.

Sofort sah er in meine Richtung.

«Hannah.»

Sören wollte ihn vorsichtig am Arm geleiten, hatte jetzt aber Mühe, mit dem Meister mitzuhalten.

Ich war stehen geblieben. Einen Schritt vor mir blieb er ebenfalls stehen.

Er betrachtete mich – oder was bei ihm einem Betrachten nahekam.

«Bist du bereit, mich anzuhören, Hannah? Ich habe kein Recht, das von dir zu fordern, aber du würdest mir eine wirklich große Freude machen.»

Die Worte waren ehrlich. Es gab keinen Zweifel, dass sie ehrlich waren.

Schon weil er recht hatte damit, dass er *kein* Recht hatte, irgendwas von mir zu verlangen.

Ich sah auf die Uhr, aber das war eher ein Reflex.

«Das ist ...» *Kein Problem*, wollte ich sagen, doch das stimmte nicht. «Das ist in ... in Ord-nung», sagte ich.

«Danke», murmelte er. «Das hatte ich gehofft.»

Ich sah mich um. Im Foyer gab es eine schattige Ecke in einem Winkel zwischen den Zimmerpflanzen.

Vorsichtig führte ich meine beiden Besucher dorthin.

Einige der anderen Patienten warfen kurze Blicke in unsere Richtung, doch offenbar hatten wir Glück. Ich hatte nicht das Gefühl, dass jemand von ihnen den Moderator erkannte. Wir konnten ungestört reden.

Marius strich sich über seine dunkle Stoffhose, als er sich setzte.

«Hannah, ich bin gekommen, weil ich dir danken möchte. Nein, bitte sag jetzt noch nichts. Du kennst mich.» Ein schiefes Lächeln. «Ständig falle ich den Leuten ins Wort, aber wehe, jemand wagt es, mich zu unterbrechen.»

Es war das erste Mal, dass ich ihn unter Umständen sah, die echtem Tageslicht auch nur entfernt nahekamen. Auf seine Weise war er ein durchaus attraktiver Mann, doch ich stellte fest, dass er hier, in einer für ihn fremden Umgebung, nicht ganz die Präsenz besaß wie hinter seinem Tisch im Studio, wo er den gesamten Raum beherrschte – und über die Kanäle des Senders eine ganze Welt voller Freunde und Verehrer.

Aber möglicherweise war das gar nicht der entscheidende Punkt.

Mein Spiegelbild in den Gläsern seiner Sonnenbrille sah mich an.

Vielleicht war ich es, die jetzt anders war, und damit auch das Verhältnis zwischen mir und ihm.

«Hannah, ich möchte dir danken. Nicht allein für deine Tapferkeit. Der Mut, mit dem du die Situation durchgestanden hast, ist bewundernswert, aber das hast du schließlich nicht für mich getan, sondern für dich selbst und deinen eigenen Weg.»

Mein Spiegelbild legte die Stirn in Falten – noch immer etwas asymmetrisch, doch die Ärzte hatten mir zugesichert, dass sich das bald wieder legen würde. «Ich war gefess...» Für einen Moment wollte sich meine Zunge wieder verknoten, doch seltsamerweise half es mir, dass ich auf einmal an alles denken konnte – aber *nicht* an meine Zunge. «Ge-fes-selt», brachte ich deutlich hervor. «Weg-lau-fen konnte ich schlecht.»

Er kicherte leise. «Natürlich nicht. Aber Tatsache ist, dass du deinem eigenen Weg treu geblieben bist. Deinem Weg, deine Seele *nicht* zu öffnen, solange das bedeuten würde, dass du andere, jüngere Seelen, die noch nicht so weit sind wie du, in eine Situation bringen würdest, mit der sie noch nicht umgehen konnten.»

Jüngere Seelen? Er konnte doch nicht ernsthaft von Dennis und Jörg Albrecht sprechen?

Mit einem Mal ärgerte ich mich. Dieser Mann war *Marius*! Was ritt mich, mir schon wieder dieses Psycho-Gequatsche anzuhören?

Selbst wenn er recht hatte.

Vielleicht nicht mit den *jüngeren Seelen*. Aber mit dem Rest.

Ich hatte durchgehalten.

«Ich habe eine Menge nachgedacht», murmelte Marius. «Über den Weg, den jeder Einzelne von uns hat. Über unsere Entscheidungen. Im Grunde hast auch du eine Entscheidung getroffen, indem du dich geweigert hast, eine Entscheidung zu treffen. Warum sollte dieser Weg weniger gerechtfertigt sein als jeder andere? Andere sind vielleicht nicht so stark wie du», sagte er leise, «und haben nicht die Kraft, den Weg zu verteidigen, der doch in Wahrheit ihr Weg ist. Das Recht, ihre Geheimnisse zu bewahren, ihre Seele verschlossen zu halten.»

Nachdenklich betrachtete er mich.

«Brauchen wir sie nicht alle: unsere kleinen Geheimnisse?»,

fragte er. «Habe ich das wirklich immer in dieser Deutlichkeit gesehen? Auf einmal bin ich mir nicht mehr sicher. Lernen, Hannah. Vielleicht musste auch ich noch etwas lernen. Und dabei hast du mir geholfen.»

Blinzelnd sah ich ihn an. «Gern ge-sche-hen», murmelte ich.

Marius nickte ernst, dann veränderte sich sein Gesichtsausdruck.

«Und das war auch schon alles, Hannah.» Er stand auf. Sofort lag Sörens Hand auf seinem Arm.

Noch immer verwirrt, begleitete ich die beiden zur Tür.

Die Sonne war hervorgekommen. Keine Gluthitze mehr wie in den Tagen Ende Juni, doch für Marius musste es die Hölle sein.

Ganz kurz blieb er noch einmal stehen und legte mir die Hand auf den Arm. «Wenn ich dir mal irgendwie helfen kann, Hannah: Ruf einfach an, wir senden montags bis donnerstags.»

Geleitet von seinem Schüler, stieg er die Stufen hinab und überquerte den Parkplatz, auf einen knallroten Sportwagen mit offenem Verdeck zu.

Marius glitt hinter das Steuer, schob sich die Brille in die Haare, winkte mir noch einmal fröhlich zu – und gab herzhaft Gas.

Als ich den Mund wieder zubekam, war er bereits in der Ausfahrt verschwunden.

Brauchen wir sie nicht alle: unsere kleinen Geheimnisse?

Im Nachhinein

Es gibt Dinge, von denen ich gar nichts wissen will», äußert Jörg Albrecht an einer Stelle unserer Geschichte. Ist es nicht sehr oft besser, nicht zu wissen? Vollständige Transparenz erreicht am Ende nur eines: Sie beraubt die Welt ihres Zaubers.

Eine ganz eigene, verzauberte Welt stellt auch ein jeder Roman dar. Er beschreibt niemals die Wirklichkeit «an und für sich», sondern entführt an einen ganz anderen Ort: in den Kopf des Autors, der hier – ganz genau – ein Stück weit seine Seele öffnet.

Der Leser wird in unserer Geschichte also ein im Hirn des Autors gespiegeltes Hamburg vorfinden, das nach bestem Wissen und Gewissen der realen Freien und Hansestadt entspricht. Sämtliche Örtlichkeiten wurden, wo es irgend möglich ist, persönlich aufgesucht oder von meinen Location Scouts in Augenschein genommen. Dagmar Hergst möchte ich für ihre wiederholten Besuche im Dahliengarten danken (Hübscher Ort. Bei Tageslicht). Mr. CrimeTime Gerd Kuka möge mir bitte verzeihen, dass ich den BMW am Ende nicht habe in die Zollstation am Freihafen rasen lassen, selbst wenn das physikalisch möglich gewesen wäre.

Bestimmte Orte allerdings gehören einer eigenen und anderen Realität an. So wird der Wanderer am Rande der Harburger Schwarzen Berge wohl die meterhohe geschnitzte Eule vorfinden (sie ist schwer zu übersehen), obendrein die mysteriösen Vertiefungen im Wald über den unterirdischen Stollen des einstigen Bergwerks Robertshall – nicht aber das Domizil des Moderators Marius. Die Neugier der Fans, so scheint es, dürfte ihm wohl endgültig zu viel geworden sein.

«Öffne deine Seele» und der Autor schulden vielen Menschen

Dank, wobei meine Frau Katja an allererster Stelle kommt. Weiterhin meine Betaleser: Matthias Fedrowitz, Michael und Waltraud Rother, Christian Hesse, Anja Meinecke, Anja Köster, Bigi Boerker und Clarion Zelenka. Vero Nefas sei schon für Alois Seydlbachers Idiom gesondert genannt. Diana Sanz hat den gesamten Text als Gammaleserin noch einmal gesichtet und vergibt mir hoffentlich, dass die Halbstarken am Dahliengarten ihre Arme nun doch bis zu den Ellenbogen in den Hosentaschen vergraben. Das Bild war einfach zu schön.

Eine besondere Inspiration hat für mich das Wahnsinnsspiel rund um den «Herrn deiner Angst» bedeutet. Ein Riesendankeschön an das gesamte Team der Agentur und besonders an Sebastian Müller – für Sina Dewies. Ich hoffe, du kannst dein Geschöpf auch wiedererkennen.

Frau Dr. med. Ulrike Böhm und Frau Dr. med. vet. Birgit Janssen hatten auch diesmal für alle meine medizinischen Fragen ein offenes Ohr (und ich für ihre Antworten).

Marie Steinert vom Argon Verlag möchte ich danken, dass sie nicht allein ein Ohr, sondern auch ein aufmerksames Auge auf die Geschichte geworfen hat.

Mein Freund und Agent Thomas Montasser hat mir so viele Male fernmündlich auf die Schulter geklopft, dass Martin Euler die Hämatome vermutlich heute noch erkennen könnte. Deine Mahnungen, stärker auf die echte Polizeiarbeit zu schauen, haben das Buch mit Sicherheit noch einmal echter gemacht, Thomas.

Meine Rowohlt-Familie ... Der Dank an so viele Menschen ist überhaupt nicht ausdrückbar. Ohne irgendjemanden zurücksetzen zu wollen, möchte ich zwei Menschen gesondert nennen: Im selben Moment, in dem Marcus Gärtner im italienischen Restaurant mit dem Salatbesteck eine Lobotomie simulierte, wusste ich, wie ich den Täter anzulegen hatte. Den größten Dank aber schulde ich meiner Lektorin Grusche Juncker. Ihrem Verständnis, ihrem Einsatz, aber auch ihren diplomatischen Fähigkeiten wird kein Vergleich gerecht.

Last but not least aber gilt mein Dank allen Fans unserer Geschichten, allen Rezensenten und Freunden von den Medien, die sich auf so vielen Wegen, bei Lesungen, auf der Facebook-Fanseite (Sun von Jil Sander!) einbringen. Stellvertretend für so viele seien Karla Paul, Marcel Koch und das Team von LovelyBooks.de genannt.

Ihr seid toll! Ich bin irrsinnig gespannt, was ihr von dieser neuen Geschichte haltet.

Am Rande des Wahnsinns und der Lüneburger Heide im November 2012,

Stephan M. Rother

Das für dieses Buch verwendete FSC®-zertifizierte Papier
Holmen Book Cream liefert Holmen, Schweden.